suhrkamp taschenbuch
wissenschaft 989

In den verschiedenen Disziplinen, die sich mit psychischen, sprachlichen, neuronalen, kurz: kognitiven Phänomenen befassen, spielen Computermodelle eine immer größere Rolle. Dies hat in den Vereinigten Staaten zu einer interdisziplinären Forschungsrichtung geführt, die als Kognitionswissenschaft bezeichnet wird und auch in Deutschland Fuß zu fassen beginnt. Der vorliegende Band enthält – zum Teil bereits als klassisch geltende – zentrale Aufsätze von Philosophen, Computerwissenschaftlern, Psychologen und Linguisten zu diesem Thema. Grundvoraussetzungen des computationalen Ansatzes werden deutlich und teilweise kritisch diskutiert, so daß der Band sowohl eine Einführung in die Kognitionswissenschaft bietet als auch eine kritische Auseinandersetzung mit den unterschiedlichen Computermodellen ermöglicht.

Dieter Münch ist Mitarbeiter an der Franz-Brentano-Forschungsstelle der Universität Würzburg und Lehrbeauftragter am Institut für Informatik der TU Berlin.

Kognitionswissenschaft: Grundlagen, Probleme, Perspektiven

Herausgegeben von
Dieter Münch

Suhrkamp

Die Deutsche Bibliothek – CIP-Einheitsaufnahme
Kognitionswissenschaft : Grundlagen, Probleme, Perspektiven
/ hrsg. von Dieter Münch. –
2. Aufl. – Frankfurt am Main : Suhrkamp, 2000
(Suhrkamp-Taschenbuch Wissenschaft ; 989)
ISBN 3-518-28589-0
NE: Münch, Dieter [Hrsg.]; GT

suhrkamp taschenbuch wissenschaft 989
Erste Auflage 1992

Druck: Nomos Verlagsgesellschaft, Baden-Baden
Printed in Germany
Umschlag nach Entwürfen von
Willy Fleckhaus und Rolf Staudt

2 3 4 5 6 7 – 05 04 03 02 01 00

Inhalt

Dieter Münch
Einleitung: Computermodelle des Geistes

Der Computer hat Konjunktur. Wie jedes Produkt der Spitzentechnologie ist er ein Faszinosum, ein Beweis für die Leistungsfähigkeit menschlicher Intelligenz. Ein Zweig der Computerwissenschaft oder, wie man hierzulande sagt, der Informatik ist die künstliche Intelligenz (KI), die sich zum Ziel gesetzt hat, Maschinen zu Leistungen zu befähigen, zu denen bisher nur menschliches Denken in der Lage war. Das menschliche Denken soll durch den Computer nachgebildet werden, was zur Folge hat, daß der Mensch von der Maschine nicht mehr nur in Bereichen ersetzt wird, die körperliche Kraft oder routinemäßiges Handeln erfordern, sondern auch in Gebieten, zu deren Bewältigung Intelligenz benötigt wird. So baut man etwa sogenannte Expertensysteme, die das Wissen von Experten gespeichert haben, um schnell und zuverlässig etwa Diagnosen von Störungen zu erstellen und Ratschläge für ihre Behebung zu erteilen. Aus der Anwendung derartiger Technologien ergeben sich vielfältige ethische, gesellschaftliche und politische Fragen, etwa: Wie ist ein verantwortungsvoller Einsatz von Computern möglich? Wie verändert der Einsatz von Computern die Entscheidungsstruktur in Industrie, Politik, Verwaltung, Recht usw.? Steht der Überwachungsstaat vor der Tür? Wie verändern sich Arbeitsprozesse, und was für Konsequenzen ergeben sich aus dem Einsatz von Computern für die Arbeitsplätze?[1]

Der Computer führt aber nicht nur durch seine praktische Anwendung zu einer Änderung unserer Lebenswelt, vielmehr zeichnen sich innerhalb der Wissenschaften neue Modelle ab, die u. a. eine Lösung des Leib/Seele-Problems zu ermöglichen scheinen: das Gehirn wird als ein informationsverarbeitendes System betrachtet, den Geist (*mind*) versucht man mit Hilfe von Computermodellen zu erklären. In verschiedenen Wissenschaften wie der Psychologie, der Neurologie, der Linguistik und Philosophie hat so das Computermodell Bedeutung gewonnen und sich eine interdisziplinäre Richtung herausgebildet, die als Kognitionswissenschaft (*cognitive science*) bezeichnet wird.[2] Der vorliegende

Band hat dieses Computermodell zum Thema. Er enthält zentrale Aufsätze, die teilweise als ›klassisch‹ bezeichnet werden können und Grundvoraussetzungen des neuen Modells deutlich werden lassen. Sie sollen ein besseres Verständnis der Veränderungen, die sich aus der Anwendung von Computern ergeben, ermöglichen und das Menschenbild, das dem Computermodell zugrunde liegt und zu dem es möglicherweise führt, klären helfen.

Die Wissenschaft von den Kognitionen

Gegen Ende des letzten Jahrhunderts gab es verschiedene Versuche, die Psychologie als eine eigenständige wissenschaftliche Disziplin zu etablieren. Den Philosophen, die sich bis dahin mit der rationalen oder empirischen Psychologie befaßt hatten, ging es dabei zumeist letztlich um den Nachweis der Geistigkeit und Unsterblichkeit der menschlichen Seele. Um die Psychologie als eine Wissenschaft zu etablieren, war es daher eine entscheidende Aufgabe, sie von Weltanschauung und Metaphysik streng zu trennen, und sie den wissenschaftlichen Standards anzugleichen, wie sie im Positivismus Comtes oder im englischen Empirismus formuliert wurden. Zu diesem Zweck schlägt etwa Franz Brentano in seiner *Psychologie vom empirischen Standpunkt* (1874) vor, als Gegenstandsbereich der Psychologie nicht den metaphysischen Begriff der Seele zu bestimmen, sondern »psychische Phänomene«. Um sie von den »physischen Phänomenen«, die den Gegenstandsbereich der Naturwissenschaft ausmachen, abzugrenzen, führt er als Kriterium die ›intentionale Inexistenz‹ ein und damit einen Begriff, der für die Phänomenologie, die Philosophie des Geistes und, wie wir sehen werden, die Kognitionswissenschaft zentral wurde.[3]
Rund hundert Jahre später finden wir einen ähnlichen Etablierungsversuch für die Kognitionswissenschaft.[4] Sie wird als ein multidisziplinäres Unternehmen verstanden, das die verschiedenen Wissenschaften, die sich mit psychischen Phänomenen oder Kognitionen befassen – wie die Psychologie, die Linguistik, die künstliche Intelligenz, die Neurologie, die Anthropologie, die Philosophie – zu integrieren sucht. Dieser Vereinigungsversuch hat Hindernisse zu überwinden. Er setzt voraus, daß die zu vereinenden wissenschaftlichen Disziplinen (oder Teile von ihnen)

sich tatsächlich auf einen Begriff von Kognition einigen können. Denn da sich die genannten Wissenschaften mit so unterschiedlichen Themen wie dem Stoffwechsel von Nervenzellen, sprachlichen Strukturanalysen und Drehungen mentaler Gebilde befassen, ist ein neuer Zugang erforderlich, wenn wirklich eine multidisziplinäre Wissenschaft von Kognitionen geschaffen werden soll, die mehr ist als ein Reigen von Bindestrich-Disziplinen.

Eine neue Zugangsweise, die von den genannten Disziplinen übernommen werden konnte, bahnte sich seit der Mitte dieses Jahrhunderts an, als kybernetische Modelle entwickelt wurden und ein informationstheoretischer Zugang in den genannten Wissenschaften zum Durchbruch kam. 1943 zeigten McCulloch und Pitts in ihrem Aufsatz »A logical calculus of the ideas immanent in nervous activity«, daß man die Aktivität von neuronalen Netzen – sie bestehen aus Neuronen, die über Axone miteinander verbunden sind und die feuern, wenn ein bestimmter Grenzwert der sie erreichenden Erregung überschritten wird – mit Hilfe der Aussagenlogik beschreiben kann. Sie zeigten ferner, daß alle Prozesse, die mit Hilfe der Logik beschrieben werden können, durch ein derartiges McCulloch-Pitts-Netz ausgeführt werden können. Obwohl ein derartiges Netz synchroner Schaltfunktionen das Gehirn in höchstem Maße vereinfacht darstellt[5], wiesen McCulloch und Pitts doch einen neuen Weg: Sie machten plausibel, daß ein Verständnis der ›Maschine‹ Gehirn erreicht werden kann, ohne daß man sich den Einzelheiten seines biologischen Aufbaus zuwenden muß, indem man es auf einer höheren Abstraktionsebene behandelt. Der Erfolg ihres Zugangs läßt sich daran ablesen, daß der angeführte Aufsatz mit dazu beitrug, daß eine neue Disziplin, die *Kybernetik*, begründet wurde.

Von der Kybernetik wiederum wurden sehr bald auch Psychologen angezogen, ohne daß sie dabei auf die neuronale Struktur des Gehirns Bezug nehmen mußten. Von besonderer Bedeutung sind hierbei Miller, Galanter, Pribram (1960), die das Verhalten von Organismen mit Hilfe von Rückkopplungsschleifen von Handlungs- und Testphasen beschrieben.

Das Rechnermodell für das Denken wurde aber bereits vor Entdeckung der Neuronen (1908 durch den Spanier Santiago Ramón y Cajal) und der Kybernetik verwendet. So heißt es bei Hobbes (1651), Vernunft sei »nichts anderes als Rechnen«. Diese Sichtweise, die in der Tradition des Rationalismus, in der die Logik einen hohen Stellenwert besitzt, weit verbreitet ist[6], erhielt durch neuere Versuche, die Struktur kognitiver Phänomene mit Mitteln moderner formaler Methoden zu analysieren, neuen Aufschwung. Dies läßt sich sehr gut am Beispiel der Arbeit des Linguisten Chomsky studieren, der zunächst keine Theorie der menschlichen Sprachverarbeitung, also eine psychologische Theorie, aufstellen wollte, sondern sich darum bemühte, eine konstruktive Bestimmung wohlgeformter Sätze mit Hilfe prozeduraler Hilfsmittel vorzunehmen. Erst nachdem er derartige Algorithmen entwickelt hatte, griff Chomsky den in der amerikanischen Psychologie dominierenden Behaviorismus an. In seiner äußerst einflußreichen Kritik an dem Behavioristen Skinner zeigte Chomsky (1959), daß der Behaviorismus mit seiner Lerntheorie unser schier unbeschränktes Vermögen, noch nie gehörte Sätze zu verstehen und selbst hervorzubringen, nicht verständlich machen kann und daß dieses Phänomen unserer sprachlichen Produktivität die behavioristische Lerntheorie widerlegt. Nimmt man dagegen mit Chomsky an, daß es eine Sprach*kompetenz* gibt, die in der Beherrschung von Regeln zur Erzeugung (›Generierung‹) von sprachlichen Ausdrücken besteht, dann ist unsere sprachliche Produktivität keineswegs länger rätselhaft. Erforderlich scheint also ein Zugang zur Sprache, der rekursiv anwendbare Regeln formuliert, mit deren Hilfe Sätze erzeugt und verstanden werden können.

Aus diesem linguistischen Ansatz, dem zunächst keineswegs eine psychologische Absicht zugrunde lag, sondern der vielmehr in dem Versuch bestand, mit mathematischen Mitteln das Phänomen Sprache zu erfassen, entwickelten sich jedoch rasch neue *psychologische* Fragestellungen, die sich in dem Milieu des Behaviorismus nicht entwickeln konnten. Es waren Fragestellungen wie: Welche Regeln und welche Kategorien sind psychisch real, welche sind ursprünglich und welche lassen sich ableiten? Neue Experimente wurden entworfen, und die Psycholinguistik entstand.[7]

Bereits aus diesen wenigen Bemerkungen zur Geschichte einiger Wissenschaften, die sich mit kognitiven Phänomenen befassen, dürfte deutlich geworden sein, wie sich in den fünfziger Jahren mit der Kybernetik ein gemeinsamer Rahmen, eine gemeinsame Grundvorstellung von kognitiven Prozessen als Informationsverarbeitungen herauszubilden begann, wodurch eine wechselseitige

Beeinflussung und Befruchtung ermöglicht wurde. So ist, um ein weiteres Beispiel anzuführen, das Thema Sehen im Paradigma der Kognitionswissenschaft gemeinschaftlich von Neurologie, Psychologie und Informatik behandelt worden. Die Physiologie untersucht mit Techniken wie der Mikroelektrodenableitung die Bauelemente des biologischen visuellen Systems. Die Psychologie erhält Aufschluß über den visuellen Verarbeitungsprozeß organischer Systeme, indem sie deren Wahrnehmungsprozeß, das Input-Output-Verhalten, beschreibt. Die Informatik schließlich hat die Aufgabe, Programme zu entwickeln, die zu entsprechenden Leistungen fähig sind. Sie wird somit die Frage behandeln, wie die Neuronen geschaltet sein müssen, damit sie in der Lage sind, etwa die Formen eines wahrgenommenen Bildes zu entdecken. Dabei wird sie von der Neurophysiologie und der Psychologie wertvolle Hinweise erhalten und umgekehrt wichtige Fragen stellen können, die diese Wissenschaften an lebenden Systemen erforschen wird.[8] Die Idee der Kognitionswissenschaft dürfte damit in ersten Umrissen deutlich geworden sein. Im folgenden werde ich einen Einblick in einige ihrer Grundkonzepte und -probleme geben, die für das Verständnis der in diesem Band aufgenommenen Texte hilfreich sein werden.

Turingmaschine und Funktionalismus

Eine zentrale Rolle beim Entstehen der neuen Zugangsweise kommt der Arbeit des Engländers Alan Turing zu, dessen revolutionäre Arbeiten zur Informatik und künstlichen Intelligenz aus der Beschäftigung mit dem Hilbertschen Entscheidungsproblem hervorgingen. Der in Göttingen lehrende Mathematiker Hilbert (1862-1943) hatte in einem 1917 veröffentlichten Programm eine Neubegründung der Mathematik gefordert, die angesichts der durch die mengentheoretischen Antinomien geschaffenen Grundlagenkrise erforderlich schien. Die Mathematik soll nach dem Hilbertprogramm dadurch »auf sichere Füße« gestellt werden, daß ihr die Gestalt kalkülisierter Axiomensysteme verliehen wird, aus dem alle Sätze der klassischen Mathematik *formal* abgeleitet werden können, das heißt, ohne daß auf die Bedeutung der kalkülisierten Ausdrücke Bezug genommen wird. Es soll dann mit Hilfe einer zu diesem Zweck entwickelten Beweistheorie die

Widerspruchsfreiheit des kalkülisierten Axiomensystems mit finiten Mitteln abgeleitet werden können.[9]
In Hilberts Programm spielt das Problem, ein Entscheidungsverfahren zu finden, das über die Allgemeingültigkeit bzw. Erfüllbarkeit eines quantorenlogisch zusammengesetzten Ausdrucks entscheidet, eine zentrale Rolle. Es geht bei diesem ›Entscheidungsproblem‹ um die Frage, ob die Wahrheit oder Falschheit der Theoreme eines Kalküls beweisbar ist.[10] Um dieses Problem der Entscheidbarkeit zu lösen, macht Turing in seinem 1937 erschienenen Aufsatz »On Computable Numbers, with an Application to the Entscheidungsproblem« von der Einsicht Gödels Gebrauch, daß Sätze mit Hilfe von ganzen Zahlen abgebildet werden können.[11] Die Frage: Ist entscheidbar, ob eine Formel eines formalen Systems ein Theorem ist oder nicht, wird so zu der Frage, ob das entsprechende zahlentheoretische Problem rekursiv ist.[12]
Die Kalkülisierung oder Formalisierung eines axiomatischen Systems bedeutet nun, daß alle Operationen dieses Systems als regelgeleitete Formationen und Transformationen von Zeichen und Zeichenkomplexionen aufgefaßt werden können. Da Hilbert von der Bedeutung der Zeichen absehen will, sind diese Operationen blinde Zeichenmanipulationen und daher prinzipiell auch von einer Maschine ausführbar.[13] Der Anspruch der universalen Algorithmisierbarkeit, der im Hilbertprogramm formuliert ist, beinhaltet aus diesem Grund die logische Möglichkeit, eine universale mathematische Maschine zu konstruieren. Genau diesen Gedanken greift Turing bei seiner Behandlung des Entscheidungsproblems auf, indem er eine Maschine beschreibt, von der er zeigt, daß sie alle exakt beschriebenen Algorithmen ausführen kann.[14]
Die Turingmaschine besteht aus einem Schreib/Lese-Kopf sowie aus einem Band von unbegrenzter Länge, das in Felder unterteilt ist, die mit Symbolen beschrieben sind. Die Maschine kann diese Symbole lesen, löschen, durch andere Symbole ersetzen sowie den Schreib/Lese-Kopf um jeweils ein Feld nach links oder rechts bewegen. Die Maschine besitzt ferner verschiedene innere Zustände, die den *Shift*- und Normalzuständen (Groß- und Kleinbuchstaben) einer Schreibmaschine vergleichbar sind.[15] Sobald die Maschine eines der Symbole gelesen hat, ist sie in bezug auf drei Aspekte ihres Verhaltens festgelegt: (1) welcher Eintrag in das gerade gelesene Symbolfeld vorzunehmen ist, (2) welches Feld als

nächstes gelesen wird und (3) welchen Zustand die Maschine dabei einnehmen wird. Diese Festlegungen sind vollständig von zwei Faktoren bestimmt; zum einen von dem gerade gelesenen Symbol und zum anderen von dem Zustand, in dem sich die Maschine bei diesem Lesevorgang befindet. Eine Turingmaschine läßt sich daher mit Hilfe einer Übergangstabelle definieren. Betrachten wir als Beispiel die Definition der folgenden Maschine[16]:

Symbole	Maschinenzustände	
	1	2
–	–R2	HALT
A	AL1	BR2
B	BL1	AR2
C	CL1	CR2

Die durch diese Übergangstabelle, die man auch ›Turingmaschinentafel‹ nennt, definierte Maschine besitzt zwei Zustände (›1‹ und ›2‹), und sie kann die Zeichen ›A‹, ›B‹, ›C‹ sowie das Leerzeichen ›–‹ unterscheiden. Die drei das Verhalten der Maschine bestimmenden Parameter werden durch Eintragungen wie ›AL1‹ angegeben. Hierbei gibt das erste Zeichen – ›A‹ – an, welches Symbol die Maschine auf das gerade gelesene Feld schreibt, falls die entsprechende Bedingung erfüllt ist. Das zweite Zeichen gibt an, welches Feld als nächstes gelesen wird, das linke oder das rechte Feld – ›L‹ oder ›R‹ –, sowie den Maschinenzustand, den die Maschine beim Lesen des nächsten Feldes einnehmen wird. Die durch unsere Maschinentafel definierte Maschine wird, wenn sie sich zu Beginn im Zustand ›1‹ befindet und auf dem Band die Symbole ›A‹, ›B‹ oder ›C‹ liest, die Symbole unverändert lassen und solange das linke Nachbarfeld lesen, bis sie ein Leerzeichen erreicht. Sie wird dann in den Zustand ›2‹ übergehen und die rechts gelegenen Felder bearbeiten. In Zustand ›2‹ wird sie die ›As‹ in ›Bs‹, die ›Bs‹ in ›As‹ ändern und die ›Cs‹ unverändert lassen und so lange die jeweils rechts gelegenen Felder bearbeiten, bis sie wieder auf ein Leerzeichen trifft, das die Maschine veranlaßt, anzuhalten.

In dem genannten Aufsatz stellt Turing die These auf, daß es zu jedem deterministischen automatischen System eine formal äquivalente Turingmaschine gibt. Das heißt, jeder Algorithmus, der von einer automatischen Maschine wie etwa einer Rechenmaschine ausgeführt werden kann, kann auch von einer Turingmaschine ausgeführt werden. Turing weist zudem nach, daß es *universale* Turingmaschinen gibt, die das Verhalten jeder beliebigen anderen Turingmaschine – und damit jedes anderen deterministischen automatischen Systems – simulieren können. Er zeigt also, daß jedes Verhalten, das sich durch einen Algorithmus beschreiben läßt, durch eine universale Turingmaschine simuliert werden kann.[17]

In der Philosophie des Geistes wurden Turings Arbeiten von dem Logiker Putnam aufgegriffen. Zur Lösung des Leib/Seele-Problems führt Putnam in seinem 1960 erschienenen Aufsatz »Minds and Machines« den Turingmaschinen-Funktionalismus, kurz: TM-Funktionalismus, ein.[18]

Der TM-Funktionalismus steht in der Tradition der Identitätstheorie, von der er sich allerdings in einem zentralen Punkt unterscheidet. Die traditionelle Identitätstheorie besagt, daß psychische Zustände nichts anderes sind als Zustände des Gehirns. Dabei geht man von der Fregeschen Unterscheidung zwischen dem Sinn und der Bedeutung (oder Referenz[19]) eines Ausdrucks aus. Beides sind nach Frege objektive sprachliche Dimensionen, die von den subjektiven Vorstellungen zu unterscheiden sind. Die Bedeutung eines Namens ist der durch den Namen bezeichnete Gegenstand, während der Sinn eine Entität ist, »worin die Art des Gegebenseins« des Gegenstandes enthalten ist.[20] Der für die Identitätstheorie entscheidende Punkt ist, daß man sich mit Namen, die einen unterschiedlichen Sinn haben, auf denselben Gegenstand beziehen kann. Beispiele sind ›der Morgenstern‹ und ›der Abendstern‹, ›der Sieger von Jena‹ und ›der Verlierer von Waterloo‹. Identitätstheoretiker wie Feigl behaupten nun, daß Ausdrücke wie ›Schmerz‹ und ›Feuern der C-Fasern‹ zwar einen unterschiedlichen Sinn haben – sie nehmen also auf eine unterschiedliche Gegebenheitsweise Bezug –, daß sie jedoch die gleiche Bedeutung haben, also sich auf den gleichen Gegenstand beziehen.[21] Psychische Zustände werden in dieser Weise mit neuronalen Zuständen des Gehirns identifiziert. Das aber bedeutet, daß nach dieser Auffassung nur Menschen, Wesen, die aus dem gleichen Stoff sind und die gleiche neuronale Struktur besitzen wie wir, psychische Zustände haben können. Nicht nur Maschinen können dann keine mentalen Zustände haben, die unseren gleichartig sind, sondern auch höhere Lebewesen, die sich möglicherweise an anderen Orten des Kosmos entwickelt haben, aber eine andere Neurologie, einen anderen physischen und chemischen Aufbau besitzen als wir, können sie nicht besitzen. Zwar gibt es möglicherweise derartige ›Marsmenschen‹, wie man sie zu nennen pflegt, gar nicht, doch dies ist nicht der Punkt. Das Problem ist, daß nach der Identitätstheorie derartige Lebewesen keine Schmerzempfindungen haben *können*.

Der TM-Funktionalismus Putnams unterscheidet sich von der Identitätstheorie Feigls nun dadurch, daß er psychische Zustände nicht mit den physischen, chemischen oder neurologischen Zuständen ihres Besitzers identifiziert, sondern mit seinen funktionalen Zuständen. Ein psychischer Zustand wie Schmerz ist nach dieser Auffassung mit einem bestimmten funktionalen Zustand des Systems identisch. Durch diese Identifikation entgeht Putnam dem eben geschilderten Problem, Wesen aus anderen Stoffen und mit einer anderen biologischen Struktur psychische Zustände absprechen zu müssen. Denn eine funktionale Beschreibung ist abstrakter als eine Beschreibung auf der physischen Ebene, die etwa auf C-Fasern oder andere Teile unseres Gehirns Bezug nimmt. Ein solcher Funktionalismus ist ontologisch neutral, insofern er keine Aussagen über die Art der Entität impliziert, die die entsprechende Funktion ausübt. Die Abstraktheit der funktionalen Beschreibung ist jedoch um den Preis erkauft, daß ein bloß funktional beschriebenes System eventuell unmöglich ist. Ein Beispiel ist etwa ein Perpetuum mobile oder eine universale Frage/Antwort-Maschine; beide sind nicht möglich, man kann sie aber funktional sehr wohl charakterisieren (und muß es, wenn man etwa behaupten will, daß sie nicht existieren können). Um seinen Funktionalismus vor dieser Gefahr des Fiktionalismus zu schützen, gibt Putnam ihm die Form eines TM-Funktionalismus: die funktionalen Zustände, die Putnam mit den psychischen Zuständen identifiziert, spezifiziert er als funktionale Zustände einer Turingmaschine, die, wie wir gesehen haben, wiederum mit Hilfe von Turingmaschinentafeln definiert werden können. Ein psychischer Zustand wie Schmerz ist demnach nichts anderes als ein funktionaler Zustand eines Systems, der mit Hilfe einer Turingmaschinentafel identifiziert werden kann. Da, wie Turing gezeigt hat, es physikalisch realisierbare universale Turingmaschinen gibt, ist mit Putnams Version des Funktionalismus die Gefahr des

Fiktionalismus gebannt, ohne daß er damit auf eine zu enge Bestimmung des Psychischen zurückfällt, die Psychisches von vornherein auf menschliche Wesen beschränkt. Denn mit der Angabe einer Turingmaschinentafel wird nicht nur nicht behauptet, in welchem Material die so definierte Turingmaschine realisiert ist, sondern es wird auch nicht die These aufgestellt, daß im Gehirn ein Schreib/Lesekopf vorhanden sei, der ein geheimnisvolles Band liest. Es wird lediglich behauptet, daß der entsprechende psychische Zustand mit funktionalen Zuständen identisch ist, die beim Menschen im neuronalen Netzwerk realisiert sind, und die *funktional äquivalent* mit einer bestimmten Turingmaschine sind. Nach dem TM-Funktionalismus können also nicht nur Menschen – oder Wesen mit dem gleichen physischen, chemischen und neurologischen Aufbau wie Menschen – psychische Zustände haben, sondern auch Marsmenschen und unsere bekannten Computer, die keine Turingmaschinen, sondern im allgemeinen sogenannte von-Neumann-Maschinen sind.[22]
Putnam stellt heraus, daß er den TM-Funktionalismus als empirische Hypothese verstanden wissen will. Er weist damit eine Interpretation zurück, die einfach *festsetzt*, daß Schmerz z. B. ein bestimmter mit Hilfe einer Turingmaschinentafel spezifizierter funktionaler Zustand sei. Denn wenn man einen derartigen Sprachgebrauch festlegt, dann ist es eine *analytische* und keine empirische Behauptung, daß psychische Zustände mit funktionalen Zuständen identisch sind. Der TM-Funktionalismus behauptet also eine kontingente Identität und hat insofern einen empirischen Charakter.[23] Doch trotz dieser Betonung des empirischen Charakters seines TM-Funktionalismus kann Putnam nicht behaupten, daß er damit ein neues Forschungsprogramm aufstellt. Er behauptet nicht, daß die Psychologie nun derartige Turingmaschinentafeln aufzustellen habe, was in der Tat eine wenig sinnvolle Forderung wäre. Das Gehirn ist ja auch nach dem TM-Funktionalismus keine Turingmaschine; die funktionalen Zustände, die mit psychischen Zuständen identifiziert werden, sollen einer Turingmaschine vielmehr nur funktional äquivalent sein.[24] Das heißt aber auch, daß der TM-Funktionalismus allein durch empirische Untersuchungen des Gehirns praktisch nicht widerlegbar ist, und zwar nicht nur, weil die Organisation des Gehirns noch viel zu unbekannt ist, sondern weil es für eine empirische Widerlegung erforderlich wäre, *alle* Möglichkeiten, in

der das Gehirn mit einer Turingmaschine funktional äquivalent sein kann, durchzutesten.[25] Tatsächlich hat Putnam inzwischen seine Position zurückgezogen, und zwar aus logischen Gründen. In einer neueren Arbeit (1988) zeigt er, daß jedes gewöhnliche offene System eine Realisation jedes beliebigen abstrakten finiten Automaten ist, also als eine Realisation einer mit Hilfe einer gegebenen Turingmaschinentafel beschriebenen Maschine aufgefaßt werden kann. Aus dem TM-Funktionalismus folgt also, daß irgendein offenes System sich in jedem beliebigen psychischen Zustand befindet; in welchem, hängt allein von der Phantasie des Beschreibers ab.[26]

Die unmittelbare Kritik berief sich jedoch nicht auf die Logik, sondern auf Gedankenexperimente. Die wohl wichtigsten Einwände finden sich im Aufsatz »Schwierigkeiten mit dem Funktionalismus« von Ned Block (im vorliegenden Band), der sich auch mit anderen Formen des Funktionalismus befaßt. Block geht davon aus, daß der Funktionalismus zurückzuweisen ist, wenn man zeigen kann, daß er entweder zu vielen oder zu wenigen Systemen intentionale oder psychische Zustände zuschreibt. Das erste Extrem nennt Block ›Chauvinismus‹ – er hat die Tendenz, die eigene Art vorzuziehen und nur ihr psychische Phänomene zuzusprechen. Das zweite Extrem, der ›Liberalismus‹, geht dagegen zu weit und schreibt auch solchen Systemen psychische Phänomene zu, die offensichtlich keine haben. Blocks Strategie zur Widerlegung des Funktionalismus besteht u. a. darin, daß er uns Systeme vorstellen läßt, die nach dem Funktionalismus psychische Zustände besitzen müßten, bei denen es aber intuitiv klar ist, daß sie keine psychischen Phänomene haben, wie etwa das chinesische Volk – die Zahl der in China lebenden Menschen entspricht ungefähr der Zahl der Neuronen des menschlichen Gehirns –, das für einige Zeit den funktionalen Zustand einer Person nachahmt.

Physikalische Symbolsystem-Hypothese

Der TM-Funktionalismus war von Putnam vorgeschlagen worden, um ein klassisches philosophisches Problem, das Leib/Seele-Problem, zu behandeln. Es dürfte deutlich geworden sein, daß der TM-Funktionalismus für die empirische Forschung unmittelbar nur von sehr geringer Bedeutung sein kann. Denn einerseits ist es kein sinnvolles Forschungsprogramm der Psychologie oder Neurologie, Turingmaschinentafeln aufzustellen, zumal das Gehirn – auch nach dem TM-Funktionalismus – keine Turingmaschine ist, sondern ein neuronales Netz. Zum andern würde man nichts Neues verlangen, wenn man forderte, daß in der Neurologie und Psychologie die Untersuchung funktionaler Zusammenhänge zentral sein sollte. Dies ist aber keine generelle Kritik an Computermodellen des Geistes. Denn dieses Modell wird von Putnam überhaupt nicht ausgeschöpft. Der TM-Funktionalismus ist neutral gegenüber spezifischen Verarbeitungsmechanismen, die zu entwickeln sich die Informatik und künstliche Intelligenz zum Ziel gesetzt hat. Wenden wir uns also dieser Disziplin zu, um zu sehen, wie dort ein computationaler Zugang zu Kognitionen entwickelt wird.

Die künstliche Intelligenz versucht u. a. Techniken zu entwikkeln, um allein mit Hilfe von Symbolmanipulationen intelligente Leistungen zu erklären und hervorzubringen. Da es zumindest möglich ist, daß sich das Gehirn wie ein neuronales Netz verhält, wie es von McCulloch und Pitts beschrieben wird, da es also ein sehr leistungsfähiger Computer ist, der zu Symbolmanipulationen fähig ist, sind für eine Wissenschaft von den Kognitionen diese Techniken nicht gleichgültig. Denn es kann a priori nicht ausgeschlossen werden, daß das Gehirn dieselben oder ähnliche Verfahren verwendet. Techniken, wie sie in der künstlichen Intelligenz verwendet werden, könnten also der Schlüssel sein, intelligentes Verhalten von Lebewesen zu erklären.

Tatsächlich ist das Computerprogramm, das als erstes Programm der künstlichen Intelligenz gilt, aus dem Versuch hervorgegangen, menschliches Problemlösen mit Mitteln der Informatik zu erklären. Mit ihrem Programm LOGIC THEORIST, das Newell, Shaw und Simon 1956 auf der legendären Dartmouth-Konferenz vorstellten, die vielfach als Geburtsstunde der künstlichen Intelligenz gilt[27], wollten die Autoren einen Beitrag zur Psychologie des Denkens liefern und keine intelligente Maschine entwickeln. Sie lehnten daher den von McCarthy auf der Konferenz vorgeschlagenen Ausdruck ›künstliche Intelligenz‹ ab und sprachen statt dessen von komplexer Informationsverarbeitung (*complex information processing*). Ihre Untersuchung begannen sie mit Beschreibungen von normalem Problemlösungsverhalten, indem sie

Versuchspersonen einfache logische Probleme lösen ließen und ihre Verhaltensweisen und Strategien protokollierten. Der nächste Schritt bestand darin, auf der Grundlage dieser Protokolle einen Algorithmus in Form eines Computerprogramms für dieses Problemlösen zu schreiben.[28] Die Problemlösung kommt nach diesem Ansatz also allein durch die Manipulation von formalen Symbolen nach vorgegebenen Regeln zustande, wobei die Bedeutung der Symbole gleichgültig ist (vgl. auch das oben über Hilberts Programm Gesagte). Es ist klar, daß das Ziel einer derartigen Vorgehensweise nicht sein kann, ein möglichst effizientes Programm zu schreiben, da die Strategien der Versuchspersonen keineswegs immer auf dem schnellsten Wege zum Erfolg führen. Interessant ist, daß die anderen Teilnehmer der Konferenz gar nicht die Bedeutung des LOGIC THEORIST erkannten. Nach Marvin Minsky lag dies daran, daß sich seine Autoren als Psychologen präsentierten und die verwendeten Techniken, für die sich die meisten Teilnehmer der Konferenz hauptsächlich interessierten, nicht in den Vordergrund stellten.[29]

Newell und Simon haben sich in späteren Arbeiten mit Grundproblemen ihres computationalen Zugangs zur Intelligenz befaßt und in ihrem Aufsatz »Computerwissenschaft als empirische Forschung« (in diesem Band) eine klassische Formulierung ihres Ansatzes vorgestellt. Mit ihrer physikalischen Symbolsystem-Hypothese behaupten sie, daß ein physikalisch realisierter Zeichenmanipulator, ein »physikalisches Symbolsystem«, die hinreichenden und notwendigen Mittel besitzt, um sich intelligent zu verhalten. Diese Hypothese verstehen sie als »Gesetz qualitativer Struktur«, als ein neues Paradigma, das den Rahmen für neue fruchtbare Fragestellungen und Forschungsunternehmen abgeben soll. Genauso wie etwa die Keimtheorie der Krankheiten einen erfolgreichen Zugang zur Erforschung vieler Krankheitsursachen ermöglichte, genauso soll die physikalische Symbolsystem-Hypothese zu einem wissenschaftlichen Durchbruch bei der Behandlung der Intelligenz führen.

Es liegt allerdings die Frage nahe, ob die Argumente gegen den TM-Funktionalismus, die etwa von Block vorgetragen werden, nicht generell den Computer als Modell des Geistes treffen. Wenn dies der Fall ist, dann wäre auch die physikalische Symbolsystem-Hypothese betroffen. Tatsächlich zielen aber die Argumente Blocks gegen die Behauptung, daß bestimmte Zustände von Computern mit bestimmten psychischen Zuständen *identisch* sind. Diese These wird jedoch von der physikalischen Symbolsystem-Hypothese weder aufgestellt, noch ist sie impliziert. Newell und Simon sagen nichts darüber aus, was psychische Zustände sind, sondern sie stellen Behauptungen über intelligente *Verfahren* auf. Und tatsächlich haben wir bei der physikalischen Symbolsystem-Hypothese keine Schwierigkeiten, wenn wir das bereits angeführte Gedankenexperiment Blocks darauf anwenden. Wenn das chinesische Volk ein neuronales Netz simuliert, das ein ›intelligentes‹ Programm von Newell und Simon ausführt, um etwa ein logisches Problem zu lösen, dann werden wir ohne Zögern von ihm sagen, daß das chinesische Volk das Problem in intelligenter Weise löst. Dagegen sträuben wir uns intuitiv, zu sagen, daß es Bewußtsein habe oder Befriedigung über die Lösung empfinde.

Turingtest und chinesisches Zimmer

Wir haben gesehen, daß Alan Turing durch die Entwicklung seiner universalen Maschine zu einem der Pioniere der künstlichen Intelligenz wurde (vgl. auch Newell/Simon). Turing stellte jedoch nicht nur das Produkt bereit, das die KI-Forschung weiterentwickelt, sondern auch ein entscheidendes Konzept, um die künstliche Intelligenz an den Mann zu bringen – den Turingtest. Das Konzept einer universalen Maschine, das er eingeführt hatte, um ein mathematisches Grundlagenproblem zu lösen, führte Turing in seinem Aufsatz »Computing Machinery and Intelligence« (1950) zu der Frage, ob Maschinen auch zu intelligenten Leistungen fähig seien und denken könnten. Aus der Darstellung zur Turingmaschine dürfte deutlich geworden sein, daß diese Frage nun darauf hinausläuft, ob intelligentes Verhalten, wie es sich etwa in der Lösung algebraischer Gleichungen oder der Beantwortung kniffliger Fragen manifestiert, durch regelgeleitete Symbolmanipulation hervorgebracht werden kann. Denn wenn es irgendeinen Algorithmus gibt, der etwa von einer gegebenen Frage zu der richtigen Antwort führt, dann kann diese Antwort auch von einer universalen Turingmaschine gegeben werden. Die Frage der künstlichen Intelligenz – oder, wie Turing sagt, der »maschinellen Intelligenz« – wird so zu der Frage, ob man intelligentes Verhalten auf Symbolmanipulationen zurückführen kann.

Da sich Turing auf die psychologische und philosophische Frage, was das Denken sei, ausdrücklich nicht einlassen will, formuliert er in seinem Aufsatz ein Imitationsspiel, das als operationales Kriterium für das Denken verwendet werden soll. Für dieses Spiel benötigt man zwei Räume, die nur über einen Fernschreiber mit der Außenwelt verbunden sind. In dem einen befindet sich eine Maschine und in dem anderen ein Mensch. Ein Außenstehender soll nun herausfinden, in welchem Raum sich die Maschine und in welchem sich der Mensch befindet. Unter den angegebenen Bedingungen besteht die einzige Möglichkeit, das Problem zu lösen, darin, durch geschicktes Fragen Hinweise über die Insassen zu bekommen. Kann der Computer so gute Antworten geben, daß der Unterschied nicht herausgefunden werden kann, dann soll nach diesem Kriterium gesagt werden, daß die Maschine ›denken‹ kann – der *Turingtest*, wie das Imitationsspiel später genannt wurde, ist bestanden.

Es ist klar, daß dieser Test ein behavioristischer Test ist und die inneren (Denk-) Vorgänge der Versuchspersonen nicht näher spezifiziert. Es ist etwa nicht erforderlich, daß in dem Programm die gleichen Meinungen repräsentiert sind, wie bei einem Menschen, der die Fragen beantwortet. Turing wird durch seinen Test noch nicht einmal darauf festgelegt, den inneren Zuständen der Maschine irgendeinen semantischen Inhalt zuschreiben zu müssen. Die Räume des Imitationsspieles sind *black boxes*, bei denen es allein entscheidend ist, daß bei gegebenem Input ein entsprechender Output hervorgebracht wird.

In der Debatte um künstliche Intelligenz spielt der Turingtest eine entscheidende Rolle. Denn anders als von Turing wird von vielen Vertretern der künstlichen Intelligenz der Turingtest nicht als Nominaldefinition für den Ausdruck ›denken‹ verwendet – also als terminologische Festsetzung –, vielmehr meint man damit ein objektives Kriterium für das Denken selbst in der Hand zu haben, so daß von einer Maschine, die den Turingtest besteht, gesagt werden kann, sie könne im eigentlichen Sinne denken. Um eine derartige Auffassung zu kennzeichnen, spricht Searle in seinem Aufsatz »Geist, Gehirn und Programme« (in diesem Band) von der ›starken These der künstlichen Intelligenz‹ und unterscheidet sie von einer ›schwachen These der künstlichen Intelli-

genz‹, die besagt, daß Computer ein nützliches Mittel bei der Erforschung von Kognitionen sind.
In seinem vieldiskutierten Aufsatz richtet sich Searle gegen die starke These der KI und versucht, sie mit Hilfe eines Gedankenexperiments *ad absurdum* zu führen. Selbst wenn ein Computer in der Lage ist, den Turingtest zu bestehen, sind wir nicht berechtigt, von ihm zu sagen, daß er im selben Sinne versteht, meint, wünscht usw. wie wir. Denn nehmen wir an, es gäbe ein Computerprogramm, das chinesische Sätze verarbeiten und auf chinesische Fragen chinesisch antworten kann. Was ein Computer kann, nämlich nach bestimmten vorgegebenen Regeln Symbole zu manipulieren, das können wir (zumindest prinzipiell) auch. Stellen wir uns also vor, wir seien in einem Raum eingeschlossen und hätten Anleitungen, um mit chinesischen Symbolen umzugehen. Auch wenn der Output für einen Chinesischsprechenden richtig sein mag und er davon überzeugt ist, daß er mit jemandem spricht, der die chinesische Sprache beherrscht, so ist er doch im Irrtum. Denn wir verstehen kein Chinesisch, sondern lediglich, Symbole nach bestimmten Regeln umzuformen. Der Turingtest ist daher, so folgert Searle, ungeeignet, um zu entscheiden, ob ein System intentionale Zustände besitzt oder nicht.[30]

Computer, die Geschichten verstehen

In seinem Aufsatz bestreitet Searle nicht, daß Computer den Turingtest bestehen können, sondern daß sie intentionale Zustände besitzen. Veranlaßt wurde seine Kritik durch den Anspruch einiger, daß sie Computerprogramme entwickelt hätten, die Geschichten ›verstehen‹ können. Mit diesem Anspruch trat zumindest Roger Schank auf, unter dessen Leitung Programme entwikkelt wurden, die in der Lage sind, Fragen zu einer Geschichte zu beantworten, deren Antwort in der Geschichte gar nicht explizit gegeben wird. Wenn die Geschichte etwa lautet: ›Emil ging in ein Restaurant und bestellte einen Hamburger. Er war sehr mit ihm zufrieden, und als er das Restaurant verließ, gab er der Kellnerin ein großes Trinkgeld‹, dann kann der Computer etwa die Frage beantworten, ob Emil ein Hamburger gebracht wurde und ob er den Hamburger gegessen hat. Dies Beispiel mag trivial klingen, doch man sollte sich verdeutlichen, daß es hierbei um ein prinzipielles Problem geht, um das Problem impliziten Wissens von der Welt und von dem Gesprächskontext. Und daß dies ein fundamentales Problem ist, mußten die frühen euphorischen Unternehmungen der künstlichen Intelligenz, die sich das Ziel gesetzt hatten, Übersetzungsprogramme zu entwickeln, bitter erfahren.[31] Das Problem weist darauf hin, daß die Aufgabe der künstlichen Intelligenz nicht nur darin besteht, die Regeln zu finden, nach denen Symbole manipuliert werden sollen, sondern daß auch die Frage zentral ist, wie relevantes Wissen aus dem entsprechenden Bereich zu repräsentieren ist.

Daß die Wissensrepräsentation ganz entscheidend ist, hat bereits Turing erkannt, der als Beispiel für einen kniffligen Dialog beim Turingtest folgende Sequenz anführt:

Fragesteller: In der ersten Zeile Ihres Sonetts steht »Soll ich dich mit einem Sommertag vergleichen«; würde nicht »Tag im Frühling« genauso oder besser passen?
Teilnehmer: Es würde sich nicht skandieren lassen.
Fragesteller: Wie wäre es mit »Wintertag«; das würde sich skandieren lassen.
Teilnehmer: Sehr wohl, doch möchte niemand damit verglichen werden.
Fragesteller: Würden Sie sagen, daß Herr Pickwick Sie an Weihnachten erinnert?
Teilnehmer: In gewisser Weise.
Fragesteller: Weihnachten fällt aber auf einen Wintertag, und ich glaube nicht, daß Herr Pickwick sich an einem Vergleich stören würde.
Teilnehmer: Ich halte Ihren Einwand für unbegründet. Unter einem Wintertag versteht man einen typischen Wintertag, also keinen speziellen wie Weihnachten.
(Turing 1950, 121 f.)

Der unter Schank entwickelte Ansatz nimmt genau auf dieses Problem der Wissensrepräsentation Bezug, das auch in dem klassischen Aufsatz von Minsky »Ein Rahmen für die Wissensrepräsentation« (in diesem Band) zentral ist.[32] Wir wollen daher einen Blick auf die Repräsentationstechnik werfen, die in dem von Searle angeführten Beispiel verwendet wird. Derartige Techniken sind von großem theoretischen und praktischen Interesse für die künstliche Intelligenz und Kognitionswissenschaft, und ihre Bedeutung ist unabhängig von der Frage, ob die von Searle bestrittene starke These der künstlichen Intelligenz aufrecht erhalten werden kann.

Anders als in Übersetzungsprogrammen, bei denen Probleme der

Syntax im Vordergrund stehen, ist in dem Ansatz von Schank und Minsky die semantische Dimension zentral. Nicht der Generierung grammatisch korrekter Zeichenketten gilt ihr primäres Interesse, sondern der Frage, wie die in der Sprache dargestellten Ereignisse sowie das von dem Sprecher vorausgesetzte Wissen von der Welt zu repräsentieren sind. Sowohl Schank wie Minsky sind davon überzeugt, daß die formale Logik kein geeignetes Repräsentationsmittel ist (vgl. den Anhang von Minskys Aufsatz). Das Verfahren, das Schank mit seinen Mitarbeitern entwickelt hat, wird ›konzeptuelle Abhängigkeit‹ (*conceptual dependency*) genannt.[33] Es geht dabei um die Repräsentation von Ereignissen. Jedes Ereignis besteht nach diesem Ansatz aus einem Handelnden (ACTOR), einer Handlung (ACTION), einem Gegenstand (OBJECT); darüber hinaus gibt es eine Richtung (DIRECTION), auf die hin die Handlung orientiert ist. Schank und seine Mitarbeiter führen nun Konzepte ein, um die verschiedenen Ereignisarten zu kennzeichnen. ATRANS (*Abstract transformation*) bezeichnet etwa eine abstrakte Besitzübergabe, PTRANS (*Physical Transfer*) die Verursachung einer Bewegung, PROPEL eine Bewegung, die Gewaltanwendung involviert. Wenn z.B. eine Person einen Laden betritt, dann heißt dies, daß eine Person an sich eine Bewegung verursacht, die sie zu einem Restaurant führt, in der Symbolsprache:

(PTRANS (ACTOR (PERSON (NAME (?))))
(OBJECT (PERSON (NAME (?)))) TO (RESTAURANT (NAME (?))))

Man sieht, daß die einzelnen Konzepte Leer- oder Eingabestellen (*slots*) enthalten, die hier durch Fragezeichen markiert sind. Die Namen vor diesen Eingabestellen zeigen an, von welcher Art ein möglicher Füller sein muß.

Mit Hilfe dieses Apparats wurden von Schank und dem Psychologen Abelson sogenannte Skripte entwickelt, d.h. Schemata, die bestimmten typischen Situationen entsprechen, wie z.B. ins Restaurant gehen, einen Flug buchen oder einen Kredit beantragen. Die Skripte entsprechen dabei den Rahmen (*frames*) von Minsky. Wie die Skripte eines Bühnenstücks enthalten auch die Schankschen Skripte Grundstrukturen, Erwartungen, Rahmenhandlungen, nicht jedoch alle Details der Aufführung. Ein einfaches Skript für einen Restaurantbesuch wird etwa enthalten, daß eine Person ein Restaurant betritt, ein Essen bestellt, das Essen zu sich nimmt, bezahlt und das Restaurant verläßt.

Ein Programm wie SAM (*Script Applier Mechanism*) wird nun eine Geschichte wie die von Searle angeführte Story von einem Gast, der einen Hamburger bestellte, folgendermaßen verarbeiten: Zunächst wird die Geschichte in die Notation der konzeptuellen Abhängigkeit übersetzt, wofür eigens Programme entwikkelt wurden. Ist dies geschehen, wird SAM zunächst nach bestimmten Schlüsselworten suchen, etwa ›Restaurant‹, ›Ober‹, ›Dinner‹, denen das Programm entnimmt, welches von den gespeicherten Skripts für die Verarbeitung aufzurufen ist. Beginnt die Geschichte etwa ›Emil ging in ein Restaurant‹, dann wird das Programm aufgrund des Schlüsselworts ›Restaurant‹ versuchen, die Geschichte mit Hilfe des Restaurantskripts zu verarbeiten. Als nächstes wird das Programm versuchen, die im Skript enthaltenen Variablen mit den in der Geschichte vorkommenden Namen zu binden. In der oben angegebenen Repräsentation für das Ereignis, das darin besteht, daß Emil ein Restaurant betritt, wird etwa die Eingabestelle hinter (PERSON (NAME)) durch ›EMIL‹ gefüllt. Als nächstes werden alle Variablen, die sich auf den Gast beziehen, mit ›EMIL‹ gebunden. In analoger Weise wird das Programm versuchen, die einzelnen in der Geschichte erzählten Ereignisse mit den einzelnen Skriptteilen in Übereinstimmung zu bringen. Dies gelingt nicht in jedem Fall, im Skript kann etwa das Ereignis repräsentiert sein, daß der Gast sein Essen bezahlt, dieses Ereignis ist aber möglicherweise in der Geschichte nicht erzählt. Da das Ereignis des Bezahlens jedoch Teil des Restaurantskripts ist, wird das Programm annehmen, daß der Gast bezahlt hat. Da der Handelnde (ACTOR) dieselbe Person ist, die das Restaurant betreten hat, wird die entsprechende Eingabestelle in unserem Fall auch mit ›EMIL‹ gebunden worden sein. Das Programm wird daher auf die Frage, ob der Gast bezahlt hat, mit ›JA‹ antworten, und auf die Frage, wer bezahlt hat, mit ›EMIL‹.

Angesichts dieses einfachen Mechanismus wird klar sein, daß ein derartiges Programm eine Geschichte nicht in derselben Weise versteht wie wir Menschen. Dies wird auch von Schank nicht behauptet, der vielmehr zwischen verschiedenen Graden des Verstehens unterscheidet. Die einfachste Form des Verstehens ist ein primitives Erfassen der dargestellten Ereignisse, die er mit der Übersetzung in die entsprechende Repräsentationsform der konzeptuellen Abhängigkeit gleichsetzt; die komplexeste und vollständigste Form des Verstehens involviert dagegen auch eine vollständige emotionale Einfühlung. Schank behauptet nicht, daß sein Computer sich vollständig in die erzählten Erlebnisse wird einfühlen können, er erwartet jedoch, daß mit seinem Ansatz ein Verstehen auf einem mittleren Niveau, das er ›kognitives Verständnis‹ nennt, erreicht werden könne. Auf diesem Niveau soll der Computer zu folgendem in der Lage sein:

1. Lernen oder sich infolge seiner Erfahrungen verändern.
2. Aktuelle Erfahrungen intelligent mit früheren Erfahrungen verknüpfen, d.h. nützliche Vergleiche anstellen und wichtige und interessante Beziehungen herausgreifen.
3. Neue Informationen für sich selbst formulieren – zu seinen eigenen, erfahrungsgestützten Folgerungen kommen.
4. Sich selbst erläuternd mitteilen, warum er die Verbindungen geknüpft hat, die er geknüpft hat, und welche *Denkprozesse* an einer Schlußfolgerung beteiligt waren.

(Schank/Childers 1984, 64)

Alltagspsychologie und Kognitionen

Wir haben bereits gesehen, daß der Ausgangspunkt der Kognitionswissenschaft keineswegs dadurch charakterisiert ist, daß es Computer gibt und sich die Frage stellt: wie muß er programmiert werden, damit er sich intelligent verhält? Durch diese Frage läßt sich eher die kommerzielle Richtung der künstlichen Intelligenz charakterisieren, der es naturgemäß um die Entwicklung von brauchbaren Produkten geht.[34] Der kognitionswissenschaftliche Ansatz beginnt dagegen mit dem Phänomen, daß sich Menschen (und Tiere) intelligent verhalten; und dieses Phänomen führt zu der Frage, wie mit einem informationstheoretischen Zugang, mit dem Computermodell, dieses Phänomen erklärt werden kann. Dabei ist der Ausgang von psychologischen Experimenten, wie wir dies in dem Ansatz von Newell und Simon kennengelernt haben, keineswegs der einzige Zugang zur Kognitionswissenschaft. Von philosophischer Seite hat man vielmehr einen Schritt früher begonnen und bei Alltagserfahrungen angesetzt.

Im Alltag spielen Zuschreibungen kognitiver Zustände vor allem in Handlungskontexten eine zentrale Rolle. Wir erwarten Erklärungen für ein Verhalten, wenn wir etwa fragen, ›was *willst* du damit sagen?‹ oder ›was hast du dir dabei *gedacht*, als du das und das tatest?‹ Man kann mit Hilfe kognitiver Ausdrücke den Gesprächspartner zu einem bestimmten Verhalten veranlassen – ›ich möchte gern einen Salatkopf und zwei große Zwiebeln‹ – oder ihm einen Vorschlag für ein Verhalten machen – ›ich hab Lust, ins Kino zu gehen‹. Mit Hilfe kognitiver Ausdrücke leiten wir gelegentlich auch ein Verhalten ein. Wenn ich etwa ein Gespräch plötzlich unterbreche und zur Tür gehe, kann ich meinem Gesprächspartner dieses für ihn möglicherweise überraschende Aufstehen mit der Erklärung ›ich glaube, es hat geklopft‹ einen Sinn geben. Die Liste kognitiver Ausdrücke in Handlungskontexten läßt sich leicht weiter verlängern.

Allgemein gilt, daß wir das Verhalten eines Menschen in anderer Weise erklärt haben möchten als das eines unbelebten Dinges. Wir fragen, was jemand mit seinem Tun bezweckt, was sein Motiv dafür ist und von welchen Annahmen und Meinungen er ausgeht. Wenn wir uns etwa darüber wundern, warum Paul sich eine Monatskarte seiner Busgesellschaft kauft, obwohl er Besitzer eines schnellen Autos ist, dann werden wir ihn besser verstehen, wenn wir wissen, daß er *meint*, daß die Abgase seines Autos umweltschädlich sind, daß er aber *will*, daß die Umwelt geschützt wird.

Wenn mit derartigen kognitiven Beschreibungen tatsächlich zu einer Erklärung beigetragen wird, dann müssen sich auch Regelmäßigkeiten finden lassen, die zu explizieren sind. Das heißt, wir können (und müssen, wenn wir uns mit derartigen Phänomenen wissenschaftlich befassen wollen) Regeln formulieren wie: Wenn du willst, daß die Umwelt geschützt wird, dann vermeide alle unnötigen Belastungen der Umwelt; frage dich, wo du die Umwelt belastest, und suche nach alternativen Mitteln, die die Umwelt schonen. Nach diesem Ansatz folgt also Pauls Verhalten einem Plan, der uns durch Regeln der genannten Art mitgeteilt wird. Wenn wir diesen Plan kennen, dann läßt sich das wahrscheinliche Verhalten einer Person regelrecht berechnen. Es ist dabei keineswegs erforderlich – und es wird auch nicht behauptet –, daß derartige Überlegungen bewußt ablaufen, daß Paul also für sich derartige Regeln formuliert. Es wird vielmehr davon ausgegangen, daß sich derartige Regeln im Verhalten manifestieren, das Bewußtsein wird aus den Untersuchungen ausgeklammert. Mit anderen Worten, der Begriff der Kognition involviert hier nicht den Begriff des Bewußtseins.[35]

An dem Beispiel kann man sich ferner verdeutlichen, daß der Gebrauch intentionaler Erklärungen, also von Erklärungen, die auf Meinungen und Wünsche rekurrieren, es ermöglicht, das adaptive intelligente Verhalten eines Lebewesens zu erklären. Denn ein intelligentes Wesen führt nicht einfach mechanisch die Handlungsmuster aus, die durch einen bestimmten Reiz ausgelöst wurden. Ein so determiniertes Wesen könnte sich nicht auf neue Situationen einstellen, in denen ein bestimmter Reiz vorliegt, wobei das dadurch aufgerufene Handlungsmuster jedoch schädlich für das Wesen ist. Wir werden nur dann von einem System sagen, daß es sich intelligent verhält, wenn es sich auch in neuen Situationen sinnvoll verhalten und seine Ziele verfolgen kann. Es muß dazu offenbar in der Lage sein, sowohl seine Ziele wie unterschiedliche Tatsachen zu repräsentieren und entsprechend eine Entscheidung in bezug auf sein Verhalten zu treffen. Intelligentes Verhalten kann also erst dann vorliegen, wenn ein System bestimmte Wünsche und Meinungen über seine Umwelt (und seine eigenen Fähigkeiten) hat und es diese Ziele unter Berücksichtigung seiner Meinungen in rationaler Weise zu erreichen sucht. Intelligentes Verhalten wird also nicht durch einen Reiz oder einen Reizkomplex bestimmt, sondern es ist das Ergebnis eines systematischen Entscheidungsprozesses, bei dem Wünsche und Meinungen eine zentrale Rolle spielen.[36]

Einige Kognitionswissenschaftler, wie Fodor und Pylyshyn, setzen hier an und halten zumindest einige der bei derartigen Erklärungen genannten kognitiven Zustände, die Meinungen und Wünsche, für psychisch real und erklären, daß dies die Kognitionen sind, die zu untersuchen Aufgabe der Kognitionswissenschaft ist. Sie sind dabei der Auffassung, daß das Computermodell herangezogen werden muß, um den Zusammenhang von kognitiver und biologischer Ebene verständlich zu machen, um also zu klären, wie Dinge ›in meinem Kopf‹, meine Meinungen und Wünsche, etwas in der physischen Wirklichkeit verursachen können. Diese Frage ist anspruchsvoller als der Versuch, ein Programm zu schreiben, daß etwa die angeführten Regeln für umweltschonendes Verhalten verwendet. Denn wir haben zunächst erneut mit einer Verständnisfrage zu beginnen: was sind Wünsche und Meinungen, und wie sind sie zu analysieren?

Wünsche und Meinungen werden zumeist als propositionale Einstellungen analysiert, die die Form haben ›x will (meint, hofft, erwartet usw.), daß p‹. Dabei repräsentiert ›p‹ einen Sachverhalt und wird der *Inhalt* der propositionalen Einstellung oder des intentionalen Zustandes genannt. Derartige Sachverhalte kann man mit Hilfe von Sätzen repräsentieren, die wiederum aus einem Zeichensatz mit Hilfe eines Regelsystems generiert werden können. Was also liegt näher als die Annahme, daß es eine Sprache des Denkens gibt, daß also in unserm Gehirn ein Lexikon und eine Grammatik in ähnlicher Weise implementiert sind wie das Programm und Datenstrukturen in einem Computer?

Auf einer derartigen These von einer Sprache des Denkens baut Fodor seine Theorie der propositionalen Einstellung auf.[37] Diese Theorie faßt er folgendermaßen zusammen (Fodor 1981, 26): (a) Propositionale Einstellungen sind relational. Jemand wünscht, hofft, befürchtet, meint, daß etwas der Fall ist. (b) Zu den Relata gehören mentale Repräsentationen, und diese mentalen Repräsentationen bestimmen den Inhalt der propositionalen Einstellung. (c) Mentale Repräsentationen sind Symbole; sie besitzen – wie sprachliche Zeichen – sowohl formale wie semantische Eigenschaften. (d) Mentale Repräsentationen erhalten ihre kausale Rolle – also ihre Eigenschaft, auf das physische Verhalten des meinenden und wollenden Systems einzuwirken – durch ihre formalen Eigenschaften. Zum Verständnis dieser Bestimmung hilft der Computer, da es auch bei ihm allein formale Eigenschaften sind, die etwas repräsentieren. Diese sind aber Eigenschaften von physischen Dingen, etwa von Schaltungen, die die Wahrheitswerttafeln repräsentieren, und von fließendem bzw. nichtfließendem Strom, der die Wahrheitswerte repräsentiert. Und diese physischen Dinge, die die formalen Eigenschaften besitzen, durch die Symbole etwas bedeuten, können natürlich andere physische Dinge kausal verursachen. (e) Propositionale Einstellungen erhalten ihre semantischen Eigenschaften von den semantischen Eigenschaften der mentalen Repräsentationen, die als ihr Objekt fungieren. Das heißt, es gibt keine weitere Ursache für die semantische Eigenschaft propositionaler Einstellungen. Der Stoff, aus dem unser Gehirn besteht, ist nach dieser These also irrelevant; was allein zählt, sind die formalen Eigenschaften der involvierten Repräsentation. Mit anderen Worten: intelligente Systeme sind Maschinen, die Symbole in bestimmter Weise manipulieren, womit wir bei der physikalischen Symbolsystem-Hypothese von Newell und Simon angekommen wären.

Natürlich folgt aus der Wichtigkeit von intentionalen Erklärungen nicht die Richtigkeit der physikalischen Symbolsystem-Hypothese. Es werden vielmehr weitere Annahmen benötigt, insbesondere die, daß der repräsentierende Inhalt von kognitiven Zuständen, der bestimmt, was gemeint, gewünscht usw. wird, in rein formaler Weise individuiert werden kann. Das heißt, es sind *syntaktische* Unterschiede der Repräsentationen, die es uns ermöglichen, uns auf unterschiedliche Gegenstände zu beziehen. Anders ausgedrückt: Der hier vorgestellte Ansatz geht davon aus, daß kognitive oder semantische Erklärungen durch Erklärungen auf der Ebene von Symbolmanipulationen, also von Programmen, gestützt werden müssen.

Diese These wird vielfach angegriffen, etwa von Searle, der zwar intentionale Erklärungen für notwendig hält, mit seinem chinesischen Zimmer jedoch gerade die These widerlegen will, daß Symbolmanipulation, die sich allein an formalen Eigentümlichkeiten der Symbole orientiert, zu intentionalen Zuständen führen kann. Bestritten wird die These auch von den meisten Konnektionisten, die die These zurückweisen, daß Symbole und Regeln im Gehirn repräsentiert sind.[38] Wie immer also die These von der Sprache des Denkens zu beurteilen ist, unbezweifelbar ist es das Verdienst von Kognitivisten wie Fodor, eine konsistente Antwort auf die alte Frage gegeben zu haben, wie es möglich ist, daß meine Meinungen und Wünsche mein Verhalten beeinflussen können.

Für die These von der Sprache des Denkens ist es entscheidend, daß Kognitionen tatsächlich Phänomene *sui generis* sind. Da Kognitionen die Entitäten sein sollen, über die von der Psychologie und Kognitionswissenschaft gesetzesartige Aussagen gemacht werden, ist diese Frage gleichbedeutend mit der Frage, ob es genuin psychologische Gesetze gibt oder ob sich die von den Psychologen entdeckten Verallgemeinerungen auf Sätze anderer Wissenschaften reduzieren lassen. Diese reduktionistische Ansicht war in der Wissenschaftstheorie lange Zeit dominierend, und das Projekt der Einheitswissenschaft, wie es in den dreißiger Jahren von Philosophen wie Neurath, Morris und Carnap verfolgt wurde, geht von einem solchen Reduktionismusprogramm aus. Der Gedanke, an dem insbesondere Carnap mit seiner Wissenschaftslogik arbeitete, war, daß die Einzelwissenschaften hierarchisch geordnet sind und sich ihre Gesetze schrittweise reduzieren lassen: die Gesetze der Soziologie auf die der Psychologie, diese auf die Gesetze der Biologie, die biologischen Gesetze sollen in die Chemie integriert werden und diese schließlich in die Grundwissenschaft, die Physik. Die Physik ist in diesem Reduktionismusprogramm, das auch als ›Physikalismus‹ bezeichnet wird, fundamental, was dazu führt, daß Carnap eine »Psychologie in physikalischer Sprache« forderte.[39] Für die Grundlegung der Kognitionswissenschaft ist die Frage, ob dieses Reduktionismusprogramm durchführbar ist, ebenfalls von zentraler Bedeutung, denn wenn die Psychologie in der Sprache der Physik betrieben werden kann, dann kann ein Computermodell allenfalls ein zu überwindendes Zwischenstadium sein, die Kognitionswissenschaft wäre jedoch keine selbständige wissenschaftliche Disziplin.

Mit dieser Frage der Einheitswissenschaft befaßt sich Fodor in seinem Aufsatz »Einzelwissenschaften. Oder: Eine Alternative zur Einheitswissenschaft als Arbeitshypothese« (in diesem Band), und er zeigt dort, daß ein solches Reduktionismusprogramm nicht durchführbar ist, und zwar deshalb, weil es Regelmäßigkeiten auf höheren Abstraktionsniveaus gibt, die sich nicht auf niedrigem Niveau finden. Nehmen wir an, das Reduktionismusprogramm sei durchführbar; in diesem Fall wären die Regelmäßigkeiten, wie wir sie am Beispiel von Pauls Änderungen seiner Fahrgewohnheiten angeführt haben, auf gesetzesartige Zusammenhänge der Nervenaktivierung und Muskelbewegung zu reduzieren, und diese wieder auf Gesetze über die sie aufbauenden Moleküle und Atome. Nun ist aber das körperliche Verhalten von Paul, wenn er sich eine Umweltkarte kauft, verschieden von dem, wenn er sein Fahrrad aus dem Keller holt und fahrtüchtig macht. Es ist nicht zu sehen, wie es auf der Ebene der Muskelbewegung und Nervenaktivierung interessante Gemeinsamkeiten zwischen den genannten Verhaltensweisen geben kann. Gleichwohl gibt es interessante Regelmäßigkeiten: Paul *will* die Umwelt schonen; im einen Fall *meint* er, daß es am günstigsten sei, mit dem Fahrrad zu fahren; im andern *meint* er dagegen, daß unter den gegebenen Umständen die öffentlichen Verkehrsmittel vorzuziehen seien. Wenn es derartige Zusammenhänge auf der kognitiven Ebene gibt, ist eine Kognitionswissenschaft erforderlich, die derartige Zusammenhänge erforscht. Wenn diese Zusammenhänge nicht in die Sprache der Chemie oder Physik übersetzt werden können, dann ist die Kognitionswissenschaft eine eigenständige, autonome Disziplin, die nicht hinter den vermeintlich ›härteren‹ Disziplinen zurücksteht.[40]

Wir haben eben gesagt, daß eine Konzeption der Kognitionswissenschaft davon ausgeht, daß das Verhalten bestimmten Regeln folgt, die mit einem intentionalen Vokabular wie ›meinen‹ und ›wünschen‹ zu erfassen sind. In dieser Weise ist jedoch alles und jedes beschreibbar. Ein Stein, so könnte man in Anlehnung an Aristoteles sagen, fällt deshalb zur Erde, weil er sich dort hinbewegen *will*. Dennett führt in seinem Aufsatz »Intentionale Systeme in der kognitiven Verhaltensforschung« (in diesem Band) das zweckhafte Verhalten von Bienen an, die ihre toten Schwestern aus dem Bienenstock werfen. Sie tun dies, so könnte man sagen, weil sie *meinen*, daß tote Bienen eine gesundheitliche Bedrohung darstellen und sie diese vermeiden *wollen*. Tatsächlich ist es jedoch ein einfacher Mechanismus, der das sinnvolle Verhalten der Bienen regelt. Tote Bienen sondern ein Sekret ab, dessen olfaktorische Eigenschaften bei Bienen ein Hinauswerf-Verhalten auslösen. Lebendige Bienen, die mit diesem Stoff beträufelt sind, werden daher im Bienenstock genauso behandelt wie die toten Bienen, sie werden hinausgezerrt.

Ein Begründungsversuch der Kognitionswissenschaft, der sich auf eine intentionale Ebene beruft, muß derartige Fälle ausklammern, da mit der intentionalen Erklärung Zusammenhänge erfaßt werden sollen, die auf einer anderen Ebene nicht erfaßt werden können. Da eine physikalische bzw. physiologische Erklärung für das Verhalten des Steins und der Bienen hinreichend ist, gibt es keinen Grund, ihnen auch noch Kognitionen zuzuschreiben. Um derartige Fälle auszuschließen, schlug Pylyshyn, der sich an Fodor anlehnt, als Kriterium für Kognition die kognitive Durchdringbarkeit (*cognitive penetrability*) vor.[41] Kognitionen, und damit Regelmäßigkeiten auf einer kognitiven Ebene, liegen nur dann vor, wenn andere Meinungen des Systems zu einem anderen Verhalten geführt hätten. Kognitionen setzen also Wahlmöglichkeiten voraus, die der Stein und die Biene nicht haben. Sie können, so wie sie und die Natur beschaffen sind, keine anderen ›Meinungen‹ haben (dieser kognitive Ausdruck darf hier eigentlich gar nicht verwendet werden), als sie tatsächlich haben. Paul ist dagegen so beschaffen, daß er Meinungen und Wünsche haben kann, die Auswirkungen auf sein Fahrverhalten haben können.

Die so konzipierte Kognitionswissenschaft befaßt sich offenbar nicht mit allen Phänomenen, die als ›kognitiv‹ bezeichnet werden können. Denn viele kognitive Erscheinungen resultieren aus Wachstumsprozessen, medikamentösen und hormonellen Einflüssen oder auch Schädigungen des Rezeptorapparats oder des Zentralnervensystems. Um derartige Fälle zu erklären, braucht man nicht auf Meinungen und Ziele Bezug zu nehmen, sondern lediglich auf die entsprechenden physiologischen Vorgänge. Damit ist aber eine intentionale Erklärung für derartige Fälle überflüssig, und das Computermodell kann nicht zum Zuge kommen.[42] Die Anwendung des Computermodells setzt also eine hohe Flexibilität und Anpassungsfähigkeit von Organismen voraus. Es ist aber eine empirische Frage, inwiefern es diese Anpassungsfähigkeit tatsächlich gibt. Wenn das Verhalten von Menschen etwa weitgehend von Stimmungen abhängig ist und wenn Stimmungen nicht kognitiv durchdringbar sind, dann ist das Verhalten von Menschen größtenteils nicht von der Kognitionswissenschaft erklärbar. Denn die Kognitionswissenschaft (zumindest wenn sie in der skizzierten Weise begründet wird) setzt Wahlmöglichkeiten und insofern ›Freiheit‹ voraus.

Zwei Computermetaphern

Ein weiteres Hemmnis für die Akzeptierung der Kognitionswissenschaft ergibt sich aus bestimmten Grundannahmen Freges, die in der analytischen Philosophie übernommen wurden. Zu diesen Grundannahmen gehört die Vernachlässigung von subjektiven Momenten, den »Vorstellungen«, die durch die Betonung der Objektivität des Sinns eines sprachlichen Ausdrucks kompensiert werden soll (vgl. auch den in diesem Band abgedruckten Aufsatz von Newell und Simon). Mit den Argumenten, die für das Absehen von der subjektiven Vorstellung zu sprechen scheinen, befaßt sich Holenstein in seinem Aufsatz »Mentale Gebilde« (in diesem Band). Holenstein analysiert die Mehrdeutigkeiten des Ausdrucks ›subjektiv‹ und zeigt, daß die Zurückweisung mentaler Gebilde ungerechtfertigt ist. Bei seiner Klärung des Status mentaler Gebilde erläutert Holenstein ihren funktionalen Charakter, wobei er an Überlegungen Wittgensteins sowie an Kants Ausführungen zum Schematismus anknüpfen kann.
Aus dem bisher Gesagten dürfte bereits deutlich geworden sein,

daß die Kognitionswissenschaft verschiedene Ursprünge hat und keineswegs ein monolithischer Block ist. So hat Fodor (1981, 23 f.) darauf hingewiesen, daß die Computermetapher selbst in unterschiedlicher Weise verwendet werden kann. In der einen Verwendung meint sie die Reduzierbarkeit psychischer Zustände auf funktionale Zustände, die mit Hilfe einer Turingmaschinentafel spezifizierbar sind.[43] In diesem Sinne verwendet Putnams TM-Funktionalismus die Computermetapher. Die zweite Bedeutung der Computermetapher, die Fodor übernimmt, ergibt sich aus dem symbolischen Charakter von Computerprogrammen, die es erlauben, von Computer*sprachen* zu sprechen. Hierbei steht der repräsentationale Aspekt im Vordergrund, nicht der funktionale.
Für die unterschiedliche Verwendung der Computermetapher ist es nicht ohne Bedeutung, daß die Protagonisten Putnam und Fodor nicht dieselben kognitiven Zustände als paradigmatisch behandeln. In Putnams TM-Funktionalismus ist der Prototyp eines psychischen Zustands – wie bei fast allen Identitätstheoretikern – der Schmerz. Bei Schmerz stellt sich jedoch nicht die Frage nach dem repräsentierenden (semantischen) Gehalt, vielmehr ist an Schmerz interessant – abgesehen von der Frage, wie man ihn los wird –, daß sich ein Organismus, wenn er sich in diesem Zustand befindet, anders verhält, als wenn er sich in einem schmerzfreien Zustand befindet. Wenn jemand Zahnschmerzen hat, wird er auf die gleichen Fragen und Reize, die nach dem TM-Funktionalismus bestimmten Symbolsequenzen auf dem Band entsprechen, anders reagieren, als im schmerzfreien Zustand. Er wird etwa selbst seine Lieblingsspeise weit von sich weisen und so ungewöhnliche Verhaltensweisen zeigen wie die, zum Zahnarzt zu gehen. Schmerz ist also ein Zustand, in dem der Organismus Inputs anders verarbeitet als in anderen Zuständen.[44] Fodor hingegen ist an ganz anderen psychischen Zuständen interessiert, und zwar an sogenannten ›propositionalen Einstellungen‹, etwa der ›Meinung, daß *p*‹. Hierbei ist der *semantische Inhalt* relevant, der bei dem Schmerzzustand fehlt.
Aus dem Gesagten dürfte deutlich geworden sein, daß der Vorwurf, nicht empirisch widerlegbar zu sein, der sich gegen den TM-Funktionalismus erheben läßt, keineswegs die eigentliche Kognitionswissenschaft trifft. Es ist vielmehr eine empirische Frage, ob etwa die These von einer Sprache des Denkens haltbar ist und worin mögliche Grenzen ihrer Anwendung liegen. Insbe-

sondere die weitverbreitete Voraussetzung, daß Kognitionen eine propositionale Struktur besitzen, hat zu einer heftigen Debatte in der Psychologie geführt und die Forschung beeinflußt. Das in diesem Zusammenhang am meisten diskutierte Phänomen sind bildliche Vorstellungen (*imagery*). Bei der Diskussion, in welchem Format Gegenstände repräsentiert sind, ob in einem analogen oder einem propositionalen, liegt dieses Thema vor allem deshalb nahe, weil Bilder als prototypische Vertreter für eine analoge Repräsentation gelten. Bildliche Vorstellungen scheinen daher nicht in propositionaler, sondern in analoger Weise zu repräsentieren. Einige Vertreter der Kognitionswissenschaft, wie etwa Pylyshyn, bestreiten die These eines analogen Mediums, andere Psychologen hingegen, die sich ebenfalls zur Kognitionswissenschaft bekennen, wie Kosslyn, behaupten sie. Eine Darstellung der einschlägigen psychologischen Versuche, die zur Klärung der Frage des Formats bildlicher Vorstellungen entwikkelt wurden, findet sich in dem Aufsatz von Kosslyn und Pomerantz »Bildliche Vorstellungen, Propositionen und die Form interner Repräsentation« (in diesem Band).[45]

Intentionale Systeme

Wir haben gesehen, daß es Begründungsversuche der Kognitionswissenschaft wie die von Fodor gibt, bei denen Intentionalität eine entscheidende Rolle spielt. Auch bei Dennett ist dieser Begriff zentral. Im Unterschied zu Fodor ist Dennett jedoch der Auffassung, daß die intentionale Beschreibung, auf der Fodor insistiert, nur einen vorläufigen Charakter hat, und daß die These von einer Sprache des Denkens nicht haltbar ist.[46] Ein System ist nach Dennett nur insofern intentional, als es zweckmäßig ist, dieses System mit Hilfe intentionaler Ausdrücke wie ›meinen‹ und ›wünschen‹ zu beschreiben, das heißt, insofern die *Zuschreibung* bestimmter Meinungen und Ziele, die das System in rationaler Weise zu erreichen sucht, hilft, es zu verstehen und sein wahrscheinliches Verhalten vorauszusagen. Intentionale Erklärungen und damit die Zuschreibung von Repräsentationen mit einem semantischen Inhalt sind für Dennett gewissermaßen Anleihen, die in physikalischer Sprache zurückgezahlt werden müssen.[47] Anders als Fodor und Pylyshyn ist Dennetts Einstellung also askriptionistisch, oder »instrumentalistisch«, wie er sie selbst nennt.[48] Dies bedeutet, daß er nicht zwischen tatsächlicher, ursprünglicher oder, wie Searle es nennt, »intrinsischer« und abgeleiteter Intentionalität unterscheidet.

Was Dennett vorstellt, ist eine Theorie intentionaler Systeme (*intentional system theory*), die mit der Entscheidungs- und Spieltheorie verwandt sein soll (1987, 58). Wie Fodor orientiert sich Dennett an dem intentionalen Vokabular der Alltagspsychologie.[49] In seinen neueren Arbeiten charakterisiert Dennett intentionale Systeme durch drei Prinzipien: (1) Die Meinungen des Systems sollten aus seinem Wahrnehmungsvermögen, seinem Erkenntnisinteresse und seiner Biographie herleitbar sein. Seine Meinungen sind im allgemeinen wahr und relevant für sein Leben. Wenn das System irrt, muß dies mit Hilfe der Umwelt und des Wahrnehmungsapparats erklärt werden. (2) Es soll die Wünsche haben, die es bei seinen tatsächlichen biologischen Bedürfnissen und den praktikabelsten Mitteln, sie zu befriedigen, hat. Die Wünsche dienen daher dem Überleben und der Fortpflanzung. (3) Das Verhalten des Systems besteht in Handlungen, die sich rational aus seinen Meinungen und Wünschen ergeben.[50]

Dennetts Theorie intentionaler Systeme ist aus der Beschäftigung mit dem Leib/Seele-Problem hervorgegangen, wobei insbesondere die Arbeiten Chisholms eine Herausforderung für ihn darstellten. In Auseinandersetzung mit dem Physikalismus der Einheitswissenschaft hatte Chisholm gezeigt, daß intentionale Sätze nicht auf Beobachtungssätze reduziert werden können, wie dies vom logischen Behaviorismus versucht wurde.[51] Wenn ich etwa sage ›Paul denkt an einen grünäugigen Fuchs‹, dann lassen sich die Wahrheitsbedingungen für diesen Satz nicht in physikalischer Sprache formulieren, für die die extensionale Logik gilt. Denn wie immer man diesen Satz übersetzen mag, wenn in der Übersetzung der Wahrheitswert gleich bleiben soll, muß man auf einen grünäugigen Fuchs Bezug nehmen. Andererseits ist es für die Wahrheit des Satzes nicht entscheidend, daß es tatsächlich einen grünäugigen Fuchs gibt, an den Paul denkt. Wir können daher aus der Wahrheit des Satzes nicht folgern, daß es einen grünäugigen Fuchs gibt, wie dies in extensionalen Kontexten wie ›Paul füttert einen grünäugigen Fuchs‹ möglich ist.[52]

Chisholms Analyse, die ihn zu der These führt, daß intentionale Sätze einen intensionalen Charakter haben, wird allgemein geteilt, es werden jedoch unterschiedliche Konsequenzen daraus gezogen. Chisholm selbst ist der Auffassung, daß eine Wissenschaft vom Intentionalen erforderlich ist, die nicht auf die Physik reduzierbar ist. Andere, wie etwa Quine, ziehen andere Konsequenzen. Obwohl Quine festellt, daß Brentanos These von der Nichtreduzierbarkeit intentionaler Ausdrucksformen mit seiner eigenen These von der Unbestimmtheit der Übersetzung voll und ganz in Einklang steht, erklärt er: »Man kann Brentanos These akzeptieren und entweder so verstehen, daß sie die Unabdingbarkeit der intentionalen Ausdrucksformen und die Bedeutung einer eigenständigen Wissenschaft von den Intentionen zeigt, oder aber so, daß sie die Grundlosigkeit einer Wissenschaft von den Intentionen zeigt. Im Gegensatz zu Brentano bin ich der letzteren Auffassung« (Quine 1960, 381). Gleichwohl will Quine den Alltagsgebrauch intentionaler Ausdrücke nicht aufgeben, da sie »zumindest in praktischer Hinsicht unentbehrlich« seien (1960, 382 Anm.).

Der Herausforderung, die in dieser Situation für den Quineschen naturalistischen Standpunkt entsteht – auf der einen Seite soll es keine autonome Wissenschaft von Intentionen geben, auf der anderen Seite sind wir auf intentionale Beschreibungen angewiesen –, stellt sich Dennett mit seiner Theorie intentionaler Systeme.

Für ein adäquates Verständnis Dennetts ist ein Blick in seine unter dem Titel *Content and Consciousness* (1969) erschienene Dissertation hilfreich. Er versucht dort, das Leib/Seele-Problem zu lösen, wobei er sowohl die Identitätstheorie – in deren Tradition, wie wir uns erinnern, auch Putnams TM-Funktionalismus steht – vermeiden will, wie die Annahme einer autonomen Wissenschaft von den Intentionen. Seine Analysen beginnen mit dem Aufweis, daß in der natürlichen Sprache mentale Ausdrücke eine andere Semantik haben, also in prinzipiell anderer Weise verwendet werden als Ausdrücke für Dinge. Mentale Ausdrücke wie ›Schmerz‹ sind nach Dennetts Meinung in bestimmte Kontexte »eingeschmolzen«, das heißt, sie haben nur in bestimmten Kontexten Bedeutung, wie etwa der Ausdruck ›sake‹, der nur in Kontexten wie ›for Paul's sake‹ verwendet werden kann, nicht jedoch in Kontexten wie ›sake is identical with x‹. Dieser Analyse zufolge ist die Identifizierung von mentalen Zuständen mit physischen (oder auch mit funktionalen) Zuständen nicht falsch, sondern sinnlos, da sie auf einer Sprachverwirrung beruht. Wir können nicht sagen, womit Schmerz identisch ist, weil der Ausdruck ›Schmerz‹ im Kontext ›Schmerz ist identisch mit *x*‹ bedeutungslos ist.

Gleichwohl ist Dennett, der sich mit Chisholm auseinandersetzt, davon überzeugt, daß Brentanos These von der Nichtreduzierbarkeit psychischer Phänomene falsch ist. Sein Gedanke ist also, daß zwar die Identifizierung mentaler Zustände mit physischen Zuständen unkorrekt ist, daß aber eine Übersetzung der *Sätze*, in denen Ausdrücke für Psychisches sinnvoll verwendet werden, möglich ist. Dennett ist der Ansicht, daß Chisholm lediglich gezeigt habe, daß eine derartige Übersetzung dann unmöglich ist, wenn man sich wie der Behaviorismus auf *äußere* Verhaltensmerkmale beschränkt. Dennett schlägt daher vor, bei der Übersetzung auch auf *interne* Ereignisse des intentionalen Systems Bezug zu nehmen. Wenn wir etwa von einer Person sagen, daß sie Hunger hat oder einen Fuchs sieht, dann schreiben wir dieser Person ein internes Ereignis oder einen internen Zustand zu, dessen semantischer Inhalt durch ›hat Hunger‹ oder ›sieht einen Fuchs‹ bezeichnet werden kann. Mit Hilfe derartiger interner Zustände scheint es nun möglich, sich bei der Behandlung intentionaler Zustände der extensionalen Logik zu bedienen – zumindest dann, wenn der semantische Charakter der internen Zustände sich irgendwie auflösen läßt. Diese Auflösung der Semantik nimmt Dennett tatsächlich vor. In unserm Beispiel gibt es nach Dennett keine Bedeutung, die ein bestimmter interner Zustand von Paul an und für sich hätte und die durch ›an einen grünäugigen Fuchs denken‹ ausgedrückt werden könnte. Es gibt lediglich interne Zustände von Paul sowie Verhaltensweisen von Paul, die es rechtfertigen, seinen internen Zuständen eine bestimmte Bedeutung zuzuschreiben. Mit anderen Worten, die Bedeutung eines internen Zustands ergibt sich aus den Konsequenzen, die er zeitigt, weshalb man Dennetts Ansatz auch als ›konsequentialistisch‹ bezeichnet hat[53]. Die Grundlage für die Zuschreibung ist relativ einfach, wenn sprachliche Äußerungen vorliegen. Wenn Paul z.B. sagt: ›Ich denke an einen grünäugigen Fuchs‹, dann heißt dies nach Dennett, daß es einen internen Zustand von Paul gibt, dessen Bedeutung durch ›sieht einen grünäugigen Fuchs‹ ausgedrückt werden kann. Aber auch bei nichtsprachlichem Verhalten gibt es nach Dennett einen relativ sicheren Leitfaden für die Zuschreibung: die Angemessenheit an die Umweltsituation.

Wir sagen von einem Hund zu Recht, daß er nach Beute sucht, wenn der Hund ein Verhalten zeigt, das geeignet ist, um etwa einen Hasen aufzuspüren. Denn der Hund wird jeweils solche internen Zustände besitzen, die es ihm erlauben, in der jeweiligen Umwelt zu überleben.
Um es noch einmal zusammenzufassen: Wir schreiben dem Hund einen intentionalen Zustand zu, indem wir sagen, daß er nach Beute *sucht*, d. h., wir betrachten ihn als intentionales System. Um den intentionalen Satz, mit dem wir die Zuschreibung vornehmen (›der Hund sucht nach Beute‹) zu analysieren, nimmt Dennett auf einen internen Zustand des Hundes Bezug, der für sein Verhalten verantwortlich sein soll. Diesem Zustand schreibt Dennett die Bedeutung zu, die das von dem Zustand verursachte Verhalten besitzt. Das Verhalten hat die Bedeutung des Beutesuchens, folglich hat also auch der interne Zustand diese Bedeutung. Es ist leicht zu sehen, wie der konsequentialistische Ansatz Dennetts von Anfang an auf den Adaptionismus und damit auf bestimmte biologische Thesen zuläuft, da bei nichtsprachlichem Verhalten nur über die Angemessenheit an die jeweilige Umweltsituation eine Bedeutungszuschreibung möglich ist. In seinem Aufsatz »Intentionale Systeme in der kognitiven Verhaltensforschung« (in diesem Band) verteidigt Dennett explizit diesen evolutionstheoretischen Ansatz. Dabei versucht er seinen Zugang für den Verhaltensforscher attraktiv zu machen, indem er im Anschluß an Grice verschiedene Stufen der Intentionalität unterscheidet und Tests vorschlägt, mit deren Hilfe bestimmt werden kann, welchen Grad von Intentionalität bestimmte Tiere besitzen.

Introspektion

Ich habe bereits auf die Bedeutung der Sprachwissenschaft für die Kognitionswissenschaft hingewiesen; dabei war insbesondere Chomskys Gedanke bedeutsam, für die Beschreibung von Sprachstrukturen einen mathematischen Apparat zu verwenden. In seinem Aufsatz »Introspektion und Beschreibung des Sprachgebrauchs« (in diesem Band) geht es Schnelle um das Problem, daß es ganz unterschiedliche Regelsysteme gibt, mit deren Hilfe sprachliche Strukturen beschrieben werden können. So kann eine Sprachstruktur etwa mit Hilfe von Turingmaschinentafeln, rekursiven Funktionen oder wachsenden Automatennetzen formuliert werden. Es sind daher unterschiedliche Grammatiken möglich, die formal äquivalent sind, sich jedoch in prozeduraler Hinsicht unterscheiden. Schnelle fragt daher, ob es ein Entscheidungskriterium gibt, das eine Grammatik auszeichnen kann. Hält man sich allein an die Struktur der Lautäußerungen, dann ist die Wahl der jeweiligen Grammatik beliebig, berücksichtigt man jedoch die Introspektion, dann haben wir eine Möglichkeit, eine Entscheidung zu treffen. Wie Dennett setzt sich Schnelle mit Quine, der eine behavioristische Position vertritt, auseinander. Seine Analysen führen Schnelle zu dem Ergebnis, daß die Wahrnehmung eine Interaktion zweier operativer Subsysteme ist, eins, das den Erlebnisstrom konstituiert, und eins, das das Gewahrwerden organisiert. Schnelle versteht die Linguistik also als eine kognitive Disziplin, die nicht streng getrennt von Psychologie und Neurologie betrieben werden sollte. Aus seinen Überlegungen zieht er den Schluß, daß Chomskys Unterscheidung zwischen Kompetenz und Performanz – Chomskys generative Transformationsgrammatik ist bekanntlich eine Theorie sprachlicher Kompetenz –, aufzugeben und eine direkte Zuwendung zu den Verarbeitungsmechanismen erforderlich ist.[54]

Computermodelle des Geistes

Die Grundansichten, die in den Aufsätzen des vorliegenden Bandes formuliert sind, werden keineswegs von allen Kognitionswissenschaftlern geteilt. Viele Konnektionisten z. B., die sich als Kognitionswissenschaftler verstehen, bestreiten, daß Symbole und Regeln mental repräsentiert sind, so daß sie mit den meisten der hier vertretenen Autoren nicht übereinstimmen werden. Daß der TM-Funktionalismus umstritten ist und das Thema ›bildliche Vorstellungen‹ kontrovers diskutiert wird, haben wir gesehen. Und auch die These, daß eine intentionale Psychologie, wie die Alltagspsychologie, nicht reduzierbar ist, wird vielfach angegriffen (vgl. etwa Stich 1983).

Doch diese Disparatheit und Vielheit ist wohl nur eine Not, wenn man für einen Band zur Kognitionswissenschaft eine Auswahl zu treffen hat, ansonsten aber durchaus ein Gewinn. Denn – und dies wird von Kritikern der künstlichen Intelligenz, die gerne die

Bedeutung der Kreativität betonen, übersehen – das Computermodell hat kreative Leistungen hervorgebracht, wie es sie wohl auf kaum einem anderen Gebiet der Wissenschaft je gegeben hat. Die Kognitionswissenschaft ist also gerade selbst ein eindrucksvoller Beleg für die Kreativität des menschlichen Geistes. Die Annahme, daß der Computer zur Aufklärung von Kognitionen beitragen kann, hatte keineswegs zur Folge, daß einfach vorhandene Programmiertechniken auf einen neuen Bereich angewandt wurden, sondern auf den verschiedenen Problemebenen wurden *Brainstorms* ausgelöst, von denen die vorliegende Aufsatzsammlung zumindest einen Eindruck vermitteln wird. Sicherlich wird nicht alles Bestand haben, was an computationalen Ansätzen vorgetragen wird, andererseits muß aber auch keineswegs befürchtet werden, daß alles vom Wind der Geschichte hinweggefegt werden wird.

Schließlich sollte auch nicht unbeachtet bleiben, daß durch das Computermodell auch konkurrierende Ansätze profitieren, insofern ein Zwang besteht, Gegenmodelle klar zu formulieren und die Aspekte, von denen man meint, daß sie von dem Computermodell nicht erfaßt werden, zu explizieren. Zudem hat gerade die Unzufriedenheit mit der traditionellen künstlichen Intelligenz dazu geführt, daß andere Ansätze geradezu begierig aufgegriffen wurden, der Konnektionismus etwa oder die Hermeneutik und Maturanas Theorie autopoetischer Systeme bei Winograd und Flores (1986).

Zu beachten ist ferner, daß die Kognitionswissenschaft dazu ermuntert, einen Blick auf die Geschichte zu werfen; denn, wie Fodor sagt: »Vieles in der Kognitionswissenschaft ist wiederentdeckte Philosophie«. Die künstliche Intelligenz und Kognitionswissenschaft hat viele Vorläufer, und sie darzustellen empfinden selbst viele Wissenschaftler in den Vereinigten Staaten als eine wichtige Aufgabe. Wie man erkannt hat, kann diese Tradition auch für heuristische Zwecke genutzt werden. Am eindrucksvollsten und deutlichsten finden wir dies bei Dreyfus. In einem Band über Husserl versucht er zunächst zu zeigen, daß der transzendentalphänomenologische Husserl die künstliche Intelligenz und Kognitionswissenschaft antizipiert. Nun wurde Husserls Ansatz von Heidegger in seinen Fundamenten erschüttert. Also fragt Dreyfus, ob Heideggers Kritik auf das aktuelle Computermodell übertragen werden kann – eine Frage, die er positiv beantwortet

und die Interesse an Heidegger auch bei vielen KI-Forschern geweckt hat.
Im deutschsprachigen Raum hat man allerdings häufig den Eindruck, daß man sich bestenfalls darauf beschränkt zu sagen, warum es nicht nötig ist, sich mit dem Thema Computer und Geist zu befassen. So hört man gelegentlich, daß die Griechen, nachdem sie das Katapult erfunden hatten, den Geist für ein Katapult hielten; als das Telefon erfunden wurde, galt das Gehirn als eine Art telefonische Schaltzentrale, und als der Computer erfunden wurde, da dachte man eben, das Gehirn sei ein Computer und der Geist ein Programm. Warum sich also mit dem Computermodell befassen und nicht einfach das Problem aussitzen, also abwarten, bis etwas Neueres erfunden wird, mit dem man das Gehirn und den Geist vergleichen kann? – Der Leser dieses Bandes wird sich selbst ein Urteil darüber bilden können.

Für ihre Mithilfe möchte ich danken: Herrn Dr. Gerhard Heyer, der gewissermaßen den Stein ins Rollen gebracht hat, für seine tatkräftige Mitwirkung insbesondere in der Vorbereitungsphase; Herrn Professor Dr. Holenstein, durch den ich mit der Kognitionswissenschaft bekannt wurde, für zahlreiche Anregungen; Herrn Gerhard Helm, der die mühselige Arbeit der Durchsicht der Übersetzungen übernommen hat, sowie Professor Dr. Wilhelm Baumgartner und Professor Dr. Ansgar Beckermann für kritische Kommentare zur Einleitung.

Anmerkungen

1 Einen Einblick in die Problematik gibt der von Hans Lenk und Günther Ropohl herausgegebene Sammelband *Technik und Ethik* (1987); der Band, der sich insbesondere mit Informationstechnologie befaßt, enthält weiterführende Literatur zum Thema.

2 Als Übersetzung für den Ausdruck *cognitive science* sind zwei Alternativen im Umlauf, ›Kognitionswissenschaft‹ und ›kognitive Wissenschaft‹. Der erste Ausdruck bestimmt die Disziplin über den Gegenstand, die Kognitionen, während der zweite, analog (und in Opposition) zu *linguistic philosophy*, den methodologischen Aspekt betont. Die kognitive Wissenschaft, so könnte man sagen, ist die Wissen-

schaft, die mit Hilfe kognitiver Kategorien wie Repräsentation und Symbol menschliche und maschinelle Leistungen erfassen will; vgl. Holenstein (1988, 15 f.). Eine ähnliche Entscheidung wurde in der Psychologie getroffen, wo sich seit Neisser (1967) der Ausdruck ›cognitive psychology‹ eingebürgert hat, der, je nachdem ob der inhaltliche oder der theoretische Aspekt des Kognitiven im Vordergrund steht, mit ›Kognitionspsychologie‹ oder mit ›kognitive Psychologie‹ übersetzt wird; vgl. Neumann (1985, 1 ff.) und Scheerer (1989, 1645).

3 Zu Brentanos Begriff der intentionalen Inexistenz vgl. Münch (1986) sowie Münch (im Druck a). Zur Frage, ob Computern psychische Phänomene zuzusprechen sind, wenn man sich an Brentanos Kriterium der intentionalen Inexistenz hält, vgl. Münch (1989). Dem unterschiedlichen Sprachgebrauch der hier vorgestellten Autoren entsprechend, werde ich im folgenden die Ausdrücke ›mental‹, ›kognitiv‹ und ›intentional‹ synonym verwenden, obwohl es in einigen Kontexten ratsam ist, keine terminologische Unterscheidungen zu treffen; vgl. Münch (1990a).

4 Eine Geschichte der Kognitionswissenschaft findet sich bei Gardner (1985), ein Überblick bei Heyer (1987); ein Lehrbuch, das in die verschiedenen Aspekte der Kognitionswissenschaft einführt, ist Stillings u. a. (1987), eine kritische Skizze aktueller Perspektiven versucht Varela (1988).

5 In der Folge wurden zahlreiche Modelle entwickelt, die von differenzierten Verbindungen zwischen den Neuronen ausgingen, so etwa von Pitts/McCulloch, von Neumann, Taylor, Rosenblatt, Widrow/Hoff. Sie wurden durch Psychologen wie Hebb (1949) theoretisch unterstützt. Nach der Kritik von Minsky/Papert (1969/88) wurden derartige konnektionistische Ansätze allerdings kaum noch verfolgt und der weiter unten dargestellte Ansatz der Symbolverarbeitung favorisiert. Erst seit Rumelhart/McClelland (1986) stehen sie wieder im Mittelpunkt des Interesses. Die Geschichte des Konnektionismus skizzieren Valentine (1989) und Cowan/Sharp (1988).

6 Auch auf experimentelle Untersuchungen zur höheren Denkfähigkeit, die insbesondere von der Würzburger Schule (Külpe, Bühler, Ach, Messer, Selz) durchgeführt worden waren, kann die Kognitionswissenschaft und die KI-Forschung zurückgreifen. Zum Einfluß der Würzburger Schule auf die Arbeit von Newell und Simon vgl. Simon (o. J.).

7 Der Einfluß Chomskys auf die Sprachpsychologie wird von Engelkamp (1974) dargestellt.

8 Vgl. Frisby (1980), 181 ff.

9 Dieses vielfach als ›Formalismus‹ bezeichnete Programm – die Kennzeichnung wird von Kreisel (1964) in Frage gestellt, vgl. dagegen Thiel

(1972) –, ist neben dem sogenannten Logizismus (Frege, Russell, Carnap) und dem Intuitionismus (Brouwer, Weyl) eine der drei Hauptrichtungen der mathematischen Grundlagenforschung.

10 Das Entscheidungsproblem ist eine der drei von Hilbert formulierten Hauptfragen der Mathematik; die beiden anderen betreffen die Konsistenz und die Vollständigkeit von Kalkülen. Die erste Frage war von Gödel beantwortet worden. Etwa zur gleichen Zeit hatte A. Church unabhängig von Turing gezeigt, daß das Entscheidungsproblem nicht lösbar ist.

11 Eine nichtformale Darstellung des Gödelschen Ansatzes findet sich bei Nagel/Newman (1958).

12 In der Literatur ist die Annahme, daß effektiv berechenbare Funktionen rekursiv sind, als ›Church-These‹ oder ›Turing-Church-These‹ bekannt.

13 Daß der Gebrauch von Zeichen in der Arithmetik und Logik zumeist blind ist, hatte bereits Leibniz erkannt. Husserl, der wie Hilbert eine Zeitlang in Göttingen lehrte, greift in seiner *Philosophie der Arithmetik* (1891) diesen Gedanken auf, und schlägt zur Aufklärung des symbolischen Zeichengebrauchs ein Programm vor, mit dem er die künstliche Intelligenz antizipiert; vgl. auch Anm. 28.

14 Unter Zuhilfenahme des Cantorschen Diagonalverfahrens zeigt Turing dann, daß das Entscheidungsproblem negativ zu beantworten ist.

15 Wie Hodges (1983, 96f.) darlegt, kann die Turingmaschine als eine Art Super-Schreibmaschine betrachtet werden, die in der Lage ist, Symbole nicht nur zu Papier zu bringen, sondern auch zu lesen.

16 Das Beispiel ist Haugeland (1985, 136) entnommen.

17 Um universal zu sein, muß die Maschine keineswegs sehr komplex sein. Die einfachste universale Turingmaschine wurde von Minsky (1967) beschrieben. Sie kann lediglich vier verschiedene Symbole lesen und besitzt nur sieben verschiedene Zustände.

18 In dem angeführten Aufsatz (1960) verwendet Putnam den Ausdruck ›Turingmaschinen-Funktionalismus‹ noch nicht. Er sagt dort sogar ausdrücklich, daß er mit der Turingmaschinen-Analogie nicht die These vertreten will, daß Maschinen denken können und Menschen Maschinen seien. In Putnam (1967, 128) heißt es dagegen »Alle Organismen, die Schmerzen empfinden können, sind Probabilistische Automaten«. (Unter einem Probabilistischen Automaten versteht Putnam eine Turingmaschine, bei der die Übergänge zwischen den Zuständen nicht, wie in unserem Beispiel, determiniert sind, sondern verschiedene Wahrscheinlichkeiten haben können.)

19 Zur Begriffsgeschichte des Ausdrucks ›Referenz‹ vgl. Münch (im Druck b).

20 Frege (1892, 26).

21 Vgl. etwa Feigl (1961).

22 Der Hauptunterschied einer von-Neumann-Maschine, die auch *random-access-machine* genannt wird, zu einer Turingmaschine besteht darin, daß sie einen absoluten Zugriff auf die einzelnen Speicherzellen, die Namen tragen, hat. Eine Turingmaschine hat dagegen nur einen relativen Zugriff auf die Speicherzellen, da sie nur das jeweils rechte oder linke Feld des Bandes, das als Speicher fungiert, lesen kann. Im Prinzip, d. h. insofern der Speicher groß genug ist, ist die von-Neumann-Maschine ebenfalls universal.

23 »The answer is to allow statements of the forms ›pain is A‹, where ›pain‹ and ›A‹ are in no sense synonyms, and to see whether any such statement can be found which might be acceptable on empirical and methodological grounds« (Putnam 1967, 433). Eine kontingente Identität wird bereits von Feigl (1961) behauptet.

24 Der Begriff der funktionalen Äquivalenz ist nicht unproblematisch, da es mehr als nur eine funktionale Ebene gibt. Es stellt sich also die Frage, auf welcher Ebene funktionale Äquivalenz bestehen soll; vgl. die Diskussion bei Block (in diesem Band) sowie bei Pylyshyn (1984); siehe auch dessen Begriff der funktionalen Architektur.

25 Searles These (1983), daß nicht die funktionale Rolle allein, sondern auch die kausale Rolle des Stoffes für die Produktion von intentionalen Zuständen verantwortlich ist, ist aus dem gleichen Grund empirisch nicht widerlegbar. Denn wenn es gelingen sollte, ein System zu bauen, das offenbar intentionale Zustände hat, aber aus einem anderen Stoff besteht als die irdischen Lebewesen, so muß Searle dies keineswegs als Widerlegung seiner These akzeptieren, daß nur Wesen mit einem Gehirn intentionale Zustände haben können. Er könnte vielmehr erklären, daß wir einen Stoff entdeckt haben, der die gleiche kausale Rolle übernehmen kann, die unser Gehirn hat. Tatsächlich versucht der alternative Ansatz von Maturana (1982) nicht, das Computermodell zu widerlegen, sondern er nimmt eine andere Sichtweise ein, von der er zu zeigen versucht, daß sie erfolgreicher ist als ein computationaler Ansatz.

26 In seinen neueren Arbeiten vertritt Putnam (1987, 1988) einen »internen Realismus«, mit dem er sich vom Objektivismus absetzt, der davon ausgeht, daß es eine allein durch objektive Kriterien gerechtfertigte Beschreibung der Welt gibt.

27 Tatsächlich ist diese Datierung der Geburtsstunde der künstlichen Intelligenz und die Lokalisierung in den USA nicht unproblematisch. Es begann bereits Ende der vierziger Jahre in England eine Debatte, aus der nicht nur Turings Aufsatz (1950) hervorging, sondern auch Kritik an der künstlichen Intelligenz; vgl. insbesondere Michael Polanyi (1958). So fand Ende Oktober 1949 in Manchester eine Konferenz über maschinelle Intelligenz statt, an der neben Turing und Polanyi u. a. der Mathematiker M. Newman, die Physiologen J. Z. Young und Sir G. Jefferson sowie die Philosophen D. Emmet und D. P. Henry teilnahmen.

Es sei hier auch der englische Informationstheoretiker Donald MacKay erwähnt, der den Funktionalismus antizipierte (vgl. Anm. 44).

28 Die Vorgehensweise von Newell, Shaw und Simon ist keineswegs an den Einsatz von Computern gebunden. Vielmehr findet sich bereits um 1890 beim jungen Husserl ein Programm zur Aufklärung symbolischer Verfahren, das dem Programm der kognitiven Simulation von Newell, Shaw und Simon entspricht (vgl. Münch 1990b und im Druck a). Interessanterweise hat Husserl dieses Programm sehr bald aufgegeben, und zwar deshalb, weil er die intentionale Struktur des Bewußtseins entdeckte, von der er annahm, daß sie nicht auf bloße Symbolmanipulation zurückzuführen sei.

29 Vgl. McCorduck (1979, 105 f.).

30 Searles Argument habe ich in Münch (1990a) kritisiert und eine andere Argumentation gegen die starke These der künstlichen Intelligenz vorgetragen.

31 Vgl. hierzu Dreyfus (1972/79, 91 f.)

32 Seine Ideen hat Minsky in (1985) weiterentwickelt.

33 Der Apparat der konzeptuellen Abhängigkeit ist dargestellt in Schank (1973); verschiedene Programme zum Geschichtenverstehen (mit Kurzversionen in LISP) enthält der Band von Schank/Riesbeck (1981). Ein Computermodell des kindlichen Spracherwerbs, das die konzeptuelle Abhängigkeit verwendet, hat Selfridge (1986) entwikkelt; eine kritische Diskussion findet sich bei Münch (1988).

34 Die künstliche Intelligenz wird zumeist in zwei Teilgebiete unterteilt; das eine enthält die kommerziellen Programme – hierzu gehören etwa die meisten Expertensysteme –, das andere, auch für Psychologen und Philosophen interessante Gebiet gehört zur Kognitionswissenschaft.

35 Vgl. etwa Fodor (1975, 52).

36 Intelligentes Verhalten hat offensichtlich eine teleologische Struktur, die von strengen Behavioristen nicht akzeptiert werden kann. Erst als sich die Kybernetik zu etablieren begann und erkannt wurde, daß Maschinen mit negativer Rückkopplung als teleologische Mechanismen beschrieben werden können, fiel dieses Vorurteil gegenüber der Teleologie. Das Computermodell des Geistes erhält seine Attraktivität auch dadurch, daß ein Computer ein derartiger teleologischer Mechanismus ist. Vgl. auch das bereits erwähnte Buch von Miller, Galanter und Pribram (1960), die von der »kybernetischen Hypothese« Gebrauch machen.

37 Die wichtigsten Arbeiten hierzu sind Fodor (1975, 1981 sowie 1987). In die gleiche Richtung geht Pylyshyn (1984).

38 Wie Fodor und Pylyshyn (1988) sowie Pinker und Prince (1988) herausstellen, ist jedoch zwischen einem implementierenden und einem eliminativen Konnektionismus zu unterscheiden. Der erste behauptet, daß Symbole und Regeln in einem neuronalen (konnektionistischen)

Netzwerk implementiert sind; er ist daher mit der physikalischen Symbolsystem-Hypothese verträglich. Dagegen bestreitet der eliminative Konnektionismus, daß Symbole und Regeln im neuronalen Netz repräsentiert sind. Vgl. auch den vermittelnden Ansatz von Smolensky (1988), nach dem der Gegenstand des Konnektionismus eine subsymbolische Ebene ist.

39 Unter diesem Titel erschien in *Erkenntnis* ein Aufsatz Carnaps (1933). Der Band enhält auch Entgegnungen von Zilsel und Duncker sowie eine Replik Carnaps.

40 Tatsächlich ist die These von einer intentionalen Erklärungsebene so gut begründet, daß sie von der künstlichen Intelligenz übernommen werden konnte. Denn zwar ist es problematisch, daß Menschen physikalische Symbolsysteme sind, andererseits folgt aus dem Ansatz von Fodor, daß physikalische Symbolsysteme, die komplex genug sind, um sich neuen Umständen anzupassen, intentional erklärt werden müssen. So hat Newell (1982) Fodors Gedanken aufgegriffen und dargelegt, daß ein Computer auch auf der sogenannten »Wissensebene« erklärt werden muß, die mit der intentionalen Ebene identisch ist. Dieser Gedanke hat in der KI-Forschung Anhänger gefunden (vgl. Genesereth/Nilsson 1987, Kap. 13.).

41 Eine Diskussion des Kriteriums der kognitiven Durchdringbarkeit findet sich im Open Peer Commentary in Anschluß an Pylyshyn (1980).

42 Vgl. Pylyshyn (1984, 266 ff.).

43 Es handelt sich bei der erstgenannten Computermetapher um eine Reduzierung, da mit der Identifizierung von kognitiven Zuständen mit Turingmaschinentafeln die kognitive Erklärung ihren Eigenwert verliert, während die zweite Computermetapher zu verstehen hilft, wie die verschiedenen Erklärungsebenen zusammenhängen.

44 Vgl. auch den Versuch des englischen Informationstheoretikers MacKay (1969), der Bedeutung als Zustand bedingter Bereitschaft (*conditional readiness*) für bestimmte Verhaltensweisen definiert. Die Bedeutung, die etwa der Ausdruck ›es regnet‹ für einen bestimmten Hörer besitzt, liegt danach nicht im tatsächlichen Verhalten, sondern darin, daß der Ausdruck im Hörer die Bereitschaft erzeugt, etwa einen Regenschirm mitzunehmen, wenn er das Haus verläßt.

45 Wichtige Aufsätze zum Thema bildliche Vorstellungen sind in dem von Ned Block (1981) herausgegebenen Band *Imagery* gesammelt; vgl. auch Pylyshyn (1984). Eine Zusammenfassung der Diskussion und ein Bewertungsversuch findet sich bei Boden (1988), 27 ff.

46 Eine Kritik an Fodor findet sich in Dennetts Aufsatz »A cure for the common code?«, abgedruckt in *Brainstorms*, 90-108; Fodor kritisiert Dennetts Ansatz in »Three cheers for propositional attitudes«, in: *Representations*, 100-123. Dennetts Stellung zu Putnams Funktionalismus behandelt Beckermann (1986).

47 Der grundlegende Aufsatz Dennetts »Intentionale Systeme« (1971) liegt bereits in deutscher Übersetzung vor (in Bieri 1981, 162-183); die Metapher der Anleihe findet sich auf S. 171.

48 In »True Believers« macht Dennett allerdings deutlich, daß er seine Auffassung nicht als einen Relativismus versteht.

49 Die Alltagspsychologie (*folk psychology*) ist nach Dennett nur eine von drei Arten der intentionalen Psychologie. Die beiden anderen sind die Theorie intentionaler Systeme und die subpersonale Kognitionspsychologie; vgl. Dennett (1981).

50 Vgl. Dennett (1981, 49).

51 Chisholm, der auch Herausgeber des eingangs erwähnten Philosophen Franz Brentano ist, hat diese Auseinandersetzung mit dem Reduktionismus, in der er die Bedeutung der Intentionalität herausstellt, in Chisholm (1952 und 1957) geführt.

52 Neben diesem Kriterium der Existenzunabhängigkeit nennt Chisholm (1955/56 und 1957) noch zwei weitere Kriterien für intentionale Sätze, das der Wahrheitswertunabhängigkeit sowie das der ungeraden Bedeutung; vgl. auch Münch (im Druck a).

53 Vgl. Dretske (1981), der dem konsequentialistischen Ansatz Dennetts einen ätiologischen Ansatz entgegenstellt, nach dem die Bedeutung einer internen Struktur durch die sie verursachende Information bestimmt wird.

54 Vgl. auch Schnelle (1988).

Literatur

Beckermann, Ansgar (Hrg.) (1977), *Analytische Handlungstheorie*, Band 2, Frankfurt: Suhrkamp.

– (1986), »Dennetts Stellung zum Funktionalismus«, *Erkenntnis* 24, 309-341.

Bieri, Peter (Hrg.) (1981), *Analytische Philosophie des Geistes*, Meisenheim: Hain.

Block, Ned (Hrg.) (1981), *Imagery*, Cambridge, MA: MIT Press.

Boden, Margaret A. (1988), *Computer models of mind*, Cambridge: Cambridge University Press.

Brentano, Franz (1874), *Psychologie vom empirischen Standpunkt*, Bd. 1, Hamburg: Meiner 1973.

Carnap, Rudolf (1933), »Psychologie in physikalischer Sprache«, *Erkenntnis* 3, 107-142.

Chisholm, Roderick M. (1952), »Intentionality and the theory of signs«, *Philosophical Studies* 3, 56-63.

– (1955/56), »Sentences about believing«, *Proceedings of the Aristotelian*

Society 56, 125-148; deutsch: »Sätze über Glauben«, in: Bieri (1981), 145-161.
– (1957), *Perceiving*, Ithaca, NY: Cornell University Press.
Chomsky, Noam (1959), »Review of Skinner, *Verbal behavior*«, *Language* 35, 26-58.
Cowan, Jack D./David H. Sharp (1988), »Neural nets and artificial intelligence«, in: Graubard (1988), 85-121.
Dennett, Daniel C. (1969), *Content and consciousness*, London: Routledge & Kegan Paul.
– (1971), »Intentional systems«, in Dennett (1978), 3-22; deutsch: »Intentionale Systeme«, in: Bieri (1981), 162-183.
– (1978), *Brainstorms: Philosophical essays on mind and psychology*, Cambridge, MA: MIT Press.
– (1979), »True believers: The intentional strategy and why it works«, in: Dennett (1987), 13-35.
– (1981), »Three kinds of intentional psychology«, in: Dennett (1987), 43-68.
– (1987), *The intentional stance*, Cambridge, MA: MIT Press.
Dretske, Fred (1981), *Knowledge and the flow of information*, Oxford: Blackwell.
Dreyfus, Hubert L. (1972/79), *What computers can't do: The limits of artificial intelligence*, New York, NY: Harper & Row; deutsch: *Die Grenzen künstlicher Intelligenz. Was Computer nicht können*, Frankfurt am Main: Athenäum 1985.
Engelkamp, Johannes (1974), *Psycholinguistik*, München: Fink.
Feigl, Herbert (1961), »Mind-Body, not a pseudoproblem«, in: Sidney Hook (Hrg.), *Dimensions of mind*, New York, NY: International Universities Press; deutsch: »Leib-Seele, kein Scheinproblem«, in: Hans-Georg Gadamer/Paul Vogler (Hrg.), *Neue Anthropologie*, Band 5, *Psychologische Anthropologie*, Stuttgart: Thieme 1973, 3-14.
Fodor, Jerry A. (1975), *The language of thought*, Cambridge, MA: Harvard University Press.
– (1981), *Representations: Philosophical essays on the foundations of cognitive science*, Cambridge, MA: MIT Press.
– (1987), *Psychosemantics: The problem of meaning in the mind*, Cambridge, MA: MIT Press.
Fodor, Jerry A./Ned Block (1972), »What psychological states are not«, in: Fodor (1981), 79-99.
Fodor, Jerry A./Zenon W. Pylyshyn (1988), »Connectionism and cognitive architecture: A critical analysis«, *Cognition* 28, 3-71.
Frege, Gottlob (1892), »Über Sinn und Bedeutung«, in: *Funktion, Begriff, Bedeutung*, hrg. von Günther Patzig, Göttingen: Vandenhoek & Ruprecht, 40-65.
Frisby, John (1980), *Seeing, Illusion, Brain and Mind*, Oxford: Oxford

University Press; deutsch: *Optische Täuschungen: Sehen, Wahrnehmen, Gedächtnis*, Augsburg: Weltbild 1989.

Gardner, Howard (1985), *The mind's new science*, New York, NY: Basic.

Genesereth, Michael R./Nils J. Nilsson (1987), *Logical foundations of artificial intelligence*, Palo Alto, CA: Morgan Kaufmann.

Graubard, Stephen Richards (Hrg.) (1988), *Artificial intelligence debate: false starts, real foundations*, Cambridge, MA: MIT Press 1989.

Haugeland, John (1985), *Artificial intelligence: The very idea*, Cambridge, MA: MIT Press.

Hebb, Donald O. (1949), *The organization of behaviour*, New York, NY: Wiley.

Heyer, Gerhard (1987), »Kognitive Wissenschaft: Ein Überblick«, *Zeitschrift für philosophische Forschung* 42, 279-290.

Hobbes, Thomas (1651), *Leviathan*, hrg. von Iring Fetscher, Frankfurt: Suhrkamp 1984 (stw 462).

Hodges, Andrew (1983), *Alan Turing: The enigma of intelligence*, London: Unwin.

Hofstadter, Douglas R. (1979), *Gödel, Escher, Bach*, New York, NY: Basic Books; deutsch: Stuttgart: Klett-Cotta 1985.

Holenstein, Elmar (1988), »Einführung: Semiotica universalis«, in: Roman Jakobson, *Semiotik: Ausgewählte Texte 1919-1982*, hg. von E. Holenstein, Frankfurt: Suhrkamp, 9-38.

Kreisel, G. (1964), »Hilbert's programme«, in: Benacerraf, P./H. Putnam (Hrg.), *Philosophy of mathematics*, Oxford, 157-180.

Lenk, Hans/Günther Ropohl (Hrg.) (1987), *Technik und Ethik*, Stuttgart: Reclam.

McCorduck, Pamela (1979), *Machines who think*, San Francisco, CA: Freeman.

McCulloch, Warren S. / Walter H. Pitts (1943), »A logical calculus of the ideas immanent in nervous activity«, in: Warren S. McCulloch, *Embodiments of mind*, Cambridge, MA: MIT Press 1965, 19-39.

MacKay, Donald (1969), *Information, mechanism and meaning*, Cambridge, MA: MIT Press.

Maturana, Humberto R. (1982), *Erkennen: Die Organisation und Verkörperung von Wirklichkeit*, Braunschweig: Vieweg.

Miller, Georg A./Eugene Galanter/Karl H. Pribram (1960), *Plans and the structure of behavior*, New York, NY: Holt; deutsch: *Strategien des Handelns*, Stuttgart: Klett 1973.

Minsky, Marvin (1967), *Computation: Finite and infinite machines*, Englewood Cliffs, NJ: Prentice-Hall.

– (1985), *The society of mind*, London: Heinemann.

Minsky, Marvin/Seymour A. Papert (1969/1988), *Perceptrons*, Cambridge, MA: MIT Press.

Münch, Dieter (1986), »Brentanos Lehre von der intentionalen Inexi-

stenz«, in: J. C. Nyiri (Hrg.), *Von Bolzano zu Wittgenstein: Zur Tradition der österreichischen Philosophie*, Wien: Hölder-Pichler-Tempsky, 119-127.
– (1988), »Das Problem der Computersimulation am Beispiel von Sprachlernprogrammen«, *Forum für interdisziplinäre Forschung* 1, 28-35.
– (1989), »Haben Computer psychische Phänomene?«, *Brentano-Studien* 2, 165-178.
– (1990a), »Minds, brains, and cognitive science«, in: Armin Burkhardt (Hg.), *Speech acts, meaning and intentions*, Berlin: de Gruyter, 367-390.
– (1990b), »The early work of Edmund Husserl and artificial intelligence«, *The Journal of the British Society for Phenomenology* 21, 107-120.
– (im Druck a), *Intention und Zeichen: Untersuchungen zu Franz Brentanos und Edmund Husserls Frühwerk*, München: Philosophia.
– (im Druck b), »Referenz«, in: J. Ritter/K. Gründer (Hrg.), *Historisches Wörterbuch der Philosophie*, Band 8, Basel: Schwabe.
Nagel, Ernest/J. R. Newman (1958), *Gödel's Proof*, New York, NY: International Universities Press; deutsch: *Der Gödelsche Beweis*, Wien: Oldenburg 1964.
Neisser, Ulric (1967), *Cognitive psychology*, New York: Appleton; deutsch: *Kognitive Psychologie*, Stuttgart: Klett-Cotta.
Neuman, Odmar (Hrg.) (1985), *Perspektiven der Kognitionspsychologie*, Heidelberg: Springer.
Newell, Allen (1982), »The knowledge level«, *Artificial Intelligence* 1, 87-127.
Pinker, Steven/Alan Prince (1988), »On language and connectionism: Analysis of a parallel distributed processing model of language acquisition«, *Cognition* 28, 73-193.
Polanyi, Michael (1958), *Personal knowledge: Towards a post-critical philosophy*, London: Routledge & Kegan Paul.
Putnam, Hilary (1960), »Minds and machines«, in: Putnam (1975), 362-385; deutsch: »Geist und Maschine«, in: Beckermann (1977), 364-397.
– (1967), »The nature of mental states«, in: Putnam (1975), 429-440; deutsch: »Die Natur mentaler Zustände«, in: Bieri (1981), 123-135.
– (1975), *Mind, language and reality*, Cambridge: Cambridge University Press.
– (1987), *The many faces of realism: The Paul Carus lectures*, LaSalle, IL: Open Court.
– (1988), *Representation and reality*, Cambridge, MA: MIT Press; deutsch: *Repräsentation und Realität*, Frankfurt: Suhrkamp 1991.
Pylyshyn, Zenon W. (1980), »Computation and cognition: Issues in the foundation of cognitive science«, *Behavioral and Brain Sciences* 3, 111-169.

– (1984), *Computation and cognition: Toward a foundation for cognitive science*, Cambridge, MA: MIT Press.

Quine, Willard van Orman (1960), *Word and Object*, Cambridge, MA: MIT Press; deutsch: *Wort und Gegenstand*, Stuttgart: Reclam 1980.

Rumelhart, David/James McClelland (Hrg.) (1986), *Parallel distributed processing* 2 Bde., Cambridge, MA: MIT Press.

Schank, Roger C. (1973), »Identification of conceptualizations underlying natural language«, in: R. Schank /K. M. Colby (Hrg.), *Computer models of thought and language*, San Francisco, CA: Freeman.

Schank, Roger C./Peter G. Childers (1984), *The cognitive computer*; deutsch: *Die Zukunft der künstlichen Intelligenz*, Köln: DuMont 1986.

Schank, Roger C./Christopher K. Riesbeck (Hrg.) (1981), *Inside computer understanding: Five programs plus miniatures*, Hillsdale, NJ: Erlbaum.

Scheerer, Eckart (1989), »Psychologie«, in: J. Ritter/K. Gründer (Hrg.), *Historisches Wörterbuch der Philosophie*, Band 7: P-Q, Basel: Schwabe, 1599-1653.

Schnelle, Helmut (1988), »Ansätze zur prozessualen Linguistik«, in: Helmut Schnelle/Gert Rickheit (Hrg.), *Sprache in Mensch und Computer*, Opladen: Westdeutscher Verlag, 137-190.

Searle, John R. (1983), *Intentionality: An essay in the philosophy of mind*, Cambridge: Cambridge University Press; deutsch: *Intentionalität*, Frankfurt: Suhrkamp.

Schnelle, Helmut (1973), *Sprachphilosophie und Linguistik*, Reinbek: Rowohlt.

Selfridge, Mallory (1986), »A computer model of child language learning«, *Artificial Intelligence* 29, 171-216.

Simon, Herbert (o.J.), »Otto Selz and information-processing psychology«, in: Nico Frijda/A. de Groot (Hrg.), *Otto Selz: His contribution to psychology*, Den Haag: Mouton.

Smolensky, Paul (1988), »On the proper treatment of connectionism«, *Behavioral and Brain Sciences* 11, 1-74.

Stich, Stephen (1983), *From folk psychology to cognitive science*, Cambridge, MA: MIT Press.

Stillings, Neil A. u. a. (1985), *Cognitive science: An introduction*, Cambridge, MA: MIT Press.

Thiel, Christian (1972), *Grundlagenkrise und Grundlagenstreit*, Meisenheim: Hain.

Turing, Alan (1936), »On computable numbers, with an application to the entscheidungsproblem«, *Proceedings of the London Mathematical Society*, Ser. 2, 42/43, 230-265; deutsch: »Über berechenbare Zahlen mit einer Anwendung auf das Entscheidungsproblem«, in: Turing (1987), 17-60.

– (1950), »Computing machinery and intelligence«, *Mind* 59, 433-460;

deutsch: »Rechenmaschinen und Intelligenz«, in: Turing (1987), 147-182.
– (1987), *Intelligence Service: Schriften*, Berlin: Brinkmann & Bose.
Valentine, Elizabeth R. (1989), »Neural nets: From Hartley and Hebb to Hinton«, *Journal of Mathematical Psychology* 33, 348-357.
Varela, Francisco J. (1988), *Cognitive science: A cartography of current ideas*; deutsch: *Kognitionswissenschaft – Kognitionstechnik: Eine Skizze aktueller Perspektiven*, Frankfurt: Suhrkamp 1990 (stw 882).
Winograd, Terry/Fernando Flores (1986), *Understanding computers and cognition*, Reading, MA: Addison-Wesley.

Allen Newell/Herbert A. Simon
Computerwissenschaft als empirische Forschung: Symbole und Lösungssuche

Die Computerwissenschaft studiert die Phänomene, die mit Computern zusammenhängen. Die Gründer dieser Gesellschaft verstanden dies sehr gut, als sie sich ›Association for Computing Machinery‹ nannten. Die Maschine – nicht bloß die Hardware, sondern die programmierte lebende Maschine – ist der Organismus, den wir untersuchen.

Dies ist die zehnte Turing-Vorlesung. Von unseren neun Vorgängern wurden neun verschiedene Sichtweisen der Computerwissenschaft vorgetragen. Denn unser Organismus, die Maschine, kann auf verschiedenen Ebenen und von verschiedenen Seiten her untersucht werden. Es ehrt uns sehr, daß wir heute hier sein und eine weitere Sichtweise vortragen dürfen, die Sichtweise, die für unsere wissenschaftliche Arbeit, wegen der wir eingeladen wurden, bestimmend war. Wir wollen über die Computerwissenschaft als empirische Forschung sprechen.

Unsere Sichtweise ist nur eine von vielen; die früheren Vorlesungen haben dies deutlich gemacht. Doch selbst wenn man sie zusammennimmt, gelingt es diesen Vorlesungen nicht, die Bandbreite unserer Wissenschaft abzudecken. Viele ihrer grundlegenden Aspekte sind von den zehn Preisträgern nicht dargestellt worden. Und wenn jemals die Zeit kommen sollte (was sicher nicht so bald sein wird), daß der Kreis geschlossen und die Computerwissenschaft von allen Seiten behandelt sein wird, dann wird man den Kreis von neuem zu beginnen haben. Denn der Referent wird jedes Jahr wie der Hase zu einem Sprint ansetzen müssen, um die kurze Strecke des neuen Fortschritts zurückzulegen, die die Schildkröte der wissenschaftlichen und technischen Entwicklung hinter sich gelassen hat. Jedes Jahr wird sie eine neue Strecke zurücklegen, und jedes Jahr wird ein neuer Sprint erforderlich, denn in der Wissenschaft gibt es kein letztes Wort.

Die Computerwissenschaft ist eine empirische Disziplin. Wir hätten sie eine experimentelle Wissenschaft genannt, doch wie bei der Astronomie, der Ökonomie und der Geologie passen einige ihrer typischen Beobachtungs- und Erfahrungsformen nicht in das enge Stereotyp experimenteller Methode. Gleichwohl sind es Experimente. Jede neue Maschine, die gebaut wird, ist ein Experiment. Eigentlich stellt die Konstruktion einer Maschine der Natur eine Frage; und wir hören auf die Antwort, indem wir die arbeitende Maschine beobachten und sie mit allen zur Verfügung stehenden analytischen und quantitativen Mitteln untersuchen. Jedes neuentwickelte Programm ist ein Experiment. Es stellt der Natur eine Frage und sein Verhalten gibt Hinweise auf eine Antwort. Weder Maschinen noch Programme sind *black boxes*; sowohl die Hardware wie die Software sind Kunstgebilde, die entworfen wurden, und wir können sie öffnen und hineinsehen. Wir können ihre Struktur zu ihrem Verhalten in Beziehung setzen und viele Lektionen von einem einzigen Experiment lernen. Wir benötigen nicht etwa 100 Exemplare von einem Theorem-Beweiser, um statistisch zu zeigen, daß er die kombinatorische Explosion des Suchprozesses nicht in der Weise überwunden hat, wie man es gehofft hatte. Eine Untersuchung des Programms im Licht einiger Durchläufe zeigt den Fehler und hilft uns für den nächsten Versuch weiter.

Wir bauen Computer und entwickeln Programme aus vielen Gründen. Wir bauen sie zum Nutzen der Gesellschaft und als Werkzeuge, um den ökonomischen Aufgaben der Gesellschaft gerecht zu werden. Als Grundlagenwissenschaftler bauen wir jedoch Maschinen und entwickeln Programme, um neue Phänomene zu entdecken und Phänomene, die wir bereits kennen, zu analysieren. Die Gesellschaft findet dies oft verwirrend, da sie meint, Computer und Programme sollten nur wegen ihres möglichen ökonomischen Nutzens entwickelt werden (oder als Zwischenglieder einer Entwicklung, die zu einem solchen Nutzen führt). Man sollte sich jedoch darüber klar werden, daß die Phänomene, die mit Computern zusammenhängen, tief und dunkel sind, so daß großer experimenteller Aufwand erforderlich ist, um ihre Natur zu verstehen. Man muß einsehen, daß die Fortschritte, die sich aus einem derartigen Experimentieren und Verstehen ergeben, sich wie in jeder anderen Wissenschaft durch die ständige Aneignung neuer Techniken auszahlen und daß es diese Techniken sind, die die Instrumente schaffen, die der Gesellschaft bei der Erreichung ihrer Ziele helfen.

Es ist hier jedoch nicht unser Ziel, um Verständnis von Außenstehenden zu werben. Wir wollen vielmehr einen bestimmten Aspekt unserer Wissenschaft untersuchen, nämlich die Entwicklung neuer grundlegender Einsichten mittels empirischer Forschung. Am besten geschieht dies durch Beispiele. Man wird es uns nachsehen, wenn wir die Gelegenheit ergreifen und die Beispiele aus dem Bereich unserer eigenen Forschung auswählen. Es wird deutlich werden, daß diese Beispiele die ganze Entwicklung der künstlichen Intelligenz einschließen werden, besonders die der ersten Jahre. Die Beispiele beruhen natürlich auf sehr viel mehr als unseren eigenen persönlichen Beiträgen; sie wurden vielmehr zusammen mit anderen erarbeitet. Zu unseren Mitarbeitern gehörte insbesondere Cliff Shaw, mit dem wir in der aufregenden Phase Ende der fünfziger Jahre ein Dreierteam bildeten. Wir haben jedoch auch mit sehr vielen Kollegen und Studenten an der Carnegie-Mellon-Universität zusammengearbeitet.
Die Zeit erlaubt uns nur, zwei Beispiele heranzuziehen. Das erste ist die Entwicklung des Begriffs eines symbolischen Systems. Das zweite ist die Entwicklung des Begriffs der heuristischen Lösungssuche. Beide Begriffe sind sehr wichtig, wenn man verstehen will, wie Informationen verarbeitet werden und wie Intelligenz erreicht wird. Sie erschöpfen jedoch bei weitem nicht den ganzen Bereich der künstlichen Intelligenz; wir halten sie jedoch für geeignet, um die Natur des Grundwissens in diesem Bereich der Computerwissenschaft darzustellen.

1. Symbole und physikalische Symbolsysteme

Einer der grundlegenden Beiträge zum Wissensfundus der Computerwissenschaft bestand in der Klärung – auf einer ziemlich grundlegenden Ebene – dessen, was Symbole sind. Diese Erklärung ist eine wissenschaftliche Aussage über die Natur. Sie wurde empirisch gewonnen, in einer langen, allmählichen Entwicklung.
Symbole liegen intelligentem Handeln zugrunde, das natürlich der Hauptgegenstand der künstlichen Intelligenz und damit eine der zentralen Fragen der ganzen Computerwissenschaft ist. Denn alle Informationen werden von Computern verarbeitet, um Ziele zu erreichen, und wir messen die Intelligenz eines Systems nach Maßgabe seiner Fähigkeit, vorgegebene Ziele angesichts von Va-

riationen, Schwierigkeiten und Verwicklungen in der Aufgabenumgebung zu erreichen. Diese allgemeine Voraussetzung der Computerwissenschaft zur Erreichung von Intelligenz wird leicht übersehen, wenn der Umfang der zu bewältigenden Aufgaben nicht sehr groß ist, da dann alle Abweichungen in der Umgebung genau vorhergesehen werden können. Sie wird deutlicher, wenn wir Computern globalere, komplexere und wissensintensivere Aufgaben übertragen – wenn wir versuchen, sie zu unseren Agenten zu machen, die fähig sind, selbständig mit der ganzen Kontingenz der natürlichen Welt umzugehen.
Wir verstehen nur langsam, was das System braucht, um intelligent handeln zu können. Es muß etwas Zusammengesetztes sein, denn kein einzelner elementarer Gegenstand kann für Intelligenz in all ihren Erscheinungsformen verantwortlich sein. Es gibt sowenig ein »Intelligenzprinzip«, wie es ein »Lebensprinzip« gibt, das aus seiner Natur heraus das Wesen des Lebens erklärt. Das Fehlen eines einfachen *deus ex machina* heißt jedoch nicht, daß es keine strukturellen Erfordernisse für Intelligenz gäbe. Zu diesen Erfordernissen gehört die Fähigkeit, Symbole zu speichern und zu manipulieren. Um die wissenschaftliche Frage zu stellen, können wir den Titel eines berühmten Aufsatzes von Warren McCulloch (1961) paraphrasieren: Was ist ein Symbol, so daß Intelligenz sie nutzen kann, und was ist Intelligenz, so daß sie ein Symbol nutzen kann?

Gesetze einer qualitativen Struktur

Alle Wissenschaften charakterisieren die wesentliche Natur der Systeme, die sie untersuchen. Diese Charakterisierungen sind ihrer Natur nach immer qualitativ, da sie den Bereich festlegen, in dem detailliertere Wissen entwickelt werden kann. Ihr Wesen kann oft durch sehr kurze, sehr allgemeine Aussagen erfaßt werden. Man könnte annehmen, daß diese allgemeinen Gesetze wegen ihrer sehr großen Unbestimmtheit einen sehr geringen Beitrag zum Ganzen einer Wissenschaft darstellen, zeigten nicht die geschichtlichen Belege, daß sie Ergebnisse von größter Wichtigkeit sind.
Die Zell-Lehre in der Biologie. Ein gutes Beispiel für ein Gesetz einer qualitativen Struktur ist die Zell-Lehre in der Biologie, die

besagt, daß die grundlegende Einheit aller lebenden Organismen die Zelle ist. Zellen kommen in einer großen Mannigfaltigkeit von Formen vor, sie haben jedoch alle einen Kern, der von Protoplasma umgeben ist; das Ganze wiederum ist von einer Membrane umschlossen. Diese interne Struktur war geschichtlich jedoch nicht Teil der Spezifizierung der Zell-Lehre; es war eine abgeleitete Spezifizierung, die durch intensive Forschung entwickelt wurde. Die Zell-Lehre kann beinahe vollständig durch die oben genannte Behauptung wiedergegeben werden, wenn man sie um einige vage Begriffe zur möglichen Größe einer Zelle ergänzt. Die Auswirkung dieses Gesetzes auf die Biologie war jedoch enorm, und es ist bemerkenswert, wie vor seiner allmählichen Annahme der Elan auf diesem Gebiet verlorengegangen war.
Die *Plattentektonik in der Geologie*. Die Geologie bietet ein interessantes Beispiel eines qualitativen Strukturgesetzes. Interessant deshalb, weil es in dem letzten Jahrzehnt an Akzeptanz gewonnen hat und wir uns daher noch gut an seinen Aufstieg erinnern können. Die Theorie der Plattentektonik besagt, daß die Oberfläche des Globus aus riesigen Platten besteht – insgesamt ein paar Dutzend –, die (mit geologischer Geschwindigkeit) sich gegen-, über- und untereinander zum Erdmittelpunkt bewegen, wo sie sich auflösen. Die Bewegung der Platten ist für die Formen und relative Lage der Kontinente und Ozeane verantwortlich, für die Vulkangebiete und die Erdbebenaktivität, für die Tiefseerükken usw. Mit einigen weiteren Einzelheiten zur Geschwindigkeit und Größe ist die Theorie im wesentlichen spezifiziert. Sie wurde natürlich nicht akzeptiert, bevor es nicht gelang, mit ihrer Hilfe eine Reihe zusammenhängender Einzelheiten zu erklären (z.B. die Erklärung der Übereinstimmungen von Flora, Fauna und Erdschichtung Westafrikas und des nordöstlichen Südamerika). Die Plattentektonik-Theorie ist weitgehend qualitativ. Heute, da sie akzeptiert ist, scheint die ganze Erde überall Belege für sie zu bieten, da wir die Welt in ihrer Begrifflichkeit sehen.
Die Keimtheorie bei Krankheiten. Es ist kaum ein Jahrhundert her, seit Pasteur die Keimtheorie für Krankheiten aufgestellt hat, ein Gesetz mit qualitativer Struktur, das eine Revolution in der Medizin hervorrief. Die Theorie besagt, daß die meisten Krankheiten durch die Anwesenheit und Vervielfältigung von winzigen einzelligen lebenden Organismen im Körper verursacht werden und daß Ansteckung nichts anderes ist, als die Übertragung dieser

Organismen von einem Wirt zum andern. Ein großer Teil der Ausarbeitung dieser Theorie bestand in der Identifizierung der Organismen, die mit den jeweiligen Krankheiten verbunden sind, ihrer Beschreibung und der Ermittlung ihrer Entwicklung. Die Tatsache, daß das Gesetz viele Ausnahmen hat – daß für viele Krankheiten keine Keime verantwortlich sind – schmälert nicht seine Bedeutung. Das Gesetz fordert uns auf, nach einer bestimmten Art von Ursache zu suchen; dies heißt nicht, daß wir sie jedesmal auch finden werden.

Die Lehre des Atomismus. Die Lehre des Atomismus bietet einen interessanten Gegensatz zu den eben genannten drei Gesetzen qualitativer Struktur. Insofern aus der Arbeit von Dalton und seinen Beweisen hervorging, daß Chemikalien in bestimmten Verhältnissen gebunden werden, lieferte das Gesetz ein typisches Beispiel für eine qualitative Struktur: die Elemente sind aus kleinen, einheitlichen Partikeln zusammengesetzt, die sich von Element zu Element unterscheiden. Weil jedoch die zugrundeliegenden Arten der Atome so einfach und ihre Mannigfaltigkeit begrenzt sind, wurden bald quantitative Theorien formuliert, die die ganze allgemeine Struktur der ursprünglich qualitativen Hypothese aufnahmen. Bei Zellen, tektonischen Platten und Keimen ist die Mannigfaltigkeit der Struktur so groß, daß das zugrundeliegende qualitative Prinzip deutlich bleibt und sein Beitrag zur vollständigen Theorie klar zu erkennen ist.

Schlußfolgerung. Gesetze qualitativer Struktur kann man in allen Wissenschaften finden. Einige der größten wissenschaftlichen Entdeckungen gehören dazu. Wie die Beispiele zeigen, legen sie oft den Rahmen einer ganzen Wissenschaft fest.

Physikalische Symbolsysteme

Wenden wir uns nun dem Thema ›Symbole‹ zu und definieren wir ein *physikalisches Symbolsystem.* Das Adjektiv ›physikalisch‹ bezeichnet zwei wichtige Eigenschaften: (1) solche Systeme gehorchen selbstverständlich den Gesetzen der Physik – sie sind in technischen Systemen realisierbar, die aus technischen Komponenten bestehen; (2) obwohl unsere Verwendungsweise des Ausdrucks ›Symbol‹ auf unsere beabsichtigte Interpretation hinweist, ist es nicht auf menschliche Symbolsysteme beschränkt.

Ein physikalisches Symbolsystem besteht aus einer Menge von Entitäten, die ›Symbole‹ genannt werden. Sie sind physikalische Muster, die als Komponenten einer anderen Art von Entität auftreten können, die ›Ausdrücke‹ genannt werden (oder Symbolstruktur). So ist eine Symbolstruktur aus einer Anzahl von Instanzen (oder Token) einzelner Symbole zusammengesetzt, die in einer gewissen physikalischen Weise zueinander in Beziehung stehen (ein Token befindet sich z. B. neben einem anderen). Zu jedem Zeitpunkt enthält das System eine Ansammlung dieser Symbolstrukturen. Neben diesen Strukturen enthält das System auch eine Anzahl von Prozessen, die mit Ausdrücken arbeiten, um andere Ausdrücke hervorzubringen: Bildungs-, Modifikations-, Reproduktions- und Destruktionsprozesse. Ein physikalisches Symbolsystem ist eine Maschine, die im Ablauf der Zeit eine sich entwickelnde Anzahl von Symbolstrukturen hervorbringt. Ein solches System existiert in einer Welt von Gegenständen, zu der mehr gehört als nur diese symbolischen Ausdrücke selbst.

Zwei Begriffe sind für diese Struktur der Ausdrücke, Symbole und Gegenstände zentral: Bezeichnung und Interpretation.

> *Bezeichnung.* Ein Ausdruck bezeichnet einen Gegenstand, wenn das System bei gegebenem Ausdruck entweder den Gegenstand selbst beeinflussen kann oder sein Verhalten vom Gegenstand abhängig ist.

In beiden Fällen gewinnt man über den Ausdruck Zugang zum Gegenstand, und das ist das Wesen der Bezeichnung.

> *Interpretation.* Das System kann einen Ausdruck interpretieren, wenn der Ausdruck einen Prozeß bezeichnet und wenn das System bei gegebenem Ausdruck den Prozeß ausführen kann.

Die Interpretation impliziert eine bestimmte Form abhängiger Handlung: das System kann bei einem gegebenen Ausdruck den angezeigten Prozeß ausführen, das heißt, es kann seine eigenen Prozesse mit den sie bezeichnenden Ausdrücken aufrufen und ausführen.

Ein System, das im eben dargestellten Sinne bezeichnen und interpretieren kann, muß darüber hinaus einige zusätzliche Anforderungen der Vollständigkeit und Abgeschlossenheit erfüllen. Wir können dies nur kurz erwähnen; alle Anforderungen sind jedoch wichtig und haben weitreichende Konsequenzen.

(1) Ein Symbol kann verwendet werden, um irgendeinen beliebigen Ausdruck zu bezeichnen. Das heißt, bei einem gegebenen Symbol ist nicht *a priori* vorgeschrieben, welche Ausdrücke es bezeichnen kann. Diese Arbitrarität findet sich nur bei den Symbolen: die Symboltoken und ihre wechselseitigen Beziehungen bestimmen, welcher Gegenstand durch einen komplexen Ausdruck bezeichnet wird. (2) Es gibt Ausdrücke, die jeden Prozeß bezeichnen, den die Maschine ausführen kann. (3) Es gibt Prozesse, um jeden Ausdruck zu bilden und um jeden Ausdruck in beliebiger Weise zu verändern. (4) Ausdrücke sind stabil; einmal gebildet, existieren sie solange, bis sie ausdrücklich verändert oder gelöscht werden. (5) Das System kann prinzipiell unbeschränkt viele Ausdrücke enthalten.

Diese Art von System, die wir gerade definiert haben, ist Computerwissenschaftlern nicht unbekannt. Es hat eine starke Familienähnlichkeit zu allen Vielzweckcomputern. Wenn eine Symbolmanipulationssprache wie LISP verwendet wird, um eine Maschine zu definieren, wird die Verwandtschaft sogar brüderlich. Wir beabsichtigen nicht, mit der Darlegung eines solchen Systems etwas Neues vorzuschlagen. Im Gegenteil: es geht uns darum zu zeigen, was jetzt von Systemen, die eine derartige Charakterisierung erfüllen, bekannt ist und was von ihnen angenommen wird.

Wir können nun eine allgemeine wissenschaftliche Hypothese aufstellen, ein Gesetz qualitativer Struktur für Symbolsysteme:

> *Die Hypothese der physikalischen Symbolsysteme*. Ein physikalisches Symbolsystem hat die notwendigen und hinreichenden Mittel für allgemeine intelligente Handlungen.

Mit ›notwendig‹ meinen wir, daß irgendein System, das allgemeine Intelligenz zeigt, sich in der Analyse als ein physikalisches Symbolsystem herausstellen wird. Mit ›hinreichend‹ meinen wir, daß irgendein physikalisches Symbolsystem hinreichender Größe weiter organisiert werden kann, so daß es allgemeine Intelligenz zeigt. Mit ›allgemeine intelligente Handlung‹ wollen wir denselben Bereich der Intelligenz ansprechen, den wir in menschlichen Handlungen finden: daß in irgendeiner wirklichen Situation sich ein Verhalten zeigt, das den Zielen des Systems entspricht und sich den Erfordernissen der Umgebung anpassen kann, und zwar innerhalb bestimmter Grenzen hinsichtlich Geschwindigkeit und Komplexität.

Die Hypothese der physikalischen Symbolsysteme ist zweifellos ein Gesetz qualitativer Struktur. Es spezifiziert eine allgemeine Klasse von Systemen, in der man die Systeme findet, die in der Lage sind, intelligent zu handeln.

Dies ist eine empirische Hypothese. Wir haben eine Klasse von Systemen definiert; wir wollen nun fragen, ob diese für eine Menge von Phänomenen verantwortlich ist, die wir in der wirklichen Welt finden. Intelligentes Handeln findet sich überall um uns herum in der biologischen Welt, am häufigsten finden wir es jedoch im menschlichen Verhalten. Es ist eine Verhaltensform, die wir an ihren Folgen erkennen können, gleichgültig ob sie von Menschen ausgeführt wird oder nicht. Die Hypothese könnte tatsächlich falsch sein. Es ist nicht so einfach, intelligentes Verhalten hervorzubringen, so daß jedes System dies irgendwie könnte. Tatsächlich gibt es Leute, die auf Grund ihrer Analysen zu dem Ergebnis kommen, daß die Hypothese aus philosophischen oder wissenschaftlichen Gründen falsch *ist*. Wissenschaftlich kann man sie nur angreifen oder verteidigen, indem man starke empirische Belege über die natürliche Welt beibringt.

Wir haben nun die Entwicklung dieser Hypothese zu verfolgen und die Belege für sie zu betrachten.

Die Entwicklung der Symbolsystem-Hypothese

Ein physikalisches Symbolsystem ist eine Instantiierung einer universalen Maschine. Die Symbolsystem-Hypothese impliziert daher, daß Intelligenz durch einen universalen Computer realisiert werden kann. Die Hypothese geht jedoch sehr viel weiter als das Argument, das oft aus allgemeinen Gründen eines physikalischen Determinismus vorgebracht wird, nämlich daß jede realisierbare Berechnung durch eine universale Maschine realisiert werden kann, vorausgesetzt, daß sie spezifiziert ist. Denn unsere Hypothese besagt im besonderen, daß die intelligente Maschine ein Symbolsystem ist, und macht daher eine spezifische architektonische Aussage zur Natur intelligenter Systeme. Es ist wichtig zu verstehen, wie diese zusätzliche Spezifizierung zustande kommt.

Formale Logik. Die Hypothese geht auf das von Frege sowie von Whitehead und Russell formulierte Programm zurück, die Logik

zu formalisieren: die Grundbegriffe der Mathematik durch die Logik zu erfassen und dem Beweis- und Deduktionsbegriff eine sichere Grundlage zu geben. Dieses Unternehmen gipfelte in der mathematischen Logik, unseren bekannten Aussagenlogiken erster und höherer Ordnung. Daraus entwickelte sich eine charakteristische Sichtweise, die häufig als ›Symbolspiel‹ bezeichnet wird. Die Logik – und nach ihrer Vereinnahmung die ganze Mathematik – war ein Spiel mit bedeutungslosen Zeichen, das nach bestimmten rein syntaktischen Regeln gespielt wird. Die ganze Bedeutung wurde beiseite gelassen. Man hatte ein mechanisches, gleichwohl aber offenes (wir würden heute sagen nichtdeterministisches) System, mit dessen Hilfe man eine ganze Menge beweisen konnte. Ein erster Fortschritt kam also dadurch zustande, daß man sich von all dem abwandte, was für die Bedeutung und für menschliche Symbole relevant zu sein schien. Wir können dies die ›Stufe der formalen Symbolmanipulation‹ nennen.
Diese allgemeine Einstellung spiegelt sich in der Entwicklung der Informationstheorie wider. Es wurde immer wieder herausgestellt, daß Shannon ein System definiert habe, das nur für Kommunikation und Selektion nützlich sei, jedoch nichts mit Bedeutung zu tun habe. Man bedauerte, daß das Gebiet einen so allgemeinen Namen wie ›Informationstheorie‹ erhalten hatte, und versuchte es in ›die Theorie selektiver Information‹ umzutaufen – ohne Erfolg natürlich.
Turingmaschinen und der Digitalcomputer. Die Entwicklung der ersten Digitalcomputer und die der Automatentheorie, die mit Turings eigenen Arbeiten in den dreißiger Jahren begann, können zusammen behandelt werden. Beide stimmen in ihren Ansichten darüber, was wesentlich ist, überein. Wir wollen Turings eigenes Modell verwenden, da daran die Eigenschaften gut zu sehen sind. Eine Turingmaschine besteht aus zwei Speichern, einem unbegrenzten Band und einem Steuersystem mit endlich vielen Zuständen. Das Band enthält die Daten – die berühmten Nullen und Einsen. Die Maschine kann auf dem Band nur sehr wenige eigentliche Operationen ausüben, nämlich lesen, schreiben und abtasten. Die Leseoperation ist keine Datenoperation; als eine Funktion der Daten unter dem Lesekopf ermöglicht sie vielmehr eine bedingte Verzweigung zu einem Steuerzustand. Wie wir alle wissen, enthält dieses Modell das, was allen Computern wesentlich ist, insofern es besagt, was sie tun können, obwohl andere Com-

puter für dieselben Berechnungen unter anderen räumlichen und zeitlichen Bedingungen verschiedene Speicher und Operationen verwenden. Das Modell einer Turingmaschine enthält insbesondere sowohl die Vorstellung von etwas Nichtberechenbarem als auch die von universalen Maschinen – Computer, die alles können, was von einer beliebigen Maschine getan werden kann.

Wir sollten es bewundern, daß zwei der fundamentalsten Einsichten in die Informationsverarbeitung in den dreißiger Jahren gelangen, also bevor moderne Computer entstanden. Diese Bewunderung gilt dem Genie Alan Turings, aber auch der Entwicklung der mathematischen Logik zu dieser Zeit, der die Computerwissenschaft nicht minder verpflichtet ist. Gleichzeitig mit Turings Arbeit erschienen die Arbeiten der Logiker Emil Post und (unabhängig davon) Alonzo Church. Obwohl sie von unabhängigen Vorstellungen von Logiksystemen (bzw. Post von Produktionen und rekursiven Funktionen) ausgingen, kamen sie zu analogen Ergebnissen hinsichtlich der Unentscheidbarkeit und der Universalität. Diese Ergebnisse, so wurde bald gezeigt, implizieren, daß alle drei Systeme äquivalent sind. Die Übereinstimmung dieser Versuche, die allgemeinste Klasse informationsverarbeitender Systeme zu definieren, trägt daher mit zu unserer Überzeugung bei, daß in diesen Modellen das Wesentliche der Informationsverarbeitung erfaßt ist.

Auf den ersten Blick gibt es in keinem dieser Systeme den Begriff des Symbols als etwas, das *bezeichnet*. Die Daten werden als bloße Ketten von Nullen und Einsen betrachtet; tatsächlich ist es für die Reduktion der Berechnung auf physikalische Prozesse wesentlich, daß die Daten semantisch inaktiv sind. Das Steuersystem für endliche Zustände wurde immer als ein kleiner Überwacher angesehen, und es wurden logische Spiele gespielt, um zu sehen, ein wie kleines System von Zuständen man verwenden könne, ohne die Universalität der Maschine zu zerstören. So weit wir wissen, wurden niemals Spiele gespielt, um dem endlichen Steuersystem neue Zustände dynamisch hinzuzufügen – sich also den Speicher der Steuerung so vorzustellen, als enthalte er das Wissen des ganzen Systems. Auf dieser Stufe wurde die Hälfte des Interpretationsprinzips erreicht, nämlich daß eine Maschine von einer Beschreibung bedient werden kann. Dies ist also die Stufe der automatischen formalen Symbolmanipulation.

Das Konzept der Programmspeicherung. Mit der Entwicklung der zweiten Generation elektronischer Maschinen Mitte der vierziger Jahre (nach Eniac) kam das Konzept der Programmspeicherung auf. Es wurde zu Recht als ein Meilenstein begrüßt, sowohl in konzeptueller wie in praktischer Hinsicht. Programme können nun Daten sein, und es können an ihnen Operationen wie an Daten ausgeführt werden. Diese Fähigkeit ist natürlich bereits implizit in Turings Modell enthalten: die Beschreibungen sind auf demselben Band wie die Daten. Dieser Gedanke wurde jedoch erst gefaßt, als die Maschinen genügend Speicher erhalten hatten und es praktisch möglich wurde, konkrete Programme intern zu speichern. Schließlich hatte Eniac nur zwanzig Register.

Das Konzept des gespeicherten Programms beinhaltet die zweite Hälfte des Interpretationsprinzips, den Teil, der besagt, daß die eigenen Daten des Systems interpretiert werden können. Es enthält jedoch noch nicht den Begriff der Bezeichnung – der physikalischen Beziehung, die der Bedeutung zugrunde liegt.

Listenverarbeitung. Die nächste Stufe, die 1956 erreicht wurde, war die Listenverarbeitung. Die Inhalte der Datenstrukturen waren nun Symbole im Sinne unseres physikalischen Symbolsystems: Muster, die bezeichneten, die Bezugsgegenstände hatten. Listen enthielten Adressen, die Zugang zu anderen Listen erlaubten, daher der Begriff der Listenstruktur. Daß dies wirklich eine neue Sichtweise war, wurde uns in den ersten Tagen der Listenverarbeitung häufig dadurch vor Augen geführt, daß Kollegen fragten, wo denn die Daten seien, das heißt, welche Liste nun letzten Endes die Zusammenstellung der Bits enthalte, die den Inhalt des Systems ausmachen. Sie fanden es sonderbar, daß es solche Bits nicht gab; es gab nur Symbole, die noch andere Symbolstrukturen bezeichneten.

Listenverarbeitung bedeutet für die Entwicklung der Computerwissenschaft dreierlei: (1) Mit ihr wurde eine genuin dynamische Speicherstruktur in einer Maschine geschaffen, von der man bis dahin der Ansicht war, daß sie eine unveränderliche Struktur habe. Sie erweiterte unseren Satz an Operationen, die bis dahin lediglich Inhalte ersetzten und änderten, um solche, die Strukturen aufbauen und modifizieren. (2) Listenverarbeitung war ein früher Beweis für die grundlegende Abstraktion, die Computer als eine Menge von Datentypen und eine Menge von Operationen auffaßt, die diesen Datentypen entsprechen. Ein Rechensystem sollte also beliebige, der jeweiligen Anwendung angemessene Datentypen verwenden – unabhängig von der ausführenden Maschine. (3) Die Listenverarbeitung ließ ein Modell der Bezeichnung entstehen und definiert so Symbolmanipulation in dem Sinn, in dem wir diesen Begriff heute in der Computerwissenschaft verwenden.

Wie so häufig antizipierte die damalige Praxis bereits alle Elemente der Listenverarbeitung: Adressen wurden offensichtlich gebraucht, um einen Zugriff zu gewinnen, die Trommelmaschinen verwendeten verkettete Programme (sogenannte Eins-plus-eins-Adressierung) usw. Die Konzeption der Listenverarbeitung als eine Abstraktion schuf jedoch eine neue Welt, in der Bezeichnung und dynamische Symbolstrukturen die bestimmenden Charakteristika waren. Es wird häufig beklagt, daß die Einbettung der frühen listenverarbeitenden Systeme in Sprachen (in IPLs, LISP) ein Hindernis für die Durchdringung der gesamten Programmierpraxis mit listenverarbeitenden Techniken darstellte; sie war jedoch das Vehikel, das die Abstraktion beförderte.

LISP. Ein weiterer Schritt verdient, festgehalten zu werden: die Entwicklung von LISP durch McCarthy 1959/60 (McCarthy 1960). Sie vervollständigte den Akt der Abstraktion, indem sie die Listenstrukturen aus ihrer Einbettung in konkrete Maschinen befreite und ein neues formales System mit S-Ausdrücken schuf, von denen gezeigt werden konnte, daß sie zu anderen universalen Schemata der Berechnung äquivalent sind.

Zusammenfassung. Die Tatsache, daß das Konzept des bezeichnenden Symbols und der Symbolmanipulation nicht vor Mitte der fünfziger Jahre entwickelt wurde, bedeutet nicht, daß die früheren Stufen entweder unwesentlich oder weniger wichtig waren. Das Gesamtkonzept besteht in der Verbindung der Idee der Berechenbarkeit, der physikalischen Realisierbarkeit (durch verschiedene Technologien), der Universalität, der symbolischen Repräsentation von Prozessen (d. h. Interpretierbarkeit) und schließlich der symbolischen Struktur und der Bezeichnung. Jede dieser Stufen ist ein wesentlicher Teil des Ganzen.

Der erste Schritt in dieser Kette, der auf Turing zurückgeht, ist theoretisch motiviert, die anderen haben jedoch alle tiefreichende empirische Wurzeln. Wir wurden durch die Evolution des Computers selbst geleitet. Das Prinzip des gespeicherten Programms entstand aus der Erfahrung mit Eniac. Listenverarbeitung entstand aus dem Versuch, intelligente Programme zu entwickeln.

Beeinflußt wurde sie durch das Auftreten von direkten Zugriffsspeichern (*random access memories*), die für eine klare physikalische Realisierung eines bezeichnenden Symbols an der Adresse sorgten. LISP entstand aus der sich entwickelnden Erfahrung mit Listenverarbeitung.

Die Belege

Wir kommen nun zur Frage nach den Belegen für die Hypothese, daß physikalische Symbolsysteme in der Lage sind, intelligent zu handeln, und daß allgemein intelligente Handlungen ein physikalisches Symbolsystem erfordern. Die Hypothese ist eine empirische Verallgemeinerung und kein Theorem. Wir kennen keinen Weg, um den Zusammenhang von Symbolsystemen und Intelligenz mit rein logischen Mitteln zu beweisen. Da uns ein derartiger Beweis fehlt, müssen wir uns die Tatsachen ansehen. Unser zentrales Ziel besteht jedoch nicht darin, die Belege im Detail zu besprechen, sondern wir wollen das vor uns liegende Beispiel verwenden, um die Aussage, daß Computerwissenschaft ein Feld empirischer Forschung sei, zu veranschaulichen. Wir wollen daher nur andeuten, was für Arten von Belegen es gibt und wie die allgemeine Natur des Testverfahrens beschaffen ist.

Der Begriff des physikalischen Symbolsystems hat im wesentlichen Mitte der fünfziger Jahre seine gegenwärtige Form erhalten. Von da an datiert die Entwicklung der künstlichen Intelligenz als ein kohärentes Untergebiet der Computerwissenschaft. Zwanzig Jahre Arbeit, die seitdem geleistet wurde, haben ein kontinuierliches Anwachsen hauptsächlich zweier Arten von empirischen Belegen zur Folge gehabt. Die erste Art bezieht sich darauf, daß physikalische Symbolsysteme für die Hervorbringung von Intelligenz *hinreichend* sind, wobei versucht wird, bestimmte Systeme zu entwickeln und zu testen, die eine solche Fähigkeit besitzen. Die zweite Art der Belege bezieht sich darauf, daß zur Hervorbringung jeglicher Form von Intelligenz ein physikalisches Symbolsystem *notwendig* ist. Diese Art der Belege beginnt mit dem Menschen, dem intelligenten System, das uns am besten bekannt ist. Man versucht herauszufinden, ob seine kognitiven Aktivitäten als Wirkungen eines physikalischen Symbolsystems erklärt werden können. Es gibt andere Formen der Belege, die wir weiter unten kurz kommentieren werden, doch diese beiden sind die wichtigsten. Wir werden sie der Reihe nach behandeln. Die erste wird im allgemeinen ›künstliche Intelligenz‹ (KI) genannt, die zweite ›Forschung in kognitiver Psychologie‹.

Entwicklung intelligenter Systeme. Das grundlegende Paradigma bei der anfänglichen Prüfung der Keimtheorie von Krankheiten sah folgendermaßen aus: identifiziere eine Krankheit, dann suche den Keim. Ein analoges Paradigma hat einen großen Teil der KI-Forschung angeregt: identifiziere ein Aufgabengebiet, für das Intelligenz erforderlich ist; entwickle dann ein Programm für einen Digitalcomputer, das Aufgaben in diesem Gebiet lösen kann. Zunächst wandte man sich einfachen und gut strukturierten Aufgaben zu: Rätseln und Spielen, Problemen der Unternehmungsforschung wie die Aufstellung und Verteilung von Ressourcen sowie einfachen induktiven Aufgaben. Einige Dutzend oder sogar Hunderte solcher Programme wurden mittlerweile entwickelt, von denen jedes bis zu einem gewissen Grad fähig ist, auf dem entsprechenden Gebiet intelligent zu handeln.

Natürlich ist Intelligenz keine Frage des Alles oder Nichts; es gab einen allmählichen Fortschritt, sowohl zu schwierigeren Leistungen in einzelnen Gebieten wie zu einer Erweiterung dieser Gebiete hin. Frühe Schachprogramme wurden z.B. für erfolgreich gehalten, wenn sie das Spiel den Regeln entsprechend spielen konnten und das Ziel halbwegs erkennbar war; wenig später erreichten sie die Stufe menschlicher Anfänger; innerhalb von zehn oder fünfzehn Jahren begannen sie mit ernsthaften Amateuren zu konkurrieren. Der Fortschritt war langsam (und die Energie, die in dieses Projekt investiert wurde, gering), aber kontinuierlich; das Paradigma des Entwickelns-und-Testens schreitet in regelmäßigen Zyklen voran – die ganze Forschungsaktivität ahmt auf einer makroskopischen Ebene den Grundzyklus des Entwickelns-und-Testens vieler KI-Programme nach.

Das Gebiet, in dem intelligente Handlungen erreicht werden können, erweitert sich ständig. Ausgehend von den ursprünglichen Aufgaben wurde die Forschung auf Produktionssysteme ausgedehnt, die auf verschiedene Weise mit natürlicher Sprache umgehen und sie verstehen; man entwirft Systeme zur Interpretation visueller Szenen, Systeme zur Koordination von Hand und Auge, Entwicklungssysteme, Systeme, die Computerprogramme schreiben, Systeme für das Verstehen von Sprache – die Liste ist zwar nicht endlos, aber zumindest sehr lang. Wenn es Grenzen gibt, über die hinaus die Hypothese nicht anwendbar ist, dann sind sie bis jetzt noch nicht sichtbar geworden. Bis jetzt wurde die Geschwindigkeit des Fortschritts hauptsächlich durch die ziemlich bescheidene Menge von wissenschaftlichen Ressourcen bestimmt, die aufgewandt wurde, sowie von den unvermeidlichen Anforderungen eines beträchtlichen Aufwands zur Systementwicklung, die jedes größere neue Unternehmen erfordert.

Selbstverständlich ist sehr viel mehr geschehen als einfach nur eine Anhäufung von Beispielen intelligenter Systeme, die bestimmten Aufgabenfeldern angepaßt sind. Es wäre überraschend und wenig anregend, wenn sich herausstellen würde, daß die KI-Programme, die diese verschiedenen Aufgaben ausführen, nichts weiter gemeinsam hätten, als Instantiierungen physikalischer Symbolsysteme zu sein. Großes Interesse fand daher die Suche nach allgemeinen Mechanismen sowie nach gemeinsamen Komponenten der Programme, die eine Vielfalt verschiedener Aufgaben ausführten. Diese Suche führt die Theorie über die anfängliche Symbolsystem-Hypothese hinaus zu einer vollständigeren Charakterisierung der besonderen Art von Symbolsystemen, die in der künstlichen Intelligenz erfolgreich sind. Im zweiten Abschnitt unseres Vortrags werden wir ein Beispiel einer Hypothese dieser zweiten Spezifikationsebene diskutieren: die Hypothese der heuristischen Suche.

Die Suche nach Allgemeinheiten führte zu einer Reihe von Programmen, die allgemeine Problemlösungsmechanismen aus den verschiedenen Anforderungen der einzelnen Aufgabengebiete aussortieren sollten. Der GENERAL PROBLEM SOLVER (GPS) war vielleicht eines der ersten; zu seinen Nachfolgern gehören gegenwärtige Systeme wie PLANNER und CONNIVER. Die Suche nach gemeinsamen Komponenten hat zu allgemeinen Schemata der Repräsentation von Zielen und Plänen, zu Verfahren zur Entwicklung von Unterscheidungsnetzen, zu Verfahren zur Kontrolle von Suchbäumen, zu Mustererkennungsmechanismen und zu Systemen zur Syntaxanalyse geführt. Zur Zeit werden Versuche unternommen, um geeignete Verfahren zur Repräsentation von Abfolgen von Zeit und Tempus, von Bewegung, Kausalität und ähnlichem zu finden. Es wird immer wahrscheinlicher, daß große intelligente Systeme in einer modularen Weise aus solchen Grundkomponenten zusammengestellt werden können.

Einblick in die gegenwärtige Situation kann durch einen erneuten Vergleich mit der Keimtheorie gewonnen werden. Während die erste Phase der durch diese Theorie angeregten Forschung hauptsächlich darin bestand, den zu jeder Krankheit gehörenden Keim zu finden, wandte man sich in der folgenden Phase der Frage zu, was ein Keim überhaupt ist – man versuchte für das grundlegende qualitative Gesetz eine neue Strukturebene zu bilden. In der künstlichen Intelligenz richtete sich die Aktivität anfänglich auf die Entwicklung intelligenter Programme für einen großen Bereich beinahe zufällig ausgewählter Aufgaben. Diese Phase ist einer schärfer konturierten Forschung gewichen, der es um ein Verständnis der gemeinsamen Mechanismen solcher Systeme geht.

Die Nachbildung menschlichen symbolischen Verhaltens. Die Symbolsystem-Hypothese impliziert, daß das symbolische Verhalten des Menschen deshalb entsteht, weil er die Eigentümlichkeiten eines physikalischen Symbolsystems besitzt. Die Ergebnisse der Bemühungen, menschliches Verhalten mit Symbolsystemen nachzubilden, liefern daher einen wichtigen Teil der Belege für die Hypothese, und die KI-Forschung vollzieht sich in enger Zusammenarbeit mit der Forschung zur ›Psychologie der Informationsverarbeitung‹, wie sie gewöhnlich genannt wird.

Die Suche nach Erklärungen für intelligentes Verhalten des Menschen durch Symbolsysteme war in den vergangenen zwanzig Jahren sehr erfolgreich; dies führte dazu, daß Theorien der Informationsverarbeitung gegenwärtig in der kognitiven Psychologie dominieren. Besonders in den Gebieten Problemlösung, Begriffserwerb und Langzeitgedächtnis beherrschen Modelle der Symbolmanipulation nun die Szene.

Untersuchungen zur Psychologie der Informationsverarbeitung beinhalten zwei Hauptarten empirischer Aktivität. Die erste besteht in der Durchführung von Beobachtungen und Experimenten zu menschlichem Verhalten bei Aufgaben, die Intelligenz erfordern. Die zweite, die der parallelen Aktivität in der künstlichen Intelligenz sehr ähnelt, ist das Programmieren von Symbolsystemen, um das beobachtete menschliche Verhalten nachzubilden. Die psychologischen Beobachtungen und Experimente führen zur Formulierung von Hypothesen über die symbolischen Prozesse, die die Personen benutzen, und diese sind eine wichtige Quelle für die Ideen, die in die Entwicklung von Programmen eingehen. So

stammen viele Ideen für die Grundmechanismen von GPS aus sorgfältigen Analysen von Protokollen, die von menschlichen Versuchspersonen erzeugt wurden, welche bei der Ausführung einer Problemlösungsaufgabe laut nachdachten.
Der empirische Charakter der Computerwissenschaft ist nirgends deutlicher als in diesem Bündnis mit der Psychologie. Psychologische Experimente sind nicht nur erforderlich, um die Geltung der Simulationsmodelle als Erklärungen für menschliches Verhalten zu überprüfen – diese Experimente führen auch zu neuen Ideen für die Planung und Entwicklung physikalischer Symbolsysteme.
Weitere Belege. Die meisten Belege für die Symbolsystem-Hypothese, auf die wir nicht eingegangen sind, sind negativ: es gibt keine spezifischen konkurrierenden Hypothesen, die besagen, wie intelligente Aktivität anders erreicht werden könnte – sei es beim Menschen oder bei einer Maschine. Die meisten Versuche, solche Hypothesen aufzustellen, wurden im Bereich der Psychologie unternommen. Wir hatten hier ein Kontinuum von Theorien, das von einem Standpunkt reichte, der gewöhnlich ›Behaviorismus‹ genannt wird, bis zu einem, den man gewöhnlich ›Gestalttheorie‹ nennt. Keiner dieser Standpunkte ist ein wirklicher Konkurrent für die Symbolsystem-Hypothese, und zwar aus zwei Gründen. Zunächst hat weder der Behaviorismus noch die Gestalttheorie bewiesen oder wenigstens gezeigt, wie man beweisen könnte, daß die Erklärungsmechanismen, die sie postulieren, hinreichend sind, um intelligentes Verhalten bei komplexen Aufgaben zu erklären. Zweitens wurde keine der Theorien auch nur annähernd so detailliert ausgearbeitet wie künstliche Programme. Tatsache ist, daß die alternativen Theorien so vage sind, daß es nicht besonders schwierig ist, sie im Sinne der Informationsverarbeitung zu interpretieren und sie dadurch in die Symbolsystem-Hypothese aufzunehmen.

Zusammenfassung

Wir haben versucht, das Beispiel der physikalischen Symbolsystem-Hypothese dafür zu nutzen, um konkret zu veranschaulichen, daß die Computerwissenschaft ein wissenschaftliches Unternehmen im üblichen Sinn ist: sie entwickelt wissenschaftliche

Hypothesen, die sie dann durch empirische Untersuchungen zu verifizieren versucht. Wir hatten jedoch noch einen zweiten Grund, dieses besondere Beispiel heranzuziehen, um unseren Punkt zu verdeutlichen. Die physikalische Symbolsystem-Hypothese ist selbst eine substantielle wissenschaftliche Hypothese der Art, die wir weiter oben als ›Gesetze qualitativer Struktur‹ bezeichnet haben. Sie repräsentiert eine wichtige Entdeckung der Computerwissenschaft, die – wenn sie durch empirische Belege bestätigt wird, wie es in der Tat der Fall zu sein scheint – einen bedeutenden, anhaltenden Einfluß in diesem Gebiet haben wird.

Wenden wir uns nun einem zweiten Beispiel zu, der Rolle der Suche in der Intelligenz. Dieses Thema und die besondere Hypothese dazu, die wir untersuchen werden, haben ebenfalls in der Computerwissenschaft im allgemeinen und bei der künstlichen Intelligenz im besonderen eine zentrale Rolle gespielt.

II. Heuristische Suche

Das Wissen, daß physikalische Symbolsysteme die Grundlage für intelligente Handlungen sind, sagt uns nichts darüber, wie diese zustande gebracht werden. Unser zweites Beispiel eines Gesetzes qualitativer Struktur in der Computerwissenschaft greift diese Frage auf; es besagt, daß Symbolsysteme Probleme lösen, indem sie die Verfahren der heuristischen Suche verwenden. Diese Verallgemeinerung beruft sich, wie die vorige, auf empirische Belege und wurde bisher noch nicht formal aus anderen Prämissen hergeleitet. Wir werden jedoch bald sehen, daß sie tatsächlich eine gewisse logische Beziehung zur Symbolsystem-Hypothese hat, und wir können vielleicht erwarten, daß die Beziehung irgendwann einmal in der Zukunft formalisiert wird. Bis dahin müssen wir jedoch empirisch vorgehen. Wir werden beschreiben, was man über die heuristische Suche weiß, und die empirischen Befunde besprechen, die zeigen, wie sie es ermöglicht, intelligente Handlungen hervorzubringen. Wir beginnen, indem wir folgendes Gesetz einer qualitativen Struktur, die Hypothese der heuristischen Suche, aufstellen.

Hypothese der heuristischen Suche. Die Lösungen von Problemen werden als Symbolstrukturen repräsentiert. Ein physikalisches Symbolsystem zeigt seine Intelligenz beim Problemlösen durch die Anwendung eines Suchprozesses, d. h. durch die Erzeugung und schrittweise Veränderung von Symbolstrukturen, bis eine Lösungsstruktur erreicht ist.

Physikalische Symbolsysteme müssen eine heuristische Suche verwenden, um Probeme zu lösen, da solche Systeme eine begrenzte Verarbeitungskapazität besitzen. In einer endlichen Anzahl von Schritten und in einem endlichen Zeitabschnitt können sie nur eine endliche Anzahl von Prozessen ausführen. Dies ist natürlich keine sehr starke Einschränkung, denn sie gilt für alle universalen Turingmaschinen. Wir verstehen hier die Einschränkung jedoch in einem engeren Sinn: wir meinen *praktisch* begrenzt. Wir können uns Systeme denken, die praktisch nicht begrenzt, sondern z.B. in der Lage sind, die Knoten eines exponential wachsenden Baumes parallel und mit konstanter Geschwindigkeit für jeden einzelnen Schritt in die Tiefe zu durchsuchen. Wir werden uns hier nicht mit solchen Systemen befassen, sondern mit Systemen, deren Rechenkapazität im Verhältnis zur Komplexität der Situationen, mit denen sie konfrontiert werden, eingeschränkt ist. Die Beschränkung schließt kein wirkliches Symbolsystem, sei es im Computer oder im Menschen, im Kontext wirklicher Aufgaben aus. Die Tatsache, daß die Kapazität beschränkt ist, erlaubt es uns, für die meisten Zwecke ein Symbolsystem als ein serielles Verfahren zu betrachten, das einen Prozeß nach dem andern ausführt. Wenn es nur sehr wenige Prozesse in einem kurzen Zeitabschnitt ausführen kann, dann können wir es so betrachten, als ob es die einzelnen Schritte nacheinander ausführt. Die Ausdrücke ›Symbolsystem mit begrenzter Kapazität‹ und ›serielles Symbolsystem‹ sind daher praktisch synonym. Das Problem der Zuteilung knapper Kapazitäten von einem Augenblick zum anderen kann, wenn der Augenblick kurz genug ist, gewöhnlich als ein Problem der Steuerung einer seriellen Maschine betrachtet werden.

Problemlösen

Da man die Fähigkeit, Probleme zu lösen, im allgemeinen für einen Hauptindikator für die Intelligenz eines Systems hält, verwundert es nicht, daß die Geschichte der künstlichen Intelligenz reich an Versuchen ist, Problemlösungssysteme zu entwickeln und zu verstehen. Das Thema Problemlösung wurde zweitausend Jahre lang von Philosophen und Psychologen diskutiert, häufig mit einem sehr starken mystischen Einschlag. Wer meint, daß es nichts Problematisches oder Mystisches mit einem problemlösenden Symbolsystem auf sich hat, ist ein geistiges Kind unserer Zeit, dessen Anschauungen von Ideen aus der Mitte dieses Jahrhunderts geprägt sind. Platon (und nach seinem Bericht auch Sokrates) hatten sogar Schwierigkeiten zu verstehen, wie Probleme *dargelegt* werden, geschweige denn, wie sie gelöst werden können. Es sei nur daran erinnert, wie er das Rätsel im *Menon* (80d) stellt:

Menon: Und auf welche Weise willst du denn dasjenige suchen, Sokrates, wovon du überhaupt gar nicht weißt, was es ist? Denn als welches Besondere von allem, was du nicht weißt, willst du es dir denn vorlegen und so suchen? Oder wenn du es auch noch so gut träfest, wie willst du denn erkennen, daß es dieses ist, was du nicht wußtest?

Um dieses Rätsel zu lösen, erfand Platon seine berühmte Theorie der Wiedererinnerung: wenn man denkt, daß man etwas entdeckt oder lernt, dann erinnert man sich in Wirklichkeit bloß an das, was man bereits in einer früheren Existenz wußte. Wer diese Erklärung für albern hält, sei darauf hingewiesen, daß es heute eine viel einfachere Erklärung gibt, die auf unserem Verständnis von Symbolsystemen beruht. Sie kann etwa folgendermaßen dargestellt werden:

> Ein Problem darzustellen heißt (1), einen *Test* für eine Klasse von Symbolstrukturen (Lösungen des Problems) und (2) ein *Verfahren zur Erzeugung* von Symbolstrukturen (möglichen Lösungen) zu bezeichnen. Die Lösung eines Problems besteht darin, unter Heranziehung von (2) eine Struktur herzuleiten, die den Test von (1) erfüllt.

Wir haben ein Problem, wenn wir wissen, was wir tun wollen (den Test), und wenn wir nicht sofort wissen, wie wir es tun sollen (unser Erzeugungsverfahren bringt nicht sofort eine Symbolstruktur hervor, die den Test erfüllt). Ein Symbolsystem kann Probleme darstellen und (manchmal) lösen, da es erzeugen und testen kann.

Wenn es nur darum bei der Problemlösung geht, warum bringt man dann nicht einfach sofort einen Ausdruck hervor, der den Test erfüllt? Genau dies machen wir, wenn wir etwas wünschen und träumen. »Wenn Wünsche Pferde wären, dann könnten Bettler reiten.« Doch außerhalb der Traumwelt ist dies nicht möglich.

Zu wissen, wie wir etwas testen würden, wenn es erst einmal entwickelt ist, heißt nicht, daß wir wissen, wie es entwickelt wird – daß wir irgendein Verfahren zu seiner Erzeugung haben.
Man weiß z. B., was es heißt, das Problem zu ›lösen‹, erfolgreich Schach zu spielen. Es gibt einen einfachen Test, um Gewinnstellungen zu testen, nämlich zu testen, ob der gegnerische König schachmatt ist. In der Traumwelt erfindet man einfach eine Strategie, die bei allen Gegenstrategien des Gegners zum Schachmatt führt. Leider ist kein Verfahren dafür für ein existierendes Symbolsystem (Mensch oder Maschine) bekannt. Man sucht statt dessen gute Züge, indem man verschiedene Alternativen entwickelt und sie sorgfältig mit Hilfe von – oft falschen – Anhaltspunkten einschätzt, von denen man annimmt, daß sie darauf hinweisen, daß eine bestimmte Spielweise wahrscheinlich zu einer Gewinnstellung führen wird. Es gibt Zugverfahren, aber kein Verfahren für Gewinnzüge.
Bevor es ein Zugverfahren für ein Problem geben kann, muß es einen Problemraum geben: einen Raum von Symbolstrukturen, in dem Problemsituationen, einschließlich der Ausgangs- und Zielsituationen, repräsentiert werden können. Zugverfahren sind Prozesse zur Umwandlung einer Situation des Problemraums in eine andere. Die grundlegenden Eigenschaften von Symbolsystemen garantieren, daß sie Problemräume repräsentieren können und daß sie Zugverfahren besitzen. Wie sie in einer bestimmten Situation einen Problemraum und Zugverfahren aufbauen, die dieser Situation angemessen sind, ist eine Frage, die noch immer im Mittelpunkt der KI-Forschung steht. Die Aufgabe, die sich einem Symbolsystem stellt, wenn es mit einem Problem und einem Problemraum konfrontiert ist, besteht also darin, seine begrenzte Verarbeitungskapazität so zu nutzen, daß es eine mögliche Lösung nach der anderen erzeugt, bis es eine findet, die den Test erfüllt, durch den das Problem definiert ist. Wenn das System eine gewisse Kontrolle über die Reihenfolge hätte, in der die möglichen Lösungen hergeleitet werden, dann wäre es wünschenswert, diese Reihenfolge der Erzeugung so anzuordnen, daß tatsächlich Lösungen mit großer Wahrscheinlichkeit frühzeitig auftreten. Ein Symbolsystem würde in dem Maße Intelligenz zeigen, wie ihm dies gelänge. Die Intelligenz eines Systems mit begrenzter Verarbeitungskapazität besteht darin, kluge Entscheidungen angesichts der Frage zu treffen, was als nächstes zu tun ist.

In den ersten zehn Jahren der KI-Forschung war das Studium des Problemlösens beinahe gleichbedeutend mit dem Studium von Suchverfahren. Der Grund dafür ist leicht zu verstehen, wenn man sich unsere Kennzeichnung von Problemen und des Problemlösens ansieht. Man könnte allerdings fragen, ob es auch anders sein könnte. Bevor wir jedoch diese Frage zu beantworten versuchen, müssen wir die Natur der Suchverfahren, wie sie sich im Laufe dieses Forschungsjahrzehnts entwickelt haben, weiter untersuchen.

Die Gewinnung von Informationen aus dem Problemraum. Betrachten wir einmal eine Menge von Symbolstrukturen, von denen eine kleine Teilmenge die Lösung eines gegebenen Problems darstellt. Nehmen wir weiter an, daß die Lösungen zufällig über die ganze Menge verteilt sind. Wir meinen damit, daß es keine Informationen gibt, die es irgendeinem Suchverfahren ermöglichen würden, besser abzuschneiden als zufälliges Suchen. Kein Symbolsystem könnte dann bei der Lösung des Problems mehr (oder weniger) Intelligenz zeigen als irgendein anderes, obwohl das eine mehr Glück als das andere haben könnte.

Eine Bedingung für das Auftreten von Intelligenz lautet daher, daß die Lösungsverteilung nicht vollkommen zufällig sein darf, daß der Raum der Symbolstrukturen zumindest einen gewissen Grad an Ordnung und Regelmäßigkeit aufweisen muß. Eine zweite Bedingung lautet, daß die Regelmäßigkeiten im Bereich der Symbolstrukturen mehr oder weniger auffindbar sein müssen. Eine dritte Bedingung lautet, daß das Erzeugungsverfahren möglicher Lösungen in der Lage sein muß, sich je nach aufgefundener Struktur unterschiedlich zu verhalten. Es muß Informationen im Problemraum geben und das Symbolsystem muß in der Lage sein, sie zu gewinnen und zu nutzen. Betrachten wir zunächst ein sehr einfaches Beispiel, in dem Intelligenz leicht zu erhalten ist.

Nehmen wir das Problem der Lösung einer einfachen algebraischen Gleichung:

$$AX + B = CX + D$$

Der Test definiert eine Lösung als einen Ausdruck der Form $X = E$, so daß $AE + B = CE + D$. Man kann nun als Erzeugungsverfahren irgendeinen Prozeß verwenden, der Zahlen erzeugt, die dann durch Einsetzen in die zweite Gleichung getestet werden könnten. Wir würden dies nicht als ein intelligentes Verfahren bezeichnen.

Andererseits können wir Erzeugungsverfahren verwenden, die die Tatsache ausnützen, daß die ursprüngliche Gleichung umgeformt werden kann – und zwar durch Addition oder Subtraktion gleicher Größen auf beiden Seiten oder durch Multiplikation oder Division auf beiden Seiten mit gleichen Größen –, ohne das Ergebnis zu ändern. Aber man kann natürlich noch mehr Informationen zur Steuerung des Verfahrens erhalten, indem man den ursprünglichen Ausdruck mit der Form der Lösung vergleicht und genau jene Umformungen an der Gleichung vornimmt, bei denen das Ergebnis unverändert bleibt, die Gleichung jedoch gleichzeitig in die gewünschte Form gebracht wird. Ein solches Erzeugungsverfahren könnte bemerken, daß es auf der rechten Seite der ursprünglichen Gleichung ein unerwünschtes CX gibt, es von beiden Seiten abziehen und die Ausdrücke erneut aufschreiben. Es könnte dann bemerken, daß es ein unerwünschtes B auf der linken Seite gibt und es abziehen. Schließlich kann es den unerwünschten Koeffizienten (A – C) auf der linken Seite durch Division loswerden.

Durch diesen Prozeß, der nun eine beträchtliche Intelligenz zeigt, erzeugt das Erzeugungsverfahren aufeinanderfolgende Symbolstrukturen, wobei jede neue Struktur durch Modifizierung der vorhergehenden entsteht. Die Modifizierungen haben das Ziel, die Unterschiede zwischen der Form der eingegebenen Struktur und der Form des Testausdrucks zu reduzieren, während die anderen Bedingungen für eine Lösung gleich bleiben.

Dieses einfache Beispiel veranschaulicht bereits viele der wichtigsten Mechanismen, die von Symbolsystemen für intelligentes Problemlösen verwendet werden. Erstens, jeder neue Ausdruck wird nicht unabhängig erzeugt, sondern entsteht durch Modifikation eines vorher erzeugten Ausdrucks. Zweitens, die Modifikationen werden nicht willkürlich vorgenommen, sie sind vielmehr von zwei Informationsarten abhängig. Sie hängen von Informationen ab, die für die ganze Klasse algebraischer Probleme konstant sind und die in die Struktur des Erzeugungsverfahrens selbst eingebaut sind: alle Modifikationen der Ausdrücke müssen das Ergebnis der Gleichung unverändert lassen. Sie hängen ferner von Informationen ab, die sich mit jedem Schritt ändern: der Ermittlung von Formunterschieden, die zwischen dem vorliegenden und dem gewünschten Ausdruck bestehen. In der Tat verkörpert das Erzeugungsverfahren einige Tests, die die Lösung erfüllen muß, so daß Ausdrücke, die diese Tests nicht erfüllen, gar nicht erzeugt werden. Die Verwendung der ersten Art von Information garantiert, daß nur eine winzige Teilmenge aller möglichen Ausdrücke tatsächlich erzeugt wird, ohne jedoch den Lösungsausdruck von dieser Teilmenge auszuschließen. Die Verwendung der zweiten Art von Information führt über eine allmähliche Annäherung zur gewünschten Lösung, indem eine einfache Form der Mittel-Ziele-Analyse angewandt wird, um der Suche eine Richtung zu geben.

Es liegt nichts Mystisches in der Frage, wo die Informationen herkommen, die die Lösungssuche leiten. Wir brauchen nicht Plato zu folgen und das Symbolsystem mit einer früheren Existenz auszustatten, in der es die Lösung bereits kannte. Ein mäßig entwickeltes System, das aus einem Erzeugungsverfahren und Tests besteht, vollführt das Kunststück auch ohne Reinkarnation.

Suchbäume. Man mag das einfache algebraische Problem als ungewöhnliches, sogar als pathologisches Beispiel eines Suchprozesses ansehen. Es ist sicherlich keine Versuch-und-Irrtum-Suche, denn obwohl es ein paar Versuche gibt, gibt es keinen Irrtum. Wir sind eher gewohnt, bei der Suche von Problemlösungen an die Erzeugung von sich weit verzweigenden Bäumen möglicher Teillösungen zu denken; es können Tausende oder sogar Millionen von Ästen erforderlich sein, bevor eine Lösung erreicht wird. Wenn so von jedem Ausdruck, den das Erzeugungsverfahren erzeugt, B neue Äste geschaffen werden, dann wird der Baum zu B hoch D Äste anwachsen, wobei D die Tiefe bezeichnet. Der Baum, der für das algebraische Problem gewachsen ist, hatte die eigentümliche Eigenschaft, daß seine Verzweigung B gleich eins war.

Für Schachprogramme ist es typisch, daß sie breite Suchbäume haben, die in einigen Fällen auf eine Million Äste und mehr anwachsen. Obwohl Schach ein gutes Beispiel für die Suche mit Baumstruktur ist, sollten wir anmerken, daß das Ziel des Suchprozesses beim Schach nicht darin besteht, vorgeschlagene Lösungen zu erzeugen, sondern sie auszuwerten (zu testen). Eine Richtung der Erforschung von Spielprogrammen hat sich besonders damit befaßt, die Repräsentation des Schachbretts und der

Verfahren für die Züge zu verbessern, so daß die Suche beschleunigt wird und größere Suchbäume möglich werden. Dieser Richtung liegt natürlich die Vorstellung zugrunde, daß die Auswertungen am Ende um so genauer sein werden, je tiefer die dynamische Suche ist. Es gibt andererseits gute empirische Belege dafür, daß die stärksten menschlichen Spieler, Großmeister, selten Bäume mit mehr als hundert Ästen untersuchen. Diese Ökonomie kommt jedoch nicht so sehr dadurch zustande, daß sie weniger tief als Schachprogramme suchen, sondern durch eine sehr spärliche und ausgewählte Verzweigung an jedem Knoten. Dies ist ohne Verschlechterung der Bewertung nur möglich, wenn dem Verfahren ein größeres Auswahlvermögen eingebaut worden ist. Es ist dann in der Lage, nur diejenigen Äste zu erzeugen, die mit großer Wahrscheinlichkeit wichtige Informationen über die Stellung enthalten.

Diese Diskussion führt zu dem etwas paradox klingenden Schluß, daß Suche – sukzessive Erzeugung potentieller Lösungsstrukturen – zwar ein fundamentaler Aspekt intelligenten Vorgehens eines Symbolsystems bei der Problemlösung ist, daß jedoch der Umfang der Suche kein Maß für die gezeigte Intelligenz ist. Was ein Problem zu einem Problem macht, ist nicht, daß ein großer Suchaufwand für die Lösung erforderlich ist, sondern daß ein großer Aufwand erforderlich *wäre*, wenn ein erforderliches Maß an Intelligenz nicht angewandt würde. Wenn das Symbolsystem, das versucht, ein Problem zu lösen, genug darüber weiß, was zu tun ist, geht es einfach direkt auf sein Ziel zu. Sobald jedoch sein Wissen unzureichend wird, wenn es *terra incognita* betritt, dann besteht die Gefahr, einen großen Suchaufwand bewältigen zu müssen, bevor es seinen Weg wiederfindet.

Die Möglichkeit der exponentiellen Explosion des Suchbaums, die in jedem Problemlösungsschema gegenwärtig ist, warnt uns davor, uns von der rohen Kraft der Computer – auch der größten und schnellsten – als Kompensation für die Unkenntnis und das mangelhafte Auswahlvermögen seiner Erzeugungsverfahren abhängig zu machen. Es geschieht allerdings immer wieder, daß einige sich der Illusion hingeben, es könne ein Computer gefunden werden, der schnell genug ist und der geschickt genug programmiert werden kann, um durch unstrukturierte Suche gutes Schach zu spielen. In der Theorie des Schachspiels ist nichts bekannt, was diese Möglichkeit ausschließen würde. Empirische

Untersuchungen zur Handhabung von Suchprozessen in ziemlich großen Bäumen mit nur mäßigen Ergebnissen lassen dies jedoch als eine weniger erfolgversprechende Richtung erscheinen. Zu der Zeit, als Schach erstmals als eine geeignete Aufgabe für die künstliche Intelligenz ausgewählt wurde, war das noch anders. Wir müssen dies als einen der wichtigen empirischen Befunde zur Forschung mit Schachprogrammen ansehen.

Die Formen der Intelligenz. Es ist daher Aufgabe der Intelligenz, die allgegenwärtige Gefahr der exponentiellen Explosion des Suchprozesses abzuwenden. Wie kann dies erreicht werden? Die erste Möglichkeit, die wir bereits mit dem Beispiel aus der Algebra und den Schachprogrammen, die nur ›plausible‹ Züge für die weitere Analyse erzeugen, veranschaulicht haben, besteht darin, ein gewisses Auswahlvermögen in das Erzeugungsverfahren einzubauen: es sollen nur solche Strukturen erzeugt werden, die versprechen, Lösungen zu sein oder zur Lösung zu führen. Der übliche Weg, dies zu erreichen, besteht darin, die Anzahl der Verzweigungen zu verringern und nicht, sie völlig zu vermeiden. Eine exponentielle Explosion wird schließlich nicht verhindert – außer in ungewöhnlich hochstrukturierten Situationen wie dem Beispiel aus der Algebra –, sondern nur aufgeschoben. Ein intelligentes System muß daher im allgemeinen das Auswahlvermögen seines Lösungsverfahrens durch andere Techniken der Informationsnutzung ergänzen, um den Suchprozeß zu steuern.

Die zwanzigjährige Erfahrung mit der Handhabung von Suchbäumen in verschiedenen Aufgabeumgebungen hat zu einer kleinen Auswahl allgemeiner Techniken gefüht, die heute zum Rüstzeug jedes Forschers in der künstlichen Intelligenz gehören. Da diese Techniken in allgemeinen Arbeiten wie der von Nilsson (1971) beschrieben worden sind, können sie hier sehr kurz zusammengefaßt werden.

Bei der seriellen heuristischen Lösungssuche lautet die Grundfrage immer: was soll als nächstes getan werden? Bei Suchbäumen hat diese Frage wiederum zwei Teile: (1) bei welchem Knoten im Baum sollen wir beginnen zu suchen, und (2) welche Richtung sollen wir bei diesem Knoten einschlagen? Informationen, die für die Beantwortung der ersten Frage hilfreich sind, können als Maß des relativen Abstands der verschiedenen Knoten vom Ziel interpretiert werden. Die *Best-first*-Suche verlangt, daß man bei dem Knoten zu suchen beginnt, der dem Ziel am nächsten zu sein scheint. Informationen, die hilfreich bei der Beantwortung der zweiten Frage sind – in welcher Richtung weiter gesucht werden soll –, ergeben sich oft, wie in dem Beispiel aus der Algebra, durch die Auffindung der spezifischen Unterschiede zwischen der vorliegenden Knotenstruktur und der Zielstruktur, die durch den Lösungstest beschrieben wird, sowie durch die Auswahl der Operationen, die für die Aufhebung dieser besonderen Unterschiede wichtig sind. Diese Technik ist als Mittel-Ziel-Analyse bekannt, und sie hat eine zentrale Stellung in der Struktur des GENERAL PROBLEM SOLVER.

Die Bedeutung empirischer Studien als Quelle allgemeiner Ideen in der KI-Forschung kann klar gezeigt werden, wenn man bei einer großen Anzahl von Problemlösungsprogrammen die Geschichte dieser beiden zentralen Gedanken verfolgt: der *Best-first*-Suche und der Mittel-Ziel-Analyse. Ansätze zur *Best-first*-Suche fanden sich bereits beim LOGIC THEORIST von 1955, obwohl sie dort noch ungenannt ist. Der GENERAL PROBLEM SOLVER, der Mittel-Ziel-Analysen enthält, erschien ungefähr 1957; er verband sie jedoch eher mit einer modifizierten *Depth-first*-Suche als mit einer *Best-first*-Suche. Schachprogramme waren im allgemeinen aus Gründen der Speicherökonomie mit einer *Depth-first*-Suche verbunden, die ungefähr nach 1958 durch das leistungsstarke Alpha-beta-Kürzungsverfahren ergänzt wurde. Jede dieser Techniken scheint wiederholte Male wiedererfunden worden zu sein, und man wird kaum vor Mitte oder Ende der sechziger Jahre allgemeine und aufgabenunabhängige theoretische Diskussionen zum Problemlösen mit Hilfe dieser Begriffe finden. Die formale Unterstützung, die diese Diskussion von der Mathematik erhalten hat, ist noch immer sehr gering: einige Theoreme zur Verkürzung der Suchprozesse, die durch die Verwendung der Alpha-beta-Heuristik erreicht werden kann, ein paar Theoreme über die *Shortest-path*-Suche (besprochen von Nilsson 1971) sowie einige ganz neue Theoreme zur *Best-first*-Suche mit einer probabilistischen Bewertungsfunktion.

›Schwache‹ und ›starke‹ Methoden. Die eben diskutierten Techniken beziehen sich eher auf die Kontrolle exponentieller Explosion als auf ihre Vermeidung. Sie wurden daher zu Recht als ›schwache Methoden‹ bezeichnet. Diese Methoden werden angewandt, wenn das Wissen des Symbolsystems oder das Ausmaß der im Problemraum tatsächlich enthaltenen Struktur nicht ausreicht,

um einen Suchprozess gänzlich zu vermeiden. Es ist lehrreich, eine hochstrukturierte Situation, die etwa als ein lineares Programmierproblem formuliert werden kann, mit weniger strukturierten Situationen kombinatorischer Probleme zu kontrastieren, wie dem Problem des Handlungsreisenden (*travelling salesman*) oder Steuerungsproblemen (›weniger strukturiert‹ bezieht sich hier auf das Ungenügen oder Fehlen einer relevanten Theorie zur Struktur des Problemraumes).

Bei der Lösung linearer Programmierprobleme kann ein erheblicher Berechnungsaufwand erforderlich sein, die Suche verzweigt sich jedoch nicht. Jeder Schritt ist ein Schritt in Richtung auf die Lösung. Löst man jedoch kombinatorische Probleme oder beweist man Theoreme, dann können Suchbäume selten vermieden werden; der Erfolg hängt von heuristischen Suchmethoden ab, wie wir sie oben beschrieben haben.

Nicht alle Richtungen der KI-Forschung zur Problemlösung haben den skizzierten Weg beschritten. Ein Beispiel eines etwas anderen Ansatzes findet sich in Arbeiten zu Systemen, die Theoreme beweisen. Gedanken, die von der Mathematik und Logik übernommen wurden, haben hier einen starken Einfluß auf die Richtung dieser Forschung gehabt. So wurde z.B. auf den Gebrauch von Heuristiken verzichtet, wenn Vollständigkeitseigenschaften nicht bewiesen werden konnten (etwas seltsam, da von den meisten interessanten mathematischen Systemen bekannt ist, daß sie unentscheidbar sind). Da die Vollständigkeit für *Best-first*-Suchheuristiken oder für selektive Erzeugungsverfahren selten bewiesen werden kann, war die Wirkung dieser Forderung ziemlich hemmend. Als die theorembeweisenden Programme durch die kombinatorische Explosion des Lösungsbaumes regelmäßig unbrauchbar wurden, wandte man sich selektiven Heuristiken zu, die sich vielfach den Heuristiken analog zeigten, die in allgemeinen Problemlösungsprogrammen verwandt wurden. Die *Set-of-support*-Heuristik ist z.B. eine Form des Sich-zurück-Arbeitens, das dem Resolutionsverfahren des Theorembeweisens angepaßt ist.

Eine Zusammenfassung der Erfahrung. Wir haben nun die Arbeitsweise unseres zweiten Gesetzes qualitativer Struktur beschrieben, das besagt, daß physikalische Symbolsysteme Probleme mit Hilfe heuristischer Suche lösen. Wir haben darüber hinaus einige zusätzliche Eigenschaften heuristischer Suche be-

trachtet, insbesondere die fortwährende Gefahr einer exponentiellen Explosion des Lösungsbaums sowie einige der angewandten Mittel, dieser Gefahr zu begegnen. Die Meinungen gehen hinsichtlich der Frage auseinander, wie wirkungsvoll heuristische Suche als ein Problemlösungsmechanismus gewesen ist – diese Meinungen hängen davon ab, welcher Aufgabenbereich betrachtet und welches Adäquatheitskriterium zugrunde gelegt wird. Erfolg kann garantiert werden, wenn die Erwartungen niedrig – Mißerfolg, wenn sie hoch gesetzt werden. Das Ergebnis kann ungefähr folgendermaßen zusammengefaßt werden: wenige Programme lösen Probleme auf dem Niveau professioneller ›Experten‹. Das Dame-Programm von Samuel sowie DENDRAL von Feigenbaum und Lederberg sind vielleicht die bekanntesten Ausnahmen. Man könnte jedoch auch auf eine Anzahl heuristischer Suchprogramme für Probleme der Unternehmensforschung wie Arbeitsvorbereitung und Festkommazahlprogrammierung hinweisen. In einer Reihe von Gebieten erreichen Programme das Niveau kompetenter Amateure: Schach, einige Bereiche des Theorembeweisens, viele Arten von Rätseln und Spielen. Menschliches Niveau wurde bisher auch noch nicht annähernd von Programmen erreicht, die eine komplexe perzeptuelle ›Eingangsstufe‹ haben: solche Maschinen, die visuelle Szenen erkennen, die gesprochene Sprache verstehen, Roboter, die in Echtraum und -zeit arbeiten. Gleichwohl wurde ein beeindruckender Fortschritt erzielt und ein umfangreicher Korpus an Erfahrungen aus dem Umgang mit diesen schwierigen Aufgaben gewonnen.
Wir haben keine genauen theoretischen Erklärungen für das jeweilige Verhaltensmuster, das sich ergeben hat. Auf empirischer Grundlage können wir jedoch zwei Schlüsse ziehen. Erstens: Was wir von dem Verhalten menschlicher Experten bei Aufgaben wie dem Schachspiel gelernt haben, macht es wahrscheinlich, daß jedes System, das zu diesem Verhalten ebenfalls in der Lage sein wird, in seinen Speichern Zugang zu sehr großen Mengen semantischer Information haben muß. Zweitens: Ein guter Teil der menschlichen Überlegenheit bei Aufgaben mit einem hohen perzeptuellen Anteil kann der eingebauten, spezialisierten, parallelverarbeitenden Struktur des menschlichen Auges und Ohres zugeschrieben werden.
In jedem Fall muß die Qualität des Verhaltens notwendigerweise von den Eigentümlichkeiten sowohl des Problemgebietes als auch

des für die Lösung verwendeten Symbolsystems abhängen. Für die meisten Gebiete des alltäglichen Lebens, für die wir uns interessieren, hat sich die Struktur des Gebiets als nicht hinreichend einfach genug herausgestellt, um Theoreme über ihre Komplexität zu liefern oder uns auf nichtempirischem Weg mitzuteilen, wie umfassende Probleme der alltäglichen Welt zu den Lösungsfähigkeiten unserer Symbolsysteme in Beziehung stehen. Diese Situation mag sich ändern, doch bis dahin müssen wir mit den besten Problemlösern, die wir bauen können, empirische Untersuchungen betreiben und uns auf sie, als die wichtigste Quelle unseres Wissens von der Größe und den Eigentümlichkeiten der Schwierigkeiten, die mit dem Problem verbunden sind, verlassen. Selbst in hochstrukturierten Bereichen wie dem linearen Programmieren, war die Theorie nützlicher bei der Verbesserung der Heuristiken, die den stärksten Lösungsalgorithmen zugrunde liegen, als bei der Aufstellung weitgehender Analysen der Komplexität.

Intelligenz ohne große Suche

Unsere Analyse setzte Intelligenz mit der Fähigkeit gleich, Informationen über die Struktur des Problemraumes zu gewinnen und zu nutzen, so daß eine Problemlösung möglichst schnell und direkt generiert werden kann. Neue Richtungen, die Problemlösungskapazität von Symbolsystemen zu verbessern, können dann mit neuen Wegen der Informationsgewinnung und -nutzung gleichgesetzt werden. Zumindest drei solcher Wege können bestimmt werden.

Nichtlokale Informationsnutzung. Zum einen wurde von verschiedenen Forschern bemerkt, daß die beim Durchlaufen des Suchbaums gesammelten Informationen gewöhnlich nur *lokal* genutzt werden, nämlich um Entscheidungen an genau dem Knoten zu unterstützen, an dem die Information gewonnen wurde. Die Information über eine Schachstellung, die man durch eine dynamische Analyse eines Unterbaumes von Folgezügen gewonnen hat, wird gewöhnlich für die Bewertung eben dieser Stellung verwendet und nicht zur Bewertung anderer Stellungen, die vielleicht viele Eigenschaften gemeinsam haben. Dieselben Fakten müssen daher an verschiedenen Knoten des Lösungsbaumes immer wieder neu entdeckt werden. Das Problem wird nicht dadurch gelöst, daß man die Information einfach aus dem Kontext nimmt, in dem sie gewonnen wurde, und sie allgemein verwendet, denn die Information ist möglicherweise nur in bestimmten Kontexten gültig. In den letzten Jahren wurden einige Forschungsanstrengungen unternommen, um Informationen von ihrem ursprünglichen Kontext in andere geeignete Kontexte zu übertragen. Obwohl es noch zu früh ist, diese Idee zu bewerten oder auch nur genau zu sagen, wie sie praktisch umgesetzt werden kann, so ist sie doch sehr vielversprechend. Eine wichtige, von Berliner (1975) verfolgte Richtung besteht darin, kausale Analysen zu nutzen, um den Bereich zu bestimmen, in dem bestimmte Informationen gültig sind. Wenn etwa die Schwäche einer Schachstellung auf den Zug zurückgeführt werden kann, der dafür verantwortlich ist, dann kann dieselbe Schwäche in anderen Stellungen erwartet werden, die von demselben Zug ausgehen.

Das HEARSAY-System zum Verstehen von Sprache verwendet einen anderen Ansatz, um Informationen global zugänglich zu machen. Dieses System versucht Sprechketten wiederzuerkennnen, indem es eine parallele Suche nach einer Anzahl verschiedener Ebenen aufnimmt: der phonemischen, lexikalischen, syntaktischen und semantischen. Während jeder dieser Suchprozesse Hypothesen aufstellt und bewertet, schreibt er die gewonnene Information auf eine gemeinsame ›Tafel‹, die von allen Quellen gelesen werden kann. Diese gemeinsame Information kann z.B. für die Eliminierung von Hypothesen oder sogar von ganzen Klassen von Hypothesen genutzt werden, die ansonsten von jedem dieser Prozesse durchsucht werden müßten. Die Verbesserung unserer Fähigkeit, Suchbauminformation nichtlokal zu nutzen, verspricht daher die Intelligenz von Problemlösungssystemen zu erhöhen.

Semantische Erkennungssysteme. Eine zweite wirksame Möglichkeit zur Erhöhung der Intelligenz besteht darin, das Symbolsystem mit einem reichen Korpus an semantischer Information über den zu behandelnden Aufgabenbereich zu versehen. Empirische Untersuchungen zur Fähigkeit von Schachmeistern zeigen z.B., daß eine Hauptquelle der Fähigkeit eines Großmeisters in der gespeicherten Information besteht, die es ihm erlaubt, eine große Anzahl spezifischer Eigenschaften und Muster von Eigenschaften auf einem Schachbrett wiederzuerkennen, sowie in der Information, die diese Wiedererkennung nutzt, um aufgrund der wiedererkannten Eigenschaften angemessene Handlungen vorzuschlagen. Dieser allgemeine Gedanke wurde natürlich beinahe von Anfang an von allen Schachprogrammen verwirklicht. Neu ist jedoch das Wissen um die Anzahl solcher Muster und der damit verbundenen Informationen, die eventuell für ein Spiel der Meisterklasse gespeichert werden müssen: etwa 50 000.

Suche kann deshalb durch Wiedererkennung ersetzt werden, weil ein bestimmtes (und besonders ein seltenes) Muster eine enorme Menge Information enthalten kann, vorausgesetzt, daß es eng mit der Struktur des Problemraums verbunden ist. Wenn diese Struktur ›irregulär‹ und kein Gegenstand einfacher mathematischer Beschreibung ist, dann kann die Kenntnis einer großen Anzahl relevanter Muster der Schlüssel für intelligentes Verhalten sein. Ob dies für irgendeinen bestimmten Aufgabenbereich zutrifft, ist eine Frage, die leichter durch empirische Untersuchungen als durch die Theorie entschieden werden kann. Unsere Erfahrung mit Symbolsystemen, die reichlich mit semantischer Information und mit Mustererkennungsfähigkeiten zu deren Nutzung versehen sind, ist noch verschwindend gering.

Die obige Diskussion bezieht sich besonders auf semantische Information, die mit einem Wiedererkennungssystem verbunden ist. Es gibt natürlich ein eigenes großes Feld der KI-Forschung zur semantischen Informationsverarbeitung und zur Organisation semantischer Speicher, das wir in diesem Vortrag allerdings nicht diskutieren wollen.

Auswahl geeigneter Repräsentationen. Ein dritter Forschungsstrang befaßt sich mit der Möglichkeit, durch Auswahl eines geeigneten Problemraums die Suche zu reduzieren oder zu vermeiden. Ein Standardbeispiel, das diese Möglichkeit in dramatischer Weise veranschaulicht, ist das Problem mit dem verstümmelten Schachbrett. Ein normales 64-Felder-Schachbrett kann mit genau 32 rechteckigen Plättchen bedeckt werden, von denen jedes genau zwei Felder bedeckt. Angenommen nun, wir schneiden die Felder an zwei diagonal gegenüberliegenden Ecken des Schachbrettes ab, so daß im ganzen 62 Felder übrig bleiben. Kann dieses verstümmelte Brett mit 31 Plättchen genau bedeckt werden? Indem man alle möglichen Kombinationen durchprobiert, kann mit buchstäblich himmlischer Geduld gezeigt werden, daß eine derartige Bedeckung unmöglich ist. Eine Alternative für die, die weniger geduldig, aber intelligenter sind, ergibt sich aus der Überlegung,

daß die beiden diagonal gegenüberliegenden Ecken eines Schachbretts dieselbe Farbe haben. Das verstümmelte Schachbrett hat daher von einer Farbe zwei Felder weniger als von der anderen. Jedes Plättchen bedeckt jedoch ein Feld von einer Farbe und ein Feld von einer anderen, und jede Menge von Plättchen muß dieselbe Anzahl von Feldern jeder Farbe bedecken. Daher gibt es keine Lösung. Wie kann ein Symbolsystem dieses einfache induktive Argument als eine Alternative zu dem hoffnungslosen Versuch finden, das Problem durch eine Suche durch alle möglichen Bedeckungen zu lösen? Wir würden einem System, das die Lösung fände, gute Noten für Intelligenz geben.
Indem wir dieses Problem stellen, entgehen wir vielleicht gar nicht den Suchprozessen. Wir haben einfach die Suche von einem Raum möglicher Problemlösungen zu einem Raum möglicher Repräsentationen verschoben. In jedem Fall ist der ganze Prozeß des Übergangs von einer Repräsentation zu einer anderen sowie der Entdeckung und Bewertung von Repräsentationen ein weitgehend unerforschtes Gebiet im Bereich der Erforschung von Problemlösungen. Die Gesetze qualitativer Struktur, denen Repräsentationen unterliegen, sind noch zu entdecken. Es ist beinahe gewiß, daß die Suche nach ihnen im nächsten Jahrzehnt beträchtliches Interesse finden wird.

Zusammenfassung

Damit sind wir mit unserer Darstellung von Symbolsystemen und Intelligenz am Ende. Es war ein weiter Weg von Platons *Menon* bis zur Gegenwart, doch es mag ermutigend sein, daß der größte Fortschritt auf diesem Weg seit der Wende zum zwanzigsten Jahrhundert gemacht wurde und ein erheblicher Teil davon seit der Mitte dieses Jahrhunderts. Das Denken war überhaupt nicht greifbar und aussprechbar, bis die moderne formale Logik es als Manipulation formaler Token interpretierte. Und es schien noch immer den platonischen Ideenhimmel zu bewohnen oder ebenso obskure Räume des menschlichen Geistes, bis Computer uns lehrten, wie Symbole durch Maschinen verarbeitet werden konnten. A. M. Turing lieferte Mitte des Jahrhunderts seinen großen Beitrag an der Schnittstelle dieser beiden Entwicklungen, die von der modernen Logik zum Computer führte.

Physikalische Symbolsysteme. Das Studium der Logik und des Computers hat uns gezeigt, daß Intelligenz ihren Sitz in physikalischen Symbolsystemen hat. Dies ist das grundlegende Gesetz qualitativer Struktur der Computerwissenschaft.
Symbolsysteme sind Ansammlungen von Mustern und Prozessen, wobei letztere in der Lage sind, die ersteren zu erzeugen, zu zerstören und zu verändern. Die wichtigste Eigenschaft von Mustern besteht darin, daß sie Gegenstände, Prozesse oder andere Muster bezeichnen können und daß sie, wenn sie Prozesse bezeichnen, interpretiert werden können. Interpretation ist gleichbedeutend mit der Ausführung des bezeichneten Prozesses. Die beiden wichtigsten Klassen von Symbolsystemen, mit denen wir bekannt sind, sind Menschen und Computer.
Wie oben angedeutet, wuchs unser gegenwärtiges Verständnis von Symbolsystemen stufenweise. Die formale Logik machte uns mit rein syntaktisch aufgefaßten Symbolen als dem Rohmaterial des Denkens vertraut sowie mit dem Gedanken, sie in sorgfältig definierten formalen Prozessen zu manipulieren. Die Turingmaschine machte die syntaktische Verarbeitung von Symbolen in der Tat maschinenähnlich und bestätigte die potentielle Universalität streng definierter Symbolsysteme. Das Konzept des gespeicherten Programms für Computer bestätigte erneut die Interpretierbarkeit von Symbolen, das bereits in der Turingmaschine impliziert ist. Listenverarbeitung rückte die Bezeichnungskapazitäten von Symbolen in den Vordergrund und definierte Symbolverarbeitung in einer Weise, die sie unabhängig von der festgelegten Struktur der zugrundeliegenden physikalischen Maschine machte. Seit 1956 waren alle genannten Konzepte zugänglich – zusammen mit der Hardware, um sie zu implementieren. Das Studium der Intelligenz von Symbolsystemen, dem Gegenstand der künstlichen Intelligenz, konnte beginnen.
Heuristische Suche. Ein zweites Gesetz qualitativer Struktur für die KI besteht darin, daß Symbolsysteme Probleme lösen, indem sie mögliche Lösungen erzeugen und sie testen – d. h. durch einen Suchprozeß. Lösungen werden gewöhnlich gesucht, indem symbolische Ausdrücke erzeugt und sequentiell verändert werden, bis sie die Lösungsbedingungen erfüllen. Symbolsysteme lösen daher Probleme durch Suchprozesse. Da sie eine beschränkte Kapazität haben, kann die Suche nicht auf einmal durchgeführt werden, sondern muß sequentiell vor sich gehen. Sie durchläuft ent-

weder einen einzigen Pfad oder, wenn Korrekturen und rückwärts gerichtete Schritte notwendig sind, einen ganzen Baum solcher Pfade.

Wenn Symbolsysteme von reinem Chaos umgeben sind, können sie sich nicht als intelligent erweisen. Sie verhalten sich intelligent, indem sie Informationen aus einem Problemgebiet gewinnen und sich von dieser Information bei der Suche leiten lassen, wobei sie falsche Abzweigungen und umständliche Umwege vermeiden. Das Problemgebiet muß Informationen – d. h. einen bestimmten Grad an Ordnung und Struktur – enthalten, damit diese Methode funktionieren kann. Das Paradox des *Menon* wird durch die Beobachtung gelöst, daß Information zwar wiedererinnert werden kann, neue Information aber auch aus dem Bereich gewonnen werden kann, den die Symbole bezeichnen. In beiden Fällen ist der Aufgabenbereich die letztendliche Quelle der Information.

Die empirische Grundlage. Die KI-Forschung befaßt sich mit der Frage, wie Symbolsysteme organisiert sein müssen, um sich intelligent zu verhalten. In zwanzigjähriger Arbeit wurde ein beträchtliches Wissen in diesem Bereich erworben, genug, um mehrere Bücher zu füllen (was bereits geschehen ist). Das meiste besteht aus ziemlich konkreten Erfahrungen über das Verhalten spezifischer Klassen von Symbolsystemen in spezifischen Aufgabenbereichen. Aus dieser Erfahrung sind jedoch auch einige Verallgemeinerungen hervorgegangen, die für mehrere Aufgabengebiete und Systeme gelten. Diese Verallgemeinerungen betreffen den allgemeinen Charakter der Intelligenz sowie Methoden ihrer Implementierung.

Wir haben versucht, einige dieser Verallgemeinerungen hier zu formulieren. Sie sind zum größten Teil eher qualitativer als mathematischer Natur. Sie erinnern mehr an die Geologie oder die Evolutionsbiologie als an die theoretische Physik. Sie sind streng genug, um uns heute in die Lage zu versetzen, Systeme von bescheidener Intelligenz für eine beträchtliche Reihe von Aufgabengebieten zu planen und zu bauen. Darüber hinaus gewinnen wir ein recht tiefes Verständnis hinsichtlich der Frage, wie menschliche Intelligenz in vielen Situationen funktioniert.

Was kommt als nächstes? Wir haben in unserer Darstellung offene Fragen ebenso erwähnt wie bereits entschiedene; es gibt von beiden genug. Wir haben nicht den Eindruck, daß der Reiz der Untersuchung, den dieses Feld seit einem Vierteljahrhundert ausübt, abgenommen hat. Zwei Kapazitätsgrenzen werden das Maß des Fortschritts in der nächsten Periode bestimmen. Die eine ist der Umfang an Computerleistung, die verfügbar sein wird. Die zweite, und wahrscheinlich wichtigere, ist die Anzahl der jungen talentierten Computerwissenschaftler, die von diesem Forschungsbereich als dem herausforderndsten, den es zu behandeln gibt, angezogen werden.

A. M. Turing schloß seinen berühmten Vortrag »Computing Machinery and Intelligence« mit den Worten:

> Wir können nicht sehr weit in die Zukunft blicken, wir sehen jedoch vieles, was getan werden muß.

Vieles, von dem Turing 1950 glaubte, daß es getan werden müsse, ist getan, die Agenda sind jedoch voll wie immer. Vielleicht lesen wir zuviel in diese einfache Aussage hinein, uns *gefällt* jedoch der Gedanke, daß Turing in ihr die fundamentale Wahrheit erkannte, die alle Computerwissenschaftler instinktiv kennen. Für alle physikalischen Symbolsysteme, die wie wir zu einer seriellen Lösungssuche in der Problemumgebung verurteilt sind, lautet die kritische Frage immer: Was ist als nächstes zu tun?

Anmerkung

Original: »Computer Science as Empirical Inquiry: Symbols and Search«, *Communications of the Association for Computing Machinery* 19 (1976), 113-126. Übersetzt von Dieter Münch.

Literatur

Berliner, Hans (1975), *Chess as problem solving: The development of a tactics analyzer*. Unveröffentlichte Dissertation, Carnegie-Mellon-Universität.

McCarthy, John (1960), »Recursive functions of symbolic expressions and their computation by machine«, *Communications of the Association for Computing Machinery* 3, 184-195.

McCulloch, Warren S. (1961), »What is a number, that a man may know it, and a man, that he may know a number?«, in: *Embodiments of mind*, Cambridge, MA: MIT Press 1965/88, 1-18.

Nilsson, Nils J. (1971), *Problem solving methods in artificial intelligence*, New York: McGraw-Hill.

Platon, *Menon*, in: *Werke*, griechisch und deutsch, Bd. 2, Darmstadt: Wissenschaftliche Buchgesellschaft 1973, 505-599.
Turing, Alan (1950), »Computing machinery and intelligence«, *Mind* 59, 433-460; deutsch: »Rechenmaschinen und Intelligenz«, in: *Intelligence Service: Schriften*, Berlin: Brinkmann & Bose, 147-182.

Marvin Minsky
Eine Rahmenstruktur für die Wissensrepräsentation

1. Rahmen

Ich habe den Eindruck, daß die Bestandteile der meisten Theorien sowohl in der künstlichen Intelligenz wie in der Psychologie im großen und ganzen zu unbedeutend, beschränkt und unstrukturiert waren, um – praktisch oder phänomenologisch – die Wirksamkeit des alltäglichen Denkens zu erklären. Die ›Bausteine‹ des Schlußfolgerns, der Sprache, des Gedächtnisses und der Wahrnehmung sollten größer und stärker strukturiert sein: ihre faktischen und prozeduralen Inhalte müssen enger verbunden werden, um die offensichtliche Mächtigkeit und Geschwindigkeit mentaler Aktivitäten zu erklären.

Ähnliche Ansichten werden anscheinend in den verschiedenen Zentren entwickelt, in denen man an Theorien der Intelligenz arbeitet. Eine Form findet sich in dem Vorschlag von Papert und Minsky (1972), das Wissen in Substrukturen, in ›Mikro-Welten‹ aufzuteilen. Eine andere Form findet sich in den ›Problem-Räumen‹ von Newell und Simon (1972) und wieder eine andere in den neuen, umfassenden Strukturen, die Theoretiker wie Schank (1973), Abelson (1973) und Norman (1973) sprachlichen Gegenständen zuordnen. Ich sehe hierin ein Abrücken von den traditionellen Versuchen sowohl behavioristischer Psychologen wie auch an Logik orientierter KI-Forscher, die versuchen, Wissen als Ansammlung einzelner, einfacher Teilstücke zu repräsentieren.

Ich versuche im folgenden einige dieser Themen miteinander zu verknüpfen, indem ich beanspruche, eine einheitliche, kohärente Theorie zu haben. Der Aufsatz stellt mehr Fragen als er beantwortet; ich habe aber versucht, auf die Mängel der Theorie hinzuweisen.

Hier ist der Kern der Theorie: Wenn man einer neuen Situation gegenübersteht (oder sich die Zugangsweise zu einem gegebenen Problem substantiell ändert), dann wählt man aus dem Gedächtnis eine Struktur aus, die ich ›Rahmen‹ nennen möchte. Es ist ein

erinnertes Gerüst, das – um mit der Realität übereinzustimmen – angepaßt werden muß, indem Einzelheiten verändert werden, wo es notwendig ist.
Ein *Rahmen* ist eine Datenstruktur, um eine stereotype Situation zu repräsentieren, wie z.B. in einer bestimmten Art von Wohnzimmer zu sitzen oder zu einem Kindergeburtstag zu gehen. Mit jedem Rahmen sind verschiedenartige Informationen verbunden. Ein Teil dieser Information handelt von der Verwendungsweise des Rahmens; ein anderer Teil gibt an, was als nächstes zu erwarten ist, und wieder ein anderer handelt davon, was zu tun ist, wenn diese Erwartungen nicht eintreffen.
Wir können uns einen Rahmen als Netzwerk von Knoten und Relationen vorstellen. Die obersten Ebenen eines Rahmens sind fixiert; sie repräsentieren Dinge, die in der angenommenen Situation immer wahr sind. Die unteren Ebenen haben viele Endpunkte – Eingabestellen (*slots*), die durch spezielle Einsetzung oder Daten gefüllt werden müssen. Jeder Endpunkt kann Bedingungen festlegen, die seine Zuordnungen erfüllen müssen. (Die Zuordnungen selbst sind gewöhnlich kleine Unterrahmen.) Einfache Bedingungen sind durch *Markierungen* spezifiziert, die z.B. fordern können, daß eine Endpunktzuordnung eine Person, ein Objekt von hinreichendem Wert oder ein Zeiger auf einen Unterrahmen eines bestimmten Typs ist. Komplexere Bedingungen können Relationen zwischen den Dingen spezifizieren, die mehreren Endpunkten zugeordnet sind.
Ansammlungen von verwandten Rahmen sind untereinander zu *Rahmensystemen* verknüpft. Die Wirkungen wichtiger Handlungen werden durch Transformationen zwischen den Rahmen eines Systems widergespiegelt. Sie werden gebraucht, um bestimmte Berechnungen ökonomisch zu machen, um einen Wechsel in der Betonung und der Aufmerksamkeit zu repräsentieren und um die Wirksamkeit der bildlichen Vorstellung einbeziehen zu können.
In der Analyse einer visuellen Szene beschreiben die verschiedenen Rahmen eines Systems die Szene von verschiedenen Standpunkten; die Transformationen zwischen einem Rahmen und einem anderen repräsentieren die Auswirkungen der Bewegung von einem Ort zum anderen. Bei nichtvisuellen Rahmenarten können die Unterschiede zwischen den Rahmen des Systems Handlungen, Ursache-Wirkung-Relationen oder Änderungen

des begrifflichen Standpunkts repräsentieren. *Verschiedene Rahmen eines Systems teilen sich die gleichen Endpunkte*; dies ist der entscheidende Punkt, der es ermöglicht, Informationen zu koordinieren, die von unterschiedlichen Standpunkten gewonnen wurden.

Diese Theorie gewinnt einen großen Teil ihrer Anschauungskraft aus der Einbeziehung von Erwartungen und anderen Arten von Vorannahmen. *Die Endpunkte eines Rahmens sind normalerweise bereits mit ›Standardzuordnungen‹ versehen.* Ein Rahmen kann also sehr viele Details enthalten, deren Annahme durch die Situation nicht explizit gerechtfertigt ist. Diese Standardzuordnungen sind sehr nützlich bei der Repräsentation allgemeiner Information, besonders von Techniken zur Umgehung von ›Logik‹ und von Wegen zu nützlichen Verallgemeinerungen.

Die Standardzuordnungen sind mit ihren Endpunkten lose verbunden, so daß sie leicht durch neue Werte ersetzt werden können, die besser zu der gegebenen Situation passen. Auf diese Weise können sie auch als Variablen, als Spezialfälle zur Schlußfolgerung aus Einzelfällen oder als Standardfälle dienen und machen oft den Gebrauch von logischen Quantoren unnötig.

Die Rahmensysteme wiederum sind durch ein *Netzwerk zur Informationswiedergewinnung* verknüpft. Wenn ein vorgeschlagener Rahmen nicht mit der Realität in Übereinstimmung gebracht werden kann – wenn wir keine Endpunktzuordnungen finden können, die mit den Bedingungen der Endpunktmarkierung hinreichend übereinstimmen –, dann stellt dieses Netzwerk einen Ersatzrahmen zur Verfügung. Diese Strukturen zwischen Rahmen ermöglichen andere Wege, um Tatsachenwissen, Analogien und andere für das Verständnis wichtige Information zu repräsentieren.

Wenn ein Rahmen einmal vorgeschlagen ist, um eine Situation zu repräsentieren, dann versucht ein *Anpassungsprozeß* jedem Endpunkt des Rahmens Werte zuzuordnen, die mit den entsprechenden Markierungen im Einklang stehen. Der Anpassungsprozeß wird teilweise durch Information kontrolliert, die mit dem Rahmen verbunden ist (sie enthält z.B. Informationen darüber, wie Überraschungen zu behandeln sind), und teilweise durch das Wissen von den gegenwärtigen Zielen des Systems. Es gibt wichtige Anwendungen für die Information, die man erhält, wenn ein Anpassungsprozeß mißlingt. Ich werde diskutieren, wie sie verwendet werden kann, um einen alternativen Rahmen auszuwählen, der der Situation besser entspricht.

Eine Entschuldigung: Die hierbei vorgeschlagenen Schemata sind in vielerlei Hinsicht unvollständig. Erstens schlage ich oft Repräsentationen vor, ohne die Prozesse zu spezifizieren, die sie benutzen werden. Manchmal beschreibe ich nur Eigenschaften, die die Strukturen aufweisen sollen. Ich rede von Markierungen und Zuordnungen, als sei es offensichtlich, wie diese verbunden und verknüpft sind; dies ist jedoch leider nicht der Fall.

Abgesehen von den technischen Lücken werde ich so reden, als sei ich mir all der Probleme, die mit ›Verständnis‹ zu tun haben und die natürlich viel gründlicher untersucht werden müssen, nicht bewußt. Ich behaupte nicht, daß die hier vorgeschlagenen Ideen für eine vollständige Theorie ausreichen, sondern nur, daß das Schema eines ›Rahmensystems‹ bei der Erklärung einer Anzahl von Phänomenen menschlicher Intelligenz hilfreich sein kann. Die Grundidee des Rahmens selbst ist nicht besonders originell – sie steht in der Tradition der ›Schemata‹ von Bartlett und der ›Paradigmen‹ von Kuhn; die Idee eines Rahmensystems ist wahrscheinlich neuer. Winograd (1974) diskutiert neuere Tendenzen in KI-Theorien, die in Richtung rahmenähnlicher Ideen gehen.

Im Hauptteil dieses Aufsatzes diskutiere ich verschiedene Arten von Analogieschlüssen sowie Wege, der Wirklichkeit Stereotypen aufzudrücken und auf der Basis einer teilweisen Ähnlichkeit Schlüsse zu ziehen. Dies sind grundsätzlich unsichere Methoden. Warum verwenden wir keine Methoden, die logischer und sicherer sind? Abschnitt 6 ist eine Art Anhang, in dem ich zu zeigen versuche, daß die traditionelle Logik mit realistischen, komplizierten Problemen nicht sehr gut zurecht kommt, da sie schlecht dazu geeignet ist, *Annäherungen* an Lösungen zu repräsentieren – und diese sind absolut lebensnotwendig.

Denken beginnt immer mit anregenden, aber unvollkommenen Plänen und Vorstellungen; diese werden Schritt für Schritt durch bessere – gewöhnlich jedoch noch immer unvollkommene – Ideen ersetzt.

1.3 Künstliche Intelligenz und menschliches Problemlösen

In diesem Essay mache ich keinen Unterschied zwischen einer Theorie des menschlichen Denkens und einem Entwurf für den Bau einer intelligenten Maschine; im jetzigen Stadium wäre eine derartige Unterscheidung sinnlos, da keines dieser beiden Gebiete Theorien vorweisen kann, die gut genug sind, um genügend mentale Leistungsfähigkeit zu erklären oder zu produzieren. Es gibt jedoch einen Unterschied in der beruflichen Einstellung. Wer von der Psychologie kommt, wünscht sich mehr, die Mannigfaltigkeit der angenommenen Mechanismen zu minimieren. Ich bin der Meinung, daß dies zu Versuchen führt, mehr Leistung von weniger ›Grundmechanismen‹ abzuleiten, als vernünftig ist. Solche Theorien vernachlässigen insbesondere Mechanismen der Verarbeitungskontrolle und explizite Repräsentationen von Prozessen. Andererseits stehen bei KI-Forschern wahrscheinlich gerade solche Fragen zu sehr im Vordergrund. Von beiden Seiten wird der Struktur des Wissens, insbesondere des prozeduralen Wissens, nicht genügend Aufmerksamkeit gewidmet.

Es ist verständlich, daß Psychologen sich nicht mit komplexen Vorschlägen anfreunden können, die nicht auf gut begründeten Mechanismen aufbauen, ich meine jedoch, daß Sparsamkeit in dieser Phase noch nicht angebracht ist, wie sinnvoll sie auch in späteren Phasen jeder Wissenschaft sein mag. In der Anatomie und Entwicklung des Gehirns ist Platz genug für viel mehr Mechanismen, als irgend jemand heute bereit ist vorzuschlagen; wir sollten uns daher zunächst mehr auf *Angemessenheit* und *Effizienz* konzentrieren als auf *Notwendigkeit*.

1.11 Zuschreibung von Standardwerten

Obwohl sowohl das Sehen wie das Vorstellen auf Zuordnungen zu Rahmenendpunkten hinausläuft, läßt uns die Vorstellung sehr viel mehr Wahl bei den Details und dem Spielraum solcher Zuordnungen. Ich vermute, daß Rahmen im Langzeitgedächtnis niemals ohne Endpunktwerte gespeichert werden. Vielmehr ist es so, daß Rahmen mit schwach gebundenen Standardwerten an allen Endpunkten gespeichert werden. Sie manifestieren sich als Stereotypen, die oft nützlich, manchmal jedoch auch hinderlich sind.

Wenn ich etwa sage: ›Emil tritt den Ball‹, dann wird man vermutlich nicht an einen rein abstrakten Ball denken, sondern sich Eigenschaften eines vage bestimmten, besonderen Balls vorstellen müssen; er hat vermutlich eine bestimmte Standardgröße, eine Standardfarbe und ein Standardgewicht. Vielleicht ist es ein Nachfahre des Balls, der einem zuerst gehörte oder wehgetan hat. Vielleicht ähnelt er dem Ball, den man zuletzt besessen hat. Jedenfalls hat das Vorstellungsbild nicht die Schärfe der Gegenwart, da die Prozesse, die schwach gebundene Standardeigenschaften betrachten und sie verarbeiten, sehr dazu neigen, diese zu verändern, sie anzupassen oder abzutrennen.
Derartige Standardzuordnungen würden subtile, idiosynkratische Einflüsse auf die Pfade haben, denen eine Person zu folgen geneigt ist, wenn sie Analogien zieht, verallgemeinert und urteilt, und zwar besonders dann, wenn die äußeren Einflüsse auf eine derartige Auswahl schwach sind. Werden sie gut gewählt, können solche Stereotypen als Auswahl für wertvolle heuristische Planschemata dienen; werden sie schlecht gewählt, können sie eine lähmende Sammlung irrationaler Vorurteile bilden. Man wird daher erwarten können, Zeugnisse früher kognitiver Strukturen in der freien Assoziation entdecken zu können, wie es Freud getan hat.

2. Sprache, Verstehen und Szenarien

2.1 Wörter, Sätze und Bedeutungen

> Das Bild verwendende Verfahren hat verschiedene Schwächen, die der Preis für seine außergewöhnlichen Vorzüge sind. Zwei davon sind vielleicht am wichtigsten: das Bild, insbesondere das visuelle Bild, neigt dazu, weiter in Richtung Individualisierung der Situationen zu gehen, als biologisch nützlich ist. Weiter haben die Prinzipien der Bildkombination ihre eigenen Besonderheiten; sie resultieren in Konstruktionen, die im Vergleich mit dem geradlinigen Abspulen einer Gewohnheit oder dem ziemlich ordentlichen Marsch der Gedanken relativ wild, sprunghaft und unregelmäßig sind. F. C. Bartlett

Die Begriffe ›Rahmen‹ und ›Standardzuordnung‹ scheinen bei der Diskussion der Phänomenologie der ›Bedeutung‹ hilfreich zu sein. Chomsky (1957) stellt heraus, daß ein Satz wie

(A) farblose grüne Ideen schlafen rasend

ganz anders behandelt wird als der Nichtsatz

(B) rasend schlafen Ideen grüne farblos.

Weil beide Sätze ›gleich unsinnig‹ sind, vermutet er, daß das, was bei der Erkennung von Sätzen involviert ist, verschieden sein muß von dem, was beim Verständnis der Bedeutung involviert ist.

Zweifellos gibt es Prozesse, die besonders mit der Grammatik zu tun haben. Da die Bedeutung einer Äußerung sowohl in den propositionalen und strukturalen Beziehungen zwischen den Wörtern wie in der Wortwahl selbst kodiert ist, muß es Prozesse geben, die diese Relationen, die die Bedeutung direkter repräsentieren, im Laufe des Strukturaufbaus analysieren. Läßt man einmal die Frage beiseite, ob die Strukturen semantisch oder syntaktisch genannt werden sollten, dann ist das, was die Wörter von (A) bei der Hervorbringung einer solchen Struktur effektiver und voraussagbarer machen als (B) die Tatsache, daß die Beziehung der Wortstellung in (A) die (grammatischen) Konventionen und Regeln nutzt, die man gewöhnlich verwendet, um andere zu veranlassen, Zuordnungen zu Endpunkten von Strukturen zu machen. Dies steht vollkommen mit Grammatiktheorien in Übereinstimmung. Eine generative Grammatik wäre eine zusammenfassende Beschreibung der *äußeren* Erscheinung dieser Rahmenregeln (oder der mit ihnen verbundenen Prozesse), während die Operatoren von Transformationsgrammatiken unseren Rahmentransformationen recht ähnlich sehen.

Es muß jedoch auch die Frage gestellt werden: in welchem Grad hat die Grammatik bei der tatsächlichen Arbeit des menschlichen Geistes eine gesonderte Identität? Vielleicht zeigt die Zurückweisung einer Äußerung (als ungrammatisch, als unsinnig, oder, was wichtiger ist, als *nicht verstanden*) einen komplexeren Fehler des semantischen Prozesses an, der zu einer brauchbaren Repräsentation gelangen soll. Ich möchte nun zeigen, daß die Unterscheidung zwischen Grammatik und Bedeutung zwar zwei Endpunkte eines Kontinuums aufhellt, ihr wirklich wichtiges Inneres jedoch verdunkelt.

Wir können sicherlich nicht annehmen, daß logische Bedeutungslosigkeit ein genaues psychologisches Gegenstück hat. Satz (A) kann sicherlich ein Vorstellungsbild erzeugen! Der vorherrschende Rahmen ist (in meinem Fall) der eines Schlafenden; das Standardsystem ordnet ein bestimmtes Bett zu, in dem ein mumienähnlicher Formrahmen mit einer durchscheinenden grünen Farbeigenschaft liegt. In diesem Rahmen gibt es einen Endpunkt für die Art des Schlafens, unruhig vielleicht; ›rasend‹ scheint für diesen Endpunkt ziemlich ungeeignet zu sein, vielleicht weil der Endpunkt etwas so ›intentionales‹ für Schläfer nicht gut zuläßt. ›Idee‹ ist sogar noch störender, da eine Person erwartet wird oder zumindest etwas Belebtes. Ich spüre enttäuschte Prozeduren, die diese Spannungen und Konflikte in dem aufgerufenen Rahmen des Schlafenden hier und da überzeugender auflösen wollen.

Äußerung (B) geht nicht annähernd so weit, da kein Unterrahmen irgendein substantielles Fragment zuläßt. Es findet daher kein größerer Rahmen irgend etwas, um seine Endpunkte anzupassen; daher kann schließlich kein oberster ›Bedeutungs‹- oder ›Satz‹-Rahmen die Äußerung als bedeutungsvoll oder grammatisch organisieren. Ich kann mir vorstellen, daß man, indem man diese ›weiche‹ Theorie mit Abstufungen von Zuordnungstoleranzen verbindet, Systeme entwickeln kann, die entsprechend für Sätze abweichen, die eine Schrumpfgrammatik haben. Wenn die kleineren Fragmente – Phrasen und Nebensätze – die Unterrahmen gut genug erfüllen, kann jedenfalls ein Vorstellungsbild, das für bestimmte Arten des Verständnisses adäquat ist, konstruiert werden, obwohl einige Teile der obersten Struktur nicht vollständig erfüllt sind. Wir kommen so zu einer qualitativen Theorie des ›Grammatischen‹: *wenn die obersten Ebenen erfüllt sind, einige niedrigere Endpunkte jedoch nicht, dann haben wir einen bedeutungslosen Satz; wenn die oberen schwach, die unteren jedoch fest sind, können wir es mit einer ungrammatischen, aber bedeutungsvollen Äußerung zu tun haben.*

Ich bin nicht der Meinung, daß Sätze zu visuellen Bildern führen müssen. Einige Leute sträuben sich, in ›er tritt den Ball‹ dem Ball eine Farbe zuzuschreiben. Aber jeder gibt (schließlich) zu, wenn nicht eine Größe oder Farbe, so doch wenigstens einen Zweck, eine Einstellung oder andere Elemente eines vorausgesetzten Szenarios angenommen zu haben. Wenn wir über das Sehen hinausgehen, können Endpunkte und ihre Standardzuordnungen Zwecke und Funktionen repräsentieren, und nicht nur Farben, Größen und Formen.

> Das Denken ist biologisch älter als der bildformende Prozeß. Es ist nur dann möglich, wenn ein Weg gefunden wurde, den ›massiven‹ Einfluß vergangener Reize und Situationen aufzubrechen, nur dann, wenn bereits ein Mittel gefunden wurde, die fortgesetzte Tyrannei vergangener Reaktionen zu beherrschen. Aber obwohl es eine spätere und höhere Entwicklung ist, verdrängt es nicht die Methode der Bilder. Es hat selbst wieder Nachteile. Verglichen mit der Einbildung hat es an Lebendigkeit, Lebhaftigkeit und Abwechslung verloren. Seine vorherrschenden Werkzeuge sind Worte, und diese führen noch direkter zu Gewohnheitsreaktionen als Bilder, nicht nur weil sie gesellschaftlich, sondern auch weil sie beim Gebrauch in einer Sequenz aneinandergereiht sind. [Mit dem Denken] nimmt das Risiko zu, an Allgemeinheiten hängen zu bleiben, die möglicherweise wenig mit der tatsächlichen konkreten Erfahrung zu tun haben. Wenn es uns nicht gelingt, die Methoden des Denkens aufrechtzuerhalten, laufen wir Gefahr, in individuellen Einzelheiten stecken zu bleiben und zum Spielball der jeweiligen zufälligen Umstände zu werden. F. C. Bartlett

In der Sprache und im Denken verdichten und konventionalisieren wir komplexe Situationen und Sequenzen in kompakte Worte und Symbole. Einige Worte können vielleicht in eleganten, einfachen Strukturen ›definiert‹ werden, doch nur ein kleiner Teil der Bedeutung von ›Handel‹ wird durch die folgende Struktur erfaßt:

erster Rahmen			*zweiter Rahmen*	
A hat X	*B hat Y*	⟶	*B hat X*	*A hat Y*

Handel steht normalerweise im sozialen Kontext von Gesetz, Vertrauen und Konvention. Solange wir diese anderen Fakten nicht ebenfalls repräsentieren, werden die meisten Geschäfte beinahe bedeutungslos sein. Gewöhnlich ist es wichtig zu wissen, daß jede Partei normalerweise beide Dinge will, aber Kompromisse machen muß. Es ist ein glücklicher, jedoch ungewöhnlicher Fall, wenn beide Händler froh sind, das los zu werden, was sie haben. Um Handelsstrategien zu repräsentieren, kann man die Grundmanöver direkt in das obige Rahmenpaar-Szenario einfügen: damit A dem B X wünschenswerter macht (oder Y weniger wünschenswert), erwarten wir, daß er eine der bekannten Taktiken wählt:

Biete mehr für Y.
Erkläre, warum X so gut ist.
Erfinde günstige Nebeneffekte für B, X zu haben.
Setze die Konkurrenz herab.
Veranlasse B zu der Annahme, daß C X will.

Dies ist nur ein kleiner Ausschnitt. Handel erscheint gewöhnlich in einem Szenario, das durch mehr als nur eine einfache Ereigniskette verbunden ist, in der jedes Glied mit dem nächsten verknüpft ist. Kein einzelnes derartiges Szenario wird genügen; wenn ein Hinweis auf Handel erscheint, ist es entscheidend zu erraten, welches von den verschiedenen verfügbaren Szenarien am sinnvollsten gebraucht wird.

Charniak untersucht in seiner Dissertation (1972) Fragen über Vorgänge, die jedermann leicht zu verstehen scheint, die jedoch offensichtlich reiche Standardstrukturen voraussetzen. Wir finden in Grundschul-Lesebüchern Geschichten wie diese:

Petra wurde zu Peters Geburtstagsparty eingeladen. Sie fragte sich, ob er wohl einen Drachen haben wolle. Sie ging in ihr Zimmer und schüttelte ihr Sparschwein. Sie hörte nichts.

Die meisten jungen Leser verstehen, daß Petra Geld will, um Peter einen Drachen schenken zu können, daß jedoch in ihrem Sparschwein kein Geld ist. Charniak macht eine Reihe von Vorschlägen, um solche Schlüsse zu erleichtern – ein ›Dämon‹ für *Geschenke*, der nach Dingen Ausschau hält, die mit *Geld* zu tun haben, ein ›Dämon‹ für das Sparschwein, der weiß, daß das Schwein leer ist, wenn man beim Schütteln nichts hört usw. Aber obwohl nun *Geschenk Geld* aktiviert, wird der Leser überrascht sein zu sehen, daß keines dieser Worte (oder eines seiner Synonyme) in der Geschichte erscheint. ›Geschenk‹ ist sicherlich mit ›Geburtstag‹ und ›Geld‹ mit ›Sparschwein‹ verbunden, doch wie sind die längeren Ketten aufgebaut? Hier ist ein anderes Problem, das Charniak behandelt. Eine Freundin erzählt Petra:

Er hat bereits einen Drachen.
Er möchte, daß du ihn zurücknimmst.

Doch *welchen* Drachen soll sie zurücknehmen? Wir wollen sicher nicht, daß Petra Peters alten Drachen zurücknimmt. Um den Bezugsgegenstand des Pronomens ›ihn‹ zu bestimmen, muß man eine Menge über das vorausgesetzte Szenario wissen. Sicher bezieht sich ›ihn‹ auf den vorgeschlagenen *neuen* Drachen. Woher weiß man das aber? (Man beachte, daß jede einzelne Erklärung für sich ungenügend sein kann.) Im allgemeinen beziehen sich Pronomen auf die zuletzt erwähnten Gegenstände, dies Beispiel zeigt jedoch, daß der Bezugsgegenstand von mehr als der lokalen Syntax abhängt.

Nehmen wir für den Augenblick einmal an, daß wir versuchen, einen Standardunterrahmen ›ein Geschenk kaufen‹ anzuwenden. Das Wort ›ihn‹ allein ist ein zu kleines Fragment, um damit umzugehen, doch ›ihn zurücknehmen‹ könnte eine plausible Einheit sein, um an einen Endpunkt eines genügend ausgearbeiteten *Kauf*-Szenarios zu passen. Da dieser Endpunkt gezwungen wäre, mit der Zuordnung von ›Geschenk‹ selbst übereinzustimmen, wird sichergestellt, daß wir die richtige Bedeutung von ›ihn‹ in ›nimm X zurück‹ erhalten. Automatisch wird der richtige Drachen gewählt. Natürlich wird dieser Endpunkt wiederum seine eigenen Bedingungen haben. Ein Unterrahmen für die Redewendung ›nimm ihn zurück‹ sollte wissen, daß ›nimm X zurück‹ erfordert, daß

X kürzlich gekauft wurde.
Die Rückgabe sich auf den Ort des Kaufes bezieht.
Man die Quittung des Kaufs haben muß. Usw.

Wenn unser Szenario keinen ›Nimm-ihn-zurück‹-Endpunkt enthält, dann müssen wir einen solchen finden und ihn ersetzen, wobei wir so viele frühere Zuordnungen wie möglich übernehmen. Man beachte, daß, wenn alles gut läuft, die Frage, ob ›ihn‹ sich auf den alten Drachen bezieht, sich gar nicht stellt. *Das Problem der Mehrdeutigkeit entsteht nur dann, wenn man versucht, so gut wie möglich eine ›näherungsweise‹ Übereinstimmung zu erzielen, und dieser Versuch zurückgewiesen wird.*

Charniaks Lösungsvorschlag geht in dieselbe Richtung, er betont jedoch das Verständnis dafür, daß Peter vielleicht keinen anderen Drachen haben will, da er bereits einen hat. Er schlägt einen Mechanismus vor, der mit ›Geschenk‹ verbunden ist:

(A) Wenn man sieht, daß einer Person P ein Geschenk X vielleicht nicht gefällt, dann versuche man, X in dem Laden, in dem es gekauft wurde, umzutauschen.

(B) Wenn wir sehen, daß dies geschieht oder es sogar vorgeschlagen wird, behaupte man, daß der Grund dafür ist, daß X P nicht gefällt.

Charniak will diesen ›Ratschlag‹ in einer Entität, die einer Produktionsregel ähnlich ist, realisiert sehen, die immer, wenn ein bestimmter Kontext vorliegt, zu der gerade aktivierten Datenbasis hingefügt wird. Später, wenn ihre Antezedenzbedingung erfüllt ist, liefert ihre Anwendung genügend Informationen über Peter und über den neuen Drachen, um zu einer richtigen Entscheidung über das Pronomen zu kommen.
Letztlich schlägt Charniak vor, daß das System nach bestimmten Ereignis- oder Situationsarten Ausschau halten und vorgeschlagene Gründe, Motive und Erklärungen dafür einbringen sollte. Die zusätzlichen Verbindungen zwischen den Elementen der Geschichte sollen die Kluft überbrücken helfen, die die Logik wird schwerlich überwinden können, da die Ergänzungen nur ›plausible‹ Standarderklärungen sind, die angenommen werden, ohne daß sie durch irgend etwas bestätigt wurden. Mit der (versuchsweisen) Annahme ›mag X nicht‹, wenn X zurückgebracht wird, hofft Charniak einen großen Teil des normalen ›Verständnisses‹ des Geschehens zu simulieren. Wir wissen bis jetzt noch nicht, wie komplex und vielfältig solche plausiblen Schlüsse sein müssen, um eine gegebene Performanzebene zu erreichen; Charniaks Arbeit beantwortet dies nicht, da sie keine umfangreiche Simulation enthält. Gewöhnlich schlägt er vor, den Prozeß mit der Angabe des vermutlich plausiblen Motivs ohne weitere Analyse abzubrechen (wenn sie nicht unbedingt erforderlich ist). Um zu verstehen, warum Peter den zusätzlichen Drachen zurückgeben möchte, sollte normalerweise die Annahme genügen, daß er ihm nicht gefällt. Eine weitergehende Analyse könnte ergeben, daß es Peter gar nichts ausmachen würde, zwei Drachen zu haben, daß er wahrscheinlich jedoch erkennt, daß er nur ein Geschenk bekommen wird; zwei verschiedene Geschenke wird er aber vermutlich vorziehen.

2.7 Szenarien und ›Fragen‹

Die Bedeutung einer Kindergeburtstagsparty wird durch eine Wörterbuchdefinition nur sehr ungenau erfaßt; etwa: ›ein Fest, das veranstaltet wird, um den Geburtstag eines Kindes zu feiern‹, wobei Fest wiederum definiert wird als ›Veranstaltung, bei der sich Leute versammelt haben, um etwas zu feiern‹. Es fehlt in dieser Definition das ganze Drumherum der kulturell erforderlichen Aktivitäten. Kinder wissen, daß die ›Definition‹ weitere Bestimmungen enthalten sollte, deren Einzelheiten normalerweise durch Standardzuordnungen angenommen werden können:

Kleidung:	Sonntagskleidung.
Geschenk:	Soll dem Gastgeber gefallen. Muß gekauft und in Geschenkpapier eingewickelt werden.
Spiele:	Verstecken. Blinde Kuh.
Dekoration:	Lufballons. Luftschlangen.
Essen:	Kuchen. Eiscreme. Limonade. Würstchen.
Kuchen:	Kerzen. Ausblasen. Wunsch. Geburtstagslied singen.
Eiscreme:	Standarddreiermischung.

Diese Bestandteile einer typischen amerikanischen Geburtstagsparty müssen in eine umfassende Struktur gestellt werden. Umfangreiche Ereignisse finden an einem oder mehreren Tagen statt. Eine Party findet natürlich an einem Tag statt und nimmt einen großen Teil von ihm ein; wir werden ihn daher in einen geeigneten Tagesrahmen einsetzen. Ein typischer Tag hat Hauptereignisse, etwa

Aufstehen Anziehen $Essen_1$ zur Arbeit gehen $Essen_2$.

Ein Schultag ist jedoch genauer festgelegt:

Aufstehen Anziehen
$Essen_1$ zur Schule gehen in der Schule sein
Klassenzimmer Versammeln Englisch Mathe (igitt)
$Essen_2$ Physik Pause Sport
nach Hause gehen Spielen
$Essen_3$ Hausaufgaben Ins Bett gehen.

Geburtstagsparties passen offenbar nicht gut in den Schultagrahmen. Alle Eltern wissen, daß das Geburtstagsessen an das $Essen_2$ des Tages gebunden ist. Ich erinnere mich an ein Kind, das dies nicht erkannt zu haben schien. Nach dem Geburtstagsessen fragte es völlig vollgestopft, wann es Mittagessen gebe.

Doch zurück zu Petras Problem mit dem Drachen. Wir hören zunächst, daß sie zu Peters Geburtstagsparty eingeladen ist. Ohne dieses Partyszenario, oder wenigstens Einladungsszenario, erscheint die zweite Zeile ziemlich mysteriös:

Sie fragte sich, ob er wohl gern einen Drachen hätte.

Um das sofortige Verstehen dieser Zeile zu erklären, möchte ich einen ziemlich radikalen Vorschlag machen, nämlich *explizit in dem Rahmen für eine Szenariostruktur Zeiger zu repräsentieren, die auf eine Sammlung der wichtigsten Probleme und der allgemein damit verbundenen Fragen weisen.* In der Tat werden wir den Gedanken in Erwägung ziehen, daß die Endpunkte des Rahmens eben diese Fragen sind. Für die Geburtstagsparty heißt das etwa:

Y muß P für X bekommen	Wähle P!
P muß dem X gefallen	Wird P dem X gefallen?
Kaufe P	Wo kann man P kaufen?
Hol Geld, um P zu kaufen	Wo kann man Geld bekommen?
(Unterfrage des ›Geschenk‹-Rahmens)	
Y muß sich anziehen	Was soll Y anziehen?

Dies sind sicherlich die ersten Sorgen, wenn man zu einer Party eingeladen ist.

Der Leser kann sich mit dem Autor nun fragen, ob diese Lösung akzeptabel ist. Die Frage ›Wird P dem X gefallen?‹ paßt offenbar zu ›Sie fragte sich, ob er wohl gern einen Drachen hätte‹ und weist den Drachen richtig P zu. Aber funktioniert unsere Welt regelmäßig genug, so daß solche Fragenkataloge vorher zusammengestellt werden können, um diesen Mechanismus häufig glatt funktionieren zu lassen? Ich meine, die Antwort ist nicht eindeutig. Wir erwarten in der Tat viele solcher Fragen; wir erwarten aber sicherlich nicht alle. Doch sicherlich besteht die ›Sachkenntnis‹ teilweise darin, daß man nicht von Anfang an bemerken muß, welches in den jeweiligen Situationen die wichtigsten Probleme und Interaktionen sind. Man beachte z. B., daß es in unserem Rahmen des Partyszenarios *keine* Standardzuordnung für das Geschenk gibt. Dies richtet unsere Aufmerksamkeit auf das Zuordnungsproblem und bereitet uns auf eine mögliche thematische Beziehung vor. Wir benötigen jedenfalls vermutlich einen aktiveren Mechanismus, um ›sich fragen‹ zu verstehen; dabei soll dieser Mechanismus die Information, die gerade im Rahmen enthalten ist, verwenden, um eine Erwartung nahezulegen, woran Petra denken wird.

Die dritte Zeile unserer Geschichte, das Schütteln des Sparschweins, sollte schließlich auch zu einer der Fragen des Geschenkrahmens passen; die nicht explizierte Beziehung zwischen Geld und Sparschwein ist jedoch vermutlich in dem Rahmen

Sparschwein repräsentiert und *nicht* in dem Partyrahmen, obwohl er, wenn er einmal gefunden ist, zu unserem Endpunkt der ›Hol-Geld‹-Frage passen wird. Die Hauptfunktionen und -handlungen, die mit Sparschweinen verbunden sind, sind sparen und Geld herausholen. Das zweite funktioniert hauptsächlich nach drei Methoden:

1. Einen Schlüssel benutzen. Die meisten Sparschweine haben diese Möglichkeit nicht.
2. Es schlachten. Kinder hassen das.
3. Das Geld herausschütteln oder ein dünnes Lineal benutzen.

Weiß man bei der vierten Zeile genau, daß ein *geräuschloses* Sparschwein leer ist und daher kein Geld enthält (ich denke: ja), oder macht man von dem allgemeinen Wissen Gebrauch, daß ein harter Behälter, bei dem man kein Geräusch hört, wenn man ihn schüttelt, leer ist? Ich habe ziemlich viele Leute gefunden, die das letztere meinten. Logisch würde das ›allgemeine Prinzip‹ zwar hinreichen, ich habe jedoch das Gefühl, daß der entscheidende Punkt, nämlich daß ein derartiges spezifisches Szenario in jedes Kindergedächtnis eingeprägt ist, hierbei verfehlt wird. Die Geschichte ist den meisten Lesern sofort verständlich. Wenn komplexeres Schließen aus allgemeinen Prinzipien erforderlich wäre, dann wäre dies sicherlich anders, und sicherlich würden sich mehr Leser irren. Es ließen sich leicht komplexere Probleme finden.

> Eine Ziege lief in den Garten, in dem Peter malte. Die Ziege wurde ganz mit Farbe vollgeschmiert. Als Mutter die Ziege sah, fragte sie: ›Peter, hast du *das* gemacht?‹

Es gibt hier kein Wort und keine Zeile, auf die sich ›das‹ bezieht. Wie Charniak bemerkt, scheint es sich auf die ›Ursache, daß die Ziege voll Farbe ist‹ zu beziehen. Charniak macht keinen bestimmten Vorschlag, um Probleme wie diese zu lösen; er merkt lediglich an, daß sein ›Dämonen‹-Modell eine wesentliche Erweiterung benötigen würde, um mit einem solch schlecht lokalisierten ›thematischen Subjekt‹ zurechtzukommen. Man bedenke, wie viel man von unserer Kultur wissen muß, um zu erkennen, daß ›das‹ sich nicht auf die Ziege im Garten, sondern auf die mit Farbe beschmierte Ziege bezieht. Charniaks Arbeit – im wesentlichen eine Studie und nicht ein fehlerfreies System – diskutiert die Themen Aktivierung, Operation, Erwartungen und Dämonen des Standardwissens. Viele seiner Ideen gingen in diesen Aufsatz ein.

Trotz seines versuchsweisen Charakters werde ich mich bemühen, dieses Bild des Sprachverstehens so zusammenzufassen, daß eine Parallelität zum Sehen deutlich wird. Die Schlüsselwörter und Ideen eines Diskurses rufen substantielle Themen- oder Szenariostrukturen auf, die vom Gedächtnis mit reichen Standardannahmen abgerufen werden. Die einzelnen Aussagen eines Diskurses führen zu zeitweiligen Repräsentationen – die den ›Tiefenstrukturen‹ gegenwärtiger Linguisten zu entsprechen scheinen –, die dann schnell neu zusammengestellt oder verbraucht werden, während die wachsende Szenario-Repräsentation ausgearbeitet wird. Um die Bestandteile einer solchen Struktur zu ›skalieren‹, möchte ich folgende Arten von Ebenen unterscheiden:

Rahmen der syntaktischen Oberfläche. Hauptsächlich verbale und nominale Strukturen. Konventionen, die Präpositionen und Wortstellungen indizieren.

Rahmen der semantischen Oberfläche. Handlungszentrierte Bedeutungen von Wörtern. Modifikationen und Relationen, die die Teilnehmer, Werkzeuge und typischen Verläufe betreffen, sowie Strategien, Ziele, Konsequenzen und Nebenwirkungen.

Thematische Rahmen. Szenarien, die mit Themen, Aktivitäten, Darstellungen und Schauplätzen zu tun haben. Herausragende Probleme und Strategien, die gewöhnlich mit dem Thema verbunden sind.

Narrative Rahmen. Skelettformen für typische Geschichten, Erklärungen und Argumente. Konventionen zu Schwerpunkten, Protagonisten, Handlungsformen, Entwicklungen usw., die entworfen wurden, um dem Hörer zu helfen, einen neuen, thematischen Rahmen in seinem Geist zu entwerfen und zu instantiieren.

Ein einziger Satz kann Endpunkte zuordnen, Unterrahmen anfügen, eine Transformation anwenden oder eine vollständige Ersetzung eines Rahmens auf einer höheren Ebene verursachen, wenn eine angenommene Zuordnung nicht länger gut genug paßt. Ein Pronomen ist nur dann verständlich, wenn allgemeine sprachliche Konventionen, die mit Standardwerten und spezifischen Indikatoren interagieren, einen Endpunkt oder Unterrahmen des jeweiligen Szenarios bestimmen.

Beim *Sehen* haben die Transformationen gewöhnlich eine einfache gruppenähnliche Struktur, in der *Sprache* erwarten wir dage-

gen komplexere, unregelmäßigere Rahmensysteme. Da aber *Zeit*, *Ursache* und *Handlung* so wichtig für uns sind, verwenden wir nichtsdestoweniger sequentielle Transformationspaare, die Situationen durch ihre zeitlichen oder kausalen Nachfolger ersetzen. Da syntaktische, strukturelle Regeln die Auswahl und Zusammenstellung der flüchtigen Satzrahmen leiten, sollte uns die Untersuchung linguistischer Strukturen zu verstehen helfen, wie unsere Rahmensysteme aufgebaut sind. Man könnte nach Strukturen suchen, die besonders mit der Zuordnung von Endpunkten, der Wahl der Betonung oder der Aufmerksamkeit (Transformationen), dem Einfügen von Satzstrukturen in thematische Strukturen und der Veränderung der gesamten thematischen Repräsentation verbunden sind.
Genauso wie es vertraute ›Grundhandlungen‹ für Geschichten gibt, muß es schließlich auch grundlegende Überrahmen für Diskurse, Argumente, Erzählungen usw. geben. Wie bei Sätzen sollten wir erwarten, spezielle sprachliche Indikatoren für Prozesse zu finden, die diese umfassenderen Strukturen betreffen. Wir müssen uns über die Grammatik von Sätzen hinaus bewegen, um die sprachlichen Konventionen zu finden und zu systematisieren, deren Anwendungsbereich umfassender ist und die bei der Zusammenstellung und Transformation von Szenarien und Plänen involviert sein müssen.

2.8 Fragen, Systeme und Fälle

> Fragen stellen sich von einem Standpunkt aus - von einem Standpunkt, der hilft zu strukturieren, was problematisch ist, was fragwürdig ist und was eine Antwort (oder einen Fortschritt) geben würde. Es ist nicht so, daß die Sichtweise die Realität bestimmt; sie bestimmt nur das, was wir von der Realität akzeptieren und wie wir sie strukturieren. Ich bin Realist genug, um zu glauben, daß auf lange Sicht die Realität die Möglichkeit hat, unsere verschiedenen Sichtweisen zu akzeptieren oder zurückzuweisen.
> A. Newell (1973)

Die Untersuchung sprachlicher Diskurse führt so zu einer Sichtweise des Rahmenkonzepts, in der die ›Endpunkte‹ dazu dienen, die Fragen zu repräsentieren, die in einer Situation am wahrscheinlichsten auftauchen. Um diesen wichtigen Standpunkt weiter auszuarbeiten, werden wir folgende Neuinterpretation einführen:

> Ein Rahmen ist eine Sammlung von Fragen, die sich angesichts einer hypothetischen Situation stellen: er spezifiziert die sich stellenden Probleme sowie die Methoden, die bei ihrer Behandlung zu verwenden sind.

Die Endpunkte eines Rahmens entsprechen vielleicht den ›konzeptuellen Fällen‹, von denen Schank (1973) spricht, obwohl ich meine, daß man sie nicht auf so wenige Typen beschränken sollte, wie Schank dies vorschlägt. Um eine erzählte oder wahrgenommene Handlung zu verstehen, fühlt man sich häufig zu folgenden Fragen veranlaßt:

Wer hat sie verursacht (Agent)?
Was war der Zweck (Absicht)?
Was waren die Konsequenzen (Nebeneffekte)?
Wen betrifft sie (Rezipient)?
Wie wird sie ausgeführt (Instrument)?

Die Anzahl solcher ›Fälle‹ oder Fragen ist problematisch. Zwar würden wir gerne, vielleicht in Analogie zur traditionellen Sprachanalyse, die Bedeutung auf sehr wenige ›primitive‹ Begriffe reduzieren wollen, doch ich sehe nicht, wie dies erreicht werden kann. Ich neige zu der Ansicht von Forschern wie W. Martin (1974), der nach einer sehr umfangreichen Ansammlung von ›Grundelementen‹ Ausschau hält, die er mit Kommentaren versieht, wie sie miteinander verbunden sind. Nur die Zeit wird uns lehren, was besser ist.

Zu Entitäten, die keine Handlungen sind, stellen sich andere Fragen; in bezug auf thematische Bereiche können die Fragen weniger lokalisiert sein, z. B.

Warum erzählen Sie mir das?
Wie kann ich mehr darüber herausfinden?
Was hilft es für das ›wirkliche Problem‹?
usw.

Man fragt in einer ›Geschichte‹ nach dem Gegenstand, nach der Einstellung des Autors, nach dem Hauptereignis, nach den Protagonisten usw. Da auf jede Frage versuchsweise eine Antwort gegeben wird, werden die entsprechenden Unterrahmen verbunden, und die sich dort stellenden Fragen werden wieder aktiviert.

Die ›Markierungen‹, die wir für den Sehrahmen vorgeschlagen

haben, werden in dieser Sichtweise komplexer. Wenn wir für einen Augenblick Newells weite Definition von ›Standpunkt‹ übernehmen, dann ist es nicht genug, einfach eine Frage zu stellen; man muß einen Hinweis geben, wie sie zu beantworten ist. Ein Endpunkt soll daher auch Anregungen und Empfehlungen enthalten (oder darauf hinweisen), wie man eine Zuordnung findet. Unsere ›Standard‹-Zuordnungen werden dann zu den einfachsten Spezialfällen solcher Empfehlungen. Man könnte sicherlich eine Hierarchie erhalten, in der solche Vorschläge von Besonderheiten der Situation abhängen, vielleicht in Richtung von Wilks (1973) ›Präferenz‹-Strukturen.
Bei syntaktischen Rahmen besteht eine starke Tendenz zu einer ritualisierten Vervollständigung der Zuordnungen; auf der begrifflichen Ebene sind wir jedoch flexibler. Wie Schank (1973) sagt:

> Die Leute formulieren gewöhnlich nicht alle Teile eines gegebenen Gedankens, den sie gerade anderen mitzuteilen versuchen, da der Sprecher sich kurz zu fassen sucht und vorausgesetzte oder unwesentliche Information ausläßt ... Der Begriffsprozessor macht von den offenen Eingabestellen Gebrauch, um in einem Satz oder einer größeren Diskurseinheit nach einem bestimmten Typ von Information zu suchen, die die benötigte Eingabestelle füllt.

Selbst bei der Wahrnehmung von physischen Objekten haben wir dieselbe Situation. Eine Schachtel wird nicht alle ihre Seiten zugleich dem Beobachter darbieten, und obwohl dies sicherlich nicht deshalb der Fall ist, weil sie sich kurz zu fassen sucht, ist der Effekt derselbe; der Prozessor ist darauf vorbereitet, herauszufinden, wie die fehlenden Seiten aussehen und (wenn der Fall wichtig genug ist) um sie herum zu gehen, um Antwort auf solche Fragen zu finden.
Rahmen*systeme* werden bei dieser Sichtweise zu Auswahlpunkten, entsprechend (auf der begrifflichen Ebene) den sich wechselseitig ausschließenden Auswahl-›Systemen‹, mit denen sich Winograd (1970) befaßt hat. Die verschiedenen Rahmen eines Systems repräsentieren unterschiedliche Weisen, dieselbe Information zu verwenden, die an den üblichen Endpunkten lokalisiert ist. Wie in der grammatischen Situation hat man jeweils eine davon zu wählen. Auf der begrifflichen Ebene führt diese Wahl zu dem Problem: *welche Fragen soll man zu dieser Situation stellen*?

Die Änderung des Standpunktes ist, wie ich zeigen möchte, eine Problemlösungstechnik, die wichtig bei der Repräsentation, Erklärung und Voraussage ist. In den Neuanordnungen, die den Repräsentationen (z.B. einer Handlung) eines Rahmensystems inhärent sind, haben wir eine erste Annäherung an Simmons (1973) Idee der ›Verarbeitungen, die in einigen Fällen die kontextuelle Definitionsstruktur verändern werden, um die Handlung eines Verbs widerzuspiegeln.‹

Woher kommen die ›Fragen‹? Dies zu behandeln ist gewiß nicht Aufgabe dieses Aufsatzes, wir können jedoch sicher sein, daß die Bildung von Rahmen (wie immer das auch geschehen mag) nach bestimmten Prinzipien geschehen muß. Die Methoden, die bei der Erzeugung dieser Fragen angewandt werden, bilden letzten Endes den allgemeinen intellektuellen Stil einer Person. Sicherlich unterscheiden sich Menschen in den Details ihrer Vorlieben zu fragen, wie z.B. ›Warum?‹, ›Wie kann ich mehr herausfinden?‹, ›Was kann ich damit anfangen?‹, ›Wie hilft mir dies bei meinen gegenwärtigen höheren Zielen?‹ usw.

Ähnliche Fragen müssen sich zum Stil der *Antwort* stellen. In seiner einfachsten Form wird der Drang zur Auffüllung leerer Endpunkte als eine Art Unwohlgefühl oder Hunger erscheinen, der durch irgendeine Standardzuordnung oder eine andere Zuordnung, die nicht mit einem Verbot kollidiert, befriedigt wird. In komplexeren Fällen sollten wir weniger animalistische Strategien für die Gewinnung eines tieferen Verständnisses betrachten. Man ist daher versucht, sich Spielarten von Rahmensystemen vorzustellen, die von einfache Schablonen füllenden Strukturen bis hin zur Implementierung von Standpunkten im Sinne Newells reichen – mit all ihren Konsequenzen für die passende Erzeugung zu behandelnder Themen, Arten ihrer Erforschung sowie Verfahren für die Auswertung vorgeschlagener Lösungen. Ich fühle mich allerdings nicht recht wohl bei einer oberflächlich kohärenten Synthese, von der man erwartet, daß dieselbe Art theoretischen Rahmens auf verschiedenen Ebenen der Skala oder auf verschiedenen Begriffsebenen gleich gut funktioniert. Wir sollten ganz unterschiedliche fragenerzeugende Mechanismen erwarten, die unsere Stereotypen auf einer niederen Ebene sowie unsere umfassenden strategischen Überblicke lenken.

3. Lernen, Gedächtnis und Paradigmen

> Die Natur gibt dem Kind verschiedene Mittel an die Hand, um alle Fehler zu korrigieren, die es hinsichtlich der heilsamen und schädlichen Eigenschaften der es umgebenden Gegenstände begehen kann. In jeder Situation werden seine Urteile durch die Erfahrung korrigiert: Mangel und Schmerz sind die notwendigen Folgen, die falschem Urteil folgen, Befriedigung und Freude entstehen durch richtiges Urteilen. Bei solchen Lehrmeistern müssen wir einfach gut informiert werden; wir lernen bald, richtig zu urteilen, wenn Mangel und Schmerz die notwendigen Folgen eines andersartigen Verhaltens sind. Im Studium und der Praxis der Wissenschaften ist es ganz anders: die falschen Urteile, die wir fällen, haben keine Auswirkung auf unsere Existenz oder unser Wohlergehen; wir werden durch keine physische Notwendigkeit genötigt, sie zu korrigieren. Im Gegensatz dazu veranlaßt uns die Einbildung, die sich immer jenseits der Grenzen der Wahrheit bewegt und die mit Eigenliebe und Selbstvertrauen, denen wir so leicht nachgeben, verbunden ist, Schlüsse zu ziehen, die sich nicht unmittelbar aus Tatsachen ergeben. A. Lavoisier (1949)

Wie lokalisiert man einen Rahmen, um eine neue Situation zu repräsentieren? Wir können offensichtlich nicht mit einer vollständigen Theorie beginnen, ohne den Kontext irgendeines angenommenen globalen Schemas für die Organisation von Wissen im allgemeinen zu berücksichtigen. Wenn wir uns jedoch vorstellen, daß wir uns innerhalb eines geschlossenen Gebiets bewegen, können wir einige wichtige Punkte diskutieren:

Erwartung: Wie soll man den Ausgangsrahmen auswählen, um einigen gegebenen Bedingungen zu entsprechen?

Ausarbeitung: Wie soll man Unterrahmen für die Repräsentation zusätzlicher Einzelheiten auswählen und zuordnen?

Änderung: Wie findet man einen Rahmen, um einen anderen, der nicht gut genug paßt, zu ersetzen?

Neuheit: Was soll man machen, wenn kein akzeptabler Rahmen gefunden werden kann? Können wir einen alten Rahmen verändern oder müssen wir einen neuen aufbauen?

Lernen: Welche Rahmen sollten als ein Ergebnis der Erfahrung gespeichert oder modifiziert werden?

Es ist eine weitverbreitete Ansicht, daß das Gedächtnis vom übrigen Denken getrennt ist; doch um das richtige Gedächtnis zu finden – man sollte besser sagen: um ein nützliches Gedächtnis zu finden –, benötigen wir dieselben Strategien, die wir bei anderen Arten des Denkens verwenden!
Wir nennen jemand ›clever‹, wenn seine Fähigkeit ungewöhnlich gut ist, angemessene Rahmen schnell zu lokalisieren. Seine Systeme zur Auffindung von Information sind besser bei der Aufstellung guter Hypothesen, der Formulierung der Bedingungen, die der neue Rahmen erfüllen sollte, sowie der Ausnutzung des Wissens, das durch den ›erfolglosen‹ Teil der Suche gewonnen wurde. Das richtige Gedächtnis zu finden ist nicht weniger ein Problem als die Lösung irgendeines anderen Rätsels! Ein guter Auffindungsmechanismus kann daher nur teilweise auf grundlegenden ›angeborenen‹ Mechanismen beruhen. Er muß zu einem großen Teil auch von (erlerntem) Wissen von der Struktur des eigenen Wissens abhängen! Unser Vorschlag wird verschiedene Elemente kombinieren: einen Gestalterkennungsprozeß, eine Gruppentheorie sowie ein Ähnlichkeitsnetzwerk.
Wenn man einen Raum sieht oder eine Geschichte versteht, fügt man ein Netzwerk von Rahmen und Unterrahmen zusammen. Alles, was bemerkt oder zu Recht oder Unrecht vermutet wird, wird in diesem Netzwerk repräsentiert. Wir haben bereits angedeutet, daß ein aktiver Rahmen nicht beibehalten werden kann, wenn die Bedingungen, die seine Endpunkte stellen, nicht erfüllt sind.
Wir fügen nun das Postulat hinzu, daß *alle erfüllten Rahmen Endpunkten höherer Rahmen zugeordnet sein müssen.* Dies gilt als Sonderfall auch für alle bedeutenden ›Daten‹-Fragmente, die beobachtet und repräsentiert wurden.
Natürlich muß es eine Ausnahme geben! Wir müssen eine bestimmte Anzahl von Einzelheiten zulassen, die mit so etwas wie einer Menge von ›Kurzzeitgedächtnis‹-Registern verbunden sind. Der Punkt ist jedoch, daß nur sehr wenig ins Gedächtnis gerufen werden kann, solange es nicht in einen geeigneten Rahmen eingebettet ist. Dies ist auf jeden Fall das begriffliche Schema; in bestimmten Bereichen werden wir natürlich andere Arten von Gedächtnis-›Haken‹ und besondere sensorische Puffer zulassen.

Wir können nun das Gedächtnissystem als durch zwei sich entsprechende Bedürfnisse geleitet sehen. *Auf der einen Seite gibt es Einzelheiten, die angemessen durch die Einbettung in einen größeren Rahmen repräsentiert sein wollen; auf der anderen Seite gibt es unvollständig erfüllte Rahmen, die Endpunktzuweisungen verlangen*. Der Rest des Systems wird versuchen, diese Lobbyisten versöhnlich zu stimmen, doch nicht so sehr in Übereinstimmung mit allgemeinen Prinzipien als in Übereinstimmung mit speziellem Wissen und Bedingungen, die durch die gerade vorliegenden aktiven Ziele gestellt sind.

Wenn ein Rahmen Schwierigkeiten bekommt – wenn eine wichtige Bedingung nicht erfüllt werden kann –, muß etwas getan werden. Wir finden in erster Linie die folgenden Methoden zur Behebung dieser Schwierigkeiten:

Anpassung: Wenn nichts Spezifischeres gefunden wird, können wir versuchen, einige ›grundlegende‹ assoziative Gedächtnismechanismen zu verwenden. Dies allein wird nur in relativ einfachen Situationen Erfolg haben, sollte jedoch wichtig bei der Unterstützung anderer Taktiken sein.

Entschuldigung: Wenn etwas offensichtlich nicht paßt, kann es oft entschuldigt oder erklärt werden. Ein ›Stuhl‹, der viel zu klein ist, aber sonst alle Bedingungen erfüllt, könnte ein ›Spielzeug‹ sein.

Rat: Der Rahmen enthält explizites Wissen darüber, was bei solchen Schwierigkeiten zu tun ist. Weiter unten werden wir ein ausführliches, gelerntes ›Ähnlichkeitsnetzwerk‹ zur Einbettung derartigen Wissens beschreiben.

Zusammenfassung: Wenn ein Rahmen nicht vervollständigt oder ersetzt werden kann, muß er aufgegeben werden. Zuvor hat man jedoch eine klar formulierte Bestandsaufnahme oder Zusammenfassung zu geben, um den nächsten Mechanismus zu unterstützen, der für die Neuanordnung der Unterrahmen, die im Schlamassel zurückgelassen wurden, verantwortlich ist.

Meiner Ansicht nach sind alle vier Strategien von entscheidender Bedeutung. Ich werde sie in den folgenden Abschnitten diskutieren.

3.3 Entschuldigungen

Wir können uns einen Rahmen als Beschreibung eines ›Ideals‹ denken. Wenn ein Ideal nicht mit der Realität übereinstimmt, weil es ›grundsätzlich‹ falsch ist, muß es ersetzt werden. *Es liegt jedoch in der Natur von Idealen, daß sie elegante Vereinfachungen sind. Ihre Attraktivität leitet sich aus ihrer Einfachheit her, ihre tatsächliche Kraft hängt jedoch von zusätzlichem Wissen über Interaktionen zwischen ihnen ab*! Wir brauchen daher kein Ideal aufzugeben, nur weil seine Anwendung fehlerhaft ist, vorausgesetzt man kann die Unstimmigkeit mit Hilfe einer solchen Interaktion erklären. Hier sind einige Beispiele dafür, wie solche ›Entschuldigungen‹ eine fehlende Übereinstimmung retten können:

Verdeckung: Ein Tisch sollte unter einem bestimmten Blickwinkel vier Beine haben, doch ein Stuhl kann eines der Beine verdecken. Man kann etwa nach T-Verbindungen und Schatten suchen, um eine derartige Entschuldigung zu stützen.

Funktionale Variante: Ein Stuhlbein ist normalerweise ein Vierkantholz; wichtiger ist jedoch, daß er *funktional* eine Stütze ist. Ein starker Mittelpfosten mit geeigneter Grundplatte sollte daher ein akzeptabler Ersatz für alle Beine sein. Viele Gegenstände haben mehrere Zwecke und verlangen eher nach funktionalen als nach physikalischen Beschreibungen.

Defekt: Ein Bestandteil, der visuell vermißt wird, könnte in der Tat für physisch vermißt erklärt werden – er könnte abgebrochen sein. Die Realität hat sehr viele Wege, Ideale zu enttäuschen.

Parasitäre Kontexte: Ein Gegenstand, der mit Ausnahme seiner Größe genau wie ein Stuhl beschaffen ist, könnte ein Spielzeugstuhl sein (und ist es wahrscheinlich auch). Die Kritik ›zu klein‹ kann im Kontext mit anderen Dingen, die zu klein sind, mit spielenden Kindern, mit besonders groben ›Formen‹ usw. oft in dieser Weise interpretiert werden.

In den meisten dieser Beispiele ist die Art von Wissen, die bei der Ausbesserung verwendet wird (und daher den fraglichen Rahmen rettet), ›allgemein‹ genug, um gewöhnlich mit dem thematischen Kontext eines höheren Rahmens verbunden zu sein. Im Rest dieses Aufsatzes werde ich mich auf Typen genauer lokalisierten Wissens konzentrieren, das naturgemäß direkt mit einem Rahmen selbst verbunden ist und seine eigene Ersetzung vorschlägt.

3.5 Gruppen, Klassen und eine geographische Analogie

> Obwohl die Diskussion *einiger* Attribute, die von einer *Anzahl* von Spielen, Stühlen oder Blättern geteilt wird, uns zu verstehen hilft, wie die entsprechenden Ausdrücke anzuwenden sind, gibt es keine Menge von Merkmalen, die gleichzeitig auf alle Elemente der Klasse anwendbar sind und nur auf sie. Statt dessen verwenden wir bei einer bisher nicht beobachteten Handlung den Ausdruck ›Spiel‹, weil das, was wir sehen, eine starke ›Familienähnlichkeit‹ mit einer Anzahl der Handlungen hat, die wir früher so zu nennen gelernt haben. Für Wittgenstein sind Spiele, Stühle und Blätter kurz gesagt natürliche Familien, wobei jede durch ein Netzwerk sich überlappender und sich durchkreuzender Ähnlichkeiten gebildet wird. Die Existenz eines solchen Netzwerks erklärt hinreichend unseren Erfolg bei der Identifizierung des entsprechenden Gegenstands oder der entsprechenden Handlung.
>
> T. Kuhn (1962)

Um das Ähnlichkeitsnetzwerk in seinem Wirken ›vollständiger‹ zu machen, betrachte man die folgende Analogie. In einer Stadt sollte jeder Einwohner in der Lage sein, jeden beliebigen anderen Einwohner zu besuchen; wir bauen dafür jedoch keine besondere Straße zwischen jedem Häuserpaar; wir fassen vielmehr eine Häusergruppe in einem ›Block‹ zusammen. Wir verbinden nicht jedes Blockpaar mit Straßen, es genügt vielmehr, wenn sie Straßen gemeinsam haben. Wir verbinden nicht jede Stadt mit jeder anderen, sondern wir entwerfen Hauptrouten, die die Zentren größerer Gruppen verbinden. Innerhalb einer solchen Organisation hat jedes Mitglied direkte Verbindungen zu anderen Individuen auf seiner eigenen ›Ebene‹, hauptsächlich zu naheliegenden, sehr ähnlichen Individuen. Doch jedes Individuum hat zumindest auch einige Verbindungen zu ›ausgezeichneten‹ Mitgliedern höherer Gruppen. Das Ergebnis ist, daß es gewöhnlich eine ziemlich kurze Strecke zwischen zwei beliebigen Individuen gibt, man muß sie nur finden.

Um etwas in einer solchen Struktur ausfindig zu machen, verwendet man eine Hierarchie, wie man sie in Postanschriften finden kann. Jeder weiß etwas über die größten Kategorien, insofern er weiß, wo die größeren Städte liegen. Der Einwohner einer

Stadt kennt die nahegelegenen kleineren Ortschaften, und Leute in den kleineren Ortschaften kennen die nahegelegenen Dörfer. Keine Person kennt all die einzelnen Routen zwischen den Häuserpaaren; doch man wird eine besondere Route zu dem Haus eines bestimmten Freundes in einer nahegelegenen Kleinstadt kennen, die besser ist als über die nächstgrößere Stadt. *Adreßbücher* verwalten das Problem, indem sie Wege aufgrund von Standardrouten zwischen Hauptknoten des Netzwerks anlegen. Persönliche Abkürzungen können Hauptknotenpunkte umgehen und direkt zwischen bekannten Orten verlaufen. Obwohl die Standardrouten gewöhnlich nicht die bestmöglichen sind, verbinden unsere schichtförmigen Transport- und Kommunikationsdienste mit vergleichsweise wenig Verbindungen alles ziemlich gut miteinander.

Auf jeder Ebene haben die Aggregate gewöhnlich ausgezeichnete Foki oder *Hauptstädte*. Diese dienen als Elemente bei der Gruppierung auf der nächsten Aggregationsebene. Es gibt keinen Nonstop-Flugdienst zwischen New Haven und San José, da es insgesamt effizienter ist, auf der Hauptroute zwischen New York und San Francisco zu fliegen, die die Hauptstädte auf dieser Aggregationsebene sind.

Mit dem Anwachsen unserer Gedächtnisnetzwerke können wir ähnliche Aggregationen der Bestimmungsorte unserer Ähnlichkeitsanzeiger erwarten. Unsere Entscheidungen darüber, was wir als primäre oder hauptsächliche unterscheidende Eigenschaften ansehen und was als untergeordnete, wird große Auswirkungen auf unsere Fähigkeiten haben. Solche Entscheidungen werden schließlich zu epistemologischen Verbindungen der begrifflichen Städte unseres geistigen Universums.

Die nichtzufälligen Konvergenzen und Divergenzen der Ähnlichkeitsanzeiger neigen so dazu, für jede Differenz *d* unsere begriffliche Welt um

(1) die Anhäufung in d-Gruppen und
(2) die Auswahl der d-Hauptstädte

herum zu strukturieren.

Man beachte, daß es vollkommen in Ordnung ist, *verschiedene Hauptstädte in einer Gruppe* zu haben, so daß kein einziges Attribut ihnen allen gemeinsam sein muß. Die »sich durchkreuzenden Ähnlichkeiten« Wittgensteins sind dann Konsequenzen der lokalen Verbindungen in unserem Ähnlichkeitsnetzwerk, die sicherlich adäquat erklären, wieso wir den Eindruck haben können, als wüßten wir, was ein Stuhl oder ein Spiel ist – obwohl wir sie nicht in logischer Weise als Elemente in einer Klassenhierarchie oder durch eine andere kompakte, formale, deklarative Regel definieren können. Die offensichtliche Kohärenz der begrifflichen Aggregate braucht keinen expliziten Definitionen zu entsprechen, sondern kann sich aus der auf Erfolg ausgerichteten Verbesserung der Prozesse herleiten, die die Unterschiede beschreiben.

Die Auswahl der Hauptstädte entspricht der Auswahl von Stereotypen oder typischen Elementen, deren Standardzuordnungen außergewöhnlich nützlich sind. Es gibt z.B. viele Stuhlformen, und man sollte die Rahmen zur Stuhlbeschreibung, die die Hauptstädte im Stuhlland sein sollen, sorgfältig wählen. Sie werden für eine schnelle Angleichung benötigt und für die Zuweisung von Prioritäten zu den verschiedenen Unterschieden. Die weniger wichtigen Eigenschaften des Gruppenzentrums dienen dann entweder als Standardeigenschaften der Stuhltypen oder, wenn mehr Realismus gefordert wird, als Versandhinweis für die lokalen Stuhldörfer und -ortschaften. Unterschiedsanzeiger können sowohl ›funktional‹ wie geometrisch sein. Wenn etwa der erste Versuch mit ›Stuhl‹ zurückgewiesen wurde, kann man die funktionale Idee von ›etwas, auf dem man sitzen kann‹ ausprobieren, um eine unkonventionelle Form zu erklären. Dies erfordert eine tiefere Analyse hinsichtlich der Kräfte und Stärken. Natürlich würde diese Analyse Spielzeugstühle oder Stühle mit einer so feinen Ornamentik, daß ihr wirklicher Gebrauch undenkbar wäre, nicht erfassen können. Solche Fälle würden besser mit der Methode der Entschuldigung behandelt, bei der man die gewöhnlichen geometrischen oder funktionalen Erklärungen zugunsten einer Bezugnahme auf Kontexte umgeht, die Kunst oder Spiel involvieren.

Ich möchte jedoch noch einmal hervorheben, daß es keinen Grund gibt, die Gedächtnisstruktur auf eine einzige Hierarchie zu beschränken; der Begriff der Aggregations-›Ebene‹ muß bei den verschiedenartigen Unterschieden nicht zusammenfallen. Die d-Hauptstädte können nicht nur kraft expliziter Deklaration existieren, sondern auch implizit, kraft ihrer zentralen Lage in der Struktur, die durch konvergente d-Zeiger definiert ist. (Im Rahmensystem von Newells und Simons GPS sind die ›Unterschiede‹ in einer festgelegten Hierarchie angeordnet. Indem man die Prioritäten von dem Ziel abhängig macht, könnten dieselben Gedächtnisse mehreren Zwecken dienen. Der resultierende Problemlöser würde allerdings die Eleganz eines einzigen, einfach geordneten Maßes des ›Fortschritts‹ verlieren, doch dies ist der Preis, der für die Abweichung von einer Theorie erster Ordnung gezahlt werden muß.)

Schließlich sollten wir darauf hinweisen, daß wir keinen mysteriösen zusätzlichen Mechanismus für die *Schaffung* der Gruppenstruktur benötigen. Man könnte annehmen, daß in der Entwicklung die frühesten Rahmen wahrscheinlich die Hauptstädte ihrer späteren Verwandten werden, sofern dies nicht durch Erfahrungen verhindert wird; denn jedes Mal, wenn die Verwendung eines Stereotyps einigermaßen erfolgreich ist, wird seine Zentralität durch einen weiteren Zeiger von anderswoher verstärkt. Andererseits *wird uns der Erwerb neuer Zentren zu einem großen Teil von außen aufgezwungen: durch die in unserer Sprache vorliegenden Wörter; durch das Verhalten von Gegenständen in der jeweiligen Umwelt; durch das, was einem von Lehrern, Familie und der Kultur im allgemeinen erzählt wird*. Auf jeder Stufe dominiert natürlich die frühere Struktur den Erwerb der späteren. Doch in jedem Fall sollten solche Formen und Gruppen aus Interaktionen zwischen der Welt und beinahe jedem Mechanismus entstehen, den das Gedächtnis verwendet; die Erklärung wäre weit schwieriger, würde man diese nicht finden.

3.6 Analogien und alternative Beschreibungen

Wir haben den Gebrauch unterschiedlicher Rahmen desselben Systems diskutiert, um dieselbe Situation in unterschiedlicher Weise zu beschreiben: für die Änderung der Position beim Sehen und für die Änderung der Bedeutung in der Sprache. Manchmal verwenden wir beim ›Problemlösen‹ zwei oder mehr Beschreibungen in einer komplexeren Weise, um eine Analogie aufzustellen oder zwei radikal *verschiedene* Arten der Analyse auf dieselbe Situation anzuwenden. *Für schwierige Probleme ist gewöhnlich ein einziger ›Problemraum‹ nicht genug*!

Angenommen, Ihre Autobatterie ist leer. Sie nehmen an, daß zuwenig Strom vorhanden ist, und machen den Generator dafür verantwortlich.

Der Generator kann als ein mechanisches System repräsentiert werden: Der Rotor hat eine Riemenscheibe, die über einen Keilriemen vom Motor angetrieben wird. Ist der Riemen fest genug? Ist er überhaupt noch da? Mechanisch gesehen ist der Output ein Kabel zur Batterie oder etwas ähnliches. Ist es intakt? Sind die Schrauben fest? Drücken die Kontaktbürsten auf den Kollektor? Elektrisch gesehen wird der Generator ganz anders beschrieben. Der Rotor wird eher als eine Strom erzeugende Spule denn als rotierendes Gerät angesehen. Die Kontaktbürsten und der Kollektor werden als elektrische Schalter betrachtet. Der Output ist Strom, der durch ein Kabelpaar fließt, und zwar von den Kontaktbürsten über Kontrollschaltungen zur Batterie.

Wir repräsentieren die Situation also in zwei ziemlich unterschiedlichen Rahmensystemen. In dem einen ist der Läufer ein mechanischer Rotor mit Keilriemenscheibe, in dem anderen ist er ein Leiter in einem wechselnden magnetischen Feld. Dieselben – oder analoge – Elemente haben Endpunkte in unterschiedlichen Rahmen gemeinsam, und die Rahmentransformationen betreffen nur einige Elemente.

Die Unterschiede der beiden Rahmen sind substantiell. Das ganze mechanische Chassis des Autos hat im elektrischen Rahmen lediglich die Funktion, eine der Batterieverbindungen zu sein. Der Diagnostiker hat beide Repräsentationen zu verwenden. Eine Unterbrechung im Stromfluß bedeutet oft, daß ein vermeintlicher Leiter nicht so arbeitet, wie er soll. In diesem Fall hängt die Grundtransformation zwischen den Rahmen von der Tatsache ab, daß elektrische Leitfähigkeit im allgemeinen mit einer festen mechanischen Verbindung äquivalent ist. Daher sollte uns jede elektrische Unregelmäßigkeit, die wir durch elektrische Messung feststellen, nach einer entsprechenden Unregelmäßigkeit im mechanischen Rahmen suchen lassen. Da in diesem Kontext ›Reparatur‹ synonym mit ›mechanischer Reparatur‹ ist, *muß* die Diagnose in einem mechanischen Rahmen enden. Wir können vielleicht schließlich einen defekten mechanischen Anschluß lokalisieren und eine lose Verbindung, Korrosion, Verschleiß usw. feststellen.

Warum hat man zwei verschiedene Rahmen und nicht vielmehr eine integrierte Struktur, um den Generator zu repräsentieren? Ich meine, daß man bei einem so komplexen Problem nicht mit vielen Einzelheiten auf einmal fertig werden kann. Man muß immer in einem ziemlich einfachen Rahmen arbeiten. Ich behaupte, daß jedes Problem, das überhaupt von einer Person gelöst werden kann, zu jedem bestimmten Zeitpunkt in einem engen Kontext dargestellt ist, und daß die Grundoperationen beim Problemlösen mit der Auffindung oder Entwicklung dieser Arbeitsumwelten zu tun haben. Die Auffindung eines elektrischen Fehlers verlangt sogar den Wechsel zwischen mindestens drei Rahmen: neben den elektrischen und mechanischen einen visuellen Rahmen. Wenn der elektrische Beleg eine lose mechanische Verbindung nahelegt, braucht man einen visuellen Rahmen, um den mechanischen Fehler zu finden.

Gibt es allgemeine Methoden, um adäquate Rahmen zu finden? Die Antwort lautet sowohl ja als nein! Es gibt Strategien, die oft für die Anpassung alter Rahmen für neue Zwecke nützlich sind. Ich sollte jedoch herausstellen, daß Menschen sicherlich keine Zaubermittel haben, um *alle* schwierigen Probleme zu lösen! Man darf nicht in den (von Papert so genannten) »Fehlschluß des Übermenschlich-Menschlichen« fallen und eine Theorie für menschliches Verhalten fordern, um sogar Dinge zu erklären, die Menschen gar nicht tun können.

Man kann nicht erwarten, für jedes Problem den genau richtigen Rahmen zu haben, oder daß man immer in der Lage ist, einen zu entwerfen. Wir haben vielmehr eine Menge Arbeit damit, und man sollte auch den Beitrag der eigenen Kultur bei der Einschätzung der Komplexität von Problemen, die Menschen zu lösen scheinen, nicht vergessen. *Der erfahrene Mechaniker braucht nicht routinemäßig zu erfinden*; er besitzt bereits Repräsentationen des Motors in Form von Begriffen wie Zündung, Schmierung, Kühlung, Einstellung, Gas-Luft-Gemisch, Getriebe, Verdichtung usw. Die Kühlung z.B. ist bereits in Flüssigkeitszirkulation, Gebläse, Thermostat usw. unterteilt. Die meisten ›gewöhnlichen‹ Probleme werden vermutlich durch systematische Anwendung von Analogien gelöst, die durch die Transformationen zwischen Paaren dieser Strukturen bereitgestellt werden. Das riesige Netzwerk von Wissen, das man in der Schule, durch Bücher, in der Lehre usw. erworben hat, ist in sich durch Differenz- und Relevanzanzeiger verbunden. Zweifellos vermittelt die Kultur einen guten Teil dieser Struktur durch den konventionellen *Gebrauch derselben Wörter* bei Erklärungen unterschiedlicher Sichtweisen eines Gegenstands.

> Bis zur Erfindung dieses scholastischen Paradigmas [der mittelalterlichen ›Stoß‹-Theorie] sah der Wissenschaftler keine Pendel, sondern nur schwingende Steine. Pendel wurden durch etwas in die Welt gesetzt, was einem durch Paradigmen veranlaßten Gestaltwandel sehr ähnlich ist.
> Müssen wir jedoch wirklich das, was Galilei von Aristoteles oder Lavoisier von Priestley unterscheidet, als eine Transformation des Sehens beschreiben? *Sahen* diese Männer wirklich unterschiedliche Dinge, wenn sie dieselben Arten von Gegenständen *betrachteten*? Ist es in irgendeiner Weise berechtigt zu sagen, daß sie in unterschiedlichen Welten forschten?
> [Ich bin] mir vollkommen über die Schwierigkeiten im klaren, die entstehen, wenn man sagt, daß, wenn Aristoteles und Galilei schwingende Steine betrachteten, der erste einen gebremsten Fall und der zweite ein Pendel sah. Ich bin trotzdem überzeugt, daß wir lernen müssen, Sätze für sinnvoll zu halten, die diesen zumindest ähnlich sind.
> T. Kuhn (1962)

Nach Kuhns Modell der wissenschaftlichen Evolution schreitet die normale Wissenschaft durch den Gebrauch etablierter deskriptiver Schemata voran. Größere Veränderungen sind das Ergebnis neuer Paradigmen, neuer Weisen, Dinge zu beschreiben, die zu neuen Methoden und Techniken führen. Schließlich kommt es zu einer neuen Definition von ›normal‹.
Während Kuhn es vorzieht, sein eigenes sehr effektives Paradigma der Neubeschreibung auf der Ebene größerer wissenschaftlicher Revolutionen anzuwenden, scheint es mir, daß dieselbe Idee genausogut auf den Mikrokosmos des alltäglichen Denkens angewandt werden kann. Der zuletzt zitierte Satz zeigt in der Tat, daß Kuhn ernsthaft erwägt, daß das Paradigma eine substantielle und nicht nur eine metaphorische Rolle bei der visuellen Wahrnehmung spielt, genauso wie wir dies für Rahmen vorgeschlagen haben.
Wenn unsere gewohnten Ansichten nicht mehr weiter führen, wenn wir keine effektiven Rahmensysteme im Gedächtnis finden, müssen wir neue konstruieren, die die richtigen Merkmale aufweisen. Der vermutlich einfachste Weg hierfür ist, eine Art Paar-

system aus zwei oder mehreren älteren Rahmen aufzubauen, die dann editiert oder korrigiert werden, um den Umständen zu entsprechen. Wie kann dies geschehen? Es ist verlockend, zunächst die Erfordernisse zu formulieren und dann das Konstruktionsproblem zu lösen.

Doch dies ist sicherlich nicht der gewöhnliche Verlauf alltäglichen Denkens! Es werden weder alle Erfordernisse auf einmal formuliert, noch wird das neue System ganz durch überlegtes Planen entwickelt. Im Verlauf einer Reihe von Modifizierungen, die an einer unbefriedigenden Repräsentation vorgenommen werden, erkennen wir vielmehr nach und nach unerfüllte Anforderungen als Mangel oder Fehler.

Ich glaube, daß Papert (1972; vgl. auch Minsky 1970) zu Recht meint, daß die Fähigkeit, die eigenen Verhaltensweisen zu diagnostizieren und zu modifizieren, eine Ansammlung spezifischer und wichtiger ›Fähigkeiten‹ ist. Die *Fehlerbeseitigung*, eine entscheidend wichtige Komponente der Intelligenz, hat ihre eigenen speziellen Techniken und Verfahren. Jede normale Person ist ziemlich gut darin: andernfalls hätte sie weder sehen noch sprechen gelernt! Obwohl Paperts Aufsatz bereits spekulativ ist, möchte ich hier auf die Thesen von Goldstein (1974) und Sussman (1973) über den expliziten Gebrauch von Wissen zur Fehlerbeseitigung beim Erlernen symbolischer Repräsentationen aufmerksam machen. Sie bilden neue Verfahren, um vielfältige Anforderungen durch ebenso elementare wie wirksame Techniken zu erfüllen, wie etwa:

1. Mache einen ersten groben Versuch mit der Methode erster Ordnung: der einfachen Zusammenstellung von Verfahren, die *einzeln* die individuellen Ziele erreichen.
2. Wenn etwas nicht funktioniert, versuche einen der Defekte als spezifische (und unerwünschte) Art der Interaktion zwischen zwei Verfahren zu beschreiben.
3. Wende eine Technik der Fehlerbeseitigung an, die, einem Gedächtniseintrag gemäß, gut bei der Reparatur dieser *spezifischen* Art von Interaktion funktioniert.
4. Fasse die Erfahrung zusammen, um sie in das ›Verzeichnis der Techniken zur Fehlerbeseitigung‹ im Gedächtnis aufzunehmen.

Dies sieht vielleicht banal aus, doch wenn sich das neue Problem nicht allzu radikal von den alten unterscheidet, haben diese Techniken eine gute Chance zu funktionieren – insbesondere, wenn man die richtigen Annäherungen erster Ordnung anwendet. Wenn das neue Problem aber radikal verschieden *ist*, dann sollte man von *keiner* Lerntheorie erwarten, daß sie gut funktioniert. Ohne eine strukturierte kognitive Landkarte – ohne Winstons ›knappe Fehler‹ oder eine Bereitstellung guter Übungsprobleme durch die Kultur sollten wir keine radikal neuen Paradigmen erwarten, die immer dann auf zauberhafte Weise erscheinen, wenn wir sie gerade brauchen.

Was sind ›Interaktionsarten‹ und was sind ›Techniken zur Fehlerbeseitigung‹? Die einfachsten Fälle sind vielleicht die, bei denen die Folge aus der Erreichung eines ersten Ziels mit einer Bedingung in Konflikt gerät, die eine Voraussetzung zur Erreichung eines zweiten Ziels ist. Die einfachste Reparatur besteht darin, diese Voraussetzung als eine neue Bedingung wieder einzufügen. Es gibt Beispiele, in denen diese Technik alleine nicht erfolgreich sein kann, da eine Voraussetzung für das zweite Ziel mit dem ersten möglicherweise unvereinbar ist. Sussman stellt eine ausgefeiltere Diagnose- und Reparaturmethode vor, die dies in Betracht zieht und die Reihenfolge der Ziele ändert. Goldstein erwägt ähnliche Probleme in einem Kontext von verschiedenen Beschreibungen.

Wenn man mich nach wichtigen Forschungsentwicklungen in der künstlichen oder natürlichen Intelligenz fragte, würde ich auf die Interaktion hinweisen, die zwischen diesen Ideen und den Problemen, verschiedenartige Repräsentationen zu verwenden, um dieselbe Situation von unterschiedlichen Standpunkten aus zu behandeln, bestehen. Um eine derartige Studie durchzuführen, brauchen wir bessere Vorstellungen von der Interaktion zwischen den umgewandelten Beziehungen. Hier beginnen sich die Grenzen der Vorstellung eines Rahmensystems zu zeigen. Die Zusammensetzung neuer Repräsentationen aus alten ist sicherlich selbst ein komplexer Prozeß, und zwar einer, der (wenn überhaupt) im Rahmen unserer Theorie nur durch einen verwickelten sich selbst initiierenden Prozeß gelöst werden könnte. Dies ist sicherlich auch eine besondere Fähigkeit, die ihre eigenen Techniken hat. Ich halte sie für eine entscheidende Komponente einer Theorie der Intelligenz.

Wir dürfen keinen vollständigen Erfolg im oben skizzierten Unternehmen erwarten; es gibt eine Schwierigkeit, wie Newell (1973) in einem größeren Kontext bemerkt:

›Anderswo‹ gibt es eine andere Sichtweise – möglicherweise eine der Philosophie –, aber ebensogut gibt es andere ›anderswo‹, denn die Sichtweisen des Menschen sind vielfältig. Jede Sichtweise hat ihre eigenen Fragen. Verschiedene Sichtweisen folgen meistens aufeinander. Natürlich betreffen sie gelegentlich auch dasselbe Thema, und dann ist ein Vergleich möglich; doch dies geschieht nicht oft und nicht auf Verlangen.

6. Anhang: Kritik des logischen Ansatzes

> Wenn man versucht, ursprüngliche Denkprozesse mit den Mitteln der formalen traditionellen Logik zu beschreiben, ist das Ergebnis oft unbefriedigend: Man hat dann eine Reihe korrekter Operationen, aber der Sinn des ganzen Vorgehens und was lebendig, kraftvoll, schöpferisch darin war, scheint sich in den Formulierungen irgendwie verflüchtigt zu haben. Wertheimer (1945)

Ich werde im folgenden erklären, warum ich meine, daß eher ›logische‹ Ansätze nicht funktionieren. Seit Aristoteles hat es ernsthafte Versuche gegeben, das alltägliche Denken durch ein ›logisches‹ System zu repräsentieren, d. h. durch ein System, das eine strenge Unterscheidung vornimmt zwischen
(1) ›Propositionen‹, die bestimmte Informationen enthalten, und
(2) ›Syllogismen‹ oder allgemeinen Gesetze gültigen Schließens.
Niemand war bisher in der Lage, ein solches System erfolgreich mit einer Propositionsmenge von realistischem Umfang zu konfrontieren. Ich meine, daß solche Versuche auch weiterhin fehlschlagen werden, und zwar wegen des Charakters der Logik im allgemeinen und nicht wegen Fehlern der jeweiligen Formalismen. (Die jüngsten Versuche haben Varianten der ›Prädikatenlogik erster Ordnung‹ verwendet, doch *dies* ist meines Erachtens nicht das Problem.)
Für Versuche, das Alltagsdenken durch logische Systeme zu simulieren, ist es typisch, mit einer Mikrowelt von begrenzter Komplexität zu beginnen. Es gibt dort einerseits Ziele auf hoher Ebene wie ›Ich möchte von meinem Haus zum Flugplatz kommen‹; andererseits beginnen wir mit relativ primitiven Ausgangspunkten – den *Axiomen* – wie ›Das Auto ist in der Garage‹, ›Man geht nicht unangekleidet aus dem Haus‹, ›Um an einen Ort zu gelangen, sollte man sich im großen und ganzen in dessen Rich-

tung bewegen‹ usw. Damit das System funktioniert, entwickelt man ein heuristisches Suchverfahren, um das gewünschte Ziel zu ›beweisen‹ oder um eine Liste mit Handlungen zu erzeugen, mit denen man es erreicht.

Ich werde hier nicht noch einmal die Geschichte der Versuche, beide Ziele zusammenzubringen, Revue passieren lassen, sondern nur meinen Eindruck zusammenfassen: bei einfachen Fällen kann man solche Systeme ›zum Laufen‹ bringen, doch sobald wir uns der Realität nähern, werden die Hindernisse unüberwindlich. Das Problem, geeignete Axiome zu finden – das Problem, ›Tatsachen festzustellen‹, und zwar mit Hilfe immer korrekter logischer Annahmen –, ist sehr viel schwieriger, als man allgemein glaubt.

Formalisierung des erforderlichen Wissens. Gerade die Entwicklung einer Wissensbasis stellt ein großes intellektuelles Forschungsproblem dar. Ob das Ziel logisch ist oder nicht, wir wissen noch viel zu wenig über die Inhalte und die Struktur des Alltagswissens. Ein ›minimales‹ Common-sense-System muß etwas von Ursache-Wirkung, Zeit, Zweck, Lokalität, Prozessen und Arten des Wissens ›wissen‹. Wir brauchen ernsthafte erkenntnistheoretische Untersuchungen in diesem Bereich. Die Aufsätze von McCarthy (1969) und Sandewall (1970) sind Schritte in diese Richtung. Ich habe keinen einfachen Plan für dieses riesige Unternehmen; doch das Ausmaß der Aufgabe wird stark von den gewählten Repräsentationen abhängen, und ich meine, daß die ›Logik‹ bereits hier Schwierigkeiten haben wird.

Relevanz. Das Problem, aus einer ungeheuren Mannigfaltigkeit Relevantes herauszulesen, ist eine entscheidende Aufgabe! Eine moderne Erkenntnistheorie wird nicht den älteren ähneln! Computationale Begriffe sind notwendig und neu. Vielleicht hat der bessere Teil des Wissens keinen propositionalen, sondern einen interpropositionalen Charakter. Für jede ›Tatsache‹ werden Metatatsachen darüber gebraucht, wie sie verwendet werden und wann sie nicht verwendet werden sollten. In McCarthys ›Airport‹-Paradigma sehen wir verschiedene Wege, einige Interaktionen zwischen ›Situationen, Handlungen und kausalen Gesetzen‹ in einer begrenzten Mikrowelt von Dingen und Handlungen zu behandeln. Doch obwohl das System Deduktionen, die durch seine Axiome impliziert sind, machen kann, kann ihm nicht beigebracht werden, wann es solche Deduktionen machen soll und wann nicht.

Man möchte z. B. dem System mitteilen, ›die Straße nicht zu überqueren, wenn ein Auto kommt‹. Doch man kann nicht verlangen, daß das System ›beweise‹, daß kein Auto kommt, denn gewöhnlich gibt es keinen solchen Beweis. In PLANNER kann man zu beweisen *versuchen*, daß ein Auto kommt, und wenn der (begrenzte) Deduktionsversuch gelingt, kann man handeln. Dies kann nicht in einem rein logischen System geschehen. ›Sieh nach rechts, sieh nach links‹ ist eine erste Annäherung. Doch wenn man dem System die ganze Wahrheit über Geschwindigkeiten, unübersichtliche Einfahrten, die Wahrscheinlichkeit, daß ein Wagen um die Ecke gerast kommt usw. mitteilt, wird ein Beweis praktisch unmöglich. Wenn es in einem Physikbuch liest, daß intensive Felder die Lichtstrahlen stören, soll es dann befürchten, daß ein verrückter Wissenschaftler ein unsichtbares Auto gebaut hat? Wir müssen ›gewöhnlich‹ repräsentieren! Und endlich muß es die Balance zwischen Sterblichkeit und Ausführung verstehen, denn man kann nichts tun, wenn man vor Furcht gelähmt ist.

Monotizität. Selbst wenn wir Relevanzbeschränkungen formulieren, haben logische Systeme Probleme, sie zu gebrauchen. In jedem logischen System sind die Axiome notwendig ›permissiv‹ – sie alle helfen zu ermöglichen, daß neue Schlüsse gezogen werden. Jedes hinzugefügte Axiom bedeutet mehr Theoreme; keines kann verschwinden. Es gibt einfach keinen direkten Weg, durch die Eingabe neuer Information einem solchen System etwas über Schlußarten beizubringen, die *nicht* gezogen werden sollten! Um es einfach zu sagen: wenn wir genügend Axiome aufnehmen, um zu deduzieren, was wir benötigen, deduzieren wir viel zu einfach; wenn wir genügend Axiome aufnehmen, um zu deduzieren, was wir benötigen, deduzieren wir viel zu viele andere Dinge. Und wenn wir dies durch Hinzufügung von Relevanzaxiomen zu ändern versuchen, erzeugen wir immer noch all die unerwünschten Theoreme und zusätzlich ärgerliche Aussagen über deren Irrelevanz.

Da Logiker es nicht mit Systemen zu tun haben, die später vergrößert werden, können sie Axiome entwerfen, die nur die erwünschten Schlüsse erlauben. In der Entwicklung der Intelligenz ist die Situation anders. Man muß lernen, welche Merkmale der Situationen wichtig sind und welche Deduktionsarten nicht ernsthaft in Betracht gezogen werden sollten. Die gewöhnliche Reaktion auf das ›Lügnerparadoxon‹ ist, nach einer Weile zu lachen. Daraus ist zu schließen, daß nicht ein Axiom zurückzuweisen ist, sondern die Deduktion selbst! Dies führt zu einem anderen Punkt:

Prozedur-kontrollierendes Wissen. Die Trennung von Axiomen und Deduktion läßt es als unpraktisch erscheinen, klassifikatorisches Wissen über Propositionen aufzunehmen. Wir können auch kein Wissen über die Handhabung von Deduktionen aufnehmen. Ein paradigmatisches Problem besteht darin, Alltagsbegriffe von Annäherung oder Nähe zu axiomatisieren. Man möchte, daß Nähe transitiv ist:

(A nahe B) und (B nahe C) → (A nahe C).

Eine unbeschränkte Anwendung dieser Regel würde aber dazu führen, daß alles in der Nähe von allem anderen ist. Man kann technische Tricks versuchen, wie

(A nahe *1 B) und (B nahe *1 C) → (A nahe *2 C),

und beispielsweise nur fünf Grade von nahe *1, nahe *2, nahe *3 usw. zulassen. Man könnte analoge Quantitäten oder Parameter erfinden. Man kann jedoch (in einem logischen System) nicht plötzlich eine neue Art von ›Axiom‹ aufstellen, um die Anwendung der Transitivität nach z. B. dreimaligem aufeinanderfolgenden Gebrauch zu unterbinden, es sei denn, daß es eine ›gute Entschuldigung‹ dafür gibt. Ich beabsichtige nicht, eine bestimmte Lösung für die Transitivität der Nähe vorzuschlagen. (Meines Wissens hat niemand bisher einen brauchbaren Vorschlag dazu gemacht.) Was ich beklage ist, daß niemand diese Art prozeduraler Beschränkung wegen der Akzeptanz der Logik unbefangen erforscht hat.

Kombinatorische Probleme. Ich sehe keinen Grund, warum man erwarten sollte, daß diese Systeme von einer kombinatorischen Explosion verschont bleiben, wenn man ihnen eine reichere Wissensbasis gibt. Auch wenn wir von Zeit zu Zeit ermutigende Demonstrationen in Mikrowelten erleben, so begegnet man doch in der KI-Forschung allgemein höherstufigen Leistungen bei schwierigen Problemen, bei denen man gerade genug Informationen eingibt, um das Problem zu lösen; doch dies führt keineswegs häufig zu einer guten Leistung in umfassenderen Gebieten.

Konsistenz und Vollständigkeit. Ein menschlicher Denker überprüft Pläne und Zielangaben, während er arbeitet, indem er sein Wissen und seine Vorgehensweisen über deren Gebrauch revidiert. Man kann etwas davon in das theorembeweisende Programm selbst einbauen, um es bei der weiteren Introspektion zu gebrauchen – doch man möchte es eigentlich auch direkt, in natürlicher Weise in dem deklarativen Korpus repräsentieren. Warum versucht man dann aber, logische Systeme dabei zu verwenden? Ein stichhaltiger Grund ist, daß die Systeme eine attraktive einfache Eleganz haben: wenn sie funktionierten, wäre dies ausgezeichnet. Häufiger wird ein nicht überzeugender Grund angeboten. Man behauptet, solche Systeme hätten einen mathematischen Vorzug, denn sie seien

(1) vollständig – ›Alle wahren Behauptungen können bewiesen werden‹; und

(2) konsistent – ›Falsche Behauptungen können nicht bewiesen werden‹.

Man scheint oft nicht zu wissen, daß Vollständigkeit nichts Seltenes ist. Sie ist eine banale Konsequenz jedes erschöpfenden Suchverfahrens, und jedes System kann ›vervollständigt‹ werden, indem man ein anderes vollständiges System anfügt und die Rechenschritte miteinander verknüpft. Konsistenz ist verzwickter; sie verlangt von den Axiomen, daß sie keinen Widerspruch implizieren. Ich glaube jedoch nicht, daß Konsistenz notwendig oder sogar wünschenswert für ein sich entwickelndes intelligentes System ist. Niemand ist jemals vollständig konsistent. Wichtig ist, wie man Paradoxien oder Konflikte behandelt, wie man aus Fehlern lernt oder wie man sich von verdächtigen Inkonsistenzen abwendet.

Wegen dieses Mißverständnisses hat Gödels Unvollständigkeits-Theorem manche Albernheiten über eine angebliche Differenz zwischen Maschine und Mensch begünstigt. Niemand scheint seine mehr ›logische‹ Interpretation bemerkt zu haben: daß die Erzwingung von Konsistenz Einschränkungen hervorbringt. Natürlich wird es Unterschiede zwischen Menschen (die beweisbar inkonsistent sind) und Maschinen geben, denen die Konstrukteure Konsistenz eingebaut haben. Es ist jedoch keine inhärente Eigenschaft von Maschinen, nur mit konsistenten logischen Systemen programmierbar zu sein. All diese ›philosophischen‹ Diskussionen machen diese völlig unnötige Annahme! (Ich betrachte daher den jüngsten Beweis der Konsistenz der modernen Mengentheorie als Anzeichen dafür, daß Mengentheorie vermutlich für unsere Zwecke inadäquat ist – nicht als erneuten Beleg dafür, daß die Mengentheorie unbedenklich gebraucht werden kann.)

Ein berühmter Mathematiker, den man davor warnte, daß sein Beweis zu einem Paradox führen würde, wenn man einen logischen Schritt weiter ginge, entgegnete: »Ja, doch ich werde diesen Schritt nicht gehen!« Es war ihm völlig ernst. Ein großer Teil des gewöhnlichen (oder sogar mathematischen) Wissens ähnelt dem gefährlicher Berufe: Wann sind bestimmte Handlungen unklug? Wann sind bestimmte Annäherungen sicher? Wann führen verschiedene Messungen zu vernünftigen Abschätzungen? Welche selbstbezüglichen Behauptungen können zugelassen werden, wenn man sie nicht zu weit führt? Konzepte wie ›Nähe‹ sind zu wertvoll, um sie nur deshalb aufzugeben, weil niemand befriedigende Axiome für sie aufstellen kann. Fassen wir zusammen:

(1) ›Logisches‹ Schlußfolgern ist nicht flexibel genug, um als Grundlage des Denkens zu dienen: Ich ziehe es vor, es mir als eine Ansammlung heuristischer Methoden vorzustellen, die nur dann effektiv sind, wenn sie auf stark vereinfachte schematische Pläne angewandt werden. Die Konsistenz, die Logik absolut fordert, ist anders gewöhnlich nicht erreichbar – *und vermutlich auch nicht einmal wünschenswert*! –, da konsistente Systeme wahrscheinlich zu schwach sind.

(2) Ich bezweifle, daß die Repräsentation gewöhnlichen Wissens effektiv durchführbar ist, insbesondere in der Form vieler kleiner, unabhängiger wahrer Propositionen.

(3) Die Strategie der vollständigen Trennung spezifischen Wissens von allgemeinen Schlußregeln ist viel zu radikal. Wir benötigen direktere Wege, um Wissensfragmente zu verknüpfen, die Hinweise geben, *wie* sie gebraucht werden können.

(4) Man hat lange Zeit geglaubt, daß es entscheidend sei, alles Wissen in Form deklarativer Behauptungen einer Deduktion zugänglich zu machen. Dies scheint jedoch weniger dringlich, wenn wir Methoden lernen, um strukturale und prozedurale Beschreibungen zu manipulieren.

Ich will nicht den Gedanken nahelegen, daß das ›Denken‹ ohne so etwas wie ›Schlußfolgern‹ sehr weit kommen könnte. Wir brauchen (und gebrauchen) sicherlich so etwas wie syllogistische Deduktion. Ich erwarte jedoch, daß sich Mechanismen hierfür in jedem Fall aus Prozessen für die ›Anpassung‹ und ›Instantiierung‹ ergeben, die für andere Funktionen erforderlich sind. Die traditionelle formale Logik ist ein technisches Werkzeug, um entweder zu diskutieren, *was alles aus irgendwelchen Daten deduziert werden kann*, oder *ob eine bestimmte Konsequenz so deduziert werden kann*. Mit ihr kann jedoch keineswegs die Frage diskutiert werden, was unter gewöhnlichen Umständen deduziert werden *sollte*. Wie die abstrakte Theorie der Syntax kann auch die formale Logik nicht ohne eine starke prozedurale Semantik mit bedeutungsvollen Situationen umgehen.

Ich kann meiner Überzeugung nicht deutlich genug Ausdruck verleihen, daß die Besessenheit von Konsistenz, die so wertvoll für die mathematische Logik ist, ungeheuer destruktiv für die Arbeit an Modellen des Geistes gewesen ist. Auf der populären Ebene hat dies eine seltsame Vorstellung von den potentiellen Fähigkeiten von Maschinen im allgemeinen zur Folge gehabt. Auf der ›logischen‹ Ebene hat es Bestrebungen zur Repräsentation von Alltagswissen blockiert, indem es ein unerreichbares Ideal eines Grundstocks kontextfreier ›Wahrheiten‹ aufgestellt hat, das beinahe aus sich selbst heraus Gültigkeit hat. Und auf der Ebene der Modellierung des Intellekts hat es die fundamentale Erkenntnis blockiert, daß *das Denken zunächst mit anregenden, aber fehlerhaften Plänen und Bildern beginnt, die langsam (wenn überhaupt) ausgeklügelter und durch bessere ersetzt werden.*

Anmerkung

Original: »A framework for representing knowledge«. Das ursprüngliche Manuskript erschien als Memo 306 des Artificial Intelligence Laboratory am MIT. Die vorliegende Übersetzung folgt der gekürzten Fassung, die in John Haugeland (Hrg.), *Mind design*, Montgomery: Bradford Books 1981, 95-128 erschien. Die Numerierung der Paragraphen folgt dem Original, ist daher nicht durchlaufend. Übersetzt von Dieter Münch.

Literatur

Abelson, R.P. (1973), »The structure of belief systems«; in: Schank/Colby (1973).

Bartlett, F.C. (1932), *Remembering: A study in experimental and social psychology*, Cambridge: Cambridge University Press (überarbeitete Neuausgabe 1961).

Charniak, E. (1972), *Toward a model of children's story comprehension.* Unveröffentlichte Dissertation des MIT sowie AI Lab Tech Report 266.

Chomsky, Noam (1964), *Syntactic structures*, Den Haag: Mouton.

Goldstein, Ira (1974), *Understanding simple picture programs.* Unveröffentlichte PhD-Dissertation MIT und AI Lab Tech Report 294.

Kuhn, Thomas (1962), *The structure of scientific revolutions*, Chicago: Chicago University Press; deutsch: *Die Struktur wissenschaftlicher Revolutionen*, Frankfurt: Suhrkamp 1967.

Lavoisier, A. (1949), *Elements of chemistry*, Chicago: Regnery.

Martin, W. (1974), *Memos on the OWL system*, Cambridge, MA: Project MAC, MIT.

Meltzer, A. W./D. Mitchie (Hrg.) (1970), *Machine intelligence* Bd. 5, Edinburgh: Edinburgh University Press.

Minsky, Marvin (1970), »Form and content in computer science«, *Journal of the Association for Computing Machinery* 17, 197-215.

Minsky, Marvin/Seymour Papert (1972), *Progress report on artificial intelligence*, Cambridge, MA: MIT AI Lab Memo 252.

Newell, Allen (1973), »Artificial intelligence and the concept of mind«, in: Schank/Colby (1973).

Newell, Allen/Herbert Simon (1972), *Human problem solving*, Englewood Cliffs, NJ: Prentice-Hall.

Norman, Donald (1973), »Memory, knowledge and the answering of questions«, in: Solso (1973).

Papert, Seymour (1972), »Teaching children to be mathematicians vs. teaching about mathematics«, *International Journal of Mathematical Education for Science and Technology* 3, 249-262.

Sandewall, E. (1970), »Representing natural language information in predicate calculus«, in: Meltzer/Mitchie (1970).

Schank, Roger (1973), *The fourteen primitive actions and their inferences*, Stanford, CA: Stanford AI Lab Memo 183.

Schank, Roger/Kenneth Colby (Hrg.) (1973), *Computer models of thought and language*, San Francisco, CA: Freeman.

Simmons, R. F. (1973), »Semantic networks: Their computation and use for understanding english sentences«, in: Schank/Colby (1973).

Solso, R. L. (Hrg.) (1973), *Contemporary issues in cognitive psychology: The Loyola Symposium*, Washington, DC: Winston & Sons.

Sussman, Gerald J. (1973), *A computational model of skill acquisition*, New York, NY: American Elsevier 1975.

Sussman, Gerald J./Drew McDermott (1972), »From PLANNER to CONNIVER – A genetic approach (or: why conniving is better than planning)«, AFIPS *Conference Proceedings* 41, 1171-1180.

Wertheimer, Max (1945), *Produktives Denken*, Frankfurt: Kramer [2]1964.

Wilks, Yorich (1973), »An artificial intelligence approach to machine translation«, in: Schank/Colby (1973), 114-151.
Winograd, Terry (1974), *Five lectures on artificial intelligence*, Stanford, CA: Stanford AI Lab Memo 246.

Jerry A. Fodor
Einzelwissenschaften
Oder: Eine Alternative zur Einheitswissenschaft als Arbeitshypothese

Eine typische These der positivistischen Wissenschaftsphilosophie lautet, daß mit der Zeit alle wahren Theorien der Einzelwissenschaften auf physikalische Theorien reduzierbar seien. Dies soll eine empirische These sein; sie beruft sich u. a. auf wissenschaftliche Erfolge wie die Molekulartheorie der Wärme und die physikalische Erklärung der chemischen Verbindungen. Die Beliebtheit dieses reduktionistischen Programms bei Philosophen kann durch solche Erfolge allein jedoch nicht erklärt werden. In der Entwicklung der Wissenschaft läßt sich die Entstehung neuer Einzelwissenschaften mindestens ebensogut nachweisen wie ihre Reduktion auf die Physik. Der weitverbreitete Enthusiasmus für die Reduktionsthese kann daher schwerlich allein aus den frühen Erfolgen hergeleitet werden.

Ich habe den Eindruck, daß viele Philosophen den Reduktionismus hauptsächlich deshalb billigen, weil sie die Allgemeinheit der Physik gegenüber den Einzelwissenschaften unterstützen wollen, also grob gesagt die Ansicht, daß alle Ereignisse, die unter die Gesetze irgendeiner Wissenschaft fallen, physikalische Ereignisse sind und daher unter die Gesetze der Physik fallen.[1] Denn wenn diese Philosophen sagen, daß die Physik die Grundwissenschaft sei und daß die Theorien der Einzelwissenschaften auf physikalische Theorien reduziert werden müssen, dann scheinen sie dasselbe in zweierlei Weise auszudrücken, so daß die letztgenannte Lehre eine Standardform der erstgenannten geworden ist.

Ich werde im folgenden zu zeigen versuchen, daß diese Gleichsetzung auf einer erstaunlichen Unklarheit beruht. Was traditionell ›Einheitswissenschaft‹ genannt wurde, ist eine noch stärkere und noch unplausiblere These als die der Allgemeinheit der Physik. Wenn dies wahr ist, ist es wichtig. Obwohl der Reduktionismus eine empirische Lehre ist, soll er eine regulative Funktion in der wissenschaftlichen Praxis haben. Die Reduzierbarkeit auf die Physik wird als eine Bedingung für die Akzeptierbarkeit von

Theorien der Einzelwissenschaften verstanden. Dies führt aber zu der absurden Konsequenz, daß die Weiterentwicklung der Einzelwissenschaften zu ihrem Verschwinden führen soll. Methodologische Probleme, insbesondere der Psychologie, stellen sich dann in folgender Weise: die Annahme, daß der Gegenstandsbereich der Psychologie zum Gegenstandsbereich der Physik gehört, versteht man so, als implizierten psychologische Theorien notwendig ihre Reduzierbarkeit auf physikalische Theorien; dieses letzte Prinzip führt jedoch zu Problemen. Ich möchte diese Probleme vermeiden, indem ich die Schlußfolgerung angreife.

I

Unter Reduktionismus versteht man die Annahme, daß alle Einzelwissenschaften auf die Physik reduzierbar seien. Der Sinn des Ausdrucks ›reduzieren auf‹ ist jedoch festgelegt. Er kann in folgender Weise charakterisiert werden[2]:

(1) $S_1x \rightarrow S_2y$

sei ein Gesetz der Einzelwissenschaft S. (1) soll ungefähr folgendermaßen gelesen werden: ›alle S_1 Situationen führen zu S_2 Situationen‹. Ich nehme an, daß eine Wissenschaft in hohem Maße durch Bezugnahme auf ihre typischen Prädikate bestimmt wird; wenn also S eine Einzelwissenschaft ist, sind ›S_1‹ und ›S_2‹ keine Prädikate der Grundlagenphysik. Ich nehme ferner an, daß der Ausdruck ›alle‹, mit dem die Gesetze der Einzelwissenschaften quantifiziert werden, nicht im strengen Sinne verstanden wird; es ist für solche Gesetze typisch, daß sie *nicht* ausnahmslos gelten. Auf diesen Punkt werde ich ausführlich zu sprechen kommen. – Eine notwendige und hinreichende Bedingung für die Reduktion von S auf die Physik ist, daß alle ihre Gesetze in der folgenden Weise reduzierbar sind[3]:

(2a) $S_1x \rightleftharpoons P_1x$

(2b) $S_2y \rightleftharpoons P_2y$

(3) $P_1x \rightarrow P_2y$.

›P_1‹ und ›P_2‹ sollen Prädikate der Physik und (3) soll ein physikalisches Gesetz sein. Formeln wie (2) werden oft ›Brückengesetze‹ genannt. Ihre Eigentümlichkeit besteht darin, daß sie sowohl Prädikate der reduzierten wie der reduzierenden Wissenschaft enthalten. Brückengesetze wie (2) stehen so ›eigentlichen‹ Gesetzen wie (1) und (3) gegenüber. Nach diesen Bemerkungen können wir festhalten, daß es für die Reduktion einer Wissenschaft erforderlich ist, daß eine beliebige Formel, die als Antezedenz oder als Konsequenz eines ihrer eigentlichen Gesetze auftritt, als reduzierte Formel in irgendeinem Brückengesetz erscheinen muß.[4]

Wenden wir uns nun dem Junktor ›→‹ zu. Erstens, es ist allgemein anerkannt, daß dieser Junktor transitiv sein muß, welche weiteren Eigenschaften er auch immer haben mag. Dies ist von Bedeutung, da man gewöhnlich davon ausgeht, daß sich die Reduktion bestimmter Einzelwissenschaften über Brückengesetze vollzieht, die deren Prädikate mit denen dazwischenliegender reduzierender Theorien verbindet. So nimmt man etwa an, daß die Psychologie auf die Physik z. B. über die Neurologie, die Biochemie und andere Stationen reduziert werden könne. Der Punkt ist nun, daß dies keinen Unterschied für die Logik der Situation macht, solange von der Transitivität des ›→‹ ausgegangen wird. Brückengesetze, die die Prädikate von S mit denen von S* verbinden, werden die Auflagen für die Reduktion von S auf die Physik solange erfüllen, wie es andere Brückengesetze gibt, die direkt oder indirekt die Prädikate von S* mit physikalischen Prädikaten verbinden.

Es gibt jedoch ziemlich ernste offene Fragen zur Interpretation von ›→‹ in Brückengesetzen. Es geht bei diesen Fragen darum, in welcher Hinsicht der Reduktionismus als eine physikalistische These zu verstehen ist.

Wenn wir, um damit zu beginnen, in eigentlichen Gesetzen das Zeichen ›→‹ als ›führt zu‹ oder ›verursacht‹ verstehen, dann brauchen wir irgendeinen anderen Junktor für Brückengesetze; denn Zu-etwas-Führen und Verursachen sind vermutlich asymmetrisch, während Brückengesetze symmetrische Beziehungen ausdrücken. Wenn darüber hinaus ›→‹ in Brückengesetzen als irgendeine andere Relation als die der Identität interpretiert wird, dann wird die Wahrheit des Reduktionismus nur die Wahrheit einer schwachen Version des Physikalismus garantieren, und dies genügt nicht, um das zugrundeliegende ontologische Vorurteil des reduktionistischen Programms auszudrücken.

Wenn Brückengesetze keine Identitätsaussagen sind, dann besagen Formeln wie (2) allenfalls, daß nach dem Gesetz die Tatsachen, daß x ein P-Prädikat erfüllt und daß x ein S-Prädikat erfüllt, kausal aufeinander bezogen sind. Daraus folgt, daß es nomologisch notwendig ist, daß S- und P-Prädikate auf dieselben Gegenstände anwendbar sind (d. h., daß S-Prädikate auf eine Untermenge der Gegenstände anwendbar sind, auf die P-Prädikate anwendbar sind). Dies ist aber natürlich mit einer nichtphysikalistischen Ontologie vereinbar, da es mit der Möglichkeit vereinbar ist, daß xs Erfüllung von S nicht selbst ein physikalisches Ereignis *ist*. In dieser Interpretation garantiert die Wahrheit des Reduktionismus *nicht* die Allgemeinheit der Physik gegenüber den Einzelwissenschaften, da es einige Ereignisse (Erfüllungen von S-Prädikaten) gibt, die in den Bereich der Einzelwissenschaft (S), jedoch nicht in den Bereich der Physik fallen. (Es ist z.B. eine Lehre denkbar, nach der man von physikalischen und psychologischen Prädikaten annimmt, daß sie beide auf Organismen anwendbar seien, in der es jedoch bestritten wird, daß das Ereignis, das darin besteht, daß ein Organismus ein psychologisches Prädikat erfüllt, in irgendeinem Sinn ein physikalisches Ereignis ist. Das Ergebnis wäre eine Art psychophysischer Dualismus nichtcartesianischer Art, eher ein Dualismus von Ereignissen und/oder Eigenschaften als von Substanzen.)

Ausgehend von solchen Überlegungen waren viele Philosophen der Auffassung, daß Brückengesetze wie (2) als Ausdruck kontingenter Ereignisidentität verstanden werden sollten. Man würde in einer solchen Auffassung (2a) lesen als: ›Jedes Ereignis, das in xs Erfüllung von S_1 besteht, ist identisch mit einem Ereignis, das in xs Erfüllung von P_1 besteht und umgekehrt‹. In dieser Lesart würde aus der Wahrheit des Reduktionismus folgen, daß jedes Ereignis, das unter irgendein wissenschaftliches Gesetz fällt, ein physikalisches Ereignis ist und dadurch gleichzeitig das ontologische Vorurteil des Reduktionismus ausgedrückt und die Allgemeinheit der Physik gegenüber den Einzelwissenschaften garantiert werden.

Wenn die Brückengesetze Ereignisidentitäten ausdrücken und wenn jedes Ereignis, das unter ein eigentliches Gesetz einer Einzelwissenschaft fällt, unter ein Brückengesetz fällt, erhalten wir die Wahrheit einer Lehre, die ich ›Token-Physikalismus‹ nennen werde. Der Token-Physikalismus besteht einfach in der Behauptung, daß alle Ereignisse, über die Wissenschaften sprechen, physikalische Ereignisse sind. Dreierlei ist zum Token-Physikalismus zu bemerken.

Erstens: Er ist schwächer als die Auffassung, die man normalerweise als ›Materialismus‹ bezeichnet. Der Materialismus behauptet sowohl, daß der Token-Physikalismus wahr ist, *als auch*, daß jedes Ereignis unter Gesetze der einen oder anderen Wissenschaft fällt. Man kann daher ein Token-Physikalist sein, ohne ein Materialist zu sein, obwohl ich nicht sehe, warum das irgendwen interessieren sollte.

Zweitens: Der Token-Physikalismus ist schwächer als die Lehre, die man als ›Typ-Physikalismus‹ bezeichnen kann. Diese Lehre besteht grob gesagt darin, daß jede *Eigenschaft*, die in den Gesetzen irgendeiner Wissenschaft erwähnt wird, eine physikalische Eigenschaft ist. Der Token-Physikalismus beinhaltet nicht den Typ-Physikalismus, da die kontingente Identität eines Ereignispaares vermutlich nicht die Identität der Eigenschaften garantiert, deren Instantiierung die Ereignisse konstituiert, selbst dann nicht, wenn die Ereignisidentität nomologisch notwendig ist. Wenn andererseits jedes Ereignis die Instantiierung einer Eigenschaft ist, dann beinhaltet der Typ-Physikalismus den Token-Physikalismus: zwei Ereignisse werden identisch sein, wenn sie in der Instantiierung derselben Eigenschaft durch dasselbe Einzelding zur selben Zeit bestehen.

Drittens: Der Token-Physikalismus ist schwächer als der Reduktionismus. Da dieser Punkt in gewissem Sinne die Beweislast des folgenden Arguments bildet, werde ich ihn hier nicht weiter ausarbeiten. In erster Annäherung aber ist der Reduktionismus die Verbindung des Token-Physikalismus mit der Annahme, daß es Natürliche-Art-Prädikate in einer ideal vervollständigten Physik gibt, die den Natürliche-Art-Prädikaten in allen ideal vervollständigten Einzelwissenschaften entsprechen. Eines meiner Ergebnisse wird lauten, daß die Wahrheit des Reduktionismus nicht aus der Annahme gefolgert werden kann, daß der Token-Physikalismus wahr ist. Der Reduktionismus ist eine hinreichende, aber keine notwendige Bedingung für den Token-Physikalismus.

Ich werde im folgenden eine Lesart des Reduktionismus übernehmen, die den Token-Physikalismus beinhaltet. Brückengesetze behaupten demnach nomologisch notwendige kontingente Ereignisidentitäten. Eine Reduktion der Psychologie auf die Neurologie würde beinhalten, daß jedes Ereignis, das in der Instantiierung einer psychologischen Eigenschaft besteht, identisch ist mit irgendeinem Ereignis, das in der Instantiierung einer bestimmten neuronalen Eigenschaft besteht.

Wir haben folgenden Punkt zu erreichen: der Reduktionismus beinhaltet die Allgemeinheit der Physik zumindest in dem Sinne, daß irgendein Ereignis, das in den Gegenstandsbereich einer Einzelwissenschaft fällt, auch in den Gegenstandsbereich der Physik fällt. Darüber hinaus wird jede Voraussage, die aus den Gesetzen einer Einzelwissenschaft und einer Aussage über Anfangsbedingungen folgt, auch aus einer Theorie folgen, die aus der Physik und den Brückengesetzen sowie der Aussage über Anfangsbedingungen besteht. Da schließlich ›reduzieren auf‹ als eine asymmetrische Beziehung gilt, wird es sich auch herausstellen, daß die Physik die Grundwissenschaft ist. Das heißt, wenn der Reduktionismus wahr ist, dann ist die Physik die einzige Wissenschaft, die im eben erläuterten Sinne allgemein ist. Ich möchte nun zeigen, daß der Reduktionismus eine zu starke Auflage für die Einheitswissenschaft ist, daß aber die bedeutend schwächere Lehre die erwünschten Konsequenzen des Reduktionsmus beibehält: den Token-Physikalismus, die Allgemeinheit der Physik und ihre grundlegende Stellung unter den Wissenschaften.

II

Jede Wissenschaft impliziert eine Taxonomie der Ereignisse ihres Gegenstandsbereichs. Insbesondere verwendet jede Wissenschaft ein deskriptives Vokabular an theoretischen Prädikaten und an Beobachtungsprädikaten, und zwar dergestalt, daß Ereignisse unter die Gesetze der Wissenschaft kraft der Tatsache fallen, daß sie diese Prädikate erfüllen. Offensichtlich ist nicht jede wahre Beschreibung eines Ereignisses eine Beschreibung in solch einem Vokabular. Es gibt z.B. eine große Anzahl von Ereignissen, die aus Dingen bestehen, die weniger als drei Kilometer vom Eiffelturm entfernt sind. Ich gehe jedoch davon aus, daß es keine Wissenschaft gibt, zu derem deskriptiven Vokabular das Prädikat ›weniger als drei Kilometer vom Eiffelturm entfernt sein‹ gehört. Entsprechend gehe ich davon aus, daß es kein Naturgesetz gibt, das deshalb auf Ereignisse anwendbar wäre, weil sie Instantiierungen der Eigenschaft *weniger als drei Kilometer vom Eiffelturm entfernt sein* sind (obwohl ich es für denkbar halte, daß es ein Gesetz gibt, das auf Ereignisse anwendbar ist, die Instantiierungen einer anderen, aber koextensiven Eigenschaft sind). Um das Ganze abzukürzen, werde ich sagen, daß die Eigenschaft *weniger als . . .* keine *natürliche Art* bestimmt, und daß Prädikate, die diese Eigenschaft ausdrücken, keine Natürliche-Art-Prädikate sind.

Wenn ich wüßte, was ein Gesetz ist, und wenn ich meinte, daß wissenschaftliche Theorien einfach aus einem Korpus von Gesetzen bestünden, dann könnte ich sagen, daß P dann und nur dann ein Natürliche-Art-Prädikat relativ zu S ist, wenn S eigentliche Gesetze der Form ›$P_x \rightarrow a_x$‹ oder ›$a_x \rightarrow P_x$‹ enthält. Grob gesagt, die Natürliche-Art-Prädikate einer Wissenschaft sind diejenigen Prädikate, deren Terme die gebundenen Variablen in den eigentlichen Gesetzen dieser Wissenschaft sind. Ich neige dazu, dies auch in meinem gegenwärtigen Zustand der Unwissenheit zu sagen, wobei ich die Konsequenz akzeptiere, daß ich dadurch den dunklen Begriff einer natürlichen Art von den ebenfalls dunklen Begriffen *Gesetz* und *Theorie* gefährlich abhängig mache. Es gibt hier keinen festen Halt. Wenn wir uneins darüber sind, was eine natürliche Art ist, dann werden wir wahrscheinlich auch uneins darüber sein, was ein Gesetz ist, und zwar aus demselben Grund. Ich weiß nicht, wie man diesen Zirkel durchbrechen kann; ich meine jedoch, daß man Interessantes darüber sagen kann, in welchem Zirkel wir uns befinden.

Wir können z. B. nun die Hinsicht charakterisieren, in der der Reduktionismus ein zu enges Konzept von der Lehre der Einheitswissenschaft ist. Wenn der Reduktionismus wahr ist, dann ist *jede* natürliche Art eine physikalische natürliche Art oder mit ihr koextensiv. (Jede natürliche Art *ist* eine physikalische natürliche Art, wenn Brückengesetze Eigenschaftsidentitäten ausdrükken, und jede natürliche Art ist koextensiv mit einer physikalischen natürlichen Art, wenn Brückengesetze Ereignisidentitäten ausdrücken.) Dies folgt direkt aus der reduktionistischen Prämisse, daß jedes Prädikat, das als Antezedenz oder als Konsequenz eines Gesetzes der Einzelwissenschaften erscheint, auch als eins der reduzierten Prädikate in einem Brückengesetz erscheinen muß, und zwar zusammen mit der Annahme, daß die Natürliche-Art-Prädikate diejenigen sind, deren Terme die gebundenen Variablen in den eigentlichen Gesetzen sind. Wenn, kurz gesagt, ein physikalisches Gesetz auf jedes Gesetz einer Einzelwissenschaft in der Weise bezogen ist, wie (3) auf (1) bezogen ist, dann ist jedes Natürliche-Art-Prädikat einer Einzelwissenschaft auf ein Natürliche-Art-Prädikat der Physik in der Weise bezogen, in der sich (2) ›S_1‹ und ›S_2‹ auf ›P_1‹ und ›P_2‹ bezieht.

Ich möchte nun einige Gründe zu bedenken geben, warum diese Konsequenz des Reduktionismus unhaltbar ist. Ich meine nicht, daß diese Gründe zwingend sind; sie können dies nicht sein, wenn man zugesteht, daß die Frage, ob der Reduktionismus zu stark ist, letztlich eine empirische Frage ist. (Es könnte sich herausstellen, daß jede natürliche Art einer physikalischen natürlichen Art entspricht, genauso wie es sich herausstellen könnte, daß die Eigenschaft *weniger als drei Kilometer vom Eiffelturm entfernt sein* eine natürliche Art bestimmt, etwa in der Hydrodynamik. So wie die Dinge stehen, ist es allerdings sehr unwahrscheinlich, daß die Welt so beschaffen ist.)

Die These, daß jede natürliche Art einer physikalischen natürlichen Art entspricht, ist aus folgenden Gründen unwahrscheinlich: (a) es können oft interessante Verallgemeinerungen (z.B. kontrafaktische Aussagen stützende Verallgemeinerungen) über Ereignisse gemacht werden, deren physikalische Beschreibungen nichts gemeinsam haben; (b) oft ist es vollkommen irrelevant, ob die physikalischen Beschreibungen der Ereignisse, die unter diese Verallgemeinerungen subsumiert werden, irgend etwas gemeinsam haben – irrelevant offensichtlich für die Wahrheit der Verallgemeinerung oder ihre Interessantheit oder den Grad der Bestätigung oder überhaupt für irgendeine ihrer epistemologisch wichtigen Eigenschaften; (c) die Einzelwissenschaften befassen sich weitgehend mit der Aufstellung von Verallgemeinerungen dieser Art.

Ich gehe davon aus, daß diese Bemerkungen völlig klar sind; sie springen ins Auge, sobald man sich zu dem (anscheinend radikalen) Schritt überwindet, die Einzelwissenschaften überhaupt ernst zu nehmen. Nehmen wir z.B. einmal an, daß das Greshamsche ›Gesetz‹ tatsächlich wahr ist. (Wenn jemand Greshams Gesetz nicht mag, wird irgendeine wahre Verallgemeinerung einer denkbaren zukünftigen Ökonomie denselben Zweck erfüllen.) Das Greshamsche Gesetz sagt etwas darüber aus, was unter bestimmten Bedingungen im Zahlungsverkehr eintreten wird. Ich bin bereit anzunehmen, daß die Physik allgemein in dem Sinne ist, daß *sie impliziert, daß irgendein Ereignis, das aus einem Zahlungsverkehr besteht* (also irgendein Ereignis, das unter das Greshamsche Gesetz fällt), *eine wahre Beschreibung im Vokabular der Physik hat, kraft derer es unter die Gesetze der Physik fällt.* Einfache Überlegungen legen jedoch nahe, daß eine Beschreibung, die alle derartigen Ereignisse umfaßt, eine wildwuchernde Disjunktion sein müßte. Der eine Zahlungsverkehr involviert Muschelketten; ein anderer Dollarnoten; und wieder ein anderer die Unterschrift unter einem Scheck. Wie hoch sind die Chancen, daß eine Disjunktion physikalischer Prädikate, die alle diese Ereignisse umfaßt (d. h. ein disjunktes Prädikat, das die rechte Seite eines Brükkengesetzes bilden kann, das die Form hat ›x ist ein Zahlungsverkehr $\rightleftharpoons$ ...‹), eine physikalische natürliche Art ausdrückt? Wie hoch sind insbesondere die Chancen, daß solch ein Prädikat das Antezedens oder die Konsequenz eines eigentlichen Gesetzes der Physik bildet? Der Punkt ist, daß verschiedene Zahlungsverkehre interessante Gemeinsamkeiten haben; wenn das Greshamsche Gesetz wahr ist, dann drückt es eine dieser interessanten Gemeinsamkeiten aus. Was jedoch an verschiedenen Zahlungsverkehren interessant ist, ist sicherlich nicht ihre Verbundenheit unter einer *physikalischen* Beschreibung. Eine natürliche Art wie ein Zahlungsverkehr *könnte* sich als koextensiv mit einer physikalischen natürlichen Art herausstellen; doch wenn dies so wäre, dann wäre dies ein Zufall kosmischen Ausmaßes.

Tatsächlich ist die Lage für den Reduktionismus noch weit schlechter als die Diskussion bisher vermuten läßt. Denn der Reduktionismus behauptet nicht nur, daß alle natürlichen Arten koextensiv mit physikalischen natürlichen Arten sind, sondern daß die Koextensionen nomologisch notwendig seien: Brückengesetze sind *Gesetze*. Wenn also das Greshamsche Gesetz wahr ist, dann folgt daraus, daß es ein (Brücken-) Naturgesetz gibt, so daß ›x ist ein Zahlungsverkehr $\rightleftharpoons$ x ist P‹ gilt, wobei P ein Ausdruck für eine physikalische natürliche Art ist. Aber sicherlich gibt es kein solches Gesetz. Denn wenn es ein solches Gesetz gäbe, dann müßte P nicht nur all die Systeme des Zahlungsverkehrs umfassen, die es tatsächlich gibt, sondern auch all die Systeme des Zahlungsverkehrs, die es geben *könnte*; ein Gesetz muß auch mit kontrafaktischen Situationen fertig werden. Welches physikalische Prädikat aber ist ein Kandidat für ›P‹ in ›x ist dann und nur dann ein nomologisch möglicher Zahlungsverkehr, wenn P_x‹?

Fassen wir zusammen: ein unsterblicher Ökono-Physiker könnte, wenn alles hier vorbei ist, ein Prädikat in der Physik finden, das, als nackte Tatsache, koextensiv mit ›ist ein Zahlungsverkehr‹ war. Wenn die Physik allgemein wäre – wenn das ontologische Vorurteil des Reduktionismus wahr wäre –, dann müßte es ein solches Prädikat geben. Aber (a), um eine Bemerkung von Donald Davidson aus einem etwas anderen Kontext aufzugreifen, nur eine nackte Aufzählung könnte uns von dieser nackten Koextensivität überzeugen, und (b) scheint es überhaupt keine Chance zu geben, daß das physikalische Prädikat, das bei der Behauptung der Koextensivität verwendet wird, ein Ausdruck einer natürlichen Art ist. Schließlich gibt es (c) noch eine viel geringere Chance dafür, daß die Koextension gesetzesartig wäre (das heißt, daß sie nicht nur für die nomologisch mögliche Welt zuträfe, die sich als die wirkliche herausstellt, sondern für irgendeine nomologisch mögliche Welt überhaupt).[5]

Ich nehme an, daß die vorangegangene Diskussion den Gedanken eindringlich nahelegt, daß die Ökonomie nicht auf die Physik reduzierbar ist, nicht in dem Sinne reduzierbar, der mit der Forderung einer Einheitswissenschaft verknüpft ist. Ich befürchte, daß in dieser Hinsicht die Ökonomie nichts Besonderes ist; die Gründe, warum sich die Ökonomie wahrscheinlich nicht auf die Physik reduzieren läßt, werden von denen übernommen, die die Reduzierbarkeit der Psychologie auf die Neurologie für unwahrscheinlich halten.

Wenn die Psychologie auf die Neurologie reduzierbar ist, dann gibt es für jedes psychologische Natürliche-Art-Prädikat ein koextensives neurologisches Natürliche-Art-Prädikat, und die diese Koextension behauptende Verallgemeinerung ist ein Gesetz. Natürlich glauben viele Psychologen an so etwas. Es gibt an Universitäten in der ganzen Welt Institute für ›Psycho-Biologie‹ oder ›Psychologie und Hirnwissenschaft‹, deren bloße Existenz eine institutionalisierte Wette ist, daß solche gesetzesartigen Koextensionen gefunden werden können. Wie in jüngsten Diskussionen zum Materialismus des öfteren bemerkt wurde, gibt es jedoch gute Gründe, dieser Wette auszuweichen. Gesicherte Daten gibt es lediglich für äußerst grobe Übereinstimmungen zwischen Typen psychischer Zustände und Typen neuronaler Zustände; es ist durchaus möglich, daß das Nervensystem höherer Organismen ein gegebenes psychisches Ziel normalerweise mit ganz unterschiedlichen neuronalen Mitteln erreicht.[6] Wenn dies so ist, dann ist der Versuch, neuronale Strukturen mit psychischen Funktionen zu paaren, von vornherein zum Scheitern verurteilt. Physiologische Psychologen vom Format eines Karl Lashley haben genau diese Ansicht vertreten.

Der Punkt ist nun, daß das reduktionistische Programm in der Psychologie in keinem Fall mit ontologischen Gründen verteidigt werden kann. Selbst wenn (Token-) psychische Ereignisse (Token-) neuronale Ereignisse sind, folgt daraus nicht, daß die Natürliche-Art-Prädikate der Psychologie koextensiv mit den Natürliche-Art-Prädikaten irgendeiner anderen Disziplin (einschließlich der Physik) sind. Das heißt, die Annahme, daß jedes psychische Ereignis ein physikalisches Ereignis sei, garantiert nicht, daß die Physik (oder *a fortiori* irgendeine Disziplin, die allgemeiner als die Psychologie ist) ein geeignetes Vokabular für psychologische Theorien bereitstellen kann. Ich hebe diesen Punkt hervor, weil ich davon überzeugt bin, daß die Festlegung vieler Psychologen auf ein Alles oder Nichts hinsichtlich des reduktionistischen Programms davon herrührt, daß sie dieses Programm mit dem des (Token-) Physikalismus durcheinanderbringen.

Ich habe eben in Frage gestellt, daß es neurologische natürliche Arten gibt, die koextensiv mit psychologischen natürlichen Arten sind. Noch klarer scheint es, daß sie auch dann nicht gesetzesartig sein können, wenn es solch eine Koextension dennoch gäbe. Denn es scheint immer wahrscheinlicher zu werden, daß es nomologisch mögliche Systeme gibt, die keine Organismen (nämlich Automaten) sind, die Natürliche-Art-Prädikate in der Psychologie erfüllen, aber überhaupt keine neurologischen Prädikate. Wenn es nun, wie Putnam herausgestellt hat, solche Systeme gibt, dann gibt es wahrscheinlich eine riesige Anzahl von ihnen, denn äquivalente Automaten können praktisch aus jedem beliebigen Stoff hergestellt werden. Wenn diese Beobachtung richtig ist, dann kann man nicht ernsthaft hoffen, daß die Klasse der Automaten, deren Psychologie tatsächlich mit der bestimmter Organismen identisch ist, durch *physikalische* Natürliche-Art-Prädikate beschrieben werden kann (obwohl natürlich, wenn der Token-Physikalismus wahr ist, diese Klasse durch bestimmte physikalische oder andere Prädikate angegeben werden kann). Das Ergebnis lautet, daß die klassische Formulierung der Einheitswissenschaft dem Erfolg der Computersimulation preisgegeben ist. Das heißt natürlich nichts anderes, als daß die Formulierung zu streng war. Die Einheitswissenschaft war als eine empirische Hypothese intendiert, die durch mögliche wissenschaftliche Befunde widerlegbar ist. Niemand dachte jedoch daran, daß sie durch Newell, Shaw und Simon widerlegt werden sollte.

Ich habe bisher zu zeigen versucht, daß der psychologische Reduktionismus (die Lehre, daß jede psychologische natürliche Art eine neurologische natürliche Art ist bzw. koextensiv mit ihr ist) weder äquivalent mit dem Token-Physikalismus ist (der Lehre, daß jedes psychische Ereignis ein neuronales Ereignis ist) noch aus ihm abgeleitet werden kann. Man kann jedoch entgegnen, daß man die Lehren genausogut als äquivalent ansehen kann, da der einzig mögliche *Beleg* für den Token-Physikalismus auch ein Beleg für den Reduktionismus wäre, nämlich die Entdeckung von psychophysischen Typ-zu-Typ-Entsprechungen.

Betrachtet man dieses Argument jedoch etwas genauer, dann zeigt sich, daß es nicht stichhaltig ist. Wenn eine psychophysische Typ-zu-Typ-Entsprechung ein Beleg für den Token-Physikalismus wäre, dann wären Entsprechungen anderer spezifizierbarer Arten auch Belege.

Typ-zu-Typ-Entsprechungen liegen vor, wenn es für jedes *n*-Tupel von Ereignissen, die zur selben psychologischen Art gehören, ein entsprechendes *n*-Tupel von Ereignissen gibt, die zur selben neurologischen Art gehören.[7] Man stelle sich eine Welt vor, in der solche Entsprechungen *nicht* vorkommen. Statt dessen stelle sich heraus, daß es für jedes *n*-Tupel typidentischer psychischer Ereignisse ein raum-zeitlich entsprechendes *n*-Tupel von typverschiedenen neuronalen Ereignissen gibt. Das heißt, jedem psychischen Ereignis stehe das eine oder andere neuronale Ereignis gegenüber, wobei jedoch psychische Ereignisse *derselben* Art mit neuronalen Ereignissen *unterschiedlicher* Art paarweise vorkommen können. Ich will darauf hinaus, daß solche Paarungen den Token-Physikalismus genauso stützen würden wie Typ-zu-Typ-Entsprechungen, *solange wir nachweisen können, daß die typverschiedenen neuronalen Ereignisse, die mit einer bestimmten Art eines psychischen Ereignisses gepaart sind, in bezug auf alle Eigenschaften identisch sind, die für die Typ-Identifikation in der Psychologie relevant sind.* Zur Verdeutlichung nehme man an, daß der Typ psychischer Ereignisse durch Bezug auf verhaltensmäßige Konsequenzen identifiziert werde.[8] In diesem Fall wird von allen neuronalen Ereignissen, die einer Klasse typgleicher psychischer Ereignisse gegenübergestellt werden, lediglich gefordert, daß sie in bezug auf ihre Verhaltenskonsequenzen identisch sind. Kurz gesagt, typidentische Ereignisse haben selbstverständlich nicht *alle* Eigenschaften gemeinsam, und typverschiedene Eigenschaften müssen gleichwohl in *irgendwelchen* Eigenschaften identisch sein. Die empirische Bestätigung des Token-Physikalismus hängt nicht von dem Nachweis ab, daß die neuronalen Entsprechungen der typidentischen psychischen Ereignisse selbst typidentisch sind. Es muß lediglich nachgewiesen werden, daß sie in bezug auf die Eigenschaften identisch sind, die bestimmen, von welcher Art ein vorliegendes *psychisches* Ereignis ist.

Könnten wir Belege dafür finden, daß neuronale Ereignisse, die eine ansonsten heterogene Menge bilden, diese Arten von Eigenschaften gemeinsam haben? Natürlich könnten wir das. Die neurologische Theorie könnte vielleicht sogar selbst erklären, warum die neuronal typverschiedenen Ereignisse in einem *n*-Tupel in ihren verhaltensmäßigen Konsequenzen oder auch in bezug auf unendlich viele andere solcher relationalen Eigenschaften identisch sind. Und wenn der neurologischen Theorie diese Erklärung nicht gelänge, könnte eine grundlegendere Wissenschaft als die Neurologie mehr Erfolg dabei haben.

Um es noch einmal zu wiederholen: der Punkt, um den es mir geht, ist nicht, daß Übereinstimmungen zwischen typgleichen psychischen Zuständen und typverschiedenen neuronalen Zuständen die Wahrheit des Token-Physikalismus beweisen würden. Es geht darum, daß solche Entsprechungen den Token-Physikalismus genauso begründen könnten wie Typ-zu-Typ-Entsprechungen. Wenn dies aber richtig ist, dann müssen die epistemologischen Argumente, die vom Token-Physikalismus auf den Reduktionismus schließen, falsch sein.

Ich habe ganz den Eindruck (um es ganz allgemein zu sagen), daß die klassische Auffassung der Einheitswissenschaft das *Ziel* der wissenschaftlichen Reduktion ganz falsch verstanden hat. Der Sinn der Reduktion liegt *nicht* in erster Linie darin, irgendwelche Natürliche-Art-Prädikate der Physik zu finden, die koextensiv mit jedem Natürliche-Art-Prädikat der reduzierten Wissenschaft sind. Der Sinn liegt vielmehr darin, den physikalischen Mechanismus zu erklären, wobei die Ereignisse den Gesetzen der Einzelwissenschaften gehorchen. Ich habe zu zeigen versucht, daß es keinen logischen oder epistemologischen Grund für die Annahme gibt, daß ein Erfolg in diesem zweiten Projekt einen Erfolg in dem ersten voraussetzt und daß die beiden Projekte wahrscheinlich *de facto* überall da auseinandergehen werden, wo immer die physikalischen Mechanismen von Ereignissen heterogen sind, die Ereignisse jedoch einem Gesetz der Einzelwissenschaften gehorchen.

III

Ich gehe davon aus, daß die Diskussion bisher gezeigt hat, daß der Reduktionismus wahrscheinlich eine zu starke Konzeption der Einheitswissenschaft ist. Einerseits ist er inkompatibel mit zu erwartenden Ergebnissen der Einzelwissenschaften, andererseits behauptet er mehr, als wir anzunehmen brauchen, wenn wir in erster Linie einfach nur gut sein wollen. Im folgenden werde ich versuchen, eine liberale Fassung des Reduktionismus zu skizzieren, die mir in dieser Hinsicht gerade streng genug zu sein scheint. Ich werde dann einige unabhängige Gründe für die Richtigkeit der revidierten Lehre anführen.

Das Problem bestand bisher darin, daß es eine offene empirische Möglichkeit ist, daß das, was den Natürliche-Art-Prädikaten einer reduzierten Wissenschaft entspricht, eine hetorogene und unsystematische Disjunktion von Prädikaten der reduzierenden Wissenschaft ist; die Einheitswissenschaft wollen wir mit dieser Möglichkeit jedoch nicht belasten. Angenommen aber, daß wir für Brückenaussagen folgende Form zulassen:

(4) $S_x \rightleftharpoons P_1x \vee P_2x \vee \ldots \vee P_nx.$

Hierbei soll ›$P_1 \vee P_2 \vee \ldots \vee P_n$‹ *kein* Natürliche-Art-Prädikat der reduzierenden Wissenschaft sein. Dies scheint mir gleichbedeutend mit der Annahme, daß es sich am Ende herausstellen kann, daß zumindest einige ›Brückengesetze‹ keine Gesetze sind. Denn ich gehe davon aus, daß eine notwendige Bedingung für die Gesetzesartigkeit einer universalen Verallgemeinerung darin besteht, daß die das Antezedens und das Konsequens konstituierenden Prädikate natürliche Arten herausgreifen. Ich nehme daher an, daß es für die Zwecke der Einheitswissenschaft genügt, daß jedes Gesetz der Einzelwissenschaften durch Brückenaussagen, die wahre empirische Verallgemeinerungen ausdrücken, auf die

Physik reduzierbar ist. Wie wir uns erinnern, werden Brückenaussagen als eine Art von Identitätsaussagen verstanden: wir werden daher z.B. (4) folgendermaßen lesen: ›Jedes Ereignis, das darin besteht, daß x S erfüllt, ist identisch mit einem Ereignis, das darin besteht, daß x irgendein Prädikat erfüllt, das zur Disjunktion ›$P_1 \vee P_2 \vee \ldots \vee P_n$‹ gehört‹.
Bei Reduktionen, bei denen das, was (2) entspricht, kein Gesetz ist, ist auch das, was (3) entspricht, kein Gesetz, und zwar aus demselben Grund. Die im Antezedens oder der Konsequenz auftretenden Prädikate werden nämlich – nach Voraussetzung – keine Natürliche-Art-Prädikate sein. Was wir bekommen werden, wird etwas sein, das ungefähr wie (5) (S. 149) aussieht.
Das heißt, das Antezedens und das Konsequens des reduzierten Gesetzes werden beide mit einer Disjunktion von Prädikaten der reduzierenden Wissenschaft verbunden. Wenn das reduzierte Gesetz keine Ausnahmen hat, dann gibt es Gesetze der reduzierenden Wissenschaft, die die Erfüllung von allen Gliedern der Disjunktion, die mit dem Antezedens verknüpft sind, mit der Erfüllung bestimmter Glieder der Disjunktion, die mit der Konsequenz verknüpft sind, verbindet. Das heißt, wenn $S_1x \rightarrow S_2y$ keine Ausnahmen hat, dann muß es ein eigentliches Gesetz der reduzierenden Wissenschaft geben, das entweder aussagt oder enthält, daß $P_1x \rightarrow P^*$ für ein bestimmtes P^* und ebenso für P_2x bis P_nx. Da es solche Gesetze geben muß, folgt daraus, daß jedes Disjunkt von ›$P_1 \vee P_2 \vee \ldots \vee P_n$‹ ebenso ein Natürliche-Art-Prädikat ist, wie jedes Disjunkt ›$P_1^* \vee P_2^* \vee \ldots \vee P_n^*$‹.
Genau hier setzt jedoch die Kritik an. Denn man könnte entgegnen, daß, wenn jedes Disjunkt der P-Disjunktion gesetzesartig mit einem bestimmten Disjunkt der P*-Disjunktion verbunden ist, daraus folge, daß (6) selbst ein Gesetz ist:

(6) $P_1x \vee P_2x \vee \ldots \vee P_nx \rightarrow P_1^*y \vee P_2^*y \vee \ldots \vee P_n^*y.$

Der entscheidende Punkt wäre, daß (5) zu $P_1x \rightarrow P_2^*y$, $P_2x \rightarrow P_m^*y$ führt, usw. und daß der Schluß von einer Prämisse der Form $(P \supset R)$ *und* $(Q \supset S)$ auf eine Konklusion der Form $(P \vee Q) \supset (R \vee S)$ gültig ist.
Dies zeigt einfach, wie ich meine, daß ›es ist ein Gesetz, daß ...‹ einen nichtwahrheitsfunktionalen Kontext definiert (oder, was für diese Zwecke gleichbedeutend ist, daß nicht alle Wahrheitsfunktionen von Natürliche-Art-Prädikaten selbst wieder Natürliche-Art-Prädikate sind). Es zeigt insbesondere, daß man nicht

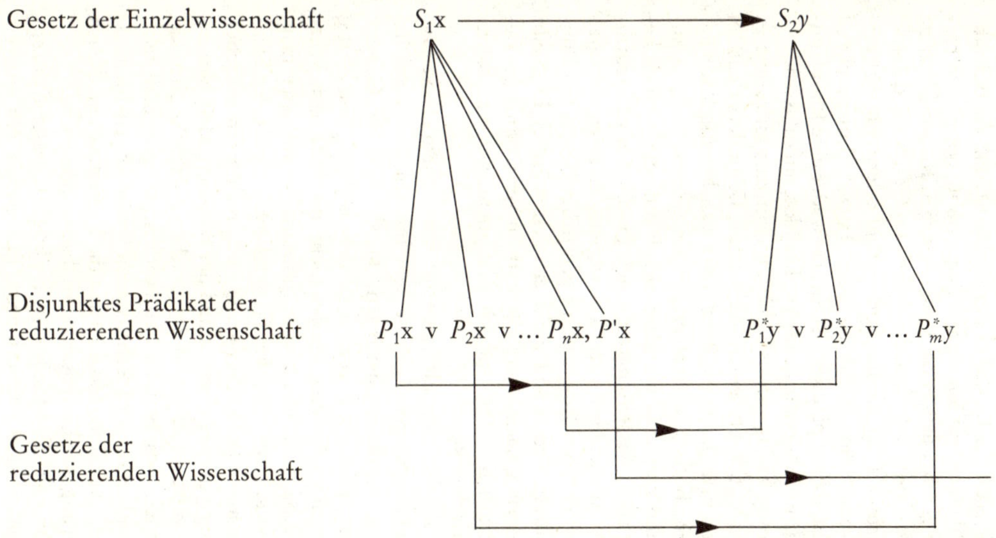

(5) Schematische Darstellung der vorgeschlagenen Beziehung zwischen der reduzierten und der reduzierenden Wissenschaft bei einem revidierten Zugang zur Einheitswissenschaft.
Wenn S_1-Ereignisse vom Typ P' sind, dann sind sie Ausnahmen des Gesetzes $S_1x \rightarrow S_2y$. Näheres im Text.

von ›es gibt ein Gesetz, daß P R bewirkt‹ und ›es gibt ein Gesetz, daß Q S bewirkt‹ auf ›es gibt ein Gesetz, daß P oder Q R oder S bewirkt‹ schließen kann. (Obwohl natürlich der Schluß von diesen Prämissen auf ›P oder Q bewirkt R oder S‹ trivialerweise richtig ist.) Ich glaube z. B., daß es ein Gesetz ist, daß die Bestrahlung grüner Pflanzen mit Sonnenlicht eine Photosynthese verursacht, und ich glaube, daß es ein Gesetz ist, daß Reibung Wärme verursacht; ich glaube jedoch nicht, daß es ein Gesetz ist, daß (die Bestrahlung grüner Pflanzen mit Sonnenlicht oder Reibung) verursacht (entweder Photosynthese oder Hitze). Entsprechend glaube ich nicht, daß es plausibel ist, ›ist entweder eine Photosynthese oder Wärme‹ als Natürliche-Art-Prädikat aufzufassen.
Es ist nicht völlig zwingend, daß man all dem zustimmt; wer es jedoch zurückweist, zahlt seinen Preis dafür. Besonders deutlich wird dies, wenn man die ganze Bandbreite wahrheitsfunktionaler Schlüsse innerhalb des Kontexts ›es gibt ein Gesetz, daß ...‹ zuläßt. Denn dann gibt man die Möglichkeit auf, die Natürliche-Art-Prädikate einer Wissenschaft mit den Prädikaten zu identifizieren, die als Antezedens oder Konsequens ihrer eigentlichen Gesetze auftreten. (So würde (6) ein eigentliches Gesetz der Physik sein, das diese Bedingung nicht erfüllen würde.) Es bleibt somit die Forderung nach einem alternativen Verständnis des Begriffs einer natürlichen Art, und ich weiß nicht, wie eine solche Alternative aussehen könnte.
Das Ergebnis scheint folgendes zu sein: wenn wir nicht verlangen, daß Brückenaussagen Gesetze sein müssen, dann werden entweder einige Verallgemeinerungen, auf die sich die Gesetze der Einzelwissenschaften reduzieren, nicht selbst gesetzesartig sein, oder aber einige Gesetze werden nicht mit Hilfe natürlicher Arten formulierbar sein. Wie man auch immer (5) auffassen mag, der entscheidende Punkt ist, daß (5) schwächer ist als der Standardreduktionismus: (5) fordert keine Entsprechungen zwischen natürlichen Arten der reduzierten und der reduzierenden Wissenschaft. Dennoch ist (5) aufgrund der gleichen Annahme physikalistisch, die auch den Standardreduktionismus physikalistisch macht (daß nämlich die Brückenaussagen wahre Token-Identitäten behaupten). Dies sind jedoch genau die Eigenschaften, die ein revidierter Zugang zur Einheitswissenschaft haben sollte.
Ich möchte nun zwei Gründe für die Richtigkeit dieser Konzeption der Einheitswissenschaft anführen. Erstens, sie läßt uns ver-

stehen, wieso die Gesetze der Einzelwissenschaften Ausnahmen zulassen können; zweitens, sie läßt uns verstehen, warum es überhaupt Einzelwissenschaften gibt. Diese Punkte werde ich nacheinander behandeln.

Betrachten wir wieder das Reduktionsmodell, das in (2) und (3) impliziert ist. Ich nehme an, daß die Gesetze der Grundwissenschaft streng ausnahmslos gelten; ich nehme ferner an, daß man allgemein weiß, daß dies für die Gesetze der Einzelwissenschaften nicht gilt. Damit stehen wir vor einem unangenehmen Dilemma. Da ›→‹ eine Relation (bzw. Relationen) ausdrückt, die transitiv sein muß (müssen), kann (1) nur dann Ausnahmen zulassen, wenn Ausnahmen auch von den Brückengesetzen zugelassen werden. Wenn aber die Brückengesetze Ausnahmen haben, dann verliert der Reduktionismus seine ontologische Schärfe, da wir dann nicht länger sagen können, daß jedes Ereignis, das in der Instantiierung eines S-Prädikats besteht, mit einem Ereignis identisch ist, das in der Instantiierung eines P-Prädikats besteht. Kurz gesagt, wir können, gehen wir von dem Reduktionsmodell aus, nicht widerspruchsfrei annehmen, daß die Brückengesetze und die Gesetze der reduzierenden Wissenschaft ausnahmslos gelten, und gleichzeitig annehmen, daß dies für die Einzelgesetze nicht gilt. Wir können die Verletzung der Brückengesetze jedoch nicht hinnehmen, wenn wir nicht zugleich bereit sind, den ontologischen Anspruch aufzugeben, der den Hauptpunkt des reduktionistischen Programms ausmacht.

Es gibt zwei Möglichkeiten, aus diesem Dilemma herauszukommen (und das Modell dabei zu retten). Wir können den Anspruch aufgeben, daß die Einzelgesetze Ausnahmen haben, oder wir können den Anspruch aufgeben, daß die Gesetze der reduzierenden Wissenschaft ausnahmslos gelten. Ich vermute, daß beide Alternativen unerwünscht sind. Die erste, weil sie an Tatsachen herummanipuliert. Es besteht nicht die geringste Chance, daß sich die wahren, kontrafaktische Aussagen stützenden Verallgemeinerungen (etwa der Psychologie) unter wirklich allen Bedingungen als gültig erweisen, in denen die Antezedensbedingungen erfüllt sind. Selbst dort, wo der Geist stark ist, ist das Fleisch oft schwach. Es gibt immer wieder Verhaltensabweichungen, die physiologisch erklärbar sind, die jedoch für die psychologische Theorie uninteressant sind. Die zweite Alternative ist nur wenig besser. Es mag sich schließlich herausstellen, daß die Gesetze der reduzierenden Wissenschaft Ausnahmen haben. Es fragt sich jedoch, ob man die Einheitswissenschaft von dieser Annahme abhängig machen will.

In dem Zugang, den wir in (5) zusammengefaßt haben, funktioniert dagegen alles zu unserer Zufriedenheit. Für eine Ausnahme bezüglich $S_1x \rightarrow S_2y$ ist es eine nomologisch hinreichende Bedingung, daß die Brückenaussagen ein Vorkommnis der Erfüllung von S_1 mit einem Vorkommnis der Erfüllung eines P-Prädikats identifizieren, das selbst nicht gesetzesartig mit der Erfüllung irgendeines P*-Prädikats verbunden ist. (Das heißt: Angenommen, S_1 ist dergestalt mit P‹ verbunden, daß es kein Gesetz gibt, das P' mit irgendeinem Prädikat verbindet, das durch Brückenaussagen mit S_2 verbunden ist; in diesem Fall wird jede Instantiierung von S_1, die kontingent mit einer Instantiierung von P' identisch ist, ein Ereignis sein, das eine Ausnahme von $S_1x \rightarrow S_2y$ darstellt.) Es sei darauf hingewiesen, daß wir in diesem Fall keine Ausnahmen für Gesetze der *reduzierenden* Wissenschaft annehmen müssen, da nach Voraussetzung (6) *kein Gesetz ist.*

Streng genommen hat (6) tatsächlich überhaupt keine Funktion bei der Reduktion. (6) ist einfach das, was man bekommt, wenn man eine Formel allquantifiziert, deren Antezedens die physikalische Disjunktion ist, die S_1 entspricht und deren Konsequenz die physikalische Disjunktion ist, die S_2 entspricht. Als solche wird (6) wahr sein, wenn $S_1x \rightarrow S_2y$ ausnahmslos gültig ist – andernfalls falsch. Der physikalische Mechanismus, nach dem *n*-Tupel von Ereignissen sich entweder gemäß $S_1x \rightarrow S_2y$ verhalten oder nicht, wird nicht durch (6) ausgedrückt, sondern durch Gesetze, die die Elemente der Disjunktion $P_1 \vee P_2 \vee \ldots \vee P_m$ einzeln mit Elementen der Disjunktion $P_1^* \vee P_2^* \ldots \vee P_n^*$ verbinden. Wenn es ein Gesetz *gibt*, das ein Ereignis, das eins der P-Disjunkte erfüllt, und ein Ereignis, das eins der P*-Disjunkte erfüllt, verknüpft, dann verhält sich das so verbundene Ereignispaar gemäß $S_1x \rightarrow S_2y$. Wenn ein Ereignis, das ein P-Prädikat erfüllt, *nicht* durch ein Gesetz mit einem Ereignis verbunden ist, das ein P*-Prädikat erfüllt, dann ist dieses Ereignis eine Ausnahme von $S_1x \rightarrow S_2y$. Der entscheidende Punkt ist, daß keines der Gesetze, die diese verschiedenen Verbindungen betreffen, selbst Ausnahmen zu haben braucht, damit $S_1x \rightarrow S_2y$ Ausnahmen hat.

Ich möchte die Diskussion nun in eine weniger technische Form bringen. Wenn wir wollten, könnten wir *fordern*, daß die Taxo-

nomien der Einzelwissenschaften den Taxonomien der Physik entsprechen, indem wir nämlich darauf bestehen, natürliche Arten der Einzelwissenschaften zu unterscheiden, wo immer es sich herausstellt, daß sie unterschiedlichen natürlichen Arten der Physik entsprechen. Diese Forderung würde die Gesetze der Einzelwissenschaft ausnahmslos gültig *machen*, wenn die Gesetze der Grundwissenschaft ausnahmslos gälten. Wir würden dadurch jedoch auch gerade die Verallgemeinerungen verlieren, die wir durch die Einzelwissenschaften ausdrücken wollen. (Wenn die Ökonomie so viele *Arten* des Währungssystems postulieren müßte, wie es Arten der physischen Realisierungen des Währungssystems gibt, dann wären die Verallgemeinerungen der Ökonomie ausnahmslos gültig. Vermutlich wäre dies jedoch nichtssagend, da es dann keine Verallgemeinerungen mehr zu behaupten gäbe. Wir müßten dann z. B. das Greshamsche Gesetz mit Hilfe einer riesigen, offenen Disjunktion formulieren, die sich darauf bezieht, was im Währungssystem$_1$ oder im Währungssystem$_n$ unter Bedingungen geschieht, die sich einer einheitlichen Charakterisierung widersetzen würden. Wir wären nicht in der Lage anzugeben, was in Währungssystemen, kurz gesagt, geschieht, da, nach Voraussetzung ›ist ein Währungssystem‹ keinem Natürliche-Art-Prädikat der Physik entspräche.)
Tatsächlich schlagen wir genau den entgegengesetzten Weg ein. Wir lassen zu, daß die Verallgemeinerungen der Einzelwissenschaften Ausnahmen haben, und erhalten so die natürlichen Arten, auf die die Verallgemeinerungen anwendbar sind. Wir wissen aber, daß die *physikalischen* Beschreibungen der natürlichen Arten ziemlich heterogen sein können, und wir wissen ferner, daß die physikalischen Mechanismen, die die Erfüllung der Antezedensbedingungen solcher Verallgemeinerungen mit den Erfüllungen ihrer Konsequenzen verbinden, ebenfalls unterschiedlich sein können. Wir erwarten daher nicht nur, daß es Ausnahmen zu den Verallgemeinerungen geben wird, sondern auch, daß diese Ausnahmen auf der Ebene der reduzierenden Wissenschaft ›wegerklärt‹ werden. Dies ist eine der Hinsichten, in der die Physik zu Recht als Grundlagenwissenschaft angesehen wird; Ausnahmen zu *ihren* Verallgemeinerungen (wenn es überhaupt welche gibt) sollten eher zufällig sein, da es kein ›tiefer hinab‹ für die Erklärung des Mechanismus gibt, durch die die Ausnahmen zustande kommen.

Dies führt uns zu der Frage, warum es überhaupt Einzelwissenschaften gibt. Wie wir zu Beginn bemerkten, widerspricht der Reduktionismus den Tatsachen wissenschaftlicher Gewohnheit: der Existenz eines riesigen, verzahnten Konglomerats einzelwissenschaftlicher Disziplinen, die Fortschritte oft durch eine möglichst geringe Anerkennung der Auflage zu machen scheinen, daß ihre Theorien sich auf lange Sicht als Theorien der Physik herausstellen müssen. Ich glaube, daß die Akzeptierung dieser Auflage *in der Praxis* oft nur eine untergeordnete oder gar keine Rolle bei der Bewertung von Theorien spielt. Warum ist das so? Vermutlich muß die reduktionistische Antwort vollständig epistemologisch ausfallen. Wenn die physikalischen Partikel nur nicht so klein wären (wenn nur die Gehirne *außer*halb der Köpfe wären, so daß man sie betrachten könnte), *dann* würden wir Physik anstelle der Paläontologie treiben (und Neurologie anstelle der Psychologie; Psychologie anstelle der Ökonomie; und so weiter hinab). Es gibt jedoch eine epistemologische Entgegnung; wie die Dinge nämlich jetzt stehen, würden wir, selbst wenn Gehirne außen wären, wo man sie betrachten könnte, gar nicht wissen, *wonach* wir suchen sollten: uns fehlt der geeignete theoretische Apparat für die psychologische Taxonomie neuronaler Ereignisse.

Wenn es sich herausstellen sollte, daß die funktionale Zerlegung des Nervensystems ihrer neuronalen (anatomischen, biochemischen, physischen) Zerlegung entspricht, dann gibt es nur epistemologische Gründe, das erstere statt das letztere zu untersuchen. Wie aber, wenn es gar keine Entsprechung gibt? Angenommen, die funktionale Organisation des Nervensystems deckt sich nicht mit seiner neuronalen Organisation (so daß – zu verschiedenen Zeiten und bei unterschiedlichen Organismen – ziemlich unterschiedliche neuronale Strukturen zur Ausführung identischer psychischer Funktionen dienen können); in diesem Fall hängt die Existenz der Psychologie nicht von der Tatsache ab, daß Neuronen unglücklicherweise so klein sind, sondern vielmehr von der Tatsache, daß die natürlichen Arten, die die Psychologie benötigt, von der Neurologie nicht zur Verfügung gestellt werden.

Ich vermute, daß es, grob gesagt, die Einzelwissenschaften nicht wegen der Natur unserer epistemologischen Beziehung zur Welt gibt, sondern wegen der Art und Weise, wie die Welt beschaffen ist: nicht alle natürliche Arten (nicht alle Ding- und Ereignisklassen, über die es wichtige, kontrafaktische Aussagen stützende Verallgemeinerungen zu machen gibt) sind physikalische natürliche Arten oder entsprechen ihnen. Eine Möglichkeit, die klassische reduktionistische Sichtweise wiederzugeben, lautet: Dinge, die zu verschiedenen physikalischen Arten gehören, können *ipso facto* keine projizierbaren Beschreibungen gemeinsam haben[9]: wenn x und y sich in den Beschreibungen unterscheiden, durch die sie unter die eigentlichen Gesetze der Physik fallen, dann müssen sie sich auch in den Beschreibungen unterscheiden, durch die sie überhaupt unter irgendwelche Gesetze fallen. Doch warum sollen wir glauben, daß es sich so verhält? Wie sehr sich die physikalische Struktur zweier Entitäten auch unterscheiden mag, sie muß trotzdem in unendlich vielen Eigenschaften konvergieren. Warum soll es unter diesen konvergierenden Eigenschaften nicht welche geben, deren gesetzmäßige Wechselbeziehung die Verallgemeinerungen der Einzelwissenschaften stützt? Warum sollten, kurz gesagt, die Natürliche-Art-Prädikate der Einzelwissenschaften die physikalischen natürlichen Arten nicht *durchkreuzen*?[10]

Die Physik entwickelt die Taxonomie ihres Gegenstandsbereichs, die am besten ihre Zwecke erfüllt: die Formulierung ausnahmsloser Gesetze, die in den verschiedenen, oben diskutierten Weisen grundlegend sind. Dies ist jedoch nicht die einzige Taxonomie, die benötigt wird, wenn das Ziel der Wissenschaft im allgemeinen aufrecht erhalten werden soll; das heißt, wenn wir solche wahren, kontrafaktische Aussagen stützende Verallgemeinerungen behaupten wollen, die es zu behaupten gibt. Es gibt daher Einzelwissenschaften mit ihren eigentümlichen Taxonomien, deren Aufgabe es ist, einige dieser Verallgemeinerungen aufzustellen. Wenn die Wissenschaft vereinigt werden soll, dann müssen alle derartigen Taxonomien *auf dieselben Dinge* zutreffen. Wenn die Physik die Grundwissenschaft sein soll, dann hat jedes dieser Dinge am besten ein physikalisches Ding zu sein. Es ist jedoch nicht zusätzlich gefordert, daß die Taxonomien, die die Einzelwissenschaften verwenden, selbst wieder auf die Taxonomie der Physik reduzierbar sein müssen. Es ist nicht gefordert, und es ist vermutlich nicht wahr.

Anmerkungen

Original: »Special Sciences (or The Disunity of Science as a Working Hypothesis«, *Synthese* 28 (1974), 97-115. Übersetzt von Dieter Münch.

1 Um die Darstellung zu vereinfachen, werde ich im allgemeinen davon ausgehen, daß Wissenschaften zumindest insofern von Ereignissen handeln, als es die Ereignisse sind, die die Gesetze einer Wissenschaft wahr machen. Nichts hängt jedoch von dieser Annahme ab.

2 Die Version des Reduktionismus, mit der ich mich befassen werde, ist eine strengere als die, die viele Wissenschaftstheoretiker vertreten; ich hebe diesen Punkt hervor, da mein Argument gerade besagt, daß sie zu streng ist, um damit durchzukommen. Ich denke jedoch, daß das, was ich hier angreife, genau das ist, woran viele Leute denken, wenn sie sich auf die Einheitswissenschaft beziehen, und ich habe den Verdacht (obwohl ich nicht versuchen werde, ihn zu erhärten), daß viele liberale Versionen des Reduktionismus an demselben Grundproblem leiden, wie die von mir als klassisch angesehene Form dieser Lehre.

3 Es gibt die implizite Annahme, daß eine Wissenschaft einfach eine Formulierung einer Gesetzesmenge ist. Ich denke, daß diese Annahme unplausibel ist, doch wird sie gewöhnlich gemacht, wenn die Einheitswissenschaft diskutiert wird, und sie ist neutral, soweit sie das Hauptargument dieses Aufsatzes betrifft.

4 Ich werde mich gelegentlich auf das »Prädikat, das das Antezedens oder die Konsequenz eines Gesetzes konstituiert« beziehen. Dies ist eine Abkürzung für »das Prädikat, das so beschaffen ist, daß das Antezedens oder die Konsequenz eines Gesetzes aus diesem Prädikat besteht, zusammen mit seinen gebundenen Variablen und den sie bindenden Quantoren«.

5 Oppenheim/Putnam (1958) behaupten, daß die Sozialwissenschaften vermutlich auf die Physik reduziert werden können, wobei sie annehmen, daß die Reduktion über die (Individual-) Psychologie läuft. Sie merken deshalb an: »Wenn sehr schwache Annahmen erfüllt sind, ist es in der Ökonomie möglich, die Art und Weise, in der ein Individuum seine Wahlmöglichkeiten ordnet, mit Hilfe einer individuellen Präferenzfunktion darzustellen. In der Sprechweise dieser Funktionen versucht der Ökonom Gruppenphänomene wie den Markt zu erklären, kollektives Verbraucherverhalten zu begründen, die Probleme einer Wohlfahrtsökonomie zu lösen etc.« (351). Sie scheinen jedoch nicht bemerkt zu haben, daß, selbst wenn solche Erklärungen gegeben werden können, sie gleichwohl nicht zu der Art von *Prädikat-zu-Prädikat*-Reduktion der Ökonomie auf die Psychologie führen, die ihr eigener Ansatz der Einheitswissenschaft fordert.
Angenommen, die Gesetze der Ökonomie gelten, weil die Leute die

Einstellungen, Motive, Ziele, Bedürfnisse, Strategien usw. haben, die sie tatsächlich haben; die Tatsache, daß die Ökonomie dann so beschaffen ist, könnte dann durch die Tatsache erklärt werden, daß die Leute so sind, wie sie sind. Doch daraus folgt noch lange nicht, daß die typischen Prädikate der Ökonomie auf die typischen Prädikate der Psychologie reduziert werden können. Da Brückengesetze Bikonditionale enthalten, ist P_2 auf P_1 nur dann reduzierbar, wenn P_1 und P_2 zumindest koextensiv sind. Doch während die typischen Prädikate der Ökonomie (z.B.) Währungssysteme, Bargeldverkehr, Waren, Arbeitseinsatz, Mengen an investiertem Kapital usw. voraussetzen, setzen die typischen Prädikate der Psychologie Reize, Reaktionen und mentale Zustände voraus. Setzt man den hier zur Diskussion stehenden eigentlichen Sinn von Reduktion voraus, dann würde die Reduktion der Ökonomie auf die Psychologie sehr viel mehr involvieren als den Nachweis, daß das ökonomische Verhalten von Gruppen durch die Psychologie der sie konstituierenden Individuen bestimmt ist. Es würde insbesondere den Nachweis involvieren, daß solche Begriffe wie *Ware*, *Arbeitseinsatz* usw. mit dem Vokabular von Reizen, Reaktionen und mentalen Zuständen rekonstruiert werden können und daß darüber hinaus die Prädikate, die die Reduktion betreffen, psychologische Arten ausdrücken (nämlich sich in den eigentlichen Gesetzen der Psychologie finden). Ich meine, man muß offen gestehen, daß es überhaupt keinen Grund für die Annahme gibt, daß solche Rekonstruktionen vorgenommen werden können; *prima facie* spricht alles dafür, daß dies nicht möglich ist.

6 Diese wäre der Fall, wenn höhere Organismen tatsächlich in interessanter Weise Mehrzweck-Computern analog wären. Solche Maschinen weisen im zeitlichen Verlauf keine detaillierte Struktur-zu-Funktion-Entsprechung auf; die durch eine gegebene Struktur gestützte Funktion kann sich vielmehr von einem Augenblick zum andern ändern, und zwar in Abhängigkeit von dem Programm sowie der auszuführenden Symbolmanipulation.

7 Um ausgefallene Fälle auszuschließen, nehmen wir an, daß *n* groß genug ist, um Entsprechungen hervorzubringen, die signifikant im statistischen Sinne sind. Vgl. die Diskussion in Block/Fodor (1972).

8 Ich meine nicht, daß es überhaupt irgendeine Chance dafür gibt, daß dies wahr ist. Es ist wahrscheinlicher, daß Typidentifikationen für psychische Zustände mit Hilfe ›totaler Zustände‹ eines abstrakten Automaten, der den Organismus bildet, dessen Zustände sie sind, ausgeführt werden.

9 Zum Begriff der Projizierbarkeit vgl. Goodman (1965).

10 Wie es übrigens die Prädikate der natürlichen Sprachen sehr wahrscheinlich tun; vgl. die Diskussion in Chomsky (1965). Die Behauptung, daß die von den Einzelwissenschaften verwendeten Taxonomien

physikalische Arten durchkreuzend klassifizieren, schließt implizit aus, daß die Einzelwissenschaften zusammen mit der Physik eine Hierarchie bilden. Wenn man bestreitet, daß die Wissenschaften eine Hierarchie bilden, so stellt man damit in Frage, was die klassische Lehre von der Einheitswissenschaft behauptet, insofern sie mehr behauptet als den Token-Physikalismus.

Literatur

Block, Ned J./Jerry A. Fodor (1972), »What psychological states are not«, *Philosophical Review* 81, 159-181.

Chomsky, Noam (1965), *Aspects of the theory of syntax*, Cambridge, MA: MIT-Press; deutsch: *Aspekte der Syntax-Theorie*, Frankfurt: Suhrkamp 1974.

Goodman, Nelson (1965), *Fact, fiction, forecast*, Indianapolis: Bobbs-Merrill; deutsch: *Tatsache, Fiktion, Voraussage*, Frankfurt: Suhrkamp 1975.

Oppenheim, Paul/Hilary Putnam (1958), »Unity of science as a working hypothesis«, in: Herbert Feigl, M. Scriven/G. Maxwell (Hrg.), *Minnesota studies in the philosophy of science* Bd. 2, Minneapolis: University of Minnesota Press, 3-36; deutsch: »Die Einheit der Wissenschaft als Arbeitshypothese«, in: Lorenz Krüger, (Hrg.), *Erkenntnisprobleme der Naturwissenschaft*, Köln: Kiepenheuer & Witsch 1979, 339-371.

Putnam, Hilary (1960a), »Dreaming and depth grammar«, in: *Mind, language and reality: Philosophical papers 2*, London: Cambridge University Press 1975, 304-324.

– (1960b), »Minds and machines«, in: *Mind, language and reality: Philosophical papers 2*, London: Cambridge University Press 1975, 362-385.

Ned Block
Schwierigkeiten mit dem Funktionalismus

Der funktionalistische Ansatz in der Philosophie des Geistes wird immer populärer; vielleicht ist er sogar schon dominierend.[1] ›Funktionalistische‹ Theorien sind jedoch das Ergebnis einer Anzahl ziemlich unterschiedlicher Projekte: Versuche, den logischen Behaviorismus neu zu formulieren, um Einwände zu vermeiden, Versuche, die Geist-Maschine-Analogie zu verwerten, Versuche, empirische Psychologie auf die Philosophie des Geistes anzuwenden, sowie Versuche, für (oder gegen) die mental-neurologische Identitätsthese zu argumentieren. Obwohl also die als ›funktionalistisch‹ bezeichneten Theorien eine gewisse Familienähnlichkeit besitzen, kann es daher nicht überraschen, wenn es keine einzige Lehre über die Natur des Geistes gibt, die alle sogenannten Funktionalisten teilen.

Ich werde solche funktionalistischen Theorien des Geistes untersuchen, die zur Tradition der *Identitäts*these gehören, die besagt, daß Schmerz ein Gehirnzustand sei. Die Arten des Funktionalismus, die ich diskutieren werde, behaupten, daß es funktionale Zustände gibt und daß jeder mentale Zustand mit einem funktionalen Zustand identisch ist (oder daß es funktionale Eigenschaften gibt und daß jede mentale Eigenschaft mit einer funktionalen Eigenschaft identisch ist). Diese These der Identität mentaler und funktionaler Zustände hat es mit *Typen* mentaler Zustände oder Ereignisse zu tun und nicht (nur) mit *Tokens* – d. h. mit dem Schmerz oder dem Zustand, Schmerzen zu empfinden, und nicht (nur) mit einzelnen, zeitlich bestimmbaren Schmerzen –, also mit Universalien, die in verschiedenen Menschen zu unterschiedlichen Zeiten instantiiert sein können, und nicht (nur) mit nichtwiederholbaren Einzelvorkommnissen.

Ich werde damit beginnen, den Funktionalismus zu beschreiben und die funktionalistische Kritik am Behaviorismus und Physikalismus zu skizzieren. Ich werde dann zu zeigen versuchen, daß der Funktionalismus dieselben Probleme hat, die er dem Behaviorismus und dem Physikalismus vorhält.

Der Sinn, in dem hier der Ausdruck ›Funktionalismus‹ verwendet wird, darf nicht mit der andersartigen, obwohl verwandten Lehre durcheinandergebracht werden, daß die Methode der Psychologie ›funktionale Analyse‹ sei – die Zerlegung mentaler Prozesse in ihre einzelnen Unterprozesse, die hinsichtlich ihrer Funktion, die sie im mentalen Leben des Organismus ausüben, individuiert werden.[2] In diesem Sinne ist der Funktionalismus eine Lehre über die Natur psychologischer Erklärung, nicht aber eine Lehre darüber, was mentale Zustände *sind*. Funktionalismus im Sinne dieses Kapitels ist jedoch eine ontologische Lehre.

Eine Charakterisierung des Funktionalismus, die vermutlich vage genug ist, um von den meisten Funktionalisten akzeptiert zu werden, lautet: jeder Typ mentaler Zustände ist ein Zustand, der in einer Disposition besteht, in bestimmter Weise zu handeln *sowie bestimmte mentale Zustände zu haben*, unter der Voraussetzung, daß bestimmte sensorische Inputs und bestimmte mentale Zustände vorliegen. So gefaßt, kann man den Funktionalismus als eine neue Verkörperung des Behaviorismus ansehen. Der Behaviorismus identifiziert mentale Zustände mit Dispositionen, in bestimmter Weise in bestimmten Inputsituationen zu handeln. Wie Kritiker jedoch herausgestellt haben[3], kann der Wunsch, das Ziel Z zu erreichen, z.B. nicht mit der Disposition A in Inputumgebungen identifiziert werden, in denen A zu Z führt, da schließlich der Agent nicht *wissen* kann, daß A zu Z führt und daher nicht dispositioniert sein könnte, A zu tun. Der Funktionalismus ersetzt die ›sensorischen Inputs‹ des Behaviorismus durch ›sensorische Inputs und mentale Zustände‹; der Funktionalismus ersetzt ferner die ›Handlungsdisposition‹ des Behaviorismus durch ›Handlungsdisposition und Vorhandensein bestimmter mentaler Zustände‹.

Funktionalisten wollen mentale Zustände kausal individuieren, und da mentale Zustände sowohl mentale Ursachen und Wirkungen haben wie sensorische Ursachen und verhaltensmäßige Wirkungen, individuieren Funktionalisten mentale Zustände teilweise mit Hilfe kausaler Beziehungen zu anderen mentalen Zuständen. Eine Konsequenz dieses Unterschieds zwischen dem Funktionalismus und dem Behaviorismus besteht darin, daß es Organismen gibt, die nach dem Behaviorismus mentale Zustände haben, aber nach dem Funktionalismus keine mentalen Zustände haben.

Die vom Funktionalismus postulierten notwendigen Bedingungen für Mentalität sind also in einer Hinsicht strenger als die

Bedingungen, die der Behaviorismus postuliert. Dem Behaviorismus zufolge ist es für den Wunsch, daß Z, notwendig und hinreichend, daß ein System durch eine (möglicherweise unendliche) Menge von Input-Output-Beziehungen gekennzeichnet ist; das heißt, nach dem Behaviorismus wünscht ein System, daß Z, wenn eine bestimmte Menge von Konditionalen der Form ›wird I eingegeben, wird O ausgegeben‹ wahr für es sind. Dem Funktionalismus zufolge könnte dagegen ein System diese Input-Output-Beziehungen haben und dennoch nicht wünschen, daß Z; denn ob ein System wünscht, daß Z, hängt dem Funktionalismus zufolge davon ab, ob es interne Zustände hat, die bestimmte kausale Beziehungen zu anderen internen Zuständen haben (und zu Inputs und Outputs). Da der Behaviorismus keinen derartigen ›internen Zustand‹ fordert, sind Systeme möglich, von denen der Behaviorismus behauptet und der Funktionalismus bestreitet, daß sie mentale Zustände haben.[4] Man könnte sagen, daß sich nach dem Funktionalismus der Behaviorismus des *Liberalismus* schuldig macht – indem er Dingen mentale Zustände zuschreibt, die tatsächlich gar keine mentalen Zustände haben.

Trotz des eben skizzierten Unterschieds zwischen Funktionalismus und Behaviorismus brauchen Funktionalisten und Behavioristen in ihren Ideen nicht weit auseinander zu liegen. Wenn man ›Behaviorismus‹ – etwas mißverständlich – als die Sichtweise definiert, daß mentale Ausdrücke (z.B. ›Schmerz‹) durch nichtmentale Ausdrücke definiert werden können, dann *ist* der Funktionalismus in seinen Hauptspielarten eine Version des Behaviorismus.[5] Shoemaker (1975, 306f.) z.B. sagt: »In einer Konzeption ist der Funktionalismus in der Philosophie des Geistes die Lehre, daß mentale oder psychologische Ausdrücke prinzipiell in einer bestimmten Weise eliminierbar sind.« Funktionalisten neigen dazu, die Ausdrücke für mentale Zustände in einer funktionalen Charakterisierung eines mentalen Zustandes ganz anders zu behandeln als die Ausdrücke für Input und Output. So werden in der einfachsten Turingmaschinenversion der Theorie[6] mentale Zustände mit der Gesamtheit der Turingmaschinenzustände identifiziert, die selbst *implizit* durch eine Maschinentafel definiert sind, die explizit nicht mentalistisch beschriebene Inputs und Outputs erwähnt.

In Lewis' Version des Funktionalismus werden Ausdrücke für mentale Zustände mit Hilfe einer Modifikation der Ramseyschen

Methode in einer Weise definiert, die den wesentlichen Gebrauch mentaler Terminologie aus den Definitionen eliminiert, nicht jedoch die Input-Output-Terminologie. Das heißt, ›Schmerz‹ wird als Synonym für eine Kennzeichnung eingeführt, die Input- und Outputausdrücke enthält, jedoch keine mentale Terminologie.[7]

Der Funktionalismus, sowohl in seiner Maschinen- wie in seiner Nichtmaschinenversion, insistiert typischerweise darauf, daß Charakterisierungen mentaler Zustände Beschreibungen von Input und Output in *physikalischer* Sprache enthalten sollen. Armstrong (1968, 84) sagt etwa:

> Wir können zwischen ›physikalischem Verhalten‹, das sich auf ein bloß physikalisches Handeln oder Erleiden des Körpers bezieht, und ›eigentlichem Verhalten‹ unterscheiden, das eine Beziehung zum Geist impliziert ... Wenn nun in unserer Formel (»Zustand einer Person, der geeignet ist, eine bestimmte Art des Verhaltens hervorzubringen«) ›Verhalten‹ soviel wie ›eigentliches Verhalten‹ bedeutet, dann würden wir mentale Begriffe durch einen Begriff beschreiben, der Mentalität bereits voraussetzt; und dies wäre zirkulär. Es ist daher klar, daß in unserer Formel ›Verhalten‹ ›physikalisches Verhalten‹ bedeuten muß.

Man kann daher vom Funktionalismus sagen, daß er mentale Zustände nur an der Peripherie ›festmacht‹, und zwar durch physikalische oder wenigstens nichtmentale Bestimmungen der Inputs und Outputs. Eine Hauptthese dieses Kapitels lautet, daß der Funktionalismus aufgrund dieser Eigenschaft die Art von Problemen nicht vermeiden kann, wegen denen er zu Recht den Behaviorismus verurteilt. Der Funktionalismus ist ebenfalls des Liberalismus schuldig, und zwar aus ungefähr den gleichen Gründen wie der Behaviorismus. Anders als der Behaviorismus kann der Funktionalismus jedoch natürlich so geändert werden, daß er den Liberalismus vermeidet – doch nur auf Kosten eines ebenso schmachvollen Versagens.

Das Versagen, von dem ich hier spreche, ist dasselbe Versagen, das der Funktionalismus dem *Physikalismus* vorwirft. Unter ›Physikalismus‹ verstehe ich die Lehre, wonach z.B. Schmerz mit einem physikalischen (oder physiologischen) Zustand identisch ist.[8] Wie viele Philosophen behauptet haben[9], ist der Physikalismus falsch, wenn der Funktionalismus wahr ist. Der Punkt wird am deutlichsten, wenn man die Turingmaschinenversion des Funktionalismus betrachtet. Jede gegebene abstrakte Turingmaschine kann durch ganz unterschiedliche physikalische Verfahren realisiert werden; es ist sogar plausibel, daß es, wenn irgendeine angebliche Übereinstimmung zwischen einem Turingmaschinenzustand und einem physikalischen (oder physiologischen) Konfigurationszustand gegeben ist, eine mögliche Realisierung der Turingmaschine geben wird, die ein Gegenbeispiel für diese Übereinstimmung sein wird.[10] Wenn daher Schmerz ein funktionaler Zustand ist, dann kann er z.B. kein Gehirnzustand sein, da Kreaturen ohne Gehirn dieselbe Turingmaschine realisieren können wie Kreaturen mit Gehirn.

Ich muß betonen, daß sich das funktionalistische Argument gegen den Physikalismus nicht nur auf die Tatsache bezieht, daß jede abstrakte Turingmaschine durch Systeme unterschiedlicher *materieller Zusammensetzungen* (Holz, Metall, Glas usw.) realisiert werden kann. Dies wäre genau so, als würde man argumentieren, daß Temperatur keine mikrophysikalische Größe sein könne, da Gegenstände *unterschiedlicher* mikrophysikalischer Struktur dieselbe Temperatur haben können.[11] Gegenstände mit unterschiedlichen mikrophysikalischen Strukturen, z.B. Gegenstände aus Holz, Metall, Glas usw. können viele interessante mikrophysikalische Eigenschaften gemeinsam haben, wie etwa denselben Mittelwert der molekularen kinetischen Energie. Das funktionalistische Argument gegen den Physikalismus zielt vielmehr darauf, daß es schwer zu verstehen ist, wie eine nichttriviale physikalische Eigenschaft erster Ordnung (vgl. Anm. 8) allen und nur allen möglichen physikalischen Realisierungen eines gegebenen Turingmaschinenzustands gemeinsam sein *könnte*. Man versuche, sich einen auch nur entfernt plausiblen Kandidaten dafür auszudenken! In jedem Fall liegt die Beweislast bei denen, die meinen, daß solche physikalischen Eigenschaften denkbar seien; sie müssen uns zeigen, wie man eine davon begreifen kann.

Diesen Punkt kann man auch folgendermaßen ausdrücken: nach dem Funktionalismus ist der Physikalismus eine chauvinistische Theorie; er bestreitet Systemen mentale Eigenschaften, die sie tatsächlich besitzen. Indem man z.B. sagt, daß mentale Zustände Gehirnzustände seien, schließt der Physikalist unfairerweise die armen gehirnlosen Kreaturen aus, die trotzdem Geist haben.

Ein zweiter Hauptpunkt dieses Aufsatzes besteht darin, daß eben das Argument, das der Funktionalismus verwendet, um den Physikalismus zu verdammen, genauso gut gegen den Funktionalismus gebraucht werden kann. Tatsächlich wird jede Version des

Funktionalismus, die den Liberalismus vermeidet, wie der Physikalismus chauvinistisch.

Ich schweife für einen Moment ab, um darauf hinzuweisen, daß im Gegensatz zu einigen Philosophen, die, wie früher bereits erwähnt, argumentieren, daß, wenn der Funktionalismus wahr sei, der Physikalismus falsch sein müsse, andere behaupten, daß, wenn der Funktionalismus wahr sei, auch der Physikalismus *wahr* sein müsse.[12] Das Argument lautet kurz folgendermaßen: wir können in einer funktionalen Definition den ›(Zustand) Schmerz‹ als Inhaber einer bestimmten kausalen Rolle bestimmen; ein Gehirnzustand hat diese kausale Rolle, also ist der Gehirnzustand mit Schmerz identisch. Nehmen wir einmal an, daß Marsmenschen mit uns funktional äquivalent sind, daß sie jedoch keine Gehirnzustände wie wir haben. Um einen Widerspruch zu vermeiden (daß ein Ding mit zwei unterschiedlichen Dingen identisch ist), müssen sich Vertreter der Ansicht, daß der Funktionalismus zeige, daß der Physikalismus wahr sei, auf engere, z. B. artspezifische Identitäten zurückziehen. Sie sagen, menschlicher Schmerz ist ein Gehirnzustand und der Schmerz von Marsmenschen ein anderer.[13] Wenn man dies jedoch sagt, dann gibt man nicht mehr an, *aufgrund* welcher Eigenschaft *beide*, Marsmenschen und Menschen, Schmerzen empfinden; man sagt nicht mehr, welche Eigenschaft ein (Token-) Zustand hat, *aufgrund* dessen er ein Schmerzzustand ist. (Wenn man den Punkt in dieser Weise darstellt, erweisen sich jene Vorschläge als irreführend, die besagen, daß man Schmerz mit der Disjunktion physikalischer Zustände identifizieren solle, die in der Geschichte des Universums Schmerz realisiert haben oder realisieren werden. Solch eine Disjunktion würde kaum das erfassen, was diese schmerzempfindenden Organismen gemeinsam haben, aufgrund dessen sie Schmerz haben.) Wir können nicht zulassen, daß es ein Universale gibt, etwa Schmerz, das mit einem funktionalen Zustand identisch ist, und gleichzeitig behaupten, daß Schmerz bei Menschen ein Gehirnzustand und bei Marsmenschen ein anderer Gehirnzustand sei.[14] Wenn der Funktionalismus wahr ist, stehen die Physikalisten vor einem Dilemma. Entweder müssen sie den Versuch aufgeben, eine Theorie mentaler Universalien wie Schmerz, Ärger usw. vorzuschlagen, und statt dessen von menschlichen Schmerzen, den Schmerzen von Marsmenschen usw. sprechen (oder, schlimmer noch, *bestreiten*, daß irgend etwas Schmerz,

Ärger usw. hat), oder sie müssen behaupten, daß mentale Zustände z.B. Gehirnzustände sind, womit sie dem Chauvinismus in die Arme laufen.[15]

Dieses Kapitel besteht aus drei Teilen. Im ersten soll gezeigt werden, daß der Funktionalismus sich des Liberalismus schuldig macht, der zweite, daß ein Weg, den Funktionalismus so zu modifizieren, daß er den Liberalismus vermeidet, darin besteht, ihn enger an die empirische Psychologie zu binden, und der dritte, daß keine Version des Funktionalismus sowohl den Liberalismus als auch den Chauvinismus vermeiden kann.

1.1 Mehr über die Natur des Funktionalismus

Um etwas Ordnung in die verwirrende Vielfalt der verschiedenen funktionalistischen Theorien zu bekommen, kann man zwischen solchen Theorien unterscheiden, die sich auf Turingmaschinen beziehen, und solchen, bei denen dies nicht der Fall ist.

Eine Turingmaschinentafel listet eine endliche Menge von Maschinentafelzuständen $Z_1 \ldots Z_x$, von Inputs $I_1 \ldots I_m$ und Outputs $O_1 \ldots O_p$ auf. Die Tafel spezifiziert eine Menge von Konditionalen der Form: wenn die Maschine sich im Zustand Z_i befindet und den Input I_j erhält, gibt sie den Output O_k aus und geht in den Zustand Z_1 über. Das heißt, wenn irgendein Zustand und ein Input gegeben sind, spezifiziert die Tafel einen Output und einen nächsten Zustand. Jedes System mit einer Menge von Inputs, Outputs und Zuständen, die in einer durch die Tafel spezifizierten Weise aufeinander bezogen sind, wird durch eine derartige Tafel beschrieben und ist eine Realisation des abstrakten Automaten, der durch die Tafel spezifiziert ist.

Um die Leistungsfähigkeit zu besitzen, jede rekursive Funktion zu berechnen, muß eine Turingmaschine in der Lage sein, ihren Input in bestimmter Weise zu kontrollieren. Es ist eine Standardauffassung, in dem Output einer Turingmaschine zwei Komponenten zu sehen. Sie druckt ein Symbol auf ein Band und bewegt dann das Band, wodurch sie ein neues Symbol in den Blick des Inputlesers rückt. Damit die Turingmaschine volle Leistungsfähigkeit besitzt, muß das Band zumindest in einer Richtung unendlich und nach beiden Richtungen hin bewegbar sein. Wenn die Maschine keine Kontrolle über das Band hat, ist sie ein ›endlicher Umwandler‹ (*finite transducer*), eine ziemlich begrenzte Turingmaschine. Man muß endliche Umwandler nicht so betrachten, als hätten sie überhaupt ein Band. Diejenigen, die von der Wahrheit des Funktionalismus überzeugt sind, müssen annehmen, daß es eine entscheidende empirische Frage ist, was für ein leistungsfähiger Automat wir sind. Wenn wir ›voll leistungsfähige‹ Turingmaschinen sind, muß die Umwelt einen Teil des Bandes ausmachen.

Maschinenfunktionalisten betrachten im allgemeinen die fragliche Maschine als einen probabilistischen Automaten – als eine Maschine, deren Tafel Konditionale der Form bestimmt: wenn eine Maschine sich in Z_a befindet und I_b erhält, besteht die Wahrscheinlichkeit W_1, daß sie O_1 ausgibt, W_2, daß sie O_2 ausgibt, ... W_k, daß sie O_k ausgibt; V_1, daß sie in Z_1 übergeht, V_2, daß sie in Z_2 übergeht, ... V_n, daß sie in Z_n übergeht. Der Einfachheit halber werde ich mich im allgemeinen auf eine Behandlung einer deterministischen Version der Theorie beschränken.

In einer sehr einfachen Version des Maschinenfunktionalismus[16] wird behauptet, daß jedes System, das mentale Zustände besitzt, zumindest durch eine Turingmaschine einer spezifizierbaren Art beschreibbar ist und daß jeder Typ mentaler Zustände des Systems mit einem der Maschinenzustände identisch ist. Man betrachte z. B. die Turingmaschine, die durch die folgende Abbildung beschrieben wird[17]:

	Z_1	Z_2
Fünfzigpfennigstück-Input	kein Output Gehe in Z_2 über	Cola-Ausgabe Gehe in Z_1 über
Markstück-Input	Cola-Ausgabe Bleibe in Z_1	Cola- & Fünfzigpfennigstück-Ausgabe Gehe in Z_1 über

Man kann ein ungefähres Bild von der einfachen Version des Maschinenfunktionalismus bekommen, wenn man die Behauptung betrachtet, daß Z_1 = Wunsch nach Markstück und Z_2 = Wunsch nach Fünfzigpfennigstück. Natürlich sollte kein Funktionalist behaupten, daß ein Getränkeautomat irgendetwas wünscht. Die einfache Version des Maschinenfunktionalismus,

die in der Tafel beschrieben ist, macht vielmehr eine Analogiebehauptung hinsichtlich einer viel komplexeren Maschinentafel. Man beachte, daß der Maschinenfunktionalismus Inputs und Outputs explizit und interne Zustände implizit spezifiziert. Putnam (1976, 434) sagt: »Um es zu wiederholen, die Z_i-Zustände werden nur *implizit* durch die Beschreibung spezifiziert, d. h. *nur* durch die Menge von Übergangswahrscheinlichkeiten, die in der Maschinentafel angegeben sind.« Um von dieser Maschinentafel beschrieben zu werden, muß ein Gerät Fünfzigpfennigstücke und Markstücke als Input akzeptieren und Fünfzigpfennigstücke und Cola als Output ausgeben. Es ist praktisch gleichgültig, welche Beschaffenheit die Zustände Z_1 und Z_2 haben, solange sie diese Zustände miteinander und mit den in der Maschinentafel spezifizierten Inputs und Outputs verbindet. Das einzige, was uns über Z_1 und Z_2 gesagt wird, sind diese beiden Beziehungen. In diesem Sinne also kann vom Maschinenfunktionalismus gesagt werden, daß er Mentalität auf Input-Output-Strukturen reduziert. Dieses Beispiel sollte auf die Kraft des funktionalistischen Arguments gegen den Physikalismus hinweisen. Man versuche, sich eine physikalische Eigenschaft erster Ordnung (vgl. Anm. 8) zu denken, die von allen (und nur von) Realisierungen dieser Maschinentafel geteilt werden kann.
Man kann Funktionalisten auch danach einteilen, ob sie funktionale Identitäten als Teil einer apriorischen Psychologie oder einer empirischen Psychologie betrachten. (Da diese Unterscheidung sich mit der Maschinen/Nichtmaschinen-Unterscheidung überschneidet, werde ich im folgenden die Nichtmaschinenversion des Funktionalismus beschreiben können.) Die apriorischen Funktionalisten (z. B. Smart, Armstrong, Lewis, Shoemaker) sind Erben des logischen Behaviorismus. Sie neigen dazu, funktionale Analysen als Analysen der Bedeutungen mentaler Ausdrücke zu betrachten, während die empirischen Funktionalisten (z. B. Fodor, Putnam, Harman) funktionale Analysen als substantielle wissenschaftliche Hypothesen ansehen. Im folgenden werde ich mich auf die ersten als ›Funktionalisten*‹, auf die letzteren als ›Psychofunktionalisten‹ beziehen. (Der Ausdruck ›Funktionalismus‹ ohne Asteriskus ist neutral gegenüber dem Funktionalismus* und dem Psychofunktionalismus. Wenn ich zwischen dem Funktionalismus* und dem Psychofunktionalismus unterscheide, werde ich immer Asterisken gebrauchen.)

Funktionalismus* und Psychofunktionalismus sowie der Unterschied zwischen beiden können mit Hilfe des Begriffs des Ramseysatzes einer psychologischen Theorie verdeutlicht werden. Ausdrücke für mentale Zustände, die in einer psychologischen Theorie auftreten, können in verschiedener Weise mit Hilfe des Ramseysatzes der Theorie definiert werden (vgl. S. 169 f.). Alle Identitätstheorien funktionaler Zustände (bzw. Eigenschaften) können so verstanden werden, daß sie eine Menge funktionaler Zustände (bzw. funktionaler Eigenschaften) mit Hilfe des Ramseysatzes einer psychologischen Theorie definieren – wobei jedem mentalen Zustand ein funktionaler Zustand (bzw. jeder mentalen Eigenschaft eine bestimmte funktionale Eigenschaft) entspricht. Der funktionale Zustand, der dem Schmerz entspricht, wird in bezug auf die psychologische Theorie als ›ramseyfunktionales Korrelat‹ des Schmerzes bezeichnet. Mit Hilfe des Begriffs eines ramseyfunktionalen Korrelats in bezug auf eine Theorie kann der Unterschied zwischen Funktionalismus* und Psychofunktionalismus folgendermaßen definiert werden: Funktionalismus* identifiziert den mentalen Zustand Z mit dem ramseyfunktionalen Korrelat von Z in bezug auf eine *alltagspsychologische* Theorie; der Psychofunktionalismus identifiziert Z mit dem ramseyfunktionalen Korrelat von Z in bezug auf eine *wissenschaftliche* psychologische Theorie.

Dieser Unterschied zwischen Funktionalismus* und Psychofunktionalismus gibt Anlaß für eine Unterscheidung bei der Spezifizierung der Inputs und Outputs. Funktionalisten* sind auf Spezifikationen der Inputs und Outputs beschränkt, die in plausibler Weise Teil des Alltagswissens sind; Psychofunktionalisten unterliegen keiner derartigen Beschränkung. Obwohl beide Gruppen auf physikalischen – oder zumindest nichtmentalen – Spezifikationen der Inputs und Outputs insistieren, fordern Funktionalisten* Klassifikationen, die extern beobachtbar sind (z. B. Inputs, die durch Gegenstände bestimmt werden, die sich in der Nähe des Organismus befinden, Outputs durch Bewegungen von Körperteilen). Psychofunktionalisten haben andererseits die Möglichkeit, die Inputs und Outputs durch interne Parameter zu spezifizieren, z. B. durch Signale in Input- und Output-Neuronen.

Der Begriff eines ramseyfunktionalen Korrelats kann in unterschiedlicher Weise definiert werden. Für die Zwecke dieses Kapitels wird es sinnvoll sein, eine davon aufzugreifen.[18] Ich werde einen Begriff eines ramseyfunktionalen Korrelats für eine mentale Eigenschaft *in Z zu sein* definieren, wobei Z ein Typ eines mentalen Zustands ist. T soll eine psychologische Theorie entweder eines alltagspsychologischen oder eines wissenschaftlichen Typs sein. T wird so umformuliert, daß sie einen einzigen konjunktionalen Satz bildet, wobei alle Ausdrücke für mentale Zustände als singuläre Ausdrücke auftreten, z.B. ›ist wütend‹ wird zu ›hat Wut‹. So umformuliert soll T folgendermaßen geschrieben werden können:

$T(P, Z_1 \ldots Z_n, I_1 \ldots I_k, O_1 \ldots O_m)$.

Hierbei soll P eine ideale oder repräsentative Person bezeichnen; $Z_1 \ldots Z_n$ sind Ausdrücke für mentale Zustände, $I_1 \ldots I_k$ für Inputs und $O_1 \ldots O_m$ für Outputs. T kann Verallgemeinerungen enthalten wie:

> Daß P in diesem Zustand ist und jenen Input erhält, bewirkt Ps Ausgabe von diesem Output und den Übergang in jenen Zustand.

Um den Ramseysatz von T zu bekommen, ersetze man P und $Z_1 \ldots Z_n$ durch Variablen und setze einen Existenzquantor vor jede Variable. Ein singulärer Ausdruck, der das ramseyfunktionale Korrelat von ›Schmerz haben‹ (in bezug auf T) bezeichnet, kann unter Verwendung eines (Eigenschafts-) Abstraktionsoperators formuliert werden. Ein Ausdruck der Form ›λx Fx‹ soll ein singulärer Ausdruck sein, der dasselbe bedeutet wie ein Ausdruck der Form ›die Eigenschaft (oder das Attribut) ein x zu sein, so daß x F ist‹, d. h. ›F-heit‹.[19] Wenn y, $x_1 \ldots x_n$ die Variablen sind, die P $Z_1 \ldots Z_n$ ersetzten, und wenn x_i die Variable ist, die ›Schmerz‹ ersetzte, dann lautet das ramseyfunktionale Korrelat der Eigenschaft, Schmerz zu haben (in bezug auf T):

$\lambda y \exists\, x_1 \ldots x_n\, [T(y, x_1 \ldots X_n, I_1 \ldots I_k, O_1 \ldots O_m)$
$\&\ y \text{ ist in } x_i]$.

Man beachte, daß dieser Ausdruck Input- und Outputausdrücke enthält, jedoch keine mentalen Ausdrücke (da die Ausdrücke für mentale Zustände durch Variablen ersetzt wurden). Aus diesem Grund kann man von dieser Version des Funktionalismus (wie von dem Maschinenfunktionalismus) sagen, sie reduziere Mentalität auf Input-Output-Strukturen.

Ein Beispiel: T sei eine Theorie, die besagt, daß die Tatsache, daß eine Person Schmerzen hat, das Ausstoßen eines lauten Geräusches bewirke. Der Ramseysatz von T lautet:

∃y∃ x (Daß y x hat, verursacht bei y, daß er ein lautes Geräusch ausstößt).

Das ramseyfunktionale Korrelat zu ›Schmerz haben‹ lautet in bezug auf T:

λy∃ x (Daß y x hat, verursacht bei y, daß er ein lautes Geräusch ausstößt & y hat x).

Dieser Ausdruck (der in bezug auf die Theorie T Schmerz bezeichnet) enthält den Outputausdruck ›stößt ein lautes Geräusch aus‹, er enthält jedoch keine mentalen Ausdrücke.[20]

Ich habe bisher das ramseyfunktionale Korrelat (der Eigenschaft) definiert, in einem mentalen Zustand Z zu sein, und ich habe den Funktionalismus dadurch charakterisiert, daß er in Z zu sein (für jeden mentalen Zustand Z) mit dem ramseyfunktionalen Korrelat identifiziert, in Z zu sein (in bezug auf eine psychologische Theorie). Ich habe bisher jedoch nicht den funktionalen *Zustand* definiert, mit dem der Funktionalismus Z identifiziert. Ich werde einen Abstraktionsoperator ›δ‹ definieren, der einen Zustand abstrahiert, und zwar in Analogie zu dem oben eingeführten Abstraktionsoperator ›λ‹, der eine Eigenschaft abstrahiert. Ein Ausdruck der Form ›δxFx‹ sei ein singulärer Ausdruck, der dasselbe bedeute wie ein Ausdruck der Form ›der Zustand von x, ein x zu sein, so daß Fx‹, d. h. ›der Zustand von etwas, F zu haben‹. Wenn man den Ausdruck erneut untersucht, der das ramseyfunktionale Korrelat von ›Schmerz haben‹ bezeichnet (in bezug auf T) und ›δ‹ für ›λ‹ ersetzt, dann hat man einen singulären Ausdruck, der das ramseyfunktionale Korrelat von Schmerz bezeichnet. Der Funktionalismus identifiziert Schmerz mit seinem ramseyfunktionalen Korrelat (in bezug auf T).[21]

Funktionale Äquivalenz

Beziehungen der funktionalen Äquivalenz aller Versionen des Funktionalismus beziehen sich auf Spezifikationen der Inputs und Outputs. Sowohl für die Maschinen- wie für die Nichtmaschinenversion des Funktionalismus gibt es funktional äquivalente Beziehungen unterschiedlicher Stärke. Man kann die Turingmaschinen X und Y genau in solchen Fällen als funktional äquivalent ansehen (relativ zu einer gegebenen Spezifikation der Inputs und Outputs), wo es zumindest eine Maschinentafel gibt, die gerade diese Menge an Inputs und Outputs auflistet und sowohl X und Y beschreibt. Andererseits kann man fordern, daß *jede* Maschinentafel, die X beschreibt, auch Y beschreibt und umgekehrt – relativ zu gegebenen Spezifikationen der Inputs und Outputs.[22] Wenn man ganz genau – und redundant – sein will, dann kann man von der funktionalen Äquivalenz relativ *sowohl* zu einer gegebenen Spezifikation der Inputs und Outputs als auch zu einer gegebenen Maschinentafel sprechen.

Ähnliches ist von der Nichtmaschinenversion des Funktionalismus zu sagen. Man kann die Systeme X und Y genau in solchen Fällen als funktional äquivalent betrachten (relativ zu einer gegebenen Spezifikation der Inputs und Outputs), wenn es zumindest eine psychologische Theorie gibt, die sich auf genau diese Menge von Inputs und Outputs bezieht und die sowohl für X wie für Y wahr ist. Oder man kann fordern, daß alle psychologischen Theorien mit der Menge an Inputs und Outputs, die für X wahr sind, auch für Y wahr sind. Wieder kann man, um ganz genau zu sein, sowohl auf Inputs und Outputs als auch auf die psychologische Theorie relativieren.

Im folgenden werde ich manchmal sagen, daß X und Y äquivalent seien (in bezug auf bestimmte Inputs und Outputs), ohne eine bestimmte psychologische Theorie oder Turingmaschinentafel anzugeben. Ich meine damit, daß X und Y funktional äquivalent sind (in bezug auf gegebene Inputs und Outputs), und zwar wenigstens in bezug auf eine einigermaßen adäquate, wahre psychologische Theorie (die entweder alltagspsychologischen oder wissenschaftlichen Charakter hat, je nachdem ob wir es mit dem Funktionalismus* oder mit dem Psychofunktionalismus zu tun haben, oder aber in bezug auf wenigstens eine einigermaßen adäquate Maschinentafel, die sowohl X wie Y beschreibt.[23] Zugegeben, solche Begriffe der funktionalen Äquivalenz sind ziemlich vage. Ich sehe leider aber keine Möglichkeit, diese Vagheit zu vermeiden. Funktionalisten sollten sich jedoch damit trösten, daß ihr größter Konkurrent, der Physikalismus, eine analoge Vagheit auf sich nehmen muß. Meines Wissens hat bisher niemand auch nur einen annähernd befriedigenden Vorschlag gemacht, was ein physikalischer Zustand oder eine physikalische Eigenschaft ist, ohne über unbekannte, wahre physikalische Theorien zu quantifizieren (man sagt z.B., eine physikalische Eigenschaft sei eine Eigenschaft, die durch ein Prädikat einer wahren physikalischen Theorie ausgedrückt wird). Und bisher konnte ebenfalls niemand sagen, was es für X und Y heißt, ein physikalischer Zustand desselben Typs zu sein, ohne über einigermaßen adäquate, aber unbekannte, wahre physikalische Theorien zu quantifizieren.

Bei der Diskussion der verschiedenen Versionen des Funktionalismus bin ich ebenfalls ziemlich vage hinsichtlich der Frage gewesen, *wovon* die Psychologie eine Psychologie sein soll. Vermutlich können z.B. Hunde viele mentale Zustände mit Menschen gemeinsam haben, z.B. Hunger, Durst sowie Wünsche und einige Meinungen. Wenn also der Funktionalismus wahr ist, dann müssen wir annehmen, daß es eine psychologische Theorie gibt, die auf Menschen und einige Tiere anwendbar ist, und die sagt, wodurch sowohl Tiere als auch Menschen Meinungen, Wünsche usw. haben. Andererseits gibt es mentale Zustände, die Menschen haben können, Hunde vermutlich aber nicht. Es mag ferner mentale Zustände geben, die einige Menschen haben können, andere jedoch nicht. Einige von uns können unter Weltschmerz leiden, während andere dazu vielleicht nicht in der Lage sind. Es ist möglich, daß es keine psychologischen Grundunterschiede gibt zwischen Hunden oder Personen, die unter Weltschmerz leiden können, und Personen, die dies nicht können usw. Vielleicht kommen alle Verhaltensunterschiede nur dadurch zustande, daß dieselben Parameter einer einzigen psychologischen Theorie, die alle eben erwähnten Kreaturen umfaßt, unterschiedliche Werte annehmen. Eine Analogie: Dieselbe Theorie der Kernphysik handelt sowohl von Reaktoren wie von Bomben, obwohl sie sich in ihrem Verhalten sehr unterscheiden. Dies kommt durch unterschiedliche Werte einer einzigen Parametermenge zustande, die bestimmt, ob die Reaktion kontrolliert abläuft oder nicht. Vielleicht spielen Parameter wie die Kapazität der Informationsverarbeitung oder der Speicherplatz dieselbe Rolle in der Psychologie. Dies ist jedoch unwahrscheinlich für die wissenschaftliche Psychologie und sicherlich nicht wahr für alltagspsychologische Theorien, auf die sich der Funktionalismus* beruft. Es scheint daher wahrscheinlich zu sein, daß sowohl der Funktionalismus* wie der Psychofunktionalismus psychologische Theorien mit unterschiedlichen Graden der Allgemeinheit oder Ebenen der Abstraktion fordern – eine für Menschen, die unter Weltschmerz leiden können, eine für alle Menschen, eine für Hunde und Menschen usw. Wenn dies so ist, dann können unterschiedliche mentale Zustände mit funktionalen Zuständen auf verschiedenen Abstraktionsebenen identisch sein. Dasselbe gilt für Relationen der funktionalen Äquivalenz. Zwei Kreaturen können relativ zu einer Abstraktionsebene der psychologischen Theorie funktional äquivalent sein, nicht jedoch in bezug auf eine andere.

Die Charakterisierung des Funktionalismus durch das ramseyfunktionale Korrelat erfaßt sowohl Relativitäten der Abstraktionsebene wie der Input-Output-Spezifikation. Sowohl nach dem Funktionalismus* wie nach dem Psychofunktionalismus ist jeder funktionale Zustand mit seinem ramseyfunktionalen Korrelat in bezug auf eine psychologische Theorie identisch. Die intendierte Abstraktionsebene wird automatisch durch den Grad der Genauigkeit der Theorie erfaßt. Die Input-Output-Spezifikationen sind eben die, die erwähnt werden. Angenommen z.B., daß das ramseyfunktionale Korrelat von Schmerz bezüglich der Theorie δy∃ x lautet (daß y mit einer Nadel gestochen wird, bewirkt bei y, daß er in Zustand x ist & daß y in Zustand x ist, bewirkt, daß y schreit & y ist in x); die Input-Output-Spezifikation sind ›Nadelstiche‹ und ›Schreien‹; die Abstraktionsebene wird durch diese beiden kausalen Beziehungen bestimmt, die die einzigen sind, die erwähnt werden.

Bis Abschnitt 3.1 werde ich Überlegungen anstellen, die die Abstraktionsebene betreffen. Wenn ich sage, daß zwei Systeme ›funktional äquivalent‹ sind, dann nehme ich an, daß meine Bedingung einer ›angemessenen Adäquatheit‹ eine geeignete Ebene der Konkretheit sicherstellt.

1.2 Homunkulikopf-Roboter

In diesem Abschnitt werde ich eine Klasse von Verfahren beschreiben, die alle Versionen des Funktionalismus in Verlegenheit bringen, indem sie darauf hinweisen, daß sich der Funktionalismus des Liberalismus schuldig macht – er schreibt Systemen, die keine Mentalität besitzen, Mentalität zu.

Man betrachte die einfache Version des Maschinenfunktionalismus, wie ich ihn bereits beschrieben habe. Er besagt, daß jedes

System, das mentale Zustände hat, zumindest durch eine Turingmaschinentafel einer bestimmten Art beschrieben wird und daß jeder mentale Zustand des Systems mit einem durch die Maschinentafel spezifizierten Maschinentafelzustand identisch ist. Inputs und Outputs sollen durch Beschreibungen neuronaler Impulse in den Sinnesorganen und motorischer Outputneuronen spezifiziert sein. Diese Annahme soll die folgenden Ausführungen nicht auf den Psychofunktionalismus beschränken und den Funktionalismus* ausklammern. Wie bereits erwähnt, nimmt jede Version des Funktionalismus *irgendwelche* Spezifikationen der Inputs und Outputs an. Eine Spezifikation eines Funktionalisten* würde für unsere Zwecke dieselben Dienste leisten.

Man stelle sich einen Körper vor, der äußerlich wie ein menschlicher Leib beschaffen ist, z.B. wie dein Körper, der intern jedoch ganz anders funktioniert. Die von den Sinnesorganen herkommenden Neuronen sind mit einer Leuchttafel verbunden, die sich im Hohlraum des Kopfes befindet. Eine Menge von Schaltern ist mit den motorischen Outputneuronen verbunden. In dem Hohlraum wohnt eine Gruppe kleiner Männer. Jeder von ihnen hat eine sehr einfache Aufgabe, nämlich ein ›Quadrat‹ einer einigermaßen adäquaten Maschinentafel zu implementieren, die dich beschreibt. An einer Wand befindet sich ein Nachrichtenbrett, auf dem eine Zustandskarte befestigt ist, d.h. eine Karte, mit einem Symbol, das einen der durch die Maschinentafel beschriebenen Zustände spezifiziert. Was machen nun die kleinen Männer? Angenommen, die befestigte Karte zeigt ein ›G‹; dies alarmiert die kleinen Männer, die G-Quadrate implementieren – die ›G-Männer‹, wie sie sich selbst nennen. Angenommen, das Licht, das Input I_{17} repräsentiert, leuchtet auf. Einer der G-Männer hat nun als seine einzige Aufgabe folgendes zu tun: wenn die Karte ›G‹ zeigt und das Licht I_{17} angeht, drückt er den Schalter O_{191} und verändert die Zustandskarte in ›M‹. Dieser G-Mann wird nur selten zu seiner Arbeit aufgerufen. Trotz der niedrigen Intelligenzstufe, die von jedem einzelnen Mann erwartet wird, wird das System als Ganzes in der Lage sein, dich zu simulieren, da die funktionale Organisation, die auszuführen sie trainiert haben, die deine ist. Eine Turingmaschine kann als eine endliche Menge von Quadrupeln (oder, wenn der Output in zwei Teile zerfällt, in Quintupeln) repräsentiert werden: der gegenwärtige Zustand, der gegenwärtige Input; der nächste Zustand, der nächste Output.

Jeder kleine Mann hat die Aufgabe, die einem einzigen Quadrupel entspricht. Durch die Leistung der kleinen Männer realisiert das System dieselbe (einigermaßen adäquate) Maschinentafel wie du und ist daher mit dir funktional äquivalent.

Ich werde eine Version der Simulatoren mit Homunkuli im Kopf beschreiben, die noch eher nomologisch möglich ist. Wie viele Homunkuli sind erforderlich? Vielleicht sind eine Milliarde genug; schließlich gibt es ja nur ungefähr eine Milliarde Neuronen im Gehirn.

Angenommen, wir erziehen die chinesische Regierung zu Funktionalisten um und überzeugen ihre offiziellen Vertreter, daß es ihr internationales Ansehen enorm verbessern würde, wenn sie einen menschlichen Geist für eine Stunde realisieren. Wir stellen jedem der eine Milliarde Personen in China (ich wähle China, weil es eine Milliarde Einwohner hat) ein speziell entworfenes Funkgerät zur Verfügung, das sie in geeigneter Weise mit anderen Personen verbindet, sowie mit dem künstlichen Körper, den ich im letzten Beispiel erwähnt habe. Wir ersetzen die kleinen Männer durch Sender und Empfänger, die mit den Input- und Outputneuronen verbunden sind. Anstelle eines Nachrichtenbrettes lassen wir Buchstaben von einer Reihe Satelliten zeigen, und zwar so, daß sie in ganz China gesehen werden können. Ein solches System ist physikalisch sicherlich nicht unmöglich. Es könnte funktional mit dir für eine kurze Zeit, etwa eine Stunde, äquivalent sein.

»Aber«, wird man vielleicht entgegnen, »wie kann etwas mit mir *für eine Stunde* funktional äquivalent sein? Bestimmt meine funktionale Organisation denn nicht, wie ich etwa reagieren würde, wenn ich eine Woche lang nichts weiter machte, als *Reader's Digest* zu lesen?« Man erinnere sich, daß eine Maschinentafel eine Menge von Konditionalen spezifiziert, die die Form haben: wenn die Maschine in Z_i ist und den Input I_j erhält, dann gibt sie den Output O_k aus und geht in Z_l über. Irgendein System, das eine Menge von Inputs, Outputs und Zuständen besitzt, die in der beschriebenen Weise aufeinander bezogen sind, realisiert diese Maschinentafel, auch wenn sie nur für einen Augenblick existiert. Während der Stunde, in der das chinesische System ›an‹ ist, *hat* es eine Menge von Inputs, Outputs und Zuständen, für die gilt, daß diese Konditionale wahr sind. Was auch immer der Ausgangszustand sein mag, das System wird in der von der Maschinentafel angegebenen Weise antworten, gleichgültig, was es sein mag. So führt *jeder* Computer die Maschinentafel aus, die er realisiert.

Natürlich gibt es Signale, auf die dieses System antworten würde und du nicht, z. B. auf erhebliche Radiointerferenzen oder eine Flut des Jangtsekiang. Solche Ereignisse können eine Fehlfunktion bewirken und die Simulation blockieren, genauso wie eine Bombe in einem Computer zur Folge haben kann, daß die Maschinentafel, die er realisieren sollte, nicht realisiert wird. Aber genauso wie der Computer ohne die Bombe die Maschinentafel realisieren *kann*, kann das System, das aus den Leuten und dem künstlichen Körper besteht, die Maschinentafel realisieren, so lange es z. B. keine katastrophalen Störungen, Fluten usw. gibt.

»Aber«, wird vielleicht jemand entgegnen, »es gibt einen Unterschied zwischen einer Bombe in einem Computer und einer Bombe in dem chinesischen System, da im zweiten Fall (anders als im ersten) die Inputs so, wie sie in der Maschinentafel spezifiziert sind, eine Fehlfunktion verursachen können. Ungewöhnliche neuronale Aktivitäten in den Sinnesorganen der Einwohner der Provinz Tschungking, die durch eine Bombe oder durch eine Flut des Jangtsekiang verursacht sind, können das System durcheinander geraten lassen.«

Entgegnung: Wenn man sagt, über welches System man spricht, sagt man, was als Input und Output gilt. Für mich gelten als Inputs und Outputs nur neuronale Aktivitäten im künstlichen Körper, der durch Funk mit der Bevölkerung von China verbunden ist. Neuronale Signale in den Menschen von Tschungking gelten sowenig als Input für dieses System wie ein Magnetband, das von einem Saboteur zwischen die Relais im Innern eines Computers gestopft wurde.

Natürlich hat der Gegenstand, der aus den Menschen von China und dem künstlichen Körper besteht, *andere* Turingmaschinenbeschreibungen, nach denen neuronale Signale in den Einwohnern von Tschungking als Inputs gelten *würden*. Ein solches neues System (d. h. der Gegenstand unter solch einer neuen Turingmaschinenbeschreibung) wäre mit dir nicht funktional äquivalent. Genauso kann irgendein kommerzieller Computer dergestalt neu beschrieben werden, daß das Band, das ins Innere gestopft wurde, als Input gilt. Indem man einen Gegenstand als Turingmaschine beschreibt, zieht man eine Linie zwischen dem

Inneren und dem Äußeren. (Wenn für uns nur neuronale Impulse als Input und Output gelten, ziehen wir diese Linie innerhalb des Körpers; wenn für uns nur Oberflächenreizungen als Input und nur körperliche Bewegungen als Output gelten, ziehen wir die Linie gewissermaßen auf der Haut.) Indem ich das chinesische System als eine Turingmaschine beschreibe, habe ich die Linie so gezogen, daß sie einen bestimmten Typ funktionaler Beschreibung erfüllt – einen, den du *auch* erfüllst, und einen, der nach Ansicht des Funktionalismus die Zuschreibung von Mentalität rechtfertigt. Der Funktionalismus behauptet nicht, daß jedes mentale System eine Maschinentafel hat, die so beschaffen ist, daß sie die Zuschreibung von Mentalität in bezug auf *jede* Spezifizierung von Inputs und Outputs rechtfertigt, sondern vielmehr nur in bezug auf *bestimmte* Spezifikationen.

Einwand: Das chinesische System werde zu langsam arbeiten. Ereignisse und Prozesse, mit denen wir normalerweise zu tun haben, gehen für das System viel zu schnell vorbei, als daß sie von ihm entdeckt werden könnten. Wir könnten also nicht mit ihm sprechen, Bridge mit ihm spielen usw.[24]

Entgegnung: Man kann nicht so recht einsehen, warum das Zeitmaß des Systems eine Rolle spielen soll. Welchen Grund gibt es für die Annahme, daß *Deine* mentalen Operationen nicht sehr verlangsamt werden könnten und trotzdem mentale Operationen bleiben würden? Ist es wirklich widersprüchlich oder unsinnig, anzunehmen, daß wir intelligente Wesen kennenlernen könnten, mit denen wir nur durch Zeitrafferverfahren kommunizieren könnten? Wenn wir diese Kreaturen beobachten, scheinen sie beinahe leblos. Wenn wir sie aber in einem Zeitrafferfilm betrachten, sehen wir sie miteinander sprechen. Wir finden heraus, daß sie sagen, daß unser Verhalten für sie nur dann sinnvoll ist, wenn sie uns mit Hilfe stark verlangsamter Filme betrachten. Das Zeitmaß für so wichtig zu halten, scheint Ausdruck eines rohen Behaviorismus zu sein. Auch wenn der Zeitmaßeinwand richtig ist, kann ich ihn immer noch vermeiden, indem ich mich auf den Standpunkt zurückziehe, daß ein Homunkulikopf, der in Echtzeit arbeitet, *metaphysisch* möglich ist, selbst wenn er nicht nomologisch möglich sein sollte. Mein Argument benötigt nur metaphysische Möglichkeit.[25]

Weshalb ist das eben beschriebene System mit Homunkulikopf (die beiden Systeme sollen als Varianten eines einzigen Systems gelten) *prima facie* ein Gegenbeispiel zu dem (Maschinen-) Funktionalismus? Der Grund ist, daß es *Prima-facie*-Zweifel gibt, ob es überhaupt irgendwelche mentalen Zustände hat, insbesondere ob es das hat, was Philosophen gelegentlich ›qualitative Strukturen‹, ›rohe Empfindungen‹ oder ›unmittelbare phänomenologische Qualitäten‹ genannt haben. (Du fragst: Was ist denn das, was die Philosophen qualitative Struktur genannt haben? Ich antworte, nur halb im Scherz, wie Louis Armstrong, als er gefragt wurde, was Jazz ist: »Wenn du so fragst, wirst du's niemals wissen.«) In der Ausdrucksweise von Nagel (1974): Es gibt *Prima-facie*-Zweifel, ob es irgend etwas gibt, das wie ein System mit Homunkulikopf ist.

Die Kraft des *Prima-facie*-Gegenargumentes kann folgendermaßen verdeutlicht werden: der Maschinenfunktionalismus sagt, daß jeder mentale Zustand mit einem Maschinentafelzustand identisch sei. Zum Beispiel ist ein bestimmter qualitativer Zustand Q identisch mit einem Maschinentafelzustand Z_q. Wenn es jedoch nichts gibt, was ein System mit Homunkulikopf ist, dann kann es nicht in Q sein, auch wenn es in Z_q ist. Wenn es daher *Prima-facie*-Zweifel hinsichtlich der Mentalität des Systems mit Homunkulikopf gibt, dann gibt es *Prima-facie*-Zweifel, daß $Q = Z_q$, d. h. Zweifel daran, daß die in Frage stehende Art des Funktionalismus wahr ist.[26] Dieses Argument nenne man ›das Argument der fehlenden Qualia‹.

Es gibt also *Prima-facie*-Zweifel an der Wahrheit des Maschinenfunktionalismus. Na und? Schließlich sind *Prima-facie*-Zweifel nur *prima facie*. Es stimmt, die Berufung auf derartige Intuitionen ist bekanntlich fehlbar. Ich werde es jedoch nicht bei dieser Berufung auf die Intuition bewenden lassen. Ich werde vielmehr zu zeigen versuchen, daß die Vermutung, daß der oben beschriebene Simulator mit Homunkuli im Kopf keine Mentalität besitzt (oder wenigstens Qualia), zumindest teilweise eine rationale Grundlage hat und daß sich von dieser rationalen Grundlage gute Gründe für Zweifel an der Wahrheit des Funktionalismus* (und in einem schwächeren Grade auch des Psychofunktionalismus) herleiten lassen.

1.5 Putnams Vorschlag

Eine Möglichkeit für den Funktionalisten, das Problem zu behandeln, das durch die Gegenbeispiele des Homunkulikopfes entsteht, besteht darin, sie *ad hoc* durch Konvention zu eliminieren. Ein Funktionalist kann z.B. festsetzen, daß zwei Systeme nicht funktional äquivalent sein können, wenn eines der Systeme Teile mit funktionalen Organisationen enthält, die charakteristisch für empfindende Wesen sind, das andere jedoch nicht. In seinem Artikel, in dem er die Hypothese aufstellt, daß Schmerz ein funktionaler Zustand ist, vereinbart Putnam, daß »kein Organismus, der Schmerz empfinden kann, eine Zerlegung in Teile gestattet, die selbständige Beschreibungen haben« (und zwar als eine solche Turingmaschine, die in dem funktionalen Zustand sein kann, den Putnam mit Schmerz identifiziert). Ziel dieser Bedingung ist es, »solche ›Organismen‹ (wenn sie als solche gelten) wie Bienenschwärme als einen einzelnen Schmerzempfinder auszuschließen« (Putnam 1967, 434-439).

Eine Möglichkeit, Putnams Forderung zu erfüllen, sieht folgendermaßen aus: Ein schmerzempfindender Organismus kann keine Zerlegung in Teile gestatten, die *alle* eine funktionale Organisation haben, die für empfindende Wesen charakteristisch ist. Dies würde mein Homunkulikopfbeispiel jedoch nicht ausschließen, da der Homunkulikopf nichtempfindende Teile besitzt, wie den mechanischen Körper und Sinnesorgane. Es hilft auch nicht, in das entgegengesetzte Extrem zu fallen und zu fordern, daß *kein* echtes Teil empfinden darf. Andernfalls würden schwangere Frauen und Leute mit empfindenden Parasiten nicht als schmerzempfindende Organismen gelten. Für die Beispiele wie den Simulator mit dem Homunkulikopf, den ich beschrieben habe, scheint es wichtig zu sein, daß die empfindenden Wesen *eine entscheidende Rolle* dabei spielen, dem Ding seine funktionale Organisation zu verschaffen. Dies legt eine Version von Putnams Vorschlag nahe, die fordert, daß ein schmerzempfindender Organismus eine bestimmte funktionale Organisation besitzt und daß er keine Teile hat, die (1) selbst diese Art funktionaler Organisation besitzen und die auch (2) eine entscheidende Rolle dabei spielen, dem ganzen System seine funktionale Organisation zu verschaffen.

Obwohl dieser Vorschlag den vagen Begriff der ›entscheidenden

Rolle‹ involviert, ist er präzise genug für uns, um einzusehen, daß er nicht brauchbar ist. Angenommen, es gibt einen Teil des Universums, der eine Materie enthält, die von unserer Materie ganz verschieden ist, nämlich Materie, die unendlich teilbar ist; in diesem Teil des Universums gibt es intelligente Kreaturen ganz unterschiedlicher Größe, sogar menschenähnliche Kreaturen, die sehr viel kleiner sind als unsere Elementarteilchen. Auf einer intergalaktischen Expedition lernen diese Leute unsere Art von Materie kennen. Aus Gründen, die nur ihnen bekannt sind, entscheiden sie sich, die nächsten Jahrhunderte der Erschaffung von Substanzen zu widmen, die aus ihrer Materie bestehen und die chemischen und physikalischen Eigentümlichkeiten unserer Elemente besitzen (von der Ebene subelementarer Teilchen sehen sie dabei ab). Sie bauen ganze Schwärme von Raumschiffen unterschiedlicher Art, entsprechend der Größe unserer Elektronen, Protonen und anderer Elementarteilchen und fliegen mit ihren Raumschiffen so herum, daß sie das Verhalten dieser Elementarteilchen nachahmen. Die Raumschiffe enthalten auch Generatoren, um die Art von Strahlen zu produzieren, die von Elementarteilchen abgegeben werden. Jedes Schiff hat eine Besatzung von Experten, die die Natur unserer Elementarteilchen sehr genau kennt. Das alles geschieht, um (nach unserem Maßstab) riesige Massen von Substanzen herzustellen, die die chemischen und physikalischen Eigentümlichkeiten von Sauerstoff, Kohlenstoff usw. haben. Kurz nachdem sie dies erreicht haben, kommst du bei einer Expedition zu diesem Teil des Universums und entdeckst den ›Sauerstoff‹, den ›Kohlenstoff‹ usw. Da dir ihre wirkliche Natur unbekannt ist, baust du eine Kolonie auf, benutzest diese ›Elemente‹, um Pflanzen anzubauen, die der Nahrung dienen, als ›Luft‹ zum Atmen usw. Da die Moleküle eines Lebewesens ständig mit der Umgebung ausgetauscht werden, wirst du mit deinen Reisegefährten (innerhalb weniger Jahre) hauptsächlich aus dieser ›Materie‹ bestehen, die von dem Zwergenvolk in Raumschiffen hergestellt wurde. Wäre dann dein Vermögen, Schmerz zu empfinden, zu denken usw. beeinträchtigt, nur weil die Materie, aus der du nun bestehst, Wesen enthält (und von ihren Eigentümlichkeiten abhängt), die selbst eine funktionale Organisation haben, die für empfindende Wesen eigentümlich ist? Ich meine nicht. Den grundlegenden elektrochemischen Mechanismus, nach dem die Synapsen arbeiten, versteht man mittlerweile recht gut. Soweit bekannt, haben Änderungen, die keine Auswirkungen auf diese elektromechanischen Mechanismen haben, keine Auswirkungen auf die Operationen des Gehirns und keine Auswirkungen auf die Mentalität. Der elektromechanische Mechanismus in Ihren Synapsen würde durch den Austausch der Materie nicht berührt.[27]

Es ist lehrreich, das Beispiel der Elementarteilchen-Leute mit dem Beispiel des Homunkulikopfes, mit dem wir dieses Kapitel begonnen haben, zu vergleichen. Der Grund für unsere Intuition, daß die eingangs beschriebenen Simulatoren mit dem Homunkulikopf keine Mentalität besitzen, liegt auf den ersten Blick wohl darin, daß diese Simulatoren *zuviel* an innerer mentaler Struktur besitzen. Die kleinen Männer können manchmal gelangweilt, manchmal aufgeregt sein. Wir können uns sogar vorstellen, daß sie darüber nachdenken, wie die gegebene funktionale Organisation am besten realisiert werden kann und daß sie Änderungen vornehmen, um mehr Freizeit zu bekommen. Das eben beschriebene Beispiel mit den Elementarteilchen-Leuten läßt jedoch vermuten, daß diese erste Annahme falsch ist. Es scheint wichtig zu sein, *wie* die Mentalität ihrer Teile zum Funktionieren des Ganzen beiträgt.

Es gibt einen bemerkenswerten Unterschied zwischen dem Beispiel mit den Elementarteilchen-Leuten und dem früheren Beispiel des Homunkulikopfes. Im ersten Beispiel hat der Austausch der Materie mit den Homunkuligebilden keinen Unterschied hinsichtlich deiner psychologischen Verarbeitungen (d. h. Informationsverarbeitungen) oder neurologischer Verarbeitungen zur Folge, sondern nur Unterschiede hinsichtlich deines mikrophysikalischen Aufbaus. Keine der menschlichen Psychologie oder Neurophysiologie angemessene Technik würde irgendeinen Unterschied in dir feststellen. Die zu Beginn des Kapitels beschriebenen Simulatoren mit dem Homunkulikopf sind nicht die Gegenstände, auf die sich für uns zutreffende neurophysiologische Theorien beziehen. *Wenn sie als funktionale* Simulatoren* (und nicht als psychofunktionale) konstruiert sind, brauchen sie keine Gegenstände zu sein, auf die psychologische (informationsverarbeitende) Theorien anwendbar sind, die auf uns zutreffen. Dieser Unterschied läßt vermuten, daß unsere Intuitionen teilweise von der gar nicht unvernünftigen Ansicht kontrolliert werden, daß unsere mentalen Zustände davon abhängen, daß wir die Psychologie und/oder Neurophysiologie haben, die wir haben. Wenn nun etwas von uns merklich in beiderlei Hinsicht abweicht (es geht hier primär um eine funktionale* und weniger um eine psychofunktionale Simulation), dann sollte von ihm nicht schon deshalb angenommen werden, daß es Mentalität besitzt, nur weil es mit uns funktional* äquivalent ist.

1.6 Besteht der *Prima-facie*-Zweifel nur *prima facie*?

Das Argument der fehlenden Qualia beruft sich auf die Intuition, daß die Simulatoren mit dem Homunkulikopf keine Mentalität besitzen oder wenigstens keine Qualia. Ich habe darauf hingewiesen, daß diese Intuition Anlaß für *Prima-facie*-Zweifel an der Wahrheit des Funktionalismus gibt. Aber Intuitionen, die nicht durch grundsätzliche Argumente gestützt werden, können wohl kaum als Grundlage dienen. Tatsächlich verschwinden erfreulicherweise bald Intuitionen, die inkompatibel mit einer gut fundierten Theorie sind (z. B. die vorkopernikanische Intuition, daß die Erde sich nicht bewegt). Sogar Gebiete wie die Sprachwissenschaft, deren Daten hauptsächlich aus Intuitionen bestehen, weisen oft (aus theoretischen Gründen) Intuitionen zurück, wie etwa die, daß der folgende Satz ungrammatisch sei:

> Angenommen R. M. wäre der Mann der R. M. gern als die Frau wäre die R. M. gern wäre wäre R. M. dann nicht als der Mann der R. M. als die Frau die R. M. gern wäre gern wäre gern eine Frau.

Dieser Satz ist tatsächlich grammatisch, obwohl es schwierig ist, ihn zu bilden.[29]

Die Berufung auf Intuitionen ist jedoch *besonders* zweifelhaft, wenn man über den Besitz von Mentalität urteilt. Intuitiv scheint *kein* physikalischer Mechanismus ein Sitz für Qualia zu sein, am wenigsten das *Gehirn*. Erscheint ein Klumpen schwabbligen grauen Stoffs intuitiv als Sitz für Qualia geeigneter als ein Trupp kleiner Männer? Wenn dies so ist, dann gibt es vielleicht auch *Prima-facie*-Zweifel hinsichtlich der Qualia der Systeme, die Hirn im Kopf haben.

Es gibt jedoch einen sehr wichtigen Unterschied zwischen dem System mit Hirn im Kopf und dem System mit dem Homunkulikopf. Da wir wissen, daß *wir ein System mit Hirn im Kopf sind* und daß *wir* Qualia haben, wissen wir, daß Systeme mit Hirn im Kopf Qualia haben können. Obwohl wir also keine Theorie der Qualia haben, die erklärt, wie dies *möglich* ist, haben wir gleichwohl überwältigende Gründe dafür, irgendwelche *Prima-facie*-Zweifel nicht ernst zu nehmen, die es hinsichtlich der Qualia der Systeme mit Hirn in den Köpfen gibt. Dies gibt natürlich dem Argument der fehlenden Qualia einen teilweise *empirischen* Charakter – es hängt von dem Wissen darüber ab, was uns funktionieren läßt. Da wir jedoch tatsächlich über dieses Wissen verfügen, sollte die Abhängigkeit von diesem Wissen nicht als ein Nachteil angesehen werden.

Es gibt noch einen weiteren Unterschied zwischen uns Fleischköpfen und den Homunkuliköpfen: sie sind Systeme, die entworfen wurden, um uns nachzuahmen; wir dagegen sind nicht entworfen, um irgend etwas nachzuahmen – hier baue ich auf eine andere empirische Tatsache. Diese Tatsache vereitelt den Versuch, auf der Grundlage eines Schlusses auf die beste Erklärung für Qualia von Homunkuliköpfen zu argumentieren. Die beste Erklärung für das Aufschreien und Zurückzucken der Homunkuliköpfe ist nicht ihr Schmerz, sondern daß sie entworfen wurden, unser Aufschreien und Zurückzucken nachzuahmen.

Einige Leute scheinen zu glauben, daß das komplexe und subtile Verhalten der Homunkuliköpfe (das genauso komplex und subtil – sogar so ›einfühlsam‹ für Eigenschaften der menschlichen und nichtmenschlichen Umwelt ist wie dein Verhalten) selbst ein hinreichender Grund sei, den *Prima-facie*-Zweifel nicht ernst zu nehmen, daß Homunkuliköpfe Qualia haben. Dies ist jedoch nichts anderes als ein kruder Behaviorismus.

Ich werde versuchen, den Leser davon zu überzeugen, indem ich eine Maschine beschreibe, die wie ein mentales System in einer Situation agieren würde, in der nur verbale Inputs und Outputs involviert sind (also eine Maschine, die den ›Turingtest‹ bestehen würde).

Man nenne eine Satzkette, deren Glieder nacheinander in einer Stunde oder weniger gesprochen werden können, eine ›sprechbare Satzkette‹. Eine sprechbare Kette kann einen sehr langen Satz enthalten oder zwei kürzere. Man betrachte die Menge aller sprechbaren Satzketten. Da das Englische eine endliche Anzahl von Wörtern besitzt (und eigentlich eine endliche Anzahl von Lautfolgen – diese bilden mögliche Wörter, die kurz genug sind, um in sprechbaren Ketten aufzutreten), hat diese Menge zwar eine sehr große, jedoch eine endliche Anzahl von Elementen. Man betrachte die Teilmenge der Menge aller sprechbaren Satzketten, von der jede Elementkette als ein Gespräch verstanden werden kann, das zumindest für einen Teilnehmer ›sinnvoll‹ ist. Man nenne dies die ›Menge der sinnvoll sprechbaren Sätze‹. Wenn wir z. B. jedem Teilnehmer eines Gesprächs jeweils einen Satz zubilligen, dann wird jeder gradzahlige Satz einer jeden Kette in S ein verständlicher Beitrag zu dem laufenden Gespräch sein. Wir brauchen nicht zu restriktiv hinsichtlich der Frage sein, was als sinnvoll gelten soll. Wenn z. B. Satz 1 lautet »Sag mal was Unsinniges«, dann kann Satz 2 unsinnig sein. Die Menge der sinnvoll sprechbaren Ketten ist eine endliche Menge, die prinzipiell durch ein sehr großes Team aufgelistet werden kann, das lange Zeit für sehr wenig Geld daran arbeitet. Man stelle sich vor, daß die sinnvoll sprechbaren Ketten auf Band aufgenommen werden und von einer ganz einfachen Maschine folgendermaßen gebildet werden. Ein Frager äußert Satz A. Die Maschine durchsucht die Menge der sinnvoll sprechbaren Ketten, greift solche Ketten heraus, die mit A beginnen, und greift willkürlich eine Kette heraus (oder die Maschine kann durch willkürliche Suche die erste Kette, die sie findet und die mit A beginnt, herausgreifen). Sie produziert dann den zweiten Satz in der Kette, den man ›B‹ nenne. Der Frager äußert einen anderen Satz, den man ›C‹ nenne. Die Maschine greift willkürlich eine Kette heraus, die mit A beginnt, mit B fortfährt und der schließlich C folgt, und äußert den vierten Satz usw.

Wenn nun das Team bei der Auflistung der sinnvoll sprechbaren Sätze gründlich und phantasievoll gewesen ist, dann wird diese Maschine die menschliche Gesprächsfähigkeit simulieren. Tatsächlich könnte die Gesprächsfähigkeit der Maschine, wenn das Team bei seiner Arbeit brillant war, sogar übermenschlich sein (obwohl die Arbeit oft erneuert werden muß, wenn die Maschine auf dem laufenden gehalten werden soll). Diese Maschine hat jedoch zweifellos überhaupt keine mentalen Zustände. Sie ist nur ein riesiger Listensucher mit einem Tonband.

Bisher habe ich in diesem Abschnitt zugegeben, daß die Intuition, daß der Homunkulikopf keine Qualia besitzt, alles andere als schlüssig ist, da die Intuition sich gegen die Zuschreibung von Qualia zu jedem physikalischen Mechanismus sträubt. Ich habe jedoch weiter zu zeigen versucht, daß es zwar gute Gründe dafür gibt, die Intuition nicht ernst zu nehmen, daß Systeme mit Hirn im Kopf keine Qualia haben, daß es jedoch keinen Grund gibt, unsere Intuition nicht ernst zu nehmen, daß Simulatoren mit Homunkuliköpfen keine Qualia haben. Ich möchte nun zeigen, daß die Intuition, daß Simulatoren mit Homunkuliköpfen keine Qualia haben, durch Argumente gestützt werden kann. Der Rest dieses Abschnitts wird dem Funktionalismus* und funktionalen* Simulationen gewidmet sein. Der nächste Abschnitt wird sich parallelen Überlegungen zum Psychofunktionalismus widmen.

Angenommen, das ursprüngliche Beispiel mit dem Homunkulikopf ist so entworfen, daß er funktional* mit dir äquivalent ist. Da er nicht mit dir psychofunktional äquivalent zu sein braucht (vgl. den folgenden Abschnitt), muß eine wissenschaftliche psychologische Theorie, die auf dich zutrifft, nicht auf ihn anwendbar sein. Er würde offensichtlich nichts sein, auf das neurologische Theorien anwendbar sind, die auf dich zutreffen. Wie ich in den letzten Paragraphen des vorigen Abschnitts herausgestellt habe, ist es eine höchst plausible Annahme, daß mentale Zustände in das Gebiet der Psychologie und/oder der Neurophysiologie fallen, oder zumindest, daß Mentalität entscheidend von psychologischen und/oder neurophysiologischen Prozessen und Strukturen abhängt. Da jedoch der funktionale* Simulator mit dem Homunkulikopf sich neurophysiologisch erheblich von dir unterscheidet (insofern es sinnvoll ist, von etwas, das überhaupt keine Neuronen hat, zu sagen, daß es sich neurophysiologisch von etwas unterscheidet) und da er auch nicht psychologisch etwas wie du zu sein braucht (d. h. seine Informationsverarbeitung muß auch nicht annähernd der deinen ähnlich sein), ist es vernünftig, seine Mentalität zu bezweifeln, selbst wenn er funktional* mit dir äquivalent ist. Ferner legt der im vorigen Abschnitt gezogene Vergleich mit der Person, die mit Homunkuli auf der Elementarteilchen-Ebene infiziert ist, den Gedanken nahe, daß diese Argumentation zumindest teilweise die Intuition stützt, daß der funktionale Simulator mit dem Homunkulikopf keine Mentalität besitzt.[30]

Dies Argument ist nicht gerade schlagend, es scheint jedoch hinreichend, die Beweislast des Arguments auf den Funktionalisten* zu übertragen. Wenn es kein einigermaßen plausibles Argument *für* den Funktionalismus* gibt, dann scheint das Argument gegen den Funktionalismus*, das durch das Beispiel mit dem Homunkulikopf gestützt wird, zu zeigen, daß der Funktionalismus* falsch ist.

Obwohl verschiedene Formen des Funktionalismus* weit verbreitet sind, kenne ich in der Literatur nur eine einzige Art der Argumentation für ihn. Man behauptet, daß die Wahrheit funktionaler* Identitäten auf der Grundlage der Analyse von Bedeutungen mentaler Ausdrücke gezeigt werden könne. Nach dieser Argumentation werden funktionale* Identitäten in der Weise gerechtfertigt, in der man die Behauptung zu rechtfertigen sucht, daß der Zustand, ein Junggeselle zu sein, identisch ist mit dem Zustand, ein unverheirateter Mann zu sein. Ein ähnliches Argument beruft sich auf alltägliche Banalitäten über mentale Zustände anstatt auf Wahrheiten von Bedeutung. Lewis (1972, 250) sagt, funktionale* Charakterisierungen mentaler Zustände gehörten ins Gebiet der »Alltagspsychologie – des Alltagswissens eher als der professionellen Wissenschaft«.[31] Und er insistiert ferner darauf, daß funktionale* Charakterisierungen »nur Banalitäten enthalten sollten, die zu unserem alltäglichen Wissen gehören; jeder kennt sie, jeder weiß, daß jeder andere sie kennt, usw.« (Lewis 1972, 256). Ich werde hauptsächlich über die ›Banalitäten‹ Version des Arguments sprechen. Die Analytizitätsversion wird im wesentlichen durch dieselben Überlegungen getroffen sowie durch die von Quine gegen die Analytizität vorgetragenen Zweifel.

Wegen des geforderten banalen Charakters der funktionalen* Definitionen kommt der Funktionalismus* in ernste Schwierigkeiten bei Fällen wie der Paralyse und vom Körper getrennter und mit lebenserhaltenden Systemen verbundener Gehirne. Angenommen z.B, daß B ein Bündel von Inputs und mentalen Zuständen ist, das nach dem Funktionalismus* in einem gewissen charakteristischen Verhalten V resultiert; B, so können wir annehmen, besteht zum Teil aus Schmerz, dem Wunsch, den Schmerz los zu werden, der Meinung, daß ein vor uns befindlicher Gegenstand den Schmerz verursache, sowie der Meinung, daß der Schmerz leicht durch eine entgegengesetzte Bewegung vermieden werden könne. V soll die entgegengesetzte Bewegung sein. Es ist jedoch für einen Paralytiker typisch, daß er B ohne V haben kann. Man kann entgegnen: »Wenn B typischerweise in V resultiert, dann muß eines der Elemente von B die Meinung sein, daß V *möglich* sei; ein Paralytiker hätte diese Meinung nicht.« Entgegnung: Man stelle sich einen Paralytiker vor, der nicht weiß, daß er paralysiert ist und eine Verletzung am Hippocampus hat, die es ihm unmöglich macht zu lernen, oder einen Paralytiker, dessen Paralyse nur *zeitweise* besteht. Sicherlich wird jemand, der einen starken Schmerz empfindet und meint, daß der starke Schmerz nur durch eine entgegengesetzte Bewegung vermieden werden kann, und meint, daß er oder sie diese entgegengesetzte Bewegung ausführen *könnte*, versuchen (solange alles andere gleich bleibt), eine entgegengesetzte Bewegung auszuführen. Dies ist so banal wie irgendeine der Banalitäten in der funktionalistischen* Sammlung. Im Falle eines zeitweisen Paralytikers könnten jedoch *typischerweise* Versuche, sich in entgegengesetzter Richtung zu bewegen, *fehlschlagen*, und so könnte es für ihn typisch sein, daß das Hervorbringen von V mißlingt, wenn B. Man kann sich vorstellen, daß eine die ganze Welt betreffende Krankheit eine zeitweilige Paralyse dieser Art bei uns allen zur Folge hat, so daß *keiner* von uns typischerweise V hervorbringt, wenn B.

Es scheint, daß eine solche Wendung der Ereignisse für den Funktionalisten* die Annahme erforderlich machen würde, daß einige der mentalen Zustände, die B ausmachen, nicht mehr weiter auftreten. Dies scheint jedoch sehr unplausibel zu sein.

Dieser Einwand wird weiter gestärkt durch Gehirn-im-Tank-Beispiele. Vielleicht werden eines Tages unsere Gehirne zeitweise zum Reinigen entnommen werden. Man stelle sich vor, daß dies zu Beginn so geschieht, daß Neuronen, die das Gehirn mit dem Körper verbinden, mit einer Chemikalie behandelt werden, wodurch sie wie Gummibänder dehnbar und keine Verbindungen unterbrochen werden. Mit fortschreitender Technik wird man die Unbequemlichkeit der körperlichen Immobilität während der Überholung des Gehirns dadurch vermeiden, daß man das Gehirn entfernt und die Verbindungen zwischen Gehirn und Körper über Funk aufrechterhält, so daß man weiter seinen Geschäften nachgehen kann. Nach einigen Tagen kommt der Kunde zurück und erhält sein Gehirn wieder eingesetzt. Manchmal jedoch werden die Körper der Leute durch Unfälle zerstört, während ihre Gehirne gerade gereinigt werden. Wenn sie mit Inputsinnesorganen (jedoch keinen Outputorganen) verbunden sind, werden diese Gehirne keine der gewöhnlichen banalen Verbindungen

zwischen dem Verhalten und den Bündeln von Inputs und mentalen Zuständen zeigen. Wenn diese Gehirne (was plausibel scheint) beinahe dieselben (engeren) mentalen Zustände haben können wie wir, dann ist der Funktionalismus* falsch.
Es ist lehrreich, dies damit zu vergleichen, wie der Psychofunktionalismus versucht, Fälle wie Paralyse und Gehirne in Tanks zu behandeln. Nach dem Psychofunktionalismus ist es eine empirische Frage, was als Input und Output eines Systems gilt. Gelten neuronale Impulse als Inputs und Outputs, dann werden die eben skizzierten Probleme vermieden, da die Gehirne in Tanks und Paralytiker sogar ohne körperliche Bewegungen die richtigen neuronalen Impulse haben können. Einwand: Es könnte eine Paralyse geben, die das Nervensystem in Mitleidenschaft zieht und daher auch neuronale Impulse betrifft; das Problem, das sich dem Funktionalismus* stellt, stellt sich damit auch dem Psychofunktionalismus. Entgegnung: Krankheiten, die das Nervensystem angreifen, können tatsächlich *Mentalität ändern*, das heißt, sie können die Kranken so verändern, daß sie unfähig sind, Schmerz zu empfinden. Es könnte also tatsächlich sein, daß eine weitverbreitete Nervenkrankheit eine zeitweilige Paralyse verursacht, die die Leute unfähig macht, bestimmte mentale Zustände zu besitzen.
Nach plausiblen Versionen des Psychofunktionalismus ist die Entscheidung, welche neuronalen Prozesse als Inputs und Outputs gelten sollten, teilweise Sache der Entscheidung, *welche Fehlfunktionen als Änderungen in der Mentalität gelten und welche Fehlfunktionen als Änderungen in peripheren Input-Output-Verbindungen gelten*. Der Psychofunktionalismus hat ein Mittel, das der Funktionalismus* nicht hat, da der Psychofunktionalismus es uns erlaubt, *die Linie, die wir zwischen dem Inneren und dem Äußeren des Organismus ziehen, so anzupassen, daß Probleme der eben diskutierten Art vermieden werden*. Alle Versionen des Funktionalismus* gehen fehl, indem sie diese Linie nur auf der Grundlage des Alltagswissens ziehen; ›Analytizitäts‹-Versionen des Funktionalismus* gehen insbesondere fehl, indem sie versuchen, diese Linie a priori zu ziehen.
Einwand: Sydney Shoemaker legt (in einem Briefwechsel) nahe, daß Probleme, die mit Paralytikern und Hirnen in Tanks von der erwähnten Art zu tun haben, umgangen werden können, indem man seinen Begriff einer ›paradigmatisch verkörperten Person‹

verwendet.[32] Paradigmatische Verkörperung involviert, daß ein funktionierender sensorischer Apparat sowie eine erhebliche Willenskontrolle über Körperbewegungen vorhanden sind. Shoemakers Vorschlag lautet, daß wir mit einer funktionalen Charakterisierung einer paradigmatisch verkörperten Person beginnen, indem wir u. a. sagen, was es für einen physikalischen Zustand heißt, einen gegebenen mentalen Zustand in einer paradigmatisch verkörperten Person zu realisieren. Die funktionale Charakterisierung kann dann auf nicht-paradigmatisch verkörperte Personen folgendermaßen ausgedehnt werden. Man kann sagen, daß eine physikalische Struktur, die nicht Teil einer paradigmatisch verkörperten Person ist, als Realisierung mentaler Zustände gilt, wenn sie ohne Änderung ihrer internen Struktur und der Arten der Beziehungen, die zwischen ihren Zuständen bestehen, in ein größeres physikalisches System aufgenommen werden kann, nämlich den Körper einer paradigmatisch verkörperten Person, in dem die fraglichen Zustände die funktionalen Rollen spielten, die für mentale Zustände einer paradigmatisch verkörperten Person entscheidend sind. Shoemaker vermutet, daß ein Gehirn im Tank von dieser Perspektive aus gesehen werden kann als ein Grenzfall eines Amputierten – Amputation von allem außer dem Gehirn. Denn das Gehirn kann (prinzipiell) in ein System aufgenommen werden, um eine paradigmatisch verkörperte Person zu bilden, und zwar ohne Änderung der internen Struktur und Zustandsbeziehungen des Gehirns.

Entgegnung: Shoemakers Vorschlag klingt vielversprechend, er rettet den Funktionalismus jedoch nur, indem er sich vom Funktionalismus* auf den Psychofunktionalismus zurückzieht. Offensichtlich sagt uns kein vorwissenschaftliches Alltagswissen über Mentalität etwas darüber, was paradigmatisch verkörpert werden kann oder was nicht, *ohne seine interne Struktur und Zustandsbeziehungen zu ändern*. Man stelle sich ein vollständiges menschliches Nervensystem, einschließlich der peripheren Nervenenden, im Tank vor. Man denke sich, daß ein Gramm des peripheren Gewebes entfernt wird; dann wird ein weiteres Gramm entfernt, dann noch eins usw. An welchem Punkt (abhängig auch davon, wo man etwas entfernt) erhalten wir etwas, das nicht mehr länger paradigmatisch verkörpert werden kann, »ohne Änderung seiner internen Struktur und Zustandsbeziehungen«? Dies ist nicht nur eine begriffliche Frage. Die wissenschaftlichen Probleme, die in der Beantwortung dieser Frage involviert sind, können sehr wohl den Problemen ähneln, die in der psychofunktionalistischen Frage nach dem Unterschied zwischen Defekten oder Schäden an Input-Output-Verfahren und Defekten oder Schäden des Zentralmechanismus involviert sind. Das heißt, die wissenschaftliche Aufgabe, die psychofunktionalistische Linie zwischen dem Inneren und Äußeren eines Organismus zu ziehen, scheint so ziemlich dasselbe zu sein wie Shoemakers Aufgabe, die Linie zwischen dem zu ziehen, was paradigmatisch verkörpert werden kann (und was nicht), ohne dabei die interne Struktur und Zustandsbeziehungen zu ändern.

Ich werde kurz zwei weitere Probleme des Funktionalismus* anführen. Das erste kann das ›Problem der Unterscheidung‹ genannt werden: es gibt mentale Zustände, die unterschiedlich sind, die sich jedoch nicht in bezug auf Banalitäten unterscheiden. Man betrachte unterschiedliche Geschmäcke und Gerüche, die typische Ursachen und Wirkungen haben, deren typische Ursachen und Wirkungen jedoch niemand oder nur sehr wenige kennen. Zum Beispiel ruft Gerbsäure in Wein einen bestimmten Geschmack hervor, den Weintrinker sofort erkennen. Meines Wissens gibt es keinen Standardnamen oder keine Beschreibung (außer ›schmeckt nach Gerbsäure‹), die mit diesem Geschmack verbunden ist. Die kausalen Antezedensbedingungen und Konsequenzen dieses Geschmacks sind nicht allgemein bekannt, es gibt keine Banalitäten über seine typischen Ursachen und Wirkungen. Wenn dieser Geschmack erlebt wird und man fragt: »Was ist das für ein Geschmack?«, dann antworten selbst kooperative Leute nicht typischerweise mit »Gerbsäure«, da sie dieses Wort typischerweise nicht kennen. Darüber hinaus gibt es Empfindungen, die nicht nur keine Standardnamen haben, sondern deren Ursachen und Wirkungen bisher von keinem richtig verstanden werden. A und B sollen zwei solche (unterschiedlichen) Empfindungen sein. Weder Banalitäten noch Bedeutungswahrheiten können zwischen A und B unterscheiden. Da die funktionale* Beschreibung eines mentalen Zustands durch Banalitäten, die auf diesen Zustand zutreffen, bestimmt sind, und da A und B sich nicht hinsichtlich Banalitäten unterscheiden, wären Funktionalisten genötigt, A und B mit demselben funktionalen* Zustand zu identifizieren, und sie wären so zur Behauptung genötigt, daß A = B, was nach der Hypothese falsch ist.

Eine zweite Schwierigkeit für Funktionalisten* besteht darin, daß Banalitäten oft falsch sind. Ich vermute, daß es eine Banalität ist, daß bestimmte olfaktorische Empfindungen, die wir mit Stinktieren assoziieren, *typischerweise* von Stinktieren verursacht werden. Es könnte sich jedoch sicherlich herausstellen, daß diese Empfindung öfter von anderen Tieren oder einem Pilz verursacht wird. Es kann tatsächlich sein, daß dies den Experten bereits bekannt ist, bisher jedoch nicht ins allgemeine Bewußtsein gedrungen ist. Die funktionale* Beschreibung dieses Geruchs, die auf Banalitäten basiert, wird ihn also nicht herausgreifen können. Wir wollen dieses Problem das ›Problem der Wahrheit‹ nennen. Um dieses Problem zu lösen, schlägt Lewis vor, daß wir die kausalen Beziehungen zwischen mentalen Zuständen, Inputs und Outputs nicht mittels der Konjunktion aller Banalitäten spezifizieren, sondern vielmehr durch »ein Bündel davon – durch eine Disjunktion von Konjunktionen der *meisten* von ihnen (es macht dann nichts, wenn einige verkehrt sind)«. Dieser Zug kann jedoch das Problem der Unterscheidung verschärfen, da es Paare unterschiedlicher mentaler Zustände geben kann, die in bezug auf *die meisten* Banalitäten gleich sind.

2.1 Argumente für den Psychofunktionalismus und was an ihm nicht stimmt

Ich habe gesagt, daß es einen guten Grund gibt, unsere Intuition ernst zu nehmen, daß funktionale* Simulatoren mit Homunkuliköpfen keine Mentalität besitzen. Der gute Grund war, daß Mentalität in den Bereich der Psychologie und/oder der Physiologie gehört, funktionale* Simulatoren mit Homunkuliköpfen jedoch weder psychologische (informationsverarbeitende) noch physiologische Mechanismen benötigen, die uns ähnlich sind. Dieses Argument ist jedoch nicht auf einen *psycho*funktionalen Simulator mit Homunkuliköpfen anwendbar. Es gibt sogar einen ausgezeichneten Grund dafür, jede Intuition zurückzuweisen, die besagt, daß eine psychofunktionale Simulation eines Homunkulikopfes keine Mentalität habe. Da ein psychofunktionaler Simulator von dir psychofunktional mit dir äquivalent wäre, würde eine einigermaßen adäquate psychologische Theorie, die auf dich zutrifft, auch auf ihn zutreffen. Wir könnten tatsächlich ohne wesentliche Änderung des Homunkulikopf-Beispiels fordern, daß *jede* einigermaßen adäquate psychologische Theorie, die auf dich zutrifft, auch auf ihn zutrifft. Könnte es einen besseren Grund geben, ihm alle möglichen mentalen Zustände zuzuschreiben, die es im Bereich der Psychologie gibt? Angesichts eines solch guten Grundes für die Zuschreibung mentaler Zustände sollten *Prima-facie*-Zweifel hinsichtlich der Frage, ob er diese Aspekte der Mentalität hat, die in den Bereich der Psychologie gehören, nicht ernst genommen werden.

Ich meine, daß dieses Argument zeigt, daß ein Simulator mit einem Homunkulikopf nichtqualitative mentale Zustände haben könnte. Im nächsten Abschnitt werde ich jedoch einen psychofunktionalen Simulator detaillierter beschreiben und zu zeigen versuchen, daß es gleichwohl *Prima-facie*-Zweifel gibt, daß er *qualitative* mentale Zustände besitzt (d. h. Zustände, die wie Schmerz Qualia involvieren). Darüber hinaus zeigt das Argument, auf das sich dieser Zweifel stützt, daß Qualia überhaupt nicht in den Bereich der Psychologie gehören. Somit liegt zumindest in bezug auf qualitative Zustände die Beweislast noch immer auf seiten des Psychofunktionalismus. Ich werde nun zeigen, daß keins der Argumente, die für den Psychofunktionalismus angeführt wurden, irgendwie stichhaltig ist.

Hier nun ein Argument für den Psychofunktionalismus, das in der Literatur implizit enthalten ist. Es ist Aufgabe der Einzelwissenschaften, etwas über die Natur der Dinge zu sagen, die in ihren Bereich fallen. Mentale Zustände gehören in den Bereich der Psychologie, deshalb ist es Aufgabe der Psychologie, uns zu sagen, was mentale Zustände sind. Man kann von einer psychologischen Theorie erwarten, daß sie mentale Zustände mit Hilfe der kausalen Beziehungen charakterisiert, die zwischen mentalen Zuständen und anderen mentalen Entitäten bestehen sowie zwischen mentalen Entitäten, Inputs und Outputs. Aber eben diese kausalen Beziehungen konstituieren die psychofunktionalen Zustände, die der Psychofunktionalismus mit mentalen Zuständen identifiziert. Der Psychofunktionalismus ist also nichts anderes als das Ergebnis der Anwendung einer plausiblen Wissenschaftskonzeption auf die Mentalität; der Psychofunktionalismus ist einfach die Lehre, daß mentale Zustände die ›psychologischen Zustände‹ sind, die die Psychologie zu charakterisieren hat.

Daß diese Art von Argument erhebliche Schwächen hat, wird

deutlich, wenn man sich vergegenwärtigt, daß eine Anwendung auf andere Einzelwissenschaften fehlerhaft wäre.
Man betrachte ein Analogon des Psychofunktionalismus in der Physik. Es besage etwa, daß die Eigenschaft, ein Proton zu sein darin bestehe, bestimmte gesetzesähnliche Beziehungen zu anderen physikalischen Eigenschaften zu besitzen. In bezug auf gegenwärtige physikalische Theorien würde die Beschaffenheit von Protonen mit einer Eigenschaft identifiziert werden, die durch den Ramseysatz der gegenwärtigen physikalischen Theorie ausdrückbar ist (in der oben beschriebenen Weise). Es gibt nun offensichtlich ein Problem mit der Behauptung, was es heißt, ein Proton zu sein. Dieser physikofunktionalistische Ansatz würde nämlich die Eigenschaft, ein Antiproton zu sein, *mit genau derselben Eigenschaft* identifizieren. Nach der gegenwärtigen physikalischen Theorie sind Protonen und Antiprotonen ›duale‹ Entitäten; man kann im Ramseysatz der gegenwärtigen physikalischen Theorie die Variable, die für ›Beschaffenheit von Protonen‹ steht, nicht (in nichttrivialer Weise) von der Variablen unterscheiden, die für ›Beschaffenheit von Antiprotonen‹ steht. Protonen und Antiprotonen sind jedoch unterschiedliche Typen von Partikeln; ein physikalisches Gesetz besagt, daß Partikel ihre Antipartikel vernichten; Protonen vernichten also Antiprotonen, obwohl sich Protonen gut mit anderen Protonen vertragen.[33]
Angenommen, jemand würde behaupten: ›Beschaffenheit von Protonen = ihr ramseyfunktionales Korrelat in bezug auf die gegenwärtige physikalische Theorie‹ sei unsere beste Hypothese über die Beschaffenheit von Protonen, und zwar deshalb, weil diese Identifikation nichts anderes sei als die Anwendung der Lehre, daß es Aufgabe der Einzelwissenschaften sei, uns etwas über die Natur der Dinge ihres Bereichs zu sagen. Diese Argumentation wäre falsch. Warum sollten wir also annehmen, daß diese Form des Arguments weniger falsch ist, wenn man sie auf die Psychologie anwendet?
In den vorigen Paragraphen habe ich vielleicht den Eindruck entstehen lassen, daß das Analogon des Psychofunktionalismus in der Physik dazu verwendet werden könnte, den Psychofunktionalismus selbst zu bezweifeln. Es gibt jedoch zwei wichtige Unterschiede zwischen dem Psychofunktionalismus und seinem physikalischen Analogon. Erstens gibt es nach dem Psychofunktionalismus eine theoretisch fundierte Unterscheidung zwischen

einerseits Inputs und Outputs, wie sie im Ramseysatz explizit beschrieben werden, und andererseits den internen Zuständen und anderen psychologischen Entitäten, deren Name durch Variablen ersetzt wurde. Es gibt jedoch keine analoge Unterscheidung in bezug auf andere Einzelwissenschaften. Eine auf Beobachtung/Theorie basierende Unterscheidung wäre analog, wenn sie ausfindig gemacht werden könnte; die Schwierigkeiten, eine solche Unterscheidung zu treffen, sind jedoch allbekannt.
Zweitens (und wichtiger): der Psychofunktionalismus braucht einfach nicht als Spezialfall einer allgemeinen Lehre über die Natur von Entitäten, mit denen sich wissenschaftliche Theorien befassen, aufgefaßt zu werden. Psychofunktionalisten können durchaus vernünftigerweise annehmen, daß nur *mentale* Entitäten – oder vielleicht nur Zustände, Ereignisse und dergleichen, im Unterschied zu Substanzen wie Protonen – durch ihre kausalen Beziehungen ›konstituiert‹ werden. Wenn der Psychofunktionalist eine solche Ansicht vertritt, dann schützt er natürlich den Psychofunktionalismus vor dem Protonenproblem; allerdings gibt er dabei das Argument auf, daß der Psychofunktionalismus einfach nur das Ergebnis der Anwendung einer plausiblen Wissenschaftskonzeption der Mentalität sei.
Ein anderes Argument für den Psychofunktionalismus (oder, weniger plausibel, für den Funktionalismus*), das aus der Literatur abstrahiert werden kann, ist das Argument vom ›Schluß auf die beste Erklärung‹: »Was *anderes* könnten denn mentale Zustände sein, wenn nicht psychofunktionale Zustände?« Putnam (1967) z. B. stellt die Hypothese auf, daß der (Psycho-) Funktionalismus wahr sei, und argumentiert dann überzeugend dafür, daß der (Psycho-) Funktionalismus eine bessere Hypothese sei als der Behaviorismus oder der Materialismus. Dies ist jedoch ein sehr zweifelhafter Gebrauch des ›Schlusses auf die beste Erklärung‹. Denn was garantiert uns, daß es eine Antwort auf die Frage »Was sind mentale Zustände?« von der Art, wie Behavioristen, Materialisten und Funktionalisten sie wollen, überhaupt *gibt*? Ferner ist der Schluß auf die beste Erklärung nicht anwendbar, wenn keine der verfügbaren Erklärungen irgendwie brauchbar ist. Zusammengefaßt: damit der Schluß auf die beste Erklärung anwendbar ist, müssen zwei Bedingungen erfüllt sein: die Annahme muß begründet sein, daß eine Erklärung möglich ist, und wenigstens eine der verfügbaren Erklärungen muß ein Minimum an Ad-

äquatheit bieten. Angenommen, jemand rechtfertigt eine der vorgeschlagenen Lösungen zu Newcombs Problem damit, daß sie trotz fataler Fehler die beste vorgeschlagene Lösung sei. Das wäre ein Witz. Ist das Argument für den Funktionalismus aber irgendwie besser? Behaviorismus, Materialismus und Funktionalismus sind keine Theorien der Mentalität, wie Mendels Theorie eine Theorie der Vererbung ist. Der Behaviorismus, der Materialismus und der Funktionalismus sind (ebenso wie der Dualismus) Versuche, ein Problem zu lösen: das Leib/Seele-Problem. Dies ist natürlich ein Problem, von dem kaum garantiert werden kann, daß es überhaupt eine Lösung hat. Ferner hat jede der vorgeschlagenen Lösungen des Leib/Seele-Problems ernsthafte Schwierigkeiten, Schwierigkeiten, die ich geneigt bin, für fatal zu halten. Warum ist der Funktionalismus so weit verbreitet, obwohl es kaum gute Argumente, implizit oder explizit, für ihn gibt? Meiner Ansicht nach wurden funktionalistische Lehren anfangs als Hypothesen angeboten. Mit der Zeit jedoch können plausibel klingende Hypothesen mit nützlichen Eigenschaften wie etablierte Tatsachen behandelt werden, auch wenn niemals gute Argumente dafür vorgelegt wurden.

2.2 Sind Qualia psychofunktionale Zustände?

Ich habe dieses Kapitel mit einer Beschreibung eines Verfahrens mit einem Homunkulikopf begonnen und behauptet, daß es *prima facie* zweifelhaft sei, daß er überhaupt irgendwelche mentalen Zustände habe, insbesondere, daß er qualitative Zustände wie Schmerz, Jucken und Rotempfindungen habe. Der besondere Zweifel hinsichtlich Qualia kann vielleicht verdeutlicht werden, wenn man an *invertierte* Qualia und nicht an *fehlende* Qualia denkt. Die Annahme ist sinnvoll oder scheint sinnvoll zu sein, daß Gegenstände, die wir beide als grün bezeichnen, mir so erscheinen, wie dir Gegenstände, die wir als rot bezeichnen. Es scheint, daß wir funktional äquivalent sein können, selbst wenn die Empfindungen, die Feuerlöscher in dir hervorrufen, qualitativ dieselben sind, wie Empfindungen, die Gras in mir hervorruft. Man stelle sich eine invertierende Linse vor; wenn man sie vor die Augen einer Person hält, ruft diese etwa aus: »Rote Gegenstände sehen nun aus wie grüne Dinge gewöhnlich aussehen und umgekehrt.« Man stelle sich ferner ein Paar identischer Zwillinge vor, von denen einer von Geburt an die Linsen eingesetzt bekommen hat. Die Zwillinge wachsen normal auf und sind mit 21 Jahren funktional äquivalent. Diese Situation bietet zumindest einigen Anhalt dafür, daß das Farbspektrum eines jeden relativ zum Spektrum des andern invertiert ist.[34] Es ist jedoch kaum zu sehen, wie die Analogie der Farbspektruminversion für nichtqualitative Zustände sinnvoll sein kann. Man stelle sich zwei Personen vor; eine meine, daß p wahr und daß q (≠ p) falsch sei; der andere meine statt dessen, daß q wahr und p falsch sei. Können diese Personen funktional äquivalent sein? Es ist schwer zu sehen, wie dies möglich sein könnte.[35] Man kann tatsächlich schwer verstehen, wie zwei Personen nur diesen einen Unterschied in ihren Meinungen haben und daß gleichwohl keine Umstände möglich sein sollen, in denen dieser Meinungsunterschied unterschiedliches Verhalten zur Folge haben kann. Qualia scheinen (obwohl vielleicht nicht für Anhänger von Davidsons anomalem Monismus) in einer Art supervenient zu einer funktionalen Organisation zu sein, wie es Meinungen nicht sind.

Teilweise wegen dieser Eigenschaft von Qualia habe ich das Argument gegen den Funktionalismus ›Argument fehlender Qualia‹ genannt. Es gibt jedoch noch einen weiteren Grund, um zwischen qualitativen und nichtqualitativen mentalen Zuständen streng zu unterscheiden, wenn man über funktionalistische Theorien spricht: der Psychofunktionalismus vermeidet die Probleme des Funktionalismus* bei nichtqualitativen Zuständen, z. B. propositionalen Einstellungen wie Meinungen und Wünschen. Der Psychofunktionalismus kann aber vielleicht qualitative Zustände nicht besser behandeln als der Funktionalismus*. Der Grund ist, daß Qualia vielleicht überhaupt nicht in das Gebiet der Psychologie gehören.

Um dies zu verstehen, wollen wir uns vorzustellen versuchen, wie eine Realisierung der menschlichen Psychologie durch einen Homunkulikopf aussehen würde. Die gegenwärtige psychologische Theoriebildung scheint auf die Beschreibung der Beziehungen des Informationsflusses zwischen psychologischen Mechanismen gerichtet zu sein. Das Ziel scheint zu sein, solche Mechanismen in psychologisch primitive Mechanismen zu zerlegen, *black boxes*, deren interne Struktur eher in das Gebiet der Physiologie als in das Gebiet der Psychologie gehören.[36] Ein beinahe primitiver Mechanismus könnte z. B. darin bestehen, zwei Einheiten in einem repräsentierenden System zu vergleichen und zu bestimmen, ob sie Token desselben Typs sind. Oder die primitiven Mechanismen können wie die in einem Digitalcomputer beschaffen sein; sie können z. B. folgendermaßen aussehen: (a) *addiere 1 zu einem gegebenen Register* und (b) *subtrahiere 1 von einem gegebenem Register oder, wenn das Register eine 0 enthält, gehe zur n-ten (angezeigten) Anweisung.*[37] Man betrachte einen Computer, dessen Maschinensprachkode nur zwei Anweisungen enthält, die (a) und (b) entsprechen. Wenn du fragst, wie er multipliziert oder Differentialgleichungen löst oder Lohnlisten aufstellt, kann man dir antworten, indem man dir ein Programm zeigt, das durch die beiden Anweisungen der Maschinensprache gebildet wird. Wenn du jedoch fragst, wie er 1 zu dem Inhalt eines gegebenen Registers addiert, wird die richtige Antwort in der Aufzeichnung eines Schaltplans und nicht eines Programms bestehen. Es ist in der Maschine fest verdrahtet, wie man 1 addiert. Wenn die Anweisung, die (a) entspricht, in einem bestimmten Register erscheint, ändern sich die Inhalte eines anderen Registers ›automatisch‹ in einer bestimmten Weise. Die Rechenstruktur eines Computers wird durch eine Menge primitiver Operationen bestimmt sowie dadurch, wie nichtprimitive Operationen auf diesen aufgebaut sind. Es spielt also für die Rechenstruktur keine Rolle, ob die primitiven Mechanismen durch Röhren-, Transistor- oder durch Relaisschaltungen realisiert sind. Entsprechend spielt es für die Psychologie eines mentalen Systems keine Rolle, ob sein primitiver Mechanismus durch den einen oder den andern neurologischen Mechanismus realisiert ist. Ein System heiße ›Realisierung der menschlichen Psychologie‹, wenn jede psychologische Theorie, die auf uns zutrifft, auch auf es zutrifft. Man betrachte eine Realisierung der menschlichen Psychologie, deren primitive psychologische Operationen durch kleine Männer bewirkt werden, und zwar so, wie bei dem besprochenen Homunkulikopfsimulator. So bringt vielleicht ein kleines Männchen nacheinander Einheiten von einer Liste hervor, ein anderes vergleicht diese Einheiten mit anderen Repräsentationen, um zu bestimmen, ob sie übereinstimmen.

Es gibt nun gute Gründe für die Annahme, daß dieses System einige mentale Zustände hat, z. B. propositionale Einstellungen. Vielleicht wird die psychologische Theorie die Erinnerung, daß p, mit einem ›gespeicherten‹ satzähnlichen Gegenstand identifizieren, der die Proposition ausdrückt, daß p.[38] Wenn dann eines der kleinen Männchen einen bestimmten satzähnlichen Gegenstand im ›Speicher‹ hat, haben wir Gründe, von dem System zu sagen, es erinnere p. Es gibt jedoch keine entsprechenden theoretischen Gründe, um das System so zu betrachten, als besitze es Qualia, solange Qualia zu haben nicht einfach eine Sache einer bestimmten Informationsverarbeitung ist (was bestenfalls ein kontroverser Vorschlag ist, vgl. die folgende Diskussion). Kurz, es gibt vielleicht ebenso große Zweifel hinsichtlich der Qualia dieses Homunkulikopfsystems, wie es Zweifel hinsichtlich der Qualia des funktionalen* Simulators durch den Homunkulikopf gibt, der zu Beginn dieses Kapitels diskutiert wurde.

Das System jedoch, das wir diskutieren, ist nach der Hypothese etwas, auf das jede wahre psychologische Theorie zutrifft. *Jeder Zweifel, daß es Qualia hat, ist daher ein Zweifel daran, daß Qualia in das Gebiet der Psychologie gehören.*

Es mag entgegnet werden: »Die Art der Psychologie, an die du denkst, ist die *kognitive* Psychologie, d. h. eine Psychologie der Denkprozesse; es ist nun kein Wunder, daß Qualia nicht in das Gebiet der *kognitiven* Psychologie gehören!« Ich denke jedoch *nicht* an die kognitive Psychologie, und wenn dieser Eindruck entsteht, dann kann dies leicht erklärt werden: nichts, was wir über die psychologischen Prozesse wissen, die unserem bewußten mentalen Leben zugrunde liegen, hat irgend etwas mit Qualia zu tun. Was man z. B. für eine ›Psychologie‹ der Empfindung oder des Schmerzes hält, ist (a) Physiologie, (b) Psychophysik (d. h. das Studium der mathematischen Funktionen, die zwischen Reizvariablen und Empfindungsvariablen bestehen, z. B. der Klangintensität als Funktion der Amplituden der Schallwellen) oder (c) ein Glückstopf für deskriptive Studien.[39] Nur die Psychophysik kann hierbei so konzipiert werden, daß sie an sich von Qualia an sich handle. Und es ist offensichtlich, daß die Psychophysik es nur mit *funktionalen* Aspekten der Empfindung zu hat, nicht mit ihrem qualitativen Charakter. Psychophysikalische Experimente, die man mit dir macht, haben dieselben Ergebnisse, wenn man sie mit einem System macht, das psychofunktional mit dir äquivalent ist, selbst wenn es invertierte oder gar keine Qualia hätte. Wenn experimentelle Ergebnisse unverändert bleiben, gleichgültig, ob das untersuchte Subjekt invertierte oder gar keine Qualia hat,

dann kann kaum erwartet werden, daß sie die Natur der Qualia erhellen können.
Wenn ich mir den begrifflichen Apparat ansehe, der heute in der Psychologie verfügbar ist, dann kann ich tatsächlich nicht sehen, wie eine Psychologie, die der gegenwärtigen Form irgendwie ähnlich ist, Qualia erklären *könnte*. Wir können uns heute nicht vorstellen, wie die Psychologie Qualia erklären könnte, obwohl wir uns vorstellen *können*, wie die Psychologie Meinungen, Wünsche, Hoffnungen usw. erklären könnte.[40] Daß gegenwärtig etwas nicht vorstellbar ist, ist kein guter Grund für die Annahme, es sei unmöglich. Begriffe könnten morgen entwickelt werden, die vorstellbar machen, was heute noch unvorstellbar ist. Wir müssen jedoch mit unserem jetzigen Wissensstand weitermachen, und danach sieht es so aus, als gehörten Qualia nicht in das Gebiet der Psychologie.
Einwand: Wenn der eben beschriebene psychofunktionale Simulator dieselben Meinungen hat wie ich, dann wird eine der Meinungen des Systems sein, daß es jetzt Kopfschmerzen hat (da ich mir jetzt meiner Kopfschmerzen bewußt bin). Ist seine Meinung falsch? Entgegnung: Wenn es Meinungen hat: ja! Der Einwand geht offensichtlich von einer Version der Inkorrigierbarkeitsthese aus (wenn x meint, daß er tatsächlich Schmerzen hat, dann folgt daraus, daß er Schmerzen hat). Ich meine, daß die Inkorrigierbarkeitsthese falsch ist. Aber selbst, wenn sie wahr ist, ist sie ein zweischneidiges Schwert. Denn man kann damit genausogut dafür argumentieren, daß die Schwierigkeiten, die der Psychofunktionalismus mit Qualia hat, auch seinen Zugang zu Meinungen infizieren. Denn wenn die Homunkulikopfsimulation in einem Zustand ist, der psychofunktional äquivalent zu der Meinung ist, daß es Schmerz empfindet, jedoch keine Qualia hat und daher keinen Schmerz, dann meint das System auch nicht, daß es Schmerz empfindet, wenn die Inkorrigierbarkeitsthese wahr ist. Wenn es sich jedoch in einem Zustand befindet, der psychofunktional mit dem Zustand äquivalent ist, etwas zu meinen, ohne eine Meinung zu haben, dann ist etwas zu meinen kein psychofunktionaler Zustand.
Einwand: Es war zu einer Zeit unbegreiflich, daß Temperatur eine Eigenschaft der Materie sein könnte, wenn Materie nur aus herumschwirrenden Partikeln besteht; es wäre jedoch nicht vernünftig gewesen, daraus zu schließen, daß Temperatur nicht in

das Gebiet der Physik falle. Entgegnung: erstens war das, was der Einwand als unbegreiflich bezeichnet, wahrscheinlich niemals unbegreiflich. Wenn die wissenschaftliche Gemeinschaft Materie als herumschwirrende Partikel begreifen kann, dann kann sie vermutlich Wärme auch als etwas begreifen, was mit der Bewegung der Partikel zu tun hat. Die Theorie von Bacon, daß Wärme Bewegung sei, entstand zu Beginn durch Nachdenken über Wärme – ein Jahrhundert vor Galileis einfachem Vorläufer eines Thermometers und sogar bevor die Unterschiede zwischen der Temperatur von X, der wahrgenommenen Temperatur von X und der Wärmeleitfähigkeitskonstante von X überhaupt klar waren.[41] Zweitens macht es einen ziemlichen Unterschied, ob man sagt, daß etwas nicht in das Gebiet der Physik gehöre oder daß es nicht in das Gebiet der Psychologie gehöre. Die Annahme, daß Temperaturphänomene nicht in das Gebiet der Physik gehören, ist gleichbedeutend mit der Annahme, daß sie überhaupt nicht erklärbar sind.

Man kann gegen die Annahme, daß Qualia keine psychologischen Entitäten seien, nicht einwenden, daß Qualia gerade paradigmatisch für Gegenstände sind, die in den Bereich der Psychologie fallen. Wie oft betont wurde, ist es teilweise eine empirische Frage, was in den Bereich einer bestimmten Einzelwissenschaft fällt. Es stellt sich z.B. heraus, daß die Flüssigkeit von Wasser nicht von der Chemie erklärt werden kann, sondern vielmehr von der subatomaren Physik erklärt werden muß. Einzelwissenschaften haben zu jeder Zeit eine Menge von Phänomenen, die sie erklären wollen. Es kann sich jedoch herausstellen, daß ein Phänomen, das man für zentral für eine Einzelwissenschaft hielt, tatsächlich in das Gebiet einer anderen Disziplin gehört.

Angenommen, Psychologen entdeckten eine *Korrelation* zwischen qualitativen Zuständen und bestimmten kognitiven Prozessen; würde dies die Annahme begründen, qualitative Zustände seien identisch mit den kognitiven Zuständen, mit denen sie korrelieren? Sicherlich nicht. Erstens, welchen Grund gäbe es für die Annahme, daß diese Korrelation auch in den Homunkulikopfsystemen bestehen würde, die uns psychofunktional simulieren? Zweitens, obwohl Argumente dafür vorgebracht werden können, daß bestimmte Arten allgemeiner Korrelationen zwischen Fs und Gs die Annahme begründen, daß F G ist, so ist dies doch nur dann der Fall, wenn die Prädikate zu unterschiedlichen Theorien gehören, wobei eine der Theorien auf die andere reduzierbar ist. Es gibt z.B. eine Korrelation zwischen Wärmeleitfähigkeit und elektrischer Leitfähigkeit (im Wiedemann-Franz-Gesetz formuliert), es wäre jedoch lächerlich, würde man daraus schließen wollen, daß Wärmeleitfähigkeit dasselbe sei wie elektrische Leitfähigkeit.[42]

Mir ist nur ein ernsthafter Versuch bekannt, ›Bewußtsein‹ in eine Psychologie des Informationsflusses einzubetten: das Programm Dennetts (1978). Dennett ordnet das Bewußtsein in eine Psychologie des Informationsflusses einfach mit der Behauptung ein, daß die Bewußtseinsinhalte nur aus Urteilen bestehen. Seiner Ansicht nach sind Qualia, insofern sie keine Urteile (oder Meinungen) sind, unechte theoretische Entitäten, die wir postulieren, um zu erklären, warum wir in uns den Wunsch vorfinden, alles Mögliche darüber zu sagen, was in unserem Geist vor sich geht.

Dennetts Lehre hat die gleiche Beziehung zu Qualia, die die US-Luftwaffe zu vielen vietnamesischen Dörfern hatte: er zerstört Qualia, um sie zu retten. Ist es nicht viel vernünftiger, versuchsweise die Hypothese aufzustellen, daß Qualia durch physiologische oder physikalisch-chemische Eigentümlichkeiten unserer Informationsverarbeitung bestimmt sind, als durch den Informationsfluß selbst?

Das Argument der fehlenden Qualia nutzt die Möglichkeit, daß der funktionale* oder psychofunktionale Zustand, den die Funktionalisten* oder Psychofunktionalisten mit Schmerz identifizieren wollen, auftreten kann, ohne daß gleichzeitig ein Quale vorhanden ist. Es scheint ebenfalls vorstellbar, daß ein Quale ohne den funktionalen Zustand auftreten kann. Es gibt tatsächlich Tatsachen, die diese Ansicht plausibel erscheinen lassen. Nach einer operativen Durchtrennung der Stirn-Thalamus-Verbindung berichten Patienten typischerweise, daß sie noch immer Schmerz empfinden, obwohl die Schmerzen sie nicht mehr quälen.[43] Diese Patienten zeigen alle ›sensorischen‹ Zeichen von Schmerz (erkennen z.B. Nadelstiche als scharf), sie haben jedoch oft kaum oder gar nicht den Wunsch, ›schmerzvolle‹ Reize zu vermeiden.

Durch diesen Einwand wird die Ansicht nahegelegt, daß jeder Schmerz eigentlich ein *zusammengesetzter* Zustand ist, dessen Komponenten ein Quale sowie ein funktionaler* oder psychofunktionaler Zustand sind.[44] Oder was ungefähr auf dasselbe hinausläuft: jeder Schmerz ist ein Quale, das eine bestimmte funktionale* oder psychofunktionale Rolle spielt. Wenn dies richtig ist, dann hilft dies zu erklären, weshalb man so unterschiedliche Theorien über die Natur des Schmerzes und anderer Empfindungen annehmen konnte: es wurde jeweils eine Komponente auf Kosten der anderen betont. Anhänger des Behaviorismus und des Funktionalismus haben die eine Komponente im Auge gehabt; Anhänger privater ostensiver Definitionen die andere. Beide Ansätze gehen in ihrem Versuch fehl, eine einzige Beschreibung von etwas zu geben, das zwei Komponenten ganz unterschiedlicher Natur hat.

3.1 Chauvinismus versus Liberalismus

Die psychologischen Theorien, auf die der Psychofunktionalismus sich bezieht, lassen sich natürlicherweise als Theorien *menschlicher* Psychologie verstehen. Für den so verstandenen Psychofunktionalismus ist es logisch unmöglich, daß ein System Meinungen, Wünsche usw. hat, wenn psychologische Theorien, die auf uns zutreffen, nicht auch auf das System zutreffen. Der so verstandene Psychofunktionalismus setzt fest, daß psychofunktionale Äquivalenz mit uns notwendig ist, um Mentalität zu besitzen.

Die alternative Charakterisierung des Psychofunktionalismus, die ich auf S. 192 erwähnt habe, sagt *explizit*, daß psychofunktionale Äquivalenz mit uns notwendig sei, um Mentalität zu besitzen. Diese Charakterisierung lautete: mentale Zustände sind Zustände, die in ihrer kausalen Verknüpfung zu all den psychologischen Ereignissen, Zuständen, Prozessen und anderen Entitäten (wie auch Inputs und Outputs) bestehen, die tatsächlich *in uns* auftreten, gleichgültig, wie diese Entitäten auch immer untereinander kausal verknüpft sind. Doch selbst wenn psychofunktionale Äquivalenz mit uns eine Bedingung dafür ist, daß wir *Mentalität erkennen*, welchen Grund gibt es dann für die Annahme, daß dies auch eine Bedingung für die Mentalität selbst sei? Könnte es nicht eine große Vielfalt möglicher psychologischer Prozesse geben, die der Mentalität zugrunde liegen können, und wir nur einen einzigen davon darstellen? Angenommen, wir treffen Marsmenschen und entdecken, daß sie ungefähr funktional* (aber nicht psychofunktional) mit uns äquivalent sind. Wenn wir

Marsmenschen kennenlernen, halten wir sie nicht für mehr von uns verschieden als Menschen, die wir kennen. Wir entwickeln einen umfangreichen kulturellen und geschäftlichen Austausch mit ihnen. Wir studieren die Wissenschaft und die philosophischen Zeitschriften der anderen, sehen die Filme der anderen, lesen Romane der anderen usw. Auch die marsianischen und irdischen Psychologen vergleichen ihre Aufzeichnungen und stellen dabei fest, daß die zugrundeliegende Psychologie der Marsmenschen und der Erdmenschen ganz verschieden ist. Sie stimmen bald darin überein, daß der Unterschied folgendermaßen beschrieben werden kann: man denke sich Menschen und Marsmenschen so, als wären sie das Ergebnis eines bewußten Planens. In jedem Planungsprojekt gibt es verschiedene Optionen. Einige Fähigkeiten können eingebaut werden (eingeboren sein), andere werden gelernt. Das Gehirn kann so geplant werden, daß es Aufgaben so ausführt, daß es so viel Speicherkapazität verwendet wie nötig ist, um den Gebrauch der Rechenkapazität zu minimieren; andererseits könnte der Planer auch entscheiden, Speicherplatz zu sparen und sich hauptsächlich auf die Rechenkapazität zu verlassen. Schlußfolgerungen können von Systemen gezogen werden, die entweder wenig Axiome und viele Schlußregeln benutzen oder aber wenige Regeln und viele Axiome. Man stelle sich nun vor, daß marsianische und irdische Psychologen bei dem Vergleich ihrer Aufzeichnungen herausfinden, daß Marsmenschen und Erdmenschen sich so unterscheiden, als wären sie das Ergebnis von maximal unterschiedlichen Planungsentscheidungen (im Einklang mit ungefährer funktionaler* Äquivalenz bei Erwachsenen). Sollten wir dann unsere Annahme zurücknehmen, daß Marsmenschen Spaß an unseren Filmen haben, ihre eigenen offensichtlich wissenschaftlichen Ergebnisse glauben usw.? Sollten sie ihre ›Annahme‹ ›zurücknehmen‹, daß wir ›Spaß‹ an ihren Romanen haben, von ihren ›Lehrbüchern‹ ›lernen‹ usw.? Vielleicht habe ich nicht genügend Informationen zur Beantwortung dieser Frage zur Verfügung gestellt. Natürlich kann es viele Möglichkeiten geben, die Beschreibung der Marsmensch-Mensch-Unterschiede fortzuführen, bei der es vernünftig wäre anzunehmen, daß es einfach keine Wahrheit gibt, oder sogar, daß Marsmenschen die Zuschreibung von Mentalität gar nicht verdienen. Es gibt jedoch sicherlich viele Möglichkeiten, die skizzierte Beschreibung des Marsmensch-Mensch-Unterschieds so fortzufüh-

ren, daß es vollkommen klar wäre, daß selbst wenn Marsmenschen sich bei subtilen psychologischen Experimenten anders als wir verhielten, sie trotzdem denken, wünschen, sich freuen usw. würden. Etwas anderes zu meinen wäre kruder menschlicher Chauvinismus. (Es sei daran erinnert, daß Theorien chauvinistisch sind, insofern sie zu Unrecht *verneinen*, daß Systeme mentale Eigenschaften haben, und daß sie liberal sind, insofern sie zu Unrecht mentale Eigenschaften *zuschreiben*.)
Wenn wir den Psychofunktionalismus gegenüber dem Funktionalismus* vorziehen, dann scheint es also, daß wir in Richtung des menschlichen Chauvinismus abirren. Denn wenn mentale Zustände psychofunktionale Zustände sind und wenn Marsmenschen diese psychofunktionalen Zustände nicht haben, dann haben sie auch keine mentalen Zustände. Als ich zu zeigen versuchte, daß die Simulatoren mit den Homunkuliköpfen (verstanden als funktionale* Simulatoren) keine Mentalität besitzen, habe ich mich im Grunde genommen auf folgendes Prinzip berufen: wenn der einzige Grund für die Annahme, daß das System S Mentalität besitzt, darin besteht, daß S mit uns funktional* äquivalent ist, dann sind Unterschiede in der zugrundeliegenden Informationsverarbeitung und/oder in der Neurophysiologie zwischen S und uns *prima facie* Gründe daran zu zweifeln, daß S mentale Zustände besitzt. Dieses Prinzip schreibt uns jedoch nicht vor, daß ein System nur dann Mentalität besitzen kann, wenn es psychofunktional mit uns äquivalent ist. Psychofunktionale Äquivalenz mit uns ist eine hinreichende Bedingung für zumindest einige Aspekte der Mentalität (solcher, die in den Bereich der Psychologie gehören). Es ist jedoch nicht offensichtlich, daß es überhaupt eine notwendige Bedingung für irgendwelche Aspekte der Mentalität ist.
Ein naheliegender Ausweg aus dieser Schwierigkeit liegt darin, mentale Zustände mit psychofunktionalen Zuständen zu identifizieren, wobei man voraussetzt, daß zum Gebiet der Psychologie *alle Kreaturen mit Mentalität* gehören, einschließlich der Marsmenschen. Der Gedanke hierbei ist, daß wir den ›Psychofunktionalismus‹ durch eine ›universale‹ oder ›umfassende‹ Psychologie definieren und nicht mehr nur durch die menschliche Psychologie, wie bisher. Eine universale Psychologie ist jedoch eine suspekte Disziplin. Denn wie sollen wir entscheiden, welches System zu dem *Bereich* der universalen Psychologie gehört? Auf

welchen Systemen beruhen die Verallgemeinerungen der universalen Psychologie? Eine Möglichkeit, um zu entscheiden, welche Systeme Mentalität besitzen und daher in den Bereich der universalen Psychologie gehören, bestünde darin, irgendwelche *anderen* entwickelten Theorien der Mentalität zu verwenden, z.B. den Behaviorismus oder den Funktionalismus*. Ein solches Verfahren wäre jedoch zumindest ebenso ungerechtfertigt wie die andere verwendete Theorie. Ferner, wenn der Psychofunktionalismus eine andere Theorie des Geistes voraussetzen muß, dann können wir statt dessen genausogut die andere Theorie des Geistes akzeptieren.

Vielleicht wird die universale Psychologie dieses ›Bereichs‹-Problem in derselben Weise vermeiden, wie es andere Einzelwissenschaften vermeiden oder zu vermeiden suchen. Andere Einzelwissenschaften beginnen mit provisorischen Bereichen, die auf intuitiven oder vorwissenschaftlichen Versionen der Begriffe beruhen, die diese Wissenschaften aufzuklären suchen. Sie versuchen dann natürliche Arten in einer Weise zu entwickeln, die die Formulierung gesetzesähnlicher Verallgemeinerungen erlaubt, die auf alle oder die meisten der Entitäten in dem vorwissenschaftlichen Bereich anwendbar sind. Bei vielen Einzelwissenschaften – einschließlich der Biologie und der Sozialwissenschaften wie der Genetik und der Linguistik – stellte es sich heraus, daß der vorwissenschaftliche Bereich für die Formulierung gesetzesähnlicher Verallgemeinerungen geeignet ist.

Es mag nun sein, daß wir in der Lage sein werden, eine universale Psychologie in ziemlich derselben Weise zu entwickeln, wie es die irdische Psychologie ist. Wir entscheiden auf einer intuitiven und vorwissenschaftlichen Grundlage, welche Kreaturen in ihren Bereich fallen, und versuchen natürliche Arten einer psychologischen Theorie zu entwickeln, die für alle oder zumindest die meisten von ihnen anwendbar ist. Vielleicht führt das Studium sehr vieler Organismen, die in verschiedenen Welten gefunden werden, eines Tages zu Theorien, die Wahrheitsbedingungen für die Zuschreibung mentaler Zustände wie Meinung, Wünsche usw. bestimmen und die auf Systeme anwendbar sind, die sich vortheoretisch von uns ziemlich unterscheiden. Zweifellos wird eine solche Querweltpsychologie eine ganze Reihe neuer mentalistischer Begriffe erforderlich machen. Vielleicht wird es Begriffsfamilien geben, die der Meinung, dem Wunsch usw. entsprechen,

d. h. eine Familie von meinungsähnlichen Begriffen, von wunschähnlichen Begriffen usw. Wenn dies so ist, dann wird die von uns entwickelte Querweltpsychologie zweifellos ein wenig davon abhängen, welche neuen Organismen wir zuerst entdecken. Selbst wenn die Querweltpsychologie tatsächlich möglich ist, wird es sicherlich dennoch viele mögliche Organismen geben, deren mentaler Status unbestimmt ist.

Andererseits kann es sein, daß eine universale Psychologie *nicht* möglich ist. Vielleicht ist das Leben im Universum so beschaffen, daß wir einfach keine Grundlage für vernünftige Entscheidungen hinsichtlich der Frage haben, welche Systeme in das Gebiet der Psychologie gehören und welche Systeme nicht.[45]

Wenn eine Querweltpsychologie möglich ist, dann verschwindet das eben formulierte Problem. Der Querweltpsychofunktionalismus* vermeidet den Liberalismus des Funktionalismus* sowie den Chauvinismus des menschlichen Psychofunktionalismus. Wir haben jedoch heute keine Möglichkeit, um die Frage zu beantworten, ob eine Querweltpsychologie möglich ist. Was ist, wenn die Querweltpsychologie nicht möglich ist? Sind wir dann gezwungen, zwischen dem Liberalismus des Funktionalismus* und dem Chauvinismus des Psychofunktionalismus zu wählen? Es gibt Grund zu der Annahme, daß eine Querweltpsychologie teilweise möglich sein sollte und daß in dem Umfang, wie sie möglich ist, das oben erwähnte Problem der Marsmenschen zu lösen ist. Der Grund, warum wir Marsmenschen Mentalität zuschreiben wollen, lautet, daß sie (a) funktional* mit uns äquivalent sind und (b) daß sie eine Psychologie haben, die so reich ist wie unsere; sie funktionieren z. B. nicht mit Hilfe von Mechanismen wie den oben beschriebenen Baumsuchern (183 f.). Wenn nun die Tatsache präzisiert werden kann, daß die marsianische Psychologie so reich ist wie unsere, dann sollte dies es uns erlauben, eine psychologische Verallgemeinerung aufzustellen, die sowohl für uns als auch für die Marsmenschen zutrifft. Zusammen mit den Verallgemeinerungen, auf denen die funktionale Beschreibung gründet, die sowohl auf die Marsmenschen wie auf uns zutrifft, sollte diese psychologische Verallgemeinerung es uns aber dann erlauben, eine ›einigermaßen adäquate‹ psychologische Theorie zu formulieren, die geeignet ist, eine psychofunktionale Äquivalenzbeziehung zu umreißen, die stärker ist als die funktionale* Äquivalenz, jedoch schwächer als die psychofunktionale

Äquivalenzbeziehung, die auf der menschlichen Psychologie beruht. Diese psychofunktionale Äquivalenzbeziehung würde die Anwendung mentalen Vokabulars auf Marsmenschen erlauben.[46] Wenn nicht mehr als diese Querweltpsychologie möglich ist, dann wird die Zuschreibung mentaler Zustände zu neuentdeckten Organismen zum großen Teil das Ergebnis einer linguistischen Gesetzgebung sein, die für praktische Zwecke erforderlich ist, um einen vertrauten Begriff so zu erweitern, daß er Fälle abdeckt, bei denen es unklar ist, ob der Begriff anwendbar ist oder nicht, wie z. B. Ausdrücke wie ›Magengeschwür‹ oder ›verstauchter Fußknöchel‹ in einer intergalaktischen Medizin angewendet werden könnten.

Ich möchte nun meine bisherigen Ergebnisse zusammenfassen. Erstens, geht man von der vernünftigen Annahme aus, daß mentale Zustände in das Gebiet der Psychologie und/oder der Physiologie gehören, dann zeigt das Homunkulikopfbeispiel, daß der Funktionalismus* falsch ist. Zweitens, keines der Argumente, die sich in der Literatur zum Funktionalismus* oder Psychofunktionalismus finden, ist überzeugend. Drittens, die Behauptung, daß Meinungen und Wünsche psychofunktionale Zustände sind, ist unempfindlich gegenüber Argumenten, die auf Homunkuliköpfen basieren; da es jedoch Zweifel gibt, daß Qualia überhaupt in das Gebiet der Psychologie gehören, gibt es auch Zweifel daran, daß qualitative Zustände psychofunktionale Zustände sind. Schließlich habe ich Probleme des Chauvinismus und des Liberalismus in bezug auf den Psychofunktionalismus behandelt und bin dabei zu dem Ergebnis gekommen, daß irgendeine Version des Psychofunktionalismus noch zwischen der Scylla des Liberalismus und der Charybdis des Chauvinismus hindurchsteuern könnte. Obwohl es also keine guten Gründe dafür gibt, daß der Psychofunktionalismus wahr ist, habe ich nur schwache Gründe dafür angeführt, daß er falsch ist. Im nächsten Abschnitt werde ich eine Schwierigkeit für den Psychofunktionalismus (und Funktionalismus*) anführen, die nicht leicht vermieden werden kann.

3.2 Das Problem der Inputs und der Outputs

Ich habe bisher angenommen (wie Psychofunktionalisten es oft tun[47]), daß Inputs und Outputs durch Beschreibungen von neuronalen Impulsen spezifiziert werden können. Dies ist jedoch eine chauvinistische Annahme, da dadurch ausgeschlossen wird, daß Organismen ohne Neuronen (z.B. Maschinen) funktionale Beschreibungen haben können. Wie kann man den Chauvinismus in bezug auf die Spezifikation der Inputs und Outputs vermeiden? Eine Möglichkeit bestünde darin, Inputs und Outputs *nur* als Inputs und Outputs zu charakterisieren. Die funktionale Beschreibung einer Person könnte Outputs durch Zahlen auflisten: Output_1, Ouput_2, ... Ein System kann dann funktional äquivalent mit dir sein, wenn es eine Menge Zustände, Inputs und Outputs hat, die kausal in der Weise verknüpft sind, wie es deine sind, wobei es keine Rolle spielt, wie diese Zustände, Inputs und Outputs, aussehen. Obwohl dieser Zugang die Forderung einiger Funktionalisten verletzt, daß Inputs und Outputs physikalisch spezifiziert sein müssen, mögen andere Funktionalisten – die, die nur darauf insistieren, daß Input- und Outputbeschreibungen *nichtmental* sein müssen – an so etwas gedacht haben. Diese Version des Funktionalismus ›macht‹ die funktionalen Beschreibungen an der Peripherie nicht mit relativ spezifischen Beschreibungen der Inputs und Outputs ›fest‹. Diese Version des Funktionalismus behandelt Inputs und Outputs vielmehr so, wie alle Versionen des Funktionalismus interne Zustände behandeln. Das heißt, diese Version spezifiziert Zustände, Inputs und Outputs nur durch die Forderung, daß sie Zustände, Inputs und Outputs *sind*.

Die Schwierigkeit mit dieser Version des Funktionalismus ist jedoch, daß er zu einem ungezügelten Liberalismus führt. Ökonomische Systeme haben Inputs und Outputs, z.B. zu- und abfließende Kredite und Schulden. Ökonomische Systeme haben auch eine große Bandbreite interner Zustände, z.B. daß die Wachstumsrate des Bruttosozialprodukts doppelt so hoch ist wie der Diskontsatz. Es scheint nicht unmöglich zu sein, daß ein reicher Scheich die Kontrolle über die Ökonomie eines kleinen Landes bekommt, wie z.B. Bolivien, und dessen Finanzsystem so manipulieren kann, daß es funktional mit einer Person, z.B. ihm selbst, äquivalent ist. Wenn dies unplausibel erscheint, dann sei daran erinnert, daß die ökonomischen Zustände, Inputs und Outputs, die von dem Scheich festgelegt wurden, um seinen eigenen mentalen Zuständen, Inputs und Outputs zu entsprechen, keine ›natürlichen‹ ökonomischen Größen zu sein brauchen. Unser hypothetischer Scheich könnte jede beliebige ökonomische Größe wählen, z. B. die fünfte Ableitung des Zahlungsausgleichs. Seine einzige Auflage besteht darin, daß die gewählten Größen ökonomische Größen sind, daß diese oder jene Werte zu haben Inputs, Outputs und Zustände sind und daß er in der Lage sein muß, eine Finanzstruktur einzurichten, die die intendierte kausale Struktur realisiert. Die Abbildung psychologischer Größen auf ökonomische Größen kann so bizarr sein, wie der Scheich es verlangt.

Diese Version des Funktionalismus ist viel zu liberal und muß daher zurückgewiesen werden. Wenn es irgendwelche Fixpunkte bei der Diskussion des Leib/Seele-Problems gibt, dann ist einer der, daß die Ökonomie von Bolivien keine mentalen Zustände haben kann, gleichgültig, wie sehr sie durch mächtige Lobbyisten verzerrt wird. Wir müssen offensichtlich bei unserer Beschreibung der Inputs und Outputs viel spezifischer sein. Die Frage lautet: gibt es eine Beschreibung der Inputs und Outputs, die spezifisch genug ist, den Liberalismus zu vermeiden, und dennoch allgemein genug ist, den Chauvinismus zu vermeiden? Ich bezweifle dies.

Alle Vorschläge, wie Inputs und Outputs zu beschreiben sind, die ich bisher gesehen oder durchdacht habe, machen sich entweder des Liberalismus oder des Chauvinismus schuldig. Obwohl ich mich in diesem Aufsatz auf den Liberalismus konzentriert habe, ist der Chauvinismus verbreiteter. Man betrachte einmal standardmäßige funktionale* und psychofunktionale Beschreibungen. Funktionalisten* neigen dazu, Inputs und Outputs in der Art der Behavioristen zu spezifizieren: Outputs mit Hilfe von Arm- und Beinbewegungen, Lautäußerungen und ähnlichem; Inputs mit Hilfe von Licht und Tönen, die Auge und Ohr erreichen. Wie ich oben zu zeigen versuchte, ist dieses Konzept chauvinistisch, da es Mentalität bei Hirnen in Tanks und bei Paralytikern leugnet. Der Chauvinismus, der den funktionalen* Beschreibungen inhärent ist, geht jedoch noch weiter. Solche Beschreibungen sind auffallend *speziesspezifisch*. Menschen haben Arme und Beine, Schlangen jedoch nicht – und gleichgültig, ob Schlangen Mentalität besitzen oder nicht, man kann sich leicht vorstellen, daß es derartige schlangenähnliche Kreaturen gibt. Man kann sich sogar Kreaturen mit allen möglichen Arten von Input-Output-Verfahren vorstellen, z. B. Kreaturen, die kommunizieren und aufeinander einwirken, indem sie starke magnetische Felder aussenden. Natürlich kann man funktionale* Beschreibungen für all diese Spezies formulieren, und irgendwo im disjunktiven Himmel gibt es eine disjunktive Beschreibung, die alle Spezies umfaßt, die jemals tatsächlich im Universum existiert haben (die Beschreibung kann unendlich lang sein). Doch selbst die Berufung auf solche zweifelhaften Entitäten wie unendliche Disjunktionen wird den Funktionalismus* nicht retten können, da selbst die verbesserte Version uns nicht sagen wird, was schmerzempfindende Organismen gemeinsam haben, aufgrund dessen sie alle Schmerzen haben. Sie erlaubt auch nicht die Zuschreibung von Schmerz zu irgendwelchen hypothetischen (aber nichtexistierenden) schmerzempfindenden Kreaturen. Dies sind ferner genau die Gründe, weswegen Funktionalisten typischerweise entschieden die disjunktiven Theorien zurückweisen, die manchmal von verzweifelten Physikalisten vorgetragen werden. Wenn Funktionalisten* plötzlich unkontrollierbaren disjunktiven Zuständen hold sind, um sich selbst vor dem Chauvinismus zu retten, dann haben sie keine Möglichkeit, sich selbst vor dem Physikalismus zu schützen.

Gewöhnliche psychofunktionale Beschreibungen von Inputs und Outputs sind ebenfalls speziesspezifisch (sie beziehen sich z. B. auf neuronale Aktivitäten) und sind daher ebenfalls chauvinistisch.

Es ist nicht schwer, den Chauvinismus der gewöhnlichen Input-Output-Beschreibungen zu erklären. Die Bandbreite möglichen intelligenten Lebens ist enorm. Nimmt man irgendwelche einigermaßen spezifischen Beschreibungen von Inputs und Outputs, dann wird jeder Science-Fiction-Anhänger im Pennäleralter in der Lage sein, ein vernunftbegabtes, empfindendes Wesen zu beschreiben, dessen Inputs und Outputs diese Beschreibung nicht erfüllt.

Ich werde zu zeigen versuchen, daß *jede physikalische Beschreibung* der Inputs und Outputs (man erinnere sich daran, daß viele Funktionalisten auf physikalischen Beschreibungen insistieren) zu einer Version des Funktionalismus führt, die hoffnungslos chauvinistisch ist. Stell dir vor, daß du durch ein Feuer so schlimm verbrannt sind, daß sich die optimale Verständigung mit der Außenwelt über eine Modulation der EEG-Muster im Morsealphabet vollzieht. Du findest heraus, daß das Denken eines anregenden Gedankens ein Muster hervorbringt, das deine Zuhörerschaft als Punkt zu interpretieren bereit ist, und ein langweiliger Gedanke bringt einen Strich hervor. Tatsächlich ist diese Vorstellung gar nicht so weit von der Wirklichkeit entfernt. Einem Zeitungsartikel zufolge »arbeiten Wissenschaftler der Universität von Los Angeles daran, EEGs zu benutzen, um Maschinen zu kontrollieren ... Eine Person befestigt Elektroden auf ihrer Kopfhaut und denkt an einen Gegenstand durch ein Labyrinth hindurch.«[48] Der ›umgekehrte‹ Prozeß ist ebenfalls durchaus denkbar. Andere Leute können sich mit dir über einen Morsekode verständigen, indem sie ganze Salven elektrischer Aktivität erzeugen, die dein Gehirn beeinflussen (indem sie z.B. ein langes oder kurzes Nachbild bewirken). Oder aber wenn das Zerebroskop, das sich Philosophen oft ausdenken, Wirklichkeit wird, dann werden deine Gedanken direkt von deinem Gehirn ablesbar. Wieder scheint auch der umgekehrte Fall möglich. Hierbei *wird das Gehirn selbst zu dem Input-Output-Verfahren.* Diese Möglichkeit hat jedoch peinliche Konsequenzen für den Funktionalismus. Man wird sich erinnern, daß, wie Funktionalisten in ihrer Kritik am Physikalismus hervorheben, ein einziger mentaler Zustand durch unendlich viele verschiedene physikalische Zustände realisiert werden kann, die keine notwendigen und hinreichenden physikalischen Charakterisierungen haben. Wenn jedoch dieser funktionalistische Punkt gegen den Physikalismus richtig ist, *dann trifft derselbe Punkt auf Input-Output-Verfahren mentaler Systeme zu,* da das Verfahren, das mentale Zustände physikalisch realisiert, als Input-Output-Verfahren eines mentalen Systems dienen kann. Das heißt, in jeder Bedeutung von ›physikalisch‹, in der die funktionalistische Kritik am Physikalismus richtig ist, *gibt es keine physikalische Charakterisierung, die auf alle Inputs und Outputs mentaler Systeme zutrifft. Daher wird jeder Versuch, eine funktionale Beschreibung mit physikalischen Charakterisierungen der Inputs und Outputs zu formulieren, einige Systeme mit Mentalität ausklammern und daher chauvinistisch sein.*

Wenn das funktionalistische Argument gegen den Physikalismus richtig ist, dann wird jede funktionale Beschreibung, die Inputs und Outputs physikalisch spezifiziert, chauvinistisch sein. Darüber hinaus kann auch keine mentale oder ›Handlungs‹-Terminologie (z. B. ›auf die angreifende Person einschlagend‹) verwendet werden, da der Gebrauch solcher Spezifikationen der Inputs und Outputs bedeuten würde, daß man das funktionalistische Programm aufgäbe, Mentalität mit Hilfe nichtmentaler Ausdrücke zu charakterisieren. Andererseits ist die Charakterisierung der Inputs und Outputs einfach *als* Inputs und Outputs, wie man sich erinnern wird, unvermeidlich liberal. Ich sehe z. B. nicht, wie der Funktionalismus Inputs und Outputs beschreiben kann, ohne entweder mit dem Liberalismus oder dem Chauvinismus in Schwierigkeiten zu geraten oder das ursprüngliche Projekt aufzugeben, Mentalität mit nichtmentalen Ausdrücken zu charakterisieren. Ich behaupte nicht, daß dies ein schlüssiges Argument gegen den Funktionalismus ist. Wie das funktionalistische Argument gegen den Physikalismus ist es vielleicht am besten als Verteilung der Beweislast aufzufassen. Der Funktionalist sagt zum Physikalisten: »Es ist schwer verständlich, wie es eine einzige physikalische Charakterisierung von internen Zuständen aller möglichen Organismen geben soll, die funktional mit einem Menschen äquivalent sind.« Ich sage zum Funktionalisten: »Es ist schwer verständlich, wie es eine einzige Charakterisierung der Inputs und Outputs geben kann, die auf alle und nur auf mentale Systeme zutrifft.« Zu beiden Fällen scheint mir genug gesagt worden zu sein, um die Verantwortung denen zu überlassen, die meinen, daß es solche Charakterisierungen geben könne; sie haben zu skizzieren, wie diese Charakterisierungen möglich sind.[49]

Anmerkungen

Original: »Troubles with Functionalism«, in: C. W. Savage (Hrg.), *Perception and Cognition. Issues in the Foundations of Psychology, Minnesota Studies in the Philosophy of Science* Bd. 9, Minneapolis: University of Minnesota Press 1978, 261-325. Übersetzt von Dieter Münch. Die Übersetzung wurde mit Genehmigung des Autors um einen Exkurs gekürzt.

1 Armstrong (1968); Block/Fodor (1972); Field (1975); Fodor (1965; 1968a); Grice (1975); Harman (1973); Lewis (1971; 1972); Locke (1968); Lycan (1974); Nelson (1969; 1975); Putnam (1966; 1967; 1970; 1975b); Pitcher (1971); Sellars (1968); Shoemaker (1975); Smart (1971); Wiggins (1975).

2 Fodor (1968a; 1968b); Dennett (1975); Cummins (1975).

3 Chisholm (1957); Putnam (1963).

4 Die Umkehrung ist ebenfalls wahr.

5 Es wäre mißverständlich, würde man ›Behaviorismus‹ in dieser Weise definieren. Denn obwohl Funktionalisten wie Behavioristen typischerweise in der Lage sein wollen, mentale *Ausdrücke* zu eliminieren, erreichen sie dies, im Unterschied zu Behavioristen, durch Mittel, die typischerweise die Existenz mentaler *Zustände* voraussetzen. So enthalten z. B. Lewis' funktionale Definitionen von Ausdrücken für mentale Zustände keine Ausdrücke von mentalen Zuständen, sie *quantifizieren* jedoch *über* mentale Zustände.

6 Putnam (1967); Block/Fodor (1972).

7 Lewis' funktionale Definitionen sind folgendermaßen konstruiert: Wir formulieren eine Erklärung, die hauptsächlich aus Alltagsbanalitäten zu kausalen Beziehungen zwischen mentalen Zuständen, Inputs und Outputs besteht. Wir reformulieren diese Erklärung so, daß alle Ausdrücke für mentale Zustände singuläre Ausdrücke werden (z. B. ›ist wütend‹ wird ›hat Wut‹). Wir schreiben diese Erklärung als einen einzigen Satz $\ulcorner T(t_1 \ldots t_n)\urcorner$, wobei $t_1 \ldots t_n$ Ausdrücke für mentale Zustände sind. Wir ersetzen $t_1 \ldots t_n$ durch die Variablen $x_1 \ldots x_n$ und bilden den modifizierten Ramseysatz (den Lewis gelegentlich den ›eindeutigen Realisierungssatz‹ nennt) $\ulcorner \exists_1 <x_1 \ldots x_n> T(x1 \ldots x_n)\urcorner$. Dies besagt, daß es genau ein n-Tupel von Entitäten gibt, die den ursprünglichen Alltagszugang realisieren. Wir können die n-Tupel der Ausdrücke für mentale Zustände durch den modifizierten Ramseysatz definieren: $\ulcorner <t_1 \ldots t_n> = \iota <x_1 \ldots x_n> T(x1 \ldots x_n)\urcorner$.

Jeder einzelne Ausdruck für mentale Zustände kann in einer naheliegenden Weise definiert werden. Zum Beispiel:

$t_1 = \iota y_1 \exists y_2 \ldots y_n \forall x_1 \ldots x_n (T[x_1 \ldots x_n] \equiv$
$[y_1 = x_1 \,\&\, \ldots y_n = x_n])$.

Lewis (1971 und 1972) vertritt strenggenommen keine Version des ›Funktionalismus‹, wie ich ihn definiert habe. Er behauptet nicht, daß Schmerz ein funktionaler Zustand ist, sondern daß Schmerz *funktional charakterisiert* werden kann, d. h. durch eine bestimmte Art von Kennzeichnung (wie im vorangegangenen Abschnitt angedeutet). Gelegentlich betrachte ich Lewis jedoch als Vertreter der Identitätstheorie funktionaler Zustände, da seine Auffassung leicht in eine klare und nützliche Version einer Identitätstheorie funktionaler Zustände übersetzt werden kann (vgl. 163). Gegeben ferner, daß Lewis behauptet, seine funktionalen Charakterisierungen seien analytisch, dann scheint er auf eine Identitätstheorie funktionaler *Eigenschaften* festgelegt. Meiner Ansicht nach läuft dies auf eine Identitätstheorie funktionaler Zustände hinaus.

8 Zustandstypen, nicht Zustandstoken. In diesem Kapitel meint ›Physikalismus‹ die Lehre, daß jeder unterschiedliche Typ eines mentalen

Zustands mit einem unterschiedlichen Typ eines physikalischen Zustands identisch ist; z.B. Schmerz (das Universal) ist ein physikalischer Zustand. Andererseits ist der Tokenphysikalismus die (schwächere) Lehre, daß jeder bestimmte datierbare Schmerz ein Zustand des einen oder andern physikalischen Typs ist. Der Funktionalismus zeigt, daß der Typphysikalismus falsch ist, jedoch nicht, daß der Tokenphysikalismus falsch ist.

Unter ›Physikalismus‹ verstehe ich einen Physikalismus *erster Ordnung*, die Lehre, daß z.B. die Eigenschaft, Schmerzen zu haben, eine physikalische Eigenschaft erster Ordnung ist (im Sinne von Russell/Whitehead). (Eine Definition einer Eigenschaft erster Ordnung verlangt keine Quantifikation über Eigenschaften; eine Definition einer Eigenschaft zweiter Ordnung verlangt eine Quantifikation über Eigenschaften erster Ordnung.) Die Behauptung, daß Schmerzen zu haben eine Eigenschaft zweiter Ordnung sei, ist in der Tat eine (physikalistische) Form des Funktionalismus; vgl. Putnam (1970).

Für die Zwecke dieses Kapitels könnte ›physikalische Eigenschaft‹ als eine Eigenschaft definiert werden, die durch ein Prädikat einer wahren physikalischen Theorie, oder, weiter gefaßt, durch ein Prädikat einer wahren Theorie der Physiologie, Biologie, Chemie oder Physik ausgedrückt wird. Natürlich ist eine derartige Definition unbefriedigend, solange diese Zweige der Wissenschaft nicht näher bestimmt worden sind; vgl. Hempel (1970) zu einer weiterführenden Diskussion dieses Themas.

9 Vgl. besonders Fodor (1965) und Putnam (1966); vgl. auch Block/Fodor (1972).

10 Vgl. Kalke (1969); Gendron (1971); Mucciolo (1974). Zu unplausiblen Argumenten, die das Gegenteil behaupten, vgl. auch Kim (1972).

11 Kim (1972).

12 Lewis (1971); Smart (1971); Armstrong (1968).

13 Kim (1972, 190); Lewis (1969). Lewis macht deutlich, daß für ihn *sowohl* funktionalistische wie materialistische Identitäten wahr sein können. Es ist bemerkenswert, daß wenn P der funktionale Zustand ist, den nichtphysikalistische Funktionalisten mit Schmerz identifizieren wollen, diejenigen, die sowohl funktionalistische wie materialistische Identitäten bejahen, behaupten müßten, daß *menschlicher* P ein Gehirnzustand ist und *marsmenschlicher* P ein anderer. Fairerweise muß ich jedoch sagen, daß die von Lewis (1971 und 1972) vertretene Version des Funktionalismus von meiner Kritik ausgenommen ist. In diesen Artikeln behauptet er lediglich, daß die Bedeutung von ›Schmerz‹ durch eine bestimmte Kennzeichnung der Form: ›der Besitzer der kausalen Rolle R‹ erfaßt werden kann. Der Besitzer der kausalen Rolle R kann natürlich ein Ding im Falle der Menschen und ein anderes Ding im Falle der Marsmenschen sein. In den neuen Anmer-

kungen zu »An Argument for the Identity Theory« (1971) sagt Lewis, daß seiner Ansicht nach ›Schmerz‹ ein kontingenter Name sei, ein Name mit unterschiedlichen Denotationen in unterschiedlichen möglichen Welten, ›das Attribut, Schmerz zu haben‹ sei dagegen ein nichtkontingenter Name, es denotiere dasselbe in allen möglichen Welten. Die Anhänger von Lewis' Lehre, daß ›Schmerz‹ ein kontingenter Name ist, brauchen daher die Argumente in diesem Kapitel nicht zurückzuweisen. Ich bin damit zufrieden, meine Punkte mit Hilfe des Funktionalismus als einer Eigenschafts- oder Attributsidentitätstheorie zu verdeutlichen, nämlich der Behauptung, daß jedes mentale Attribut mit einem funktionalen Attribut identisch ist.

14 Auf diesen Punkt weisen auch Lycan (1974) und Wiggins (1975) hin.

15 Funktionalisten, die zugleich Physikalisten sind, haben im großen und ganzen physikalistische Versionen des Funktionalismus formuliert. Wie Funktionalisten häufig hervorheben (Putnam 1967), ist es logisch für eine gegebene abstrakte funktionale Beschreibung möglich, von einem nichtphysikalischen Gegenstand, z.B. einer Seele, erfüllt zu werden. Man kann eine physikalistische Version des Funktionalismus einfach dadurch formulieren, indem man explizit diese Möglichkeit ausschließt. Eine solche physikalistische Version des Funktionalismus wird von Putnam (1970), Field (1975 und 1978) sowie Lewis (im Gespräch) vorgeschlagen: Schmerz zu haben wird mit einer physikalischen Eigenschaft zweiter Ordnung identifiziert, einer Eigenschaft, die darin besteht, bestimmte physikalische Eigenschaften erster Ordnung zu haben, wenn andere physikalische Eigenschaften erster Ordnung vorliegen (zum Begriff der ›Ordnung‹ vgl. Anm. 7). Diese Lehre verbindet den Funktionalismus (die als Lehre formuliert werden kann, daß Schmerz zu haben die Eigenschaft ist, bestimmte Eigenschaften zu haben, wenn bestimmte andere Eigenschaften vorliegen) mit dem Tokenphysikalismus (vgl. Anm. 7). Die Putnam-Lewis-Field-Lehre ist natürlich *keine* Version des Typphysikalismus, sie ist im Gegenteil unvereinbar mit dem Typphysikalismus.

16 Block/Fodor (1972).

17 Vgl. Nelson (1975).

18 Mein Ansatz unterscheidet sich in verschiedener Hinsicht von Lewis' Methode. Der Hauptunterschied liegt darin, daß Lewis behauptet, ›Schmerz‹ könne analytisch als der Zustand mit der und der kausalen Rolle definiert werden. Nach der Version des Funktionalismus, den ich hier vorstelle, ist ein Zustand Z als der Zustand mit der und der kausalen Rolle definiert, und die funktionalistische Behauptung wird zu: Schmerz = Z. In Lewis' Version ist Schmerz ein *funktional charakterisierter* Zustand, nicht ein funktionaler Zustand; Schmerz kann ein ein funktional charakterisierter *Gehirn*zustand sein. Das heißt, die Kennzeichnung, die ›Schmerz‹ definiert, kann einen neurophysiologi-

schen Zustand herausgreifen. In meiner Version des Funktionalismus ist Z selbst ein funktionaler Zustand. Da Lewis auf die Analytizität der Behauptung, daß Schmerz = Zustand mit der und der kausalen Rolle, festgelegt ist, ist er auch auf die Behauptung festgelegt, daß Schmerzen zu haben = den Zustand mit der und der kausalen Rolle zu haben. Doch da die Eigenschaft, den Zustand mit der und der kausalen Rolle zu haben, eine funktionale Eigenschaft ist – und nicht nur eine funktional charakterisierte Eigenschaft (vgl. Lewis 1971, 164 f.) – ist Lewis auf eine These von der funktionalen Eigenschaft von der Art, wie ich sie diskutiere, festgelegt.

19 Richtig formuliert: wo ψ ein Prädikat φa ist, soll ⌜λaψ⌝ ein singulärer Ausdruck für die Eigenschaft sein, die durch φa ausgedrückt ist. Ich verdanke diese Formulierung sowie den Rat, sie nicht zu verwenden, George Boole.

20 Das Beispiel mag in der einen oder anderen Hinsicht irreführend sein, da es kausale Beziehungen zwischen mentalen Zuständen unbeachtet läßt. Dieser Fehler kann jedoch leicht mit der Konstruktion eines Beispiels behoben werden, das von dem bereits beschriebenen Getränkeautomaten Gebrauch macht. Man denke sich einen Getränkeautomaten mit den beiden wunschähnlichen Zuständen Fünfzigpfennigstückgrunsch und Markstückgrunsch. Die folgenden vier Sätze beschreiben die kausale Beziehung zwischen den mentalen Zuständen, Inputs und Outputs des Getränkeautomaten:

1. Ms Markstückgrunsch + 50 Pfg. Input verursachen Ms Fünfzigpfennigstückgrunsch + (keine Cola, 0 Pfg.) Output.
2. Ms Markstückgrunsch + 100 Pfg. Input verursachen Ms Markstückgrunsch + (Cola, 0 Pfg.) Output.
3. Ms Fünfzigpfennigstückgrunsch + 50 Pfg. Input verursachen Ms Markstückgrunsch + (Cola, 0 Pfg.) Output.
4. Ms Fünfzigpfennigstückgrunsch + 100 Pfg. Input verursachen Ms Markstückgrunsch + (Cola, 50 Pfg.) Output.

›50 Pfg. Input‹ bedeutet, daß ein Fünfzigpfennigstück in die Maschine eingegeben wird; ›Cola, 50 Pfg. Output‹ bedeutet, eine Cola und ein Fünfzigpfennigstück werden von der Maschine ausgegeben; ›+‹ soll gelesen werden als ›zusammen mit‹, T = 1&2&3&4. Der Ramseysatz von T wird gebildet, indem man ›M‹, ›Markstückgrunsch‹ und ›Fünfzigpfennigstückgrunsch‹ durch Variabeln ersetzt und eine Existenzquantifikation vornimmt. Die Eigenschaft, Markstückgrunsch zu haben, wird mit seinem ramseyfunktionalen Korrelat identifiziert, nämlich

λz∃zx∃y[(zs Haben von x + 50 Pfg. verursachen zs Haben von y
+ (keine Cola, 0 Pfg.) Output)
& (zs Haben von x + 100 Pfg. Input verursachen zs
Haben von x + (Cola, 0 Pfg.) Output)
& (zs Haben von y + 50 Pfg. Input verursachen zs Haben

von x + (Cola, 0 Pfg.) Output)
& (zs Haben von y + 100 Pfg. Input verursachen zs Haben von x + (Cola, 50 Pfg.) Output)
& z ist in x].

21 Der Vergleich einer Identitätstheorie funktionaler Zustände von der Art, wie ich sie beschrieben habe, mit einer funktionalen Charakterisierung von der Art, wie sie Lewis unterstützt, kann verdeutlicht werden, wenn wir uns einen Zustandstyp als eine bestimmte Eigenschaftsart denken, nämlich der Eigenschaft, die jedes Token dieses Zustandstyps dadurch hat, daß es ein Token dieses Typs ist. Der Schmerzzustand z.B. würde mit der Eigenschaft, *ein Schmerz zu sein*, identifiziert, d.h. mit der Eigenschaft, durch die jeder Schmerz ein Schmerz ist. (Man beachte den Unterschied, ein Schmerz zu sein und Schmerz zu haben; das letztere ist eine Eigenschaft eines Organismus, das erste eine Eigenschaft des Schmerzes.) Wenn also eine psychologische Theorie geschrieben werden kann als:

$T(s_1 \ldots s_n)$

(der Kürze halber lasse ich Input- und Outputausdrücke fort), wobei $s_1 \ldots s_n$ mentale Zustände bezeichnen, dann würde Lewis ›Schmerz‹, etwas vereinfacht dargestellt (vgl. Lewis 1972, Anm. 7), folgendermaßen funktional definieren:

$\text{Schmerz} = \iota x_1 \exists x_2 \ldots \exists x_n T(x_1 \ldots x_n)$,

wobei x_1 die Variable ist, die ›Schmerz‹ ersetzt. Das heißt, Schmerz würde als der Zustand definiert, der eine bestimmte kausale Rolle hat. Andererseits würde der Ansatz der Identitätstheorie funktionaler Zustände das Iota bei Lewis durch ein Lambda ersetzen:

$\text{Schmerz} = \lambda x_1 \exists x_2 \ldots \exists x_n T(x_1 \ldots x_n)$.

Das heißt, Schmerz würde mit der Eigenschaft, eine bestimmte kausale Rolle zu spielen, identifiziert.

22 Man kann argumentieren, daß diese Unterscheidung (eine Maschinentafel gemeinsam – alle Maschinentafeln gemeinsam) eine Unterscheidung ohne einen Unterschied ist, sofern bestimmte plausible Bedingungen im Hinblick darauf, was als Realisierung einer Maschinentafel zählt, erfüllt sind. Das heißt, man kann darüber diskutieren, ob irgendein Maschinenpaar, das eine Maschinentafel gemeinsam hat, alle Maschinentafeln gemeinsam hat (hinsichtlich einer gegebenen Menge von Inputs und Outputs).

23 Wenn, wie in Anm. 22 angedeutet, es keinen Unterschied gibt, dann wird jede Maschinentafel, die die beiden Maschinen beschreibt (hinsichtlich einer gegebenen Menge von Inputs und Outputs), angemessen adäquat sein.

24 Diese Kritik wurde von zu vielen erhoben, um sie hier im einzelnen aufzuführen.

25 Vgl. Abschnitt 1.3.

26 Shoemaker (1975) behauptet (in Erwiderung auf Block/Fodor 1972), daß fehlende Qualia logisch unmöglich sind, das heißt, daß es logisch unmöglich ist, daß zwei Systeme im selben funktionalen Zustand sind und dennoch der Zustand des einen qualitativen Inhalt hat und der des anderen nicht. Wenn Shoemaker recht hat, dann darf man nicht zweifeln, ob das System mit einem Homunkulikopf Qualia hat. Ich versuche in Block (1980) zu zeigen, daß Shoemakers Argument falsch ist.

27 Da es einen Unterschied gibt zwischen der Rolle der kleinen Männchen, die sie bei der Hervorbringung deiner funktionalen Organisation in der eben beschriebenen Situation haben, und der Rolle der Homunkuli in dem Simulator mit einem Homunkulikopf, mit der dieses Kapitel begann, könnte vermutlich Putnams Bedingung so umformuliert werden, daß es die erstere ausschließt, nicht jedoch die zweite. Dies wäre jedoch ein extremes Ad-hoc-Manöver. Es gibt darüber hinaus weitere Gegenbeispiele, die vermuten lassen, daß eine erfolgreiche Neuformulierung schwer zu erreichen sein wird.

Sorgfältige Beobachtungen von Personen, denen die Nervenstränge, die die beiden Hirnhälften verbindet (das *corpus callosum*), zertrennt wurden, um den Ausbruch von Epilepsie zu verhindern, lassen vermuten, daß jede Hirnhälfte die funktionale Organisation eines empfindenden Wesens hat. Dies wird ebenfalls durch die Beobachtung nahegelegt, daß Personen, denen eine Hirnhälfte entfernt oder anästhetisiert wurde, empfindende Wesen bleiben. Man meinte früher, daß die rechte Hirnhälfte keine sprachlichen Fähigkeiten besitzt, doch weiß man heute, daß die rechte Hirnhälfte eines Erwachsenen das Vokabular eines 14jährigen und die Syntax eines 5jährigen hat (*Psychology Today* 12 [1975], 121). Nun ist die funktionale Organisation jeder Hirnhälfte sowohl im Vergleich miteinander wie mit der eines ganzen Menschen verschieden. Gleichwohl kann jede Hirnhälfte die funktionale Organisation eines empfindenden Wesens haben. Vielleicht haben Marsmenschen mehr Input- und Outputorgane als wir. Jede Hirnhälfte könnte dann funktional wie ein ganzes Marsmenschgehirn beschaffen sein. Wenn jede unserer Hirnhälften die funktionale Organisation eines empfindenden Wesens hätte, dann würde ein Putnamscher Vorschlag uns als schmerzempfindende Organismen ausschließen.

Es könnte sich ferner herausstellen, daß andere Körperteile eine funktionale Organisation haben, die denen von einigen empfindenden Wesen ähnlich ist. Vielleicht haben z. B. individuelle Neuronen dieselbe funktionale Organisation wie einige Insektenarten.

(Das Argument der beiden letzten Paragraphen hängt von einer Version des Funktionalismus ab, die Inputs und Outputs als neuronale Impulse konstruiert. Andernfalls könnten individuelle Neuronen nicht dieselbe funktionale Organisation haben wie Insekten. Es wäre schwieriger, auf solche Beispiele zu kommen, wenn man z. B. Inputs für Strahlungen der Sinnesorgane halten würde oder für die Anwesenheit wahrnehmbarer Gegenstände im ›Bereich‹ dieser Sinnesorgane.)

28 Ein weiterer Hinweis darauf, daß unsere Intuitionen teilweise durch die neurophysiologischen und psychologischen Unterschiede zwischen uns und dem ursprünglichen Simulator mit einem Homunkulikopf (als ein funktionaler Simulator gefaßt) geleitet sind, besteht darin, daß Intuitionen an einem Grenzfall zwischen beiden zu scheitern scheinen: ein Verfahren, das dich durch eine Milliarde kleiner Männchen simuliert, wobei jedes eines deiner Neuronen simuliert. Die psychologischen Mechanismen wären wie bei dir, nicht jedoch die neurologischen Mechanismen, sieht man von einer sehr abstrakten Beschreibungsebene einmal ab.

Es gibt eine Anzahl von Unterschieden zwischen den ursprünglichen Homunkuliköpfen und dem Beispiel mit den Elementarteilchenleuten. Die kleinen Elementarteilchenleute wurden nicht so beschrieben, als kennten sie deine funktionale Organisation oder versuchten sie, diese zu simulieren. In dem ursprünglichen Beispiel ist es jedoch *das Ziel* der kleinen Männchen, deine funktionale Organisation zu simulieren. Wenn wir wissen, daß eine bestimmte funktionale Organisation absichtlich hervorgebracht wurde, werden wir vielleicht geneigt sein, die funktionale Äquivalenz dieses Dings mit einem Menschen als irreführende Tatsache zu betrachten. Man könnte dies testen, indem man das Beispiel mit den Elementarteilchenleuten so ändert, daß die kleinen Leute das Ziel haben, deine funktionale Organisation durch die Simulation von Elementarteilchen zu simulieren. Diese Änderung scheint mir nur einen geringen Unterschied zur Folge zu haben.

Es gibt offensichtliche Unterschiede zwischen den beiden Arten von Beispielen. Im Falle der Elementarteilchenleute bist *Du* es, und die Änderung geht allmählich vor sich; diese Elemente sind offensichtlich irreführend. Sie können jedoch eliminiert werden, ohne die Kraft des Beispiels sehr zu verändern. Stellen Sie sich z. B. vor, daß die Eltern deiner Frau auf die Expedition gegangen wären und daß deine Frau seit ihrer Geburt aus diesen Elementarteilchenleuten besteht.

29 Eine Diskussion der Frage, weshalb ein derartiger Satz grammatisch ist, findet sich in Fodor/Garrett (1967); Bever (1970) sowie Fodor, Bever/Garrett (1974). [Das angeführte Beispiel ist Heissenbüttels *Textbuch*, Neuwied: Luchterhand 1970, 127 entnommen und leicht modifiziert worden; A.d.Ü.]

30 Dieses Argument stützt den Vorschlag, der am Ende des vorigen Abschnitts gemacht wurde, daß nämlich die ›Extra‹-Mentalität der kleinen Männchen an sich nicht die Hauptquelle des Unbehagens bei der Annahme ist, daß der Simulator mit einem Homunkulikopf Mentalität besitzt. Das Argument des vorigen Abschnitts verweist überhaupt nicht auf Mentalität bei den Homunkuli. Das Argument hängt ledig-

lich von der Behauptung ab, daß der funktionale Simulator mit einem Homunkulikopf weder psychologisch noch neurophysiologisch wie ein Mensch beschaffen sein muß. Dieser Punkt wird ferner dadurch gestützt, daß man beweisen kann, daß jeder Homunkulus durch einen äußerst einfachen Gegenstand ersetzbar ist – durch ein McCulloch-Pitt-›Und‹-Neuron, ein Verfahren mit zwei Inputs und einem Output, das dann feuert, wenn die beiden Inputs ein Signal empfangen. (Das Theorem nimmt an, daß der Automat ein endlicher Automat ist und die Inputs nacheinander eintreffen; vgl. Minsky (1967), 45.) Das Argument wäre also selbst dann gültig, wenn man die Homunkuli durch geistlose ›Und‹-Neuronen ersetzen würde.

31 Lewis (1972, 250). Vgl. auch Shoemaker (1975) und Armstrong (1968). Armstrong spricht zweideutig über das Thema Analytizität; vgl. Armstrong (1968, 84 f. und 90).

32 Vgl. Shoemaker (1976).

33 Man könnte diese Schwierigkeit dadurch vermeiden, daß man *Namen* in der physikalischen Theorie zuließe. Man könnte z. B. Protonen als die Partikel mit den und den Eigenschaften, die in den Kernen der Atome des Empire State Building enthalten sind, identifizieren. Ein solcher Trick würde das Argument jedoch nicht im Sinne des Psychofunktionalisten retten. Zum einen widerspricht er der Idee des Funktionalismus, da der Funktionalismus mentale Zustände mit abstrakten kausalen Strukturen identifiziert; einer der Vorteile des Funktionalismus ist, daß er bei der Definition von mentalen Zuständen die Inanspruchnahme von Ostensionen vermeidet. Zum anderen führt eine Anbindung des Psychofunktionalismus an bestimmte benannte Entitäten unvermeidlich zum Chauvinismus; vgl. Abschnitt 3.1.

34 Eine überzeugende Beschreibung der Spektruminversion innerhalb einer Person findet sich in Shoemaker (1975, Anm. 17).

35 Sylvain Bromberger wies darauf hin, daß Fälle der Spektruminversion bei qualitativen Meinungen mit ›Meinungsinversionen‹ einhergehen. Das heißt, jemand, dessen Spektrum invertiert ist, wird abnormale Meinungen über Qualia haben, die gewöhnlich mit ›rot‹ und ›grün‹ verbunden sind. Mein Punkt wird eigentlich nicht durch diese Art von Beispiel getroffen, da es der qualitative Aspekt der fraglichen Meinungen ist, von dem dieses Beispiel abhängt. Mein Punkt kann auf Beispiele eingeschränkt werden, die keinen derartigen qualitativen Aspekt haben.

36 Vgl. Fodor (1968b), Dennett (1975) sowie Cummins (1975); interessante Einwände werden von Nagel (1968) erhoben.

37 Diese Operationen können kombiniert werden, um beliebige Operationen eines Digitalcomputers durchzuführen; vgl. Minsky (1967), 206.

38 Vgl. Fodor (1975).

39 Vgl. Melzack (1973, Kap. 2).
40 Vgl. Fodor (1975).
41 Vgl. Kuhn (1961).
42 Vgl. Block (1971, Kap.3).
43 Vgl. Melzack (1973, 95).
44 Das Quale könnte mit einem physikalisch-chemischen Zustand identifiziert werden. Diese Ansicht würde mit einem Vorschlag Hilary Putnams übereinstimmen, den er in seinem Seminar über die Philosophie des Geistes Ende der sechziger Jahre machte. Vgl. auch Gunderson (1971, Kap. 5).
45 Um ein sehr künstliches Beispiel zu wählen, stelle man sich vor, daß wir keine Möglichkeit hätten, herauszufinden, ob die Einwohner von uns entdeckter Zivilisationen die Gründer der Zivilisationen sind oder ob es Simulationen sind, die die Gründer herstellten, bevor sie in Scharen auswanderten.
46 Für die Klärung dieses Punktes bin ich Hartry Field zu Dank verpflichtet.
47 Vgl. Putnam (1967).
48 *Boston Globe* vom 21. März 1976.
49 Ich bin Sylvain Bromberger, Hartry Field, Jerry Fodor, David Hills, Paul Horwich, Bill Lycan, Georges Rey sowie David Rosenthal für ihre detaillierten Kommentare zu einer früheren Fassung dieses Aufsatze zu Dank verpflichtet. Teile der früheren Versionen wurden an der Tufts University, Princeton University, University of North Carolina at Greensboro sowie SUNY at Birmingham vorgetragen.

Literatur

Armstrong, D. A. (1968), *A materialist theory of mind*, London: Routledge & Kegan Paul.

Bever, T. (1970), »The cognitive basis for linguistic structures«, in: J. R. Hayes (Hrg.), *Cognition and the development of language*, New York, NY: Wiley.

Block, Ned (1971), *Physicalism and theoretical identity*. Unveröffentlichte Doktordissertation, Harvard University.

– (1980), »Are absent qualia possible?«, *Philosophical Review* 89.

Block, Ned/Jerry Fodor (1972), »What psychological states are not«, *Philosophical Review* 81, 159-181.

Chisholm, Roderick (1957), *Perceiving*, Ithaca, NY: Cornell University Press.

Cummins, Robert (1975), »Functional analysis«, *Journal of Philosophy* 72, 741-764.

Davidson, Donald (1970), »Mental events«, *Essays on actions and events*, Oxford: Clarendon Press, 207-225; deutsch: »Mentale Ereignisse«, in: Peter Bieri (Hrg.) (1981), *Analytische Philosophie des Geistes*, Meisenheim: Hain, 73-92.

Dennett, Daniel (1969), *Content and consciousness*, London: Routledge & Kegan Paul.

– (1975), »Why the law of effect won't go away«, *Journal for the Theory of Social Behavior* 5, 169-187.

– (1978) »A cognitive theory of consciousness«, in: *Minnesota studies in the philosophy of science* 9, Minneapolis: University of Minnesota Press.

– (1978a), »Why a computer can't feel pain«, *Synthese* 38.

– (1978b), *Brainstorms*, Montgomery, VT: Bradford.

Feldman, Fred (1973), »Kripke's argument against materialism«, *Philosophical Studies*, 416-419.

Field, Hartry (1978), »Mental representations«, *Erkenntnis* 13, 9-61.

Fodor, Jerry (1965), »Explanations in psychology«, in: M. Black (Hrg.), *Philosophy in America*, London: Routledge & Kegan Paul; deutsch: »Erklärungen in der Psychologie«, in: Ansgar Beckermann (Hrg.), *Analytische Handlungstheorie* Bd. 2, Frankfurt: Suhrkamp, 412-434.

– (1968a), *Psychological Explanations*, New York: Random House.

– (1968b), »The appeal to tacit knowledge in psychological explanations«, *Journal of Philosophy* 65, 627-640.

– (1974), »Special sciences«, *Synthese* 28, 97-115; deutsch: »Einzelwissenschaften« (im vorliegenden Band).

– (1975), *The language of thought*, New York: Crowell.

Fodor, Jerry/T. Bever/M. Garrett (1974), *The psychology of language*, New York, NY: McGraw-Hill.

Fodor, Jerry/M. Garrett (1967), »Some syntactic determinants of sentential complexity«, *Perception and Psychophysics* 2, 289-296.

Geach, Paul (1957), *Mental Acts*, London: Routledge & Kegan Paul.

Gendron, B. (1971), »On the relation of neurological and psychological theories: A critique of the hardware thesis«, in: R. C. Buck/R. S. Cohen (Hrg.), *Boston studies in the philosophy of science* 8, Dordrecht: Reidel.

Grice, Paul (1975), »Method in philosophical psychology (from the banal to the bizarre)«, *Proceedings and Adresses of the American Philosophical Association*.

Gunderson, Keith (1971), *Mentality and machines*, Garden City: Doubleday Anchor.

Harman, Gilbert (1973), *Thought*, Princeton: Princeton University Press.

Hempel, Carl (1970), »Reduction: Ontological and linguistic facets«, in: S. Morgenbesser/P. Suppes/M. White (Hrg.), *Essays in honor of Ernest Nagel*, New York, NY: St. Martin's Press.

Kalke, W. (1969), »What is wrong with Fodor and Putnam's functionalism?«, *Nous* 3, 83-93.

Kim, Jaegwon (1972), »Phenomenal properties, psychophysical laws, and the identity theory«, *The Monist* 56, 177-192.
Kripke, Saul (1972), »Naming and necessity«, in: Donald Davidson/Gilbert Harman (Hrg.), *Semantics of natural languages*, Dordrecht: Reidel; deutsch: *Name und Notwendigkeit*, Frankfurt: Suhrkamp 1981.
Kuhn, Thomas (1961), »The function of measurement in modern physical science«, *Isis* 52, 161-193.
Lewis, David (1966), »An argument for the identity theory«, in: *Philosophical papers* 1, New York, NY: Oxford University Press 1983, 99-107; deutsch: »Eine Argumentation für die Identitätstheorie«, in: Ansgar Beckermann (Hrg.), *Analytische Handlungstheorie* Bd. 2, Frankfurt: Suhrkamp, 398-411.
– (1969), »Review of *Art, mind and religion*«, *Journal of Philosophy* 50, 23-35.
– (1970), »How to define theoretical terms«, in: *Philosophical papers* 1, New York, NY: Oxford University Press 1983, 78-95.
– (1972), »Psychophysical and theoretical identifications«, *Australasian Journal of Philosophy* 50, 249-258.
Locke, D. (1968), *Myself and others*, Oxford: Oxford University Press.
Lycan, W. (1974), »Mental states and Putnam's functionalist hypothesis«, *Australasian Journal of Philosophy* 52, 48-62.
Melzack, R. (1973), *The puzzle of pain*, New York, NY: Basic Books.
Minsky, Marvin (1967), *Computation*, Englewood Cliffs: Prentice-Hall.
Mucciolo, L. F. (1974), »The identity thesis and neuropsychology«, *Nous* 8, 327-342.
Nagel, Thomas (1969), »The boundaries of inner space«, *Journal of Philosophy* 66, 452-458.
– (1970), »Armstrong on the mind«, *Philosophical Review* 79, 349-403.
– (1972), »Review of Dennett's *Content and consciousness*«, *Journal of Philosophy* 50, 220-234.
– (1974), »What is it like to be a bat?«, *Philosophical Review* 83, 435-450; deutsch: »Wie ist es eine Fledermaus zu sein?«, in: Peter Bieri (Hrg.), *Analytische Philosophie des Geistes*, Meisenheim: Hain 1981, 261-275.
Nelson, R. J. (1969), »Behaviorism is false«, *Journal of Philosophy* 66, 417-452.
– (1975), »Behaviorism, finite automata & stimulus response theory«, *Theory and Decision* 6, 249-267.
– (1976), »Mechanism, functionalism, and the identity theory«, *Journal of Philosophy* 73, 365-386.
Oppenheim, Paul/Hilary Putnam (1958), »Unity of science as a working hypothesis«, in: Herbert Feigl, M. Scriven/G. Maxwell (Hrg.), *Minnesota studies in the philosophy of science* Bd. 2, Minneapolis: University of Minnesota Press, 3-36; deutsch: »Die Einheit der Wissenschaft als Arbeitshypothese«, in: Krüger, Lorenz (Hrg.), *Erkenntnisprobleme der Naturwissenschaft*, Köln: Kiepenheuer & Witsch 1979, 339-371.

Pitcher, G. (1971), *A theory of perception*, Princeton: Princeton University Press.
Putnam, Hilary (1963), »Brains and behavior«, in: *Mind, language and reality: Philosophical papers 2*, London: Cambridge University Press 1975, 325-341.
– (1966), »The mental life of some machines«, in: *Mind, language and reality: Philosophical papers 2*, London: Cambridge University Press 1975, 408-428.
– (1967), »The natur of mental states«, in: *Mind, language and reality: Philosophical papers 2*, London: Cambridge University Press 1975, 429-440; deutsch: »Die Natur mentaler Zustände«, in: Peter Bieri (Hrg.), *Analytische Philosophie des Geistes*, Meisenheim: Hain 1981, 123-135.
– (1970), »On properties«, in: *Mathematics, matter and method: Philosophical papers 1*, London: Cambridge University Press 1970.
– (1975a), »Philosophy and our mental life«, in: *Mind, language and reality: Philosophical papers 2*, London: Cambridge University Press 1975, 291-303.
– (1975b), »The meaning of ›meaning‹«, in: *Mind, language and reality: Philosophical papers 2*, London: Cambridge University Press 1975, 215-271; deutsch: *Die Bedeutung von »Bedeutung«*, Frankfurt: Klostermann 1979.
Rorty, Richard (1972), »Functionalism, machines and incorrigibility«, *Journal of Philosophy* 69, 203-220.
Scriven, M. (1966), *Primary philosophy*, New York, NY: McGraw-Hill.
Sellars, Wilfried (1956), »Empiricism and the philosophy of mind«, in: Herbert Feigl/M. Scriven (Hrg.), *Minnesota studies in philosophy of science* 1, Minneapolis: University of Minnesota Press.
– (1968), *Science and metaphysics* (Kap. 6), London: Routledge & Kegan Paul.
Shoemaker, Sidney (1975), »Functionalism and qualia«, *Philosophical studies* 27, 271-315.
– (1976), »Embodiment and behavior«, in: A. Rorty (Hrg.), *The identity of persons*, Berkeley, CA: University of California Press.
Shallice, T. (1972), »Dual functions of consciousness«, *Psychological Review* 79, 383-393.
Smart, J. J.C. (1971), »Reports of immediate experience«, *Synthese* 22, 346-359.
Wiggins, David (1975), »Identity, designation, essentialism, and physicalism«, *Philosophia* 5, 1-30.

John Searle
Geist, Gehirn und Programme

Ich unterscheide zwischen starker und schwacher künstlicher Intelligenz (KI). Nach der starken KI haben entsprechend programmierte Computer im wörtlichen Sinne kognitive Zustände, und die Programme sind daher psychologische Theorien. Ich werde zeigen, daß die starke KI falsch sein muß, da ein menschliches Subjekt ein solches Programm ausführen kann, ohne die entsprechenden mentalen Zustände zu haben. Ich werde einige Gegenargumente behandeln und einige Folgerungen aus der Tatsache ziehen, daß menschliche und tierische Gehirne die kausalen Grundlagen existierender mentaler Phänomene sind.

Welche psychologische und philosophische Bedeutung sollen wir neueren Versuchen beimessen, menschliche kognitive Fähigkeiten in einem Computer zu simulieren? Um diese Frage zu beantworten, halte ich es für nützlich, zwischen dem, was ich ›starke‹ KI nenne, und ›schwacher‹ oder ›vorsichtiger‹ KI zu unterscheiden. Nach der schwachen KI liegt die Bedeutung des Computers für die Erforschung des Geistes vor allem darin, daß er ein außerordentlich leistungsfähiges Werkzeug ist. Er ermöglicht uns etwa, Hypothesen in einer strengeren und genaueren Form zu formulieren und zu testen, als es bisher möglich war. Nach der starken KI ist der Computer dagegen nicht nur ein Werkzeug zur Erforschung des Geistes; vielmehr ist der entsprechend programmierte Computer tatsächlich ein Geist in dem Sinne, daß von Computern mit den richtigen Programmen im wörtlichen Sinne gesagt werden kann, daß sie *verstehen* und andere kognitive Zustände haben. Da der programmierte Computer kognitive Zustände hat, sind nach der starken KI die Programme nicht nur Werkzeuge, die es uns ermöglichen, psychologische Erklärungen zu testen, die Programme sind vielmehr selbst die Erklärungen. Ich habe keine Einwände gegen die Behauptungen der schwachen KI, wenigstens nicht in diesem Aufsatz. Meine Ausführungen werden sich gegen die Behauptungen richten, die ich als starke KI definiert habe, insbesondere gegen die Behauptung, daß ein entsprechend programmierter Computer kognitive Zustände im wörtlichen Sinne habe und daß die Programme dadurch menschliche Kognitionen erklären. Wenn ich von KI spreche, dann meine ich im folgenden die strenge Version, die durch diese beiden Behauptungen gekennzeichnet ist.

Ich werde die Arbeit von Roger Schank und seinen Kollegen in Yale behandeln (vgl. Schank/Abelson 1977), da ich mit ihr vertrauter bin als mit ähnlichen Projekten und da sie ein gutes Beispiel für die Art von Arbeit ist, die ich untersuchen möchte. Die folgenden Überlegungen sind aber keineswegs an Einzelheiten von Schanks Programmen gebunden. Dieselben Argumente würden ebenso Winograds SHRDLU (1973), Weizenbaums ELIZA (1965), ja jede Simulation menschlicher mentaler Phänomene durch eine Turingmaschine treffen.

Schanks Programme können kurz und vereinfacht folgendermaßen beschrieben werden: Ziel des Programms ist die Simulation der menschlichen Fähigkeit, Geschichten zu verstehen. Die Fähigkeit von Menschen, Geschichten zu verstehen, ist dadurch charakterisiert, daß sie Fragen zur Geschichte selbst dann beantworten können, wenn sich diese Informationen nicht explizit in der Geschichte finden. Nehmen wir zum Beispiel folgende Geschichte: »Ein Mann ging in ein Restaurant und bestellte einen Hamburger. Doch der Hamburger, den man ihm vorsetzte, war total verbrannt. Verärgert stürmte der Mann aus dem Restaurant, ohne den Hamburger zu bezahlen oder ein Trinkgeld zu geben.« Wird man nun gefragt: »Aß der Mann den Hamburger?«, wird man wahrscheinlich erwidern: »Nein, er aß ihn nicht.« Ähnlich wird es sich mit folgender Geschichte verhalten: »Ein Mann ging in ein Restaurant und bestellte einen Hamburger. Als er den Hamburger bekam, war er mit ihm sehr zufrieden, und als er das Restaurant verließ, gab er der Bedienung ein großzügiges Trinkgeld, bevor er die Rechnung bezahlte.« Hier wird man auf die Frage »Aß der Mann den Hamburger?« wahrscheinlich antworten: »Ja, er aß den Hamburger.« Schanks Maschinen können nun ähnliche Fragen zu Restaurants in dieser Weise beantworten. Sie verfügen dafür über eine »Repräsentation« von der Art von Informationen, wie sie Menschen über Restaurants haben, und die sie befähigt, Fragen der angegebenen Art zu derartigen Geschichten zu beantworten. Wenn man der Maschine die Geschichte eingegeben hat und dann die Frage stellt, druckt die Maschine Antworten von der Art aus, wie wir sie von Menschen, denen man ähnliche Geschichten erzählte, erwarten würde. Anhänger der starken KI behaupten, daß die Maschine in dieser Frage-Antwort-Sequenz nicht nur eine menschliche Fähigkeit simuliert, sondern auch, daß

(a) die Maschine die Geschichte im wörtlichen Sinne *versteht* und Antworten auf Fragen gibt; und daß

(b) das, was die Maschine und ihr Programm machen, die menschliche Fähigkeit, die Geschichte zu verstehen und Fragen dazu zu beantworten, *erklärt*.

Es scheint mir, daß die Behauptungen (a) und (b) durch Schanks Arbeit überhaupt nicht gestützt werden, was ich im folgenden begründen will.[1]

Man kann eine Theorie über den Geist testen, indem man sich fragt, wie es wäre, wenn der eigene Geist tatsächlich nach den Prinzipien funktionierte, von denen die Theorie behauptet, daß jeder Geist nach ihnen funktioniert. Wir wollen diesen Test in dem folgenden *Gedankenexperiment*[2] auf das Programm von Schank anwenden. Nehmen wir einmal an, ich sei in einem Raum eingeschlossen und man bringe mir einen dicken Packen chinesischer Schriften. Und nehmen wir ferner an, was auch tatsächlich der Fall ist, daß ich Chinesisch weder schreiben noch lesen könne, ja, daß ich mir noch nicht einmal sicher bin, ob ich chinesische Schriftzeichen als solche identifizieren und sie etwa von japanischen Schriftzeichen oder sinnlosem Gekritzel unterscheiden könnte. Angenommen ferner, ich bekomme nach diesem ersten Packen chinesischer Schriften einen zweiten Packen chinesischer Manuskripte, zusammen mit einer Anleitung, die mir sagt, welche Beziehung ich zwischen dem zweiten Packen und dem ersten Packen herstellen soll. Die Regeln dieser Anleitung seien in Englisch verfaßt, so daß ich sie so gut wie jeder andere, dessen Muttersprache Englisch ist, verstehen kann. Diese Regeln ermöglichen es mir, eine Menge formaler Symbole mit einer anderen Menge formaler Symbole in Beziehung zu setzen, wobei ›formal‹ hier nichts anderes bedeutet, als daß ich die Symbole allein aufgrund ihrer Form identifizieren kann. Nehmen wir nun also an, daß ich einen dritten Packen chinesischer Symbole zusammen mit einer, wiederum in Englisch geschriebenen, Anleitung bekomme, die es mir ermöglicht, Elemente dieses dritten Packens mit den ersten beiden Packen in Beziehung zu setzen. Diese Regeln sagen mir, wie ich bestimmte chinesische Symbole mit einer bestimmten Form als Antwort auf bestimmte Formen im dritten Packen zu geben habe. Die Leute, die mir alle diese Symbole geben, nennen, ohne daß ich dies weiß, den ersten Packen ›ein Skript‹, den zweiten ›eine Geschichte‹ und den dritten ›Fragen‹. Außerdem nennen sie die Symbole, die ich ihnen als Reaktion auf den dritten Packen gebe, ›Antworten auf die Fragen‹ und die englischen Anleitungsregeln, die sie mir gaben, ›das Programm‹. Um die Sache ein wenig komplizierter zu machen, stelle man sich vor, daß diese Leute mir auch Geschichten in Englisch vorlegen, die ich verstehe, und daß sie mich in englisch über diese Geschichten befragen und ich ihnen wieder in englisch antworte. Nehmen wir auch an, daß ich nach einiger Übung die chinesischen Symbole entsprechend der Anleitung so schnell zuordnen kann und die Programmierer so gut die Programme schreiben können, daß für einen Außenstehenden – d. h. für jemanden, der außerhalb des Raumes steht, in dem ich eingeschlossen bin – meine Antworten auf die Fragen nicht von denen unterschieden werden können, die jemand gibt, dessen Muttersprache Chinesisch ist. Solange man nur meine Antworten sieht, wird niemand auf den Gedanken kommen, daß ich überhaupt kein Chinesisch könne. Wir wollen ferner annehmen, daß meine Antworten auf die englischen Fragen nicht von denen anderer Personen, deren Muttersprache Englisch ist, unterschieden werden können, was zweifellos der Fall ist, und zwar aus dem einfachen Grund, weil meine Muttersprache Englisch ist. Für einen Außenstehenden, d. h. für jemanden, der meine ›Antworten‹ liest, sind die Antworten auf die chinesischen Fragen und die englischen Fragen gleich gut. Doch im Falle des Chinesischen komme ich – im Unterschied zum Fall des Englischen – zu den Antworten, indem ich mit uninterpretierten formalen Symbolen hantiere. Bei den chinesischen Schriftzeichen verhalte ich mich einfach wie ein Computer, ich führe computationale Operationen an formal bestimmten Elementen aus. In bezug auf das Chinesische bin ich einfach eine Instantiierung des Computerprogramms.

Die Behauptungen der starken KI lauten nun, daß der programmierte Computer die Geschichten versteht und daß das Programm in einem gewissen Sinn das menschliche Verständnis erklärt. Wir sind nun in der Lage, diese Behauptungen mit Hilfe unseres Gedankenexperiments zu untersuchen.

(a) In bezug auf die erste Behauptung scheint mir das Beispiel deutlich zu machen, daß ich kein Wort der chinesischen Geschichten verstehe. Es finden sich bei mir Inputs und Outputs, die nicht von denen zu unterscheiden sind, die sich bei jemandem finden, dessen Muttersprache Chinesisch ist, und gleichgültig, was für ein formales Programm ich habe, ich verstehe einfach nichts. Aus demselben Grund versteht Schanks Computer nichts von irgendeiner Geschichte, sei sie in Chinesisch, Englisch oder welcher Sprache auch immer erzählt, denn im Fall des Chinesischen bin ich der Computer. Und in den Fällen, wo ich nicht der Computer bin, ist der Computer nicht besser dran als ich in dem Fall, wo ich nichts verstehe.

(b) Was die zweite Behauptung betrifft, daß das Programm das menschliche Verstehen erkläre, sehen wir, daß der Computer und sein Programm keine hinreichenden Bedingungen für das Verstehen enthalten, da der Computer und das Programm funktionieren, ohne daß etwas verstanden wird. Enthält es aber wenigstens eine notwendige Bedingung oder einen bedeutsamen Beitrag für das Verstehen? Eine der Behauptungen, die Vertreter der starken KI aufstellen, lautet: Wenn ich eine Geschichte in Englisch verstehe, dann ist das, was ich tue, genau dasselbe – vielleicht sogar in noch höherem Maße dasselbe – wie das, was ich im Fall des Hantierens mit chinesischen Symbolen tue. Es ist einfach formale Symbolmanipulation, und zwar im Fall des Englischen, wo ich etwas verstehe, noch in höherem Maße als im Fall des Chinesischen, wo ich nichts verstehe. Ich habe nicht gezeigt, daß diese Behauptung falsch ist, in Anbetracht unseres Gedankenexperiments ist sie jedoch sicherlich unannehmbar. Die Plausibilität jener Behauptung leitet sich aus der Voraussetzung ab, daß wir ein Programm entwerfen können, das dieselben Inputs und Outputs hat wie jemand, der seine Muttersprache spricht. Darüber hinaus nehmen wir an, daß es eine Beschreibungsebene gibt, auf der die Sprecher selbst eine Instantiierung eines Programms sind. Wenn wir diesen beiden Annahmen zustimmen, dann scheint es, daß Schanks Programm, auch wenn es nicht die ganze Wahrheit trifft, doch zumindest ein Körnchen Wahrheit enthält.

Nach meiner Meinung ist dies zwar empirisch möglich, bisher wurde jedoch noch nicht der geringste Grund genannt, warum man dies für wahr halten sollte, denn durch das Gedankenexperiment wird nahegelegt – obwohl zweifellos nicht bewiesen –, daß das Computerprogramm für mein Verständnis der Geschichte

unwichtig ist. Im Fall des Chinesischen verfüge ich über alles, was die künstliche Intelligenz mit Hilfe eines Programms in mich hineinbringen kann, gleichwohl verstehe ich nichts. Im Fall des Englischen verstehe ich dagegen alles. Es gibt daher überhaupt keinen Grund für die Annahme, daß mein Verstehen irgend etwas mit Computerprogrammen zu tun hat, d. h. mit computationalen Operationen mit rein formal bestimmten Elementen. Solange das Programm mit Hilfe computationaler Operationen über rein formal definierte Elemente definiert ist, legt das Gedankenexperiment nahe, daß dies an sich in keiner interessanten Beziehung zum Verstehen steht. Sie sind sicherlich keine hinreichenden Bedingungen, und es wurde nicht der geringste Grund für die Annahme genannt, daß sie notwendige Bedingungen seien oder sogar einen entscheidenden Beitrag zum Verstehen leisten sollten. Man beachte, daß das Argument nicht einfach darauf abstellt, daß unterschiedliche Maschinen dieselben Inputs und Outputs haben und gleichwohl nach unterschiedlichen formalen Prinzipien arbeiten können – das ist überhaupt nicht der Punkt. Man kann vielmehr in den Computer rein formale Prinzipien hineinbringen, welche man will, ohne daß dies für das Verstehen hinreichend ist, da ein Mensch in der Lage ist, den formalen Prinzipien zu folgen, ohne irgend etwas zu verstehen, und es wurde kein Grund für die Annahme genannt, warum sie als notwendig oder relevant angesehen werden sollten, da die Annahme unbegründet blieb, daß ich überhaupt nach einem formalen Programm arbeite, wenn ich Englisch verstehe.
Was ist es dann, was ich im Falle der englischen Sätze habe, aber nicht im Falle der chinesischen Sätze? Offensichtlich lautet die Antwort, daß ich bei jenen Sätzen weiß, was sie bedeuten, während ich bei diesen nicht die geringste Ahnung habe, was sie bedeuten. Worin aber besteht dies und warum können wir dies, was immer es sein mag, nicht einer Maschine eingeben? Warum kann man der Maschine nicht das eingeben, was mich wissen läßt, was englische Sätze bedeuten? Ich werde auf diese Fragen zurückkommen, nachdem ich mein Gedankenexperiment etwas weiter ausgeführt habe.
Ich hatte Gelegenheit, dieses Gedankenexperiment verschiedenen KI-Forschern vorzustellen, und sie scheinen sich interessanterweise nicht einig zu sein, welches die richtige Antwort darauf ist. Ich erhielt eine überraschend breite Palette von Antworten, die

typischen werde ich im folgenden, nach ihrem geographischen Ursprung geordnet, behandeln. Zunächst jedoch möchte ich einigen verbreiteten Mißverständnissen, die das ›Verstehen‹ betreffen, entgegentreten. In vielen Diskussionen findet man seltsame Verrenkungen zum Wort ›verstehen‹. Meine Kritiker weisen darauf hin, daß es verschiedene Grade des Verstehens gibt, daß ›verstehen‹ nicht einfach ein zweistelliges Prädikat ist, daß es sogar verschiedene Arten und Ebenen des Verstehens gibt und daß häufig selbst der Satz vom ausgeschlossenen Dritten für Aussagen der Form ›x versteht y‹ nicht ohne weiteres gültig ist, daß es in vielen Fällen eine Ermessensfrage und nicht einfach eine Tatsachenfrage ist, ob x y versteht und so weiter. Zu all diesen Punkten möchte ich natürlich sagen: »natürlich«, aber sie haben nichts mit unserem Thema zu tun. Es gibt klare Fälle, in denen der Ausdruck ›verstehen‹ angewandt werden kann, und klare Fälle, wo er nicht angewandt werden kann: für mein Argument sind derartige Fälle ausreichend.[3] Ich verstehe Geschichten in Englisch; in einem geringeren Grad verstehe ich Geschichten in Französisch; in einem noch geringeren Grad Geschichten in Deutsch; Chinesisch verstehe ich überhaupt nicht. Mein Auto und mein Tischrechner verstehen andererseits gar nichts – sie haben überhaupt nichts damit zu tun. Oft schreiben wir ›verstehen‹ und andere kognitive Prädikate Autos, Tischrechnern und anderen Artefakten metaphorisch und analogisch zu, doch durch diese Zuschreibung wird nichts bewiesen. Wir sagen »die Tür *weiß* durch ihre photoelektrische Zelle, wann sie sich öffnen muß«, »der Tischrechner *weiß* (*versteht*), wie man addiert, subtrahiert, aber nicht, wie man dividiert«, und »der Thermostat *nimmt* die Temperaturänderung *wahr*«. Der Grund für diese Zuschreibung ist aufschlußreich; er hängt damit zusammen, daß wir in Artefakten unsere eigene Intentionalität erweitern.[4] Da unsere Werkzeuge Erweiterungen unserer Zwecke sind, finden wir es natürlich, ihnen metaphorisch Intentionalität zuzuschreiben. Nach meiner Meinung wird durch diese Beispiele das philosophische Eis jedoch nicht gebrochen. Es ist ein ganz anderer Sinn, in dem eine automatische Tür ›Anweisungen‹ von ihrer photoelektrischen Zelle ›versteht‹, als der Sinn, in dem ich Englisch verstehe. Wenn der Sinn, in dem Schanks programmierte Computer Geschichten verstehen, derselbe metaphorische Sinn sein soll, in dem die Tür versteht, und nicht der Sinn, in dem ich Englisch verstehe, dann ist die Diskussion gegenstandslos. Newell und Simon erklären, daß der Computer im selben Sinne ›verstehe‹, wie man von Menschen sagt, daß sie verstehen. Mir gefällt daran, daß diese Behauptung geradeheraus ist, und ich möchte genau diese Behauptung diskutieren. Ich werde zeigen, daß der programmierte Computer im wörtlichen Sinne so versteht, wie das Auto und der Tischrechner verstehen, nämlich überhaupt nicht. Das Verstehen des Computers ist nicht, wie etwa mein Verstehen deutscher Sätze, unklar oder unvollkommen, es ist null.

Nun zu den Entgegnungen:

1. *Die Systementgegnung* (Berkeley): »Zwar ist es richtig, daß die individuelle Person, die in dem Raum eingeschlossen ist, die Geschichte nicht versteht; dies ändert jedoch nichts an der Tatsache, daß sie nur Teil eines ganzen Systems ist und das System die Geschichte versteht. Die Person hat ein umfangreiches Hauptbuch vor sich, in dem die Regeln stehen, sie hat eine Menge Konzeptpapier und Bleistifte zum Rechnen und schließlich ›Datenbanken‹ mit chinesischen Symbolen. Das Verstehen wird nun nicht dem einzelnen Individuum zugeschrieben, sondern vielmehr diesem ganzen System, von dem es ein Teil ist.«

Meine Antwort auf die Systemtheorie ist einfach: Denken wir uns, daß die Person alle Elemente des Systems internalisiert hat. Sie lernt die Regeln des Hauptbuchs sowie die Datenbanken chinesischer Symbole auswendig und führt die Rechnungen im Kopf aus. Im Individuum ist dann das ganze System verkörpert; es gibt nichts mehr im System, was nicht zu ihm gehört. Wir können die Person sogar aus dem Raum befreien und annehmen, daß sie außerhalb arbeitet. Trotzdem verstehen weder sie Chinesisch, noch versteht *a fortiori* das System Chinesisch, da es nichts im System gibt, was nicht in der Person ist. Wenn sie nichts versteht, dann ist es ausgeschlossen, daß das System versteht, da das System einfach Teil der Person ist.

Es ist mir allerdings ziemlich unangenehm, diese Antwort auf die Systemtheorie zu geben, da die Theorie von Anfang an völlig unplausibel zu sein scheint. Der Gedanke ist, daß zwar eine Person kein Chinesisch verstehe, aber irgendwie die *Verbindung* dieser Person und von Blättern Papier Chinesisch verstehen könne. Es fällt mir schwer, mir vorzustellen, wie jemand, der nicht ideologisch verblendet ist, diesen Gedanken überhaupt plausibel finden kann. Ich glaube dennoch, daß nicht wenige, die sich der

Ideologie der starken KI verschrieben haben, am Ende dazu neigen werden, so etwas Ähnliches zu behaupten; diesen Gedanken wollen wir daher etwas weiter verfolgen. Eine Version dieser Ansicht lautet, daß im Beispiel des internalisierten Systems zwar der Mann kein Chinesisch im selben Sinne versteht, wie jemand, dessen Muttersprache Chinesisch ist – da er z.B. nicht weiß, daß die Geschichte von Restaurants, Hamburgern usw. handelt –, gleichwohl *versteht* »der Mann als formales Symbolmanipulationssystem« *wirklich Chinesisch*. Das Untersystem des Mannes, das das formale Symbolmanipulationssystem ist, sollte nicht mit dem Untersystem verwechselt werden, das für das Englische zuständig ist.

Es gibt also in Wahrheit zwei Untersysteme im Mann, das eine versteht Englisch, das andere Chinesisch, und der Punkt ist, daß »diese beiden Untersysteme einfach wenig miteinander zu tun haben«. Ich möchte dem jedoch entgegnen, daß sie nicht nur wenig miteinander zu tun haben, sondern daß sie sich nicht einmal im entferntesten ähnlich sind. Das Untersystem, das Englisch versteht – wenn wir für einen Moment einmal die Rede von ›Untersystemen‹ übernehmen wollen –, weiß, daß die Geschichten von Restaurants und Hamburgern usw. handeln. Es weiß, daß ihm Fragen zu Restaurants gestellt werden und daß es die Fragen so gut wie möglich beantwortet, indem es verschiedene Schlüsse aus dem Inhalt der Geschichte zieht usw. Das chinesische System weiß dagegen von all dem nichts. Während das englische Untersystem weiß, daß ›Hamburger‹ sich auf Hamburger bezieht, weiß das chinesische Untersystem nur, daß ›matsch-matsch‹ ›schwabsch-schwabsch‹ zu folgen hat. Sein Wissen beschränkt sich darauf, daß verschiedene formale Symbole an einem Ende eingegeben und nach Regeln, die in Englisch geschrieben sind, manipuliert werden – und daß andere Symbole am anderen Ende ausgegeben werden. Der Punkt des ursprünglichen Beispiels bestand darin zu zeigen, daß derartige Symbolmanipulationen allein nicht hinreichend für ein Verstehen (im wörtlichen Sinne) des Chinesischen sein können, weil der Mann ›matsch-matsch‹ nach ›schwabsch-schwabsch‹ schreiben könnte, ohne überhaupt Chinesisch zu verstehen. Durch die Postulierung von Untersystemen im Mann wird dieses Argument gar nicht getroffen, weil die Untersysteme keineswegs besser dastehen als am Anfang der Mann; sie ähneln noch immer nicht im entferntesten dem, was der Englisch sprechende Mann (oder das Untersystem) hat. Im beschriebenen Fall ist nämlich das chinesische Untersystem einfach ein Teil des englischen Untersystems, ein Teil, der sich mit der Manipulation von bedeutungslosen Symbolen nach Regeln des Englischen befaßt.

Fragen wir uns jedoch einmal, welche Annahmen eigentlich die Systementgegnung motivieren – das heißt: welche *unabhängigen* Gründe müssen als gegeben angenommen werden, um sagen zu können, daß das Subjekt ein Untersystem haben muß, das im wörtlichen Sinne Geschichten in Chinesisch versteht? Soweit ich sehe, besteht der einzige Grund darin, daß ich in dem Gedankenexperiment dieselben Inputs und Outputs wie jemand habe, dessen Muttersprache Chinesisch ist, sowie ein Programm, das vom einen zum andern führt. Der springende Punkt des Gedankenexperiments ist jedoch, daß dies nicht hinreichend für das Verstehen in dem Sinne sein kann, in dem ich Geschichten in englisch verstehe, da eine Person – und damit die Menge von Systemen, die eine Person ausmacht – die richtige Kombination von Input, Output und Programm haben kann, ohne im entscheidenden wörtlichen Sinne so zu verstehen, wie ich Englisch verstehe. Die Behauptung, daß es in mir ein Untersystem geben *muß*, das Chinesisch versteht, ist lediglich dadurch motiviert, daß ich ein Programm habe und den Turingtest bestehen kann; ich kann jemanden, der Chinesisch als Muttersprache hat, hereinlegen (Turing 1950). Die Adäquatheit des Turingtests ist jedoch gerade einer der Punkte, die zur Diskussion stehen. Das Gedankenexperiment zeigt, daß es zwei ›Systeme‹ geben kann, die beide den Turingtest bestehen, von denen aber nur eines versteht. Dagegen kann man nicht einwenden: weil beide den Turingtest bestehen, müssen beide verstehen, da diese Behauptung nicht auf das Argument eingeht, daß das System in mir, das Englisch versteht, eine Menge mehr hat, als das System, das bloß chinesische Symbole verarbeitet. Kurz, die Systementgegnung setzt voraus, was sie zeigen will, indem sie ohne Argumentation darauf besteht, daß das System Chinesisch verstehen muß.

Darüber hinaus scheint die Systementgegnung zu Konsequenzen zu führen, die unabhängig davon absurd sind. Wenn wir aufgrund der Tatsache, daß ich eine bestimmte Art von Input und Output und dazwischen ein Programm habe, schließen wollten, daß es hier Kognitionen geben muß, dann scheinen sich alle Arten nichtkognitiver Untersysteme als kognitiv herauszustellen. Bei meinem Magen gibt es z. B. eine Beschreibungsebene, nach der er informationsverarbeitende Prozesse ausführt und eine Reihe von Computerprogrammen instantiiert; dennoch wird wohl niemand behaupten wollen, daß er irgendwie verstehen kann (vgl. Pylyshyn 1980). Akzeptieren wir jedoch die Systementgegnung, dann ist nicht zu sehen, wie man vermeiden will, Magen, Herz, Leber usw. als verstehende Untersysteme zu beschreiben. Denn es gibt kein Kriterium, um die Motivation für die Aussage, daß das chinesische Untersystem versteht, von der Aussage, daß der Magen versteht, zu unterscheiden. (Nebenbei bemerkt ist es keine Antwort auf diesen Punkt, wenn man darauf hinweist, daß der Input und Output des chinesischen Systems Information ist, während der Input und Output des Magens Nahrung und Nahrungsprodukte sind. Denn vom Standpunkt des Subjekts, also von meinem Standpunkt, gibt es weder Informationen bei der Nahrung noch beim Chinesischen, denn das Chinesische ist einfach ein Haufen bedeutungslosen Gekritzels. Die Information im Chinesischbeispiel gibt es nur für den Programmierer und den Interpreten, und sie werden durch nichts abgehalten, die Inputs und Outputs meiner Verdauungsorgane nach ihrem Belieben als Information anzusehen.)

Dieser letzte Punkt ist für einige weitere Probleme der starken KI wichtig, und es lohnt sich, zur Erläuterung ein wenig abzuschweifen. Wenn die starke KI ein Zweig der Psychologie sein soll, dann muß sie in der Lage sein, genuin mentale Systeme von nichtmentalen Systemen zu unterscheiden. Sie muß in der Lage sein, die Prinzipien, nach denen der Geist arbeitet, von den Prinzipien zu unterscheiden, nach denen nichtmentale Systeme arbeiten. Andernfalls erklären sie nicht, was das spezifisch Mentale des Mentalen ist. Die Unterscheidung mental – nichtmental gibt es nicht nur für den Beobachter, sie muß sich in den Systemen selbst finden, da es ansonsten allein von der Willkür des Beobachters abhinge, Personen als nichtmental und etwa Wirbelstürme als mental zu behandeln. In der KI-Literatur wird die Unterscheidung jedoch ziemlich häufig in einer Weise aufgeweicht, die zu katastrophalen Folgen für die These, daß die KI eine kognitive Untersuchung ist, führen dürfte. McCarthy schreibt etwa: »Man kann von Maschinen, die so einfach sind wie Thermostaten, sagen, daß sie Meinungen haben, und Meinungen zu haben, scheint für die meisten Maschinen, die Probleme lösen können, charakteristisch zu sein« (McCarthy 1979). Wer glaubt, die starke KI hätte eine Chance als Theorie des Geistes, sollte die Implikationen dieser Bemerkung wohl erwägen. Man mutet uns zu, es als eine Entdeckung der starken KI zu akzeptieren, daß das Stück Metall an der Wand, das wir verwenden, um die Raumtemperatur zu regeln, in genau demselben Sinne Meinungen hat wie wir, unsere Ehepartner und unsere Kinder und daß darüber hinaus die »meisten« anderen Maschinen im Raum – Telephon, Tonbandgerät, Tischrechner, Lichtschalter usw. – ebenfalls Meinungen im wörtlichen Sinne haben. Es ist nicht meine Absicht, hier gegen McCarthys Überlegungen zu argumentieren; ich werde daher ohne weitere Begründung einfach folgendes feststellen: Das Studium des Geistes beginnt mit Tatsachen wie: Menschen haben Meinungen, Thermostate, Telephone und Tischrechner dagegen nicht. Wenn eine Theorie vorgeschlagen wird, die dies verneint, hat man ein Gegenbeispiel zu dieser Theorie, und die Theorie ist falsch. Es entsteht der Eindruck, daß die KI-Leute, die derartige Dinge schreiben, meinen, damit durchzukommen, da sie sie nicht wirklich ernst nehmen und meinen, andere täten dies auch nicht. Ich schlage vor, sie wenigstens für einen Moment einmal ernst zu nehmen. Man denke einmal eine Minute scharf darüber nach, was notwendig wäre, damit das Stück Metall dort an der Wand wirklich Meinungen hätte, Meinungen mit einer Richtung auf Übereinstimmung, propositionalen Gehalt und Erfüllungsbedingungen; Meinungen, welche die Möglichkeit zulassen, etwas stark oder schwach zu glauben; schüchtern, ängstlich oder fest zu glauben; dogmatisch, rational oder abergläubisch zu glauben; Meinungen blinden Vertrauens oder zögernden Nachsinnens, alle Arten von Meinungen. Der Thermostat kann dies alles nicht. Und der Magen, die Leber, der Tischrechner oder das Telephon auch nicht. Da wir diesen Gedanken aber ernst nehmen wollen, beachte man, daß er, wenn er wahr wäre, fatale Folgen für den Anspruch der starken KI hätte, eine Wissenschaft des Geistes zu sein, denn der Geist ist nun überall. Wir aber wollen wissen, was den Geist von Thermostaten, Lebern usw. unterscheidet. Und wenn McCarthy recht hat, dann können wir von der starken KI keine Antwort darauf erwarten.

II. *Die Roboterentgegnung* (Yale): »Angenommen, wir schrieben ein Programm, das von einer anderen Art wäre, als das von

Schank. Angenommen, wir bauten den Computer in einen Roboter ein. Dieser Computer würde nicht nur formale Symbole als Input aufnehmen und formale Symbole als Output ausgeben, sondern er würde vielmehr den Roboter so steuern, daß er etwas ganz Ähnliches macht wie wahrnehmen, herumgehen, Nägel einschlagen, essen, trinken usw. An dem Roboter wäre etwa eine Fernsehkamera angebracht, so daß er sehen könnte, er hätte Arme und Beine zum Handeln und all das wäre von seinem Computergehirn gesteuert. Im Unterschied zu Schanks Computer könnte ein derartiger Computer wirklich verstehen, und er hätte auch andere mentale Zustände.«

Bei der Roboterentgegnung fällt zunächst auf, daß sie stillschweigend einräumt, daß Kognitionen nicht einfach eine Sache formaler Symbolmanipulation sind, da diese Entgegnung eine Reihe kausaler Beziehungen zur äußeren Welt hinzufügt. Auf die Roboterentgegnung ist jedoch zu antworten, daß das Hinzufügen derartiger ›perzeptiver‹ und ›motorischer‹ Fähigkeiten dem Schankschen Originalprogramm nichts hinzufügt, was mit Verstehen im besonderen oder Intentionalität im allgemeinen zu tun hat. Um dies einzusehen, beachte man, daß dasselbe Gedankenexperiment auch auf den Roboterfall angewandt werden kann. Angenommen, im Roboter bin ich anstelle des Computers in den Raum eingesperrt und man bringt mir wieder, wie im ursprünglichen Chinesischbeispiel, weitere chinesische Symbole sowie weitere Anweisungen in Englisch, um chinesische Symbole mit chinesischen Symbolen zu verbinden und chinesische Symbole ausgeben zu können. Angenommen, einige chinesische Symbole, die ich von der am Roboter angebrachten Fernsehkamera erhalte, und andere chinesische Symbole, die ich ausgebe, dienten dazu – ohne daß ich dies weiß –, die Motoren im Roboter zu veranlassen, seine Arme und Beine zu bewegen. Entscheidend ist, daß ich nichts weiter mache, als formale Symbole zu manipulieren; ich weiß nichts von diesen anderen Tatsachen. Ich erhalte ›Informationen‹ von dem ›perzeptiven‹ Apparat des Roboters, und ich gebe seinem ›motorischen‹ Apparat ›Anweisungen‹, ohne diese beiden Tatsachen zu wissen. Ich bin der Homunkulus des Roboters; im Unterschied zum traditionellen Homunkulus weiß ich allerdings nicht, was passiert. Ich verstehe nichts als die Regeln für die Symbolmanipulation. In diesem Fall, so möchte ich behaupten, hat der Roboter überhaupt keine intentionalen Zustände. Sein Herumgehen ist einfach eine Folge seiner elektrischen Verdrahtung und seines Programms. Indem ich das Programm instantiiere, habe ich außerdem keine intentionalen Zustände der relevanten Art. Ich folge lediglich formalen Anweisungen, die mir sagen, wie ich formale Symbole zu manipulieren habe.

III. *Die Gehirnsimulatorentgegnung* (Berkeley und M.I.T.): »Angenommen, wir entwerfen ein Programm, das nicht, wie Schanks Geschichtenprogramm, die Informationen, die wir von der Welt haben, repräsentiert, sondern die tatsächlichen Abläufe der Neuronenentladungen an den Synapsen des Gehirns von jemandem, dessen Muttersprache Chinesisch ist, wenn er Geschichten in Chinesisch versteht und Antworten dazu gibt. Die Maschine nimmt chinesische Geschichten und Fragen als Input auf, sie simuliert bei der Verarbeitung dieser Geschichte die formale Struktur eines wirklichen chinesischen Gehirns und gibt chinesische Antworten als Output. Wir können uns sogar vorstellen, daß die Maschine nicht nur mit einem einzigen seriellen Programm arbeitet, sondern mit einer ganzen Reihe parallel geschalteter Programme, und zwar so, wie wirkliche menschliche Gehirne vermutlich arbeiten, wenn sie natürliche Sprache verarbeiten. In einem derartigen Fall werden wir sicher sagen müssen, daß die Maschine die Geschichten verstanden hat. Und wenn wir dies bestreiten, müßten wir dann nicht auch dem, dessen Muttersprache Chinesisch ist, absprechen, daß er die Geschichte versteht? Wie würde oder könnte sich das Computerprogramm von dem Programm des chinesischen Gehirns auf der Ebene der Synapsen unterscheiden?«

Bevor ich mich dieser Entgegnung zuwende, möchte ich anmerken, daß sie recht seltsam für einen Anhänger der KI (des Funktionalismus usw.) ist. Ich habe immer gedacht, daß der entscheidende Gedanke der starken KI darin besteht, daß wir nicht zu wissen brauchen, wie das Gehirn funktioniert, um zu wissen, wie der Geist arbeitet. Die Grundannahme ist – so hatte ich wenigstens angenommen –, daß es eine Ebene mentaler Prozesse gibt, die in computationalen Operationen mit formalen Symbolen besteht, die das Wesen des Mentalen ausmachen; und daß sie in allen möglichen Arten von Gehirnprozessen in derselben Weise realisiert sein können, wie irgendein Computerprogramm in verschiedenen Computerhardwares; daß also die starke KI annimmt, daß der Geist sich zum Gehirn verhält wie das Programm zur

Hardware und daß wir den Geist verstehen können, ohne uns mit Neurophysiologie zu befassen. Wenn wir für die KI wissen müßten, wie das Gehirn arbeitet, würden wir uns um die KI gar nicht kümmern. Doch auch wenn wir uns eng an das Funktionieren des Gehirns halten, wäre dies nicht hinreichend, um ein Verstehen zu erhalten. Dies wird deutlich, wenn man sich vorstellt, daß der einsprachige Mann im Raum, anstatt chinesische Symbole hin und her zu schieben, ein ausgetüfteltes System von Wasserleitungen bedient, die über Ventile miteinander verbunden sind. Erhält der Mann chinesische Symbole, dann schlägt er in seinem in Englisch geschriebenen Programm nach, welche Ventile er zu öffnen und zu schließen hat. Jeder Wasserverbindung entspricht eine Synapse des chinesischen Gehirns und das ganze System ist so eingerichtet, daß nach den richtigen Entladungen – das heißt, nachdem die richtigen Wasserhähne geöffnet sind – die chinesische Antwort an der Outputstelle der Leitungen heraussprudelt. Wo ist nun in diesem System das Verstehen? Es nimmt Chinesisch als Input, es simuliert die formale Struktur der Synapsen des chinesischen Gehirn und es gibt Chinesisch als Output aus. Doch weder der Mann noch die Wasserleitungen verstehen Chinesisch. Und ist man versucht, die meiner Meinung nach absurde Ansicht zu übernehmen, daß irgendwie die *Verbindung* von Mann *und* Wasserleitungen verstehe, dann sei daran erinnert, daß der Mann prinzipiell die formale Struktur der Wasserleitungen internalisieren und sich alle ›Neuronenentladungen‹ in der Phantasie vorstellen kann. Das Problem des Gehirnsimulators ist, daß er die verkehrten Aspekte des Gehirns simuliert. Solange er nur die formale Struktur der Folge von Neuronenentladungen der Synapsen simuliert, wird er nicht das simuliert haben, was beim Gehirn entscheidend ist, nämlich seine kausalen Eigenschaften, seine Fähigkeit, intentionale Zustände hervorzubringen. Und daß die formalen Eigenschaften nicht hinreichend für die kausalen Eigenschaften sind, zeigt das Wasserleitungsbeispiel: wir können alle formalen Eigenschaften von den relevanten neurobiologischen kausalen Eigenschaften abgetrennt haben.

IV. *Die Kombinationsentgegnung* (Berkeley und Stanford): »Zwar ist jede der drei vorgetragenen Entgegnungen für sich genommen nicht völlig als Widerlegung des chinesischen Gedankenexperiments überzeugend, nimmt man jedoch alle drei zusammen, dann sind sie viel überzeugender und sogar schlüssig. Man stelle sich einen Roboter vor, unter dessen Hirnschale sich ein Computer verbirgt, der nach dem Gehirn gearbeitet ist; der Computer sei entsprechend allen Synapsen des menschlichen Gehirns programmiert und das ganze Verhalten des Roboters sei nicht vom menschlichem Verhalten unterscheidbar. Dieses Gebilde betrachte man als ein einheitliches System und nicht bloß als Computer mit Inputs und Outputs. In diesem Fall werden wir dem System sicherlich Intentionalität zuschreiben müssen.«

Ich stimme vollkommen überein, daß wir es in diesem Fall vernünftig und sogar überzeugend finden werden, die Hypothese zu akzeptieren, daß der Roboter Intentionalität hat – solange wir nicht mehr darüber wissen. Die anderen Elemente der Kombination sind sogar neben der Erscheinungsweise und dem Verhalten völlig unwichtig. Wenn wir einen Roboter bauen könnten, dessen Verhalten in einem weiten Bereich von dem eines Menschen nicht unterscheidbar wäre, würden wir ihm Intentionalität zuschreiben, solange keine anderen Gründe dagegen sprächen. Wir brauchten dabei gar nicht von Anfang an zu wissen, daß das Computergehirn dem menschlichen Gehirn formal analog ist.

Ich kann jedoch wirklich nicht sehen, wie dies die Behauptungen der starken KI unterstützen soll, und zwar aus folgendem Grund: Nach der starken KI ist die Instantiierung eines formalen Programms mit den richtigen Inputs und Outputs eine hinreichende Bedingung für Intentionalität, ja, sie ist sogar konstitutiv dafür. Newell (1980) bringt es auf den Punkt: das Wesen des Mentalen ist die Operation eines physikalischen Symbolsystems. Die Zuschreibungen der Intentionalität, die wir in diesem Beispiel bei dem Roboter vornehmen, hat jedoch nichts mit formalen Programmen zu tun. Sie beruht einfach auf der Annahme, daß wir, wenn der Roboter so aussieht wie wir und sich einigermaßen menschlich verhält, vermuten, solange uns nicht das Gegenteil bewiesen ist, daß er mentale Zustände haben muß, die wie bei uns das Verhalten verursachen und die im Verhalten ausgedrückt werden, und daß er einen inneren Mechanismus enthalten muß, der in der Lage ist, solche mentalen Zustände hervorzubringen. Wenn wir aus anderen Gründen wissen, wie solch ein Verhalten ohne diese Annahmen erklärt werden kann, dann werden wir ihm keine Intentionalität zuschreiben, besonders dann nicht, wenn wir wüßten, daß es ein formales Programm hat. Und dies ist der Punkt meiner früheren Entgegnung auf Einwand II.

Angenommen, wir wüßten, daß das Verhalten des Roboters vollständig durch die Tatsache erklärt werden könnte, daß in ihm ein Mann uninterpretierte formale Symbole durch den Wahrnehmungsapparat des Robotors erhält und uninterpretierte formale Symbole an seine motorischen Mechanismen ausgibt und der Mann diese Symbolmanipulation nach den Regeln einer Anweisung ausführt. Nehmen wir ferner an, daß der Mann überhaupt nichts von diesen Tatsachen des Roboters weiß, er weiß nur, welche Operationen er mit welchen bedeutungslosen Symbolen ausführen muß. In diesem Fall werden wir den Roboter für eine geniale mechanische Puppe halten. Die Hypothese, daß die Puppe einen Geist hat, wäre in diesem Fall ungerechtfertigt und überflüssig, da es nun keinen Grund mehr gibt, dem Roboter oder dem System, zu dem er gehört, Intentionalität zuzuschreiben (von der Intentionalität des Symbole manipulierenden Mannes sehen wir hierbei natürlich ab). Die formalen Symbolmanipulationen gehen weiter, die Inputs und Outputs passen richtig zusammen, der einzige wirkliche Ort der Intentionalität ist der Mann, und der weiß nichts von den relevanten intentionalen Zuständen. Er *sieht* zum Beispiel nicht, was dem Roboter vor die Augen kommt, er *beabsichtigt* nicht, den Arm des Roboters zu bewegen, und er *versteht* nichts von den Bemerkungen, die der Roboter erhält oder von sich gibt. Aus den oben genannten Gründen folgt ferner, daß das System, zu dem der Mann und der Roboter gehören, dies auch nicht kann.
Um den Punkt zu verdeutlichen, vergleiche man diesen Fall mit Fällen, wo wir es vollkommen natürlich finden, Intentionalität Vertretern einer bestimmten anderen Art von Primaten, etwa Affen oder Haustieren wie etwa Hunden zuzuschreiben. Wir haben wohl zwei Gründe, warum wir dies für natürlich halten: Wir können uns das Verhalten der Tiere nicht erklären, ohne ihnen Intentionalität zuzuschreiben, und wir können sehen, daß die Tiere aus einem ähnlichen Stoff sind wie wir – sie haben Augen, Nase, Haut usw. Geht man von der Kohärenz des tierischen Verhaltens und der Annahme aus, daß ihnen derselbe kausale Stoff zugrunde liegt, dann werden wir sowohl vermuten, daß das Tier mentale Zustände haben muß, die seinem Verhalten zugrunde liegen, als auch, daß die mentalen Zustände durch Mechanismen hervorgebracht sein müssen, die aus dem Stoff bestehen, der wie der Stoff ist, aus dem wir beschaffen sind. Solange nichts

dagegen spricht, würden wir bei dem Roboter sicherlich ähnliches annehmen, sobald wir jedoch wissen, daß sein Verhalten das Ergebnis eines formalen Programms ist und die tatsächlichen kausalen Eigenschaften seiner physischen Substanz keine Rolle spielen, werden wir die Intentionalitätsannahme aufgeben.

Es gibt noch zwei weitere Antworten auf mein Gedankenexperiment, die man häufig hört (und die daher diskutiert werden sollten), die jedoch den entscheidenden Punkt verfehlen.

v. *Die Alter-Ego-Entgegnung* (Yale): »Woher weißt du überhaupt, daß andere Leute Chinesisch oder sonst etwas verstehen? Nur durch ihr Verhalten. Der Computer kann aber den Verhaltenstest so gut wie sie bestehen (wenigstens im Prinzip). Wenn du also anderen Leuten Kognitionen zusprichst, dann mußt du sie im Prinzip auch Computern zusprechen.«

Dieser Einwand verdient nur eine kurze Entgegnung. Das Problem dieser Diskussion besteht nicht darin, woher ich weiß, daß andere Leute kognitive Zustände haben, sondern vielmehr darin, was das denn ist, das ich ihnen zuschreibe, wenn ich ihnen kognitive Zustände zuschreibe. Das Argument zielt darauf, daß es nicht nur computationale Operationen mit ihren Outputs sein können, da es computationale Operationen mit ihren Outputs ohne kognitive Zustände geben kann. Es ist keine Antwort auf dieses Argument, wenn man Dickfelligkeit demonstriert. In den ›Kognitionswissenschaften‹ wird die Wirklichkeit und Erkennbarkeit des Mentalen in derselben Weise vorausgesetzt, wie man in der Physik die Wirklichkeit und Erkennbarkeit physikalischer Gegenstände voraussetzt.

vi. *Die Wenn-nicht-so-dann-anders-Entgegnung* (Berkeley): »Dein ganzes Argument geht davon aus, daß die KI nur von Analog- und Digitalcomputern handelt. Dies ist jedoch nur der gegenwärtige Stand der Technik. Was immer diese kausalen Prozesse sein mögen, die deiner Ansicht nach für Intentionalität wesentlich sind (einmal angenommen, daß du recht hast), eines Tages werden wir in der Lage sein, Geräte zu bauen, die diese kausalen Prozesse ausführen, und das wird dann künstliche Intelligenz sein. Deine Argumente treffen daher überhaupt nicht die Fähigkeit der KI, Kognitionen hervorzubringen und zu erklären.«

Ich habe auf diese Entgegnung keinen Einwand, außer daß sie das Projekt der starken KI tatsächlich trivialisiert, indem sie die KI neu definiert als das, was mit künstlichen Mitteln Kognitionen hervorbringt und erklärt. Die ursprünglichen Behauptungen der KI sind aber gerade deswegen so interessant, weil sie eine präzise, wohldefinierte These ausdrücken: mentale Prozesse sind computationale Operationen über formal definierte Elemente. Ich habe versucht, diese These in Frage zu stellen. Wenn die Behauptung so umdefiniert wird, daß sie nicht mehr diese These ausdrückt, dann treffen meine Einwände nicht mehr, und zwar deshalb, weil es keine überprüfbare Hypothese mehr gibt, die man treffen kann.

Wenden wir uns nun wieder den Fragen zu, die ich versprochen habe so gut wie möglich zu beantworten. Wenn man zugesteht, daß ich in meinem ursprünglichen Gedankenexperiment Englisch, aber kein Chinesisch verstehe, und deshalb ebenfalls zugesteht, daß die Maschine weder Englisch noch Chinesisch versteht: dann muß es doch irgend etwas in mir geben, das bewirkt, daß ich Englisch verstehe, und etwas anderes in mir fehlen, das bewirkt, daß ich kein Chinesisch verstehen kann. Warum können wir diese beiden Dinge, was immer sie sein mögen, nicht einer Maschine einpflanzen?

Ich sehe keinen zwingenden Grund, warum wir nicht eine Maschine mit der Fähigkeit, Englisch oder Chinesisch zu verstehen, konstruieren können, da unsere Körper mit unseren Gehirnen in einem wichtigen Sinn genau solche Maschinen sind. Ich sehe jedoch sehr starke Argumente dafür, daß wir eine solche Fähigkeit nicht einer Maschine einpflanzen können, bei der das Funktionieren der Maschine allein über computationale Operationen über formal definierte Elemente definiert ist, d. h. bei der das Funktionieren der Maschine als Instantiierung eines Computerprogramms definiert ist. Der Grund, warum ich in der Lage bin, Englisch zu verstehen und andere Formen der Intentionalität zu haben, besteht nicht darin, daß ich die Instantiierung eines Computerprogramms bin (ich bin, wie ich vermute, auch die Instantiierung einer Anzahl von Computerprogrammen), sondern – soweit wir wissen – darin, daß ich eine bestimmte Art von Organismus mit einer bestimmten biologischen (d. h. chemischen und physikalischen) Struktur bin, und diese Struktur kann unter bestimmten Bedingungen Wahrnehmung, Handlung, Verstehen, Lernen und andere intentionale Phänomene kausal hervorbringen. Zu diesem Punkt meines Arguments gehört, daß nur etwas

mit dieser kausalen Kraft Intentionalität haben kann. Vielleicht können andere physikalische und chemische Prozesse genau dieselben Wirkungen hervorbringen. Vielleicht haben z. B. Marsmenschen ebenfalls Intentionalität, obwohl ihr Gehirn aus einem anderen Stoff besteht. Dies ist eine empirische Frage, genauso wie die Frage, ob Photosynthese in einem Stoff mit einer anderen chemischen Struktur, als sie Chlorophyll hat, vorkommen kann. Der springende Punkt meines Arguments ist jedoch, daß rein formale Modelle niemals als solche hinreichend für Intentionalität sein werden, da die formalen Eigenschaften nicht selber Intentionalität konstituieren können. Sie haben selbst keine kausale Kraft, außer, falls sie instantiiert sind, den nächsten Schritt des Formalismus hervorzubringen, wenn die Maschine läuft. Irgendwelche anderen kausalen Eigenschaften, die bestimmte Realisationen des formalen Modells besitzen, sind für das formale Modell irrelevant, da wir immer dasselbe formale Modell so realisieren können, daß diese kausalen Eigenschaften offensichtlich nicht vorhanden sind. Auch wenn auf irgendeine geheimnisvolle Weise ein Chinesischsprechender genau das Programm Schanks instantiierte, können wir dasselbe Programm in Englischsprechende, in Wasserleitungen oder Computer hineinbringen, ohne daß eines dieser Dinge – trotz des Programms – Chinesisch versteht.
Bei den Gehirnfunktionen sind nicht die formalen Schatten relevant, die durch die Synapsenfolge geworfen werden, sondern die wirklichen Eigenschaften der Folgen. All die Argumente für die starke Version der KI, die ich gehört habe, bestehen darauf, die Umrisse der Schatten nachzuzeichnen, die von den Kognitionen geworfen werden, und danach zu behaupten, diese Schatten seien das wirkliche Ding.

Als Zusammenfassung möchte ich einige der allgemeinen philosophischen Punkte, die in dem Argument impliziert sind, aufzeigen.

»Kann eine Maschine denken?«

Die Antwort ist offensichtlich »Ja!« Wir sind genau solche Maschinen.

»Ja, kann aber ein Artefakt, eine von Menschen hergestellte Maschine, denken?«

Angenommen, es wäre möglich, künstlich eine Maschine herzustellen, die ein Nervensystem hat, Neuronen mit Axionen und

Dendriten usw., so daß sie unserem Nervensystem hinreichend ähnlich ist. Die Antwort auf die Frage scheint dann offensichtlich wieder »Ja!« zu lauten. Wenn man die Ursachen genau duplizieren kann, dann kann man auch die Wirkungen duplizieren. Und es könnte sogar möglich sein, Bewußtsein, Intentionalität usw. hervorzubringen, wenn man andere chemische Formen, als sich beim Menschen finden, verwendet. Es ist, wie ich gesagt habe, eine empirische Frage.

»Okay, aber kann ein Digitalcomputer denken?«

Wenn man unter »Digitalcomputer« all das versteht, von dem auf einer bestimmten Beschreibungsebene zu Recht gesagt werden kann, daß es ein Computerprogramm instantiiere, dann lautet die Antwort selbstverständlich »Ja!« Denn wir sind Instantiierungen einer Anzahl von Computerprogrammen, und wir können denken.

»Aber kann etwas denken, verstehen usw. *allein* deswegen, weil es ein Computer mit der richtigen Art von Programm ist? Kann die Instantiierung eines Programms, des richtigen Programms natürlich, selbst eine hinreichende Bedingung für das Verstehen sein?«

Dies ist meiner Meinung nach die richtige Frage, obwohl sie gewöhnlich mit der einen oder anderen der oben genannten Fragen vermengt wird; und die Antwort lautet: »Nein!«

»Warum nicht?«

Weil die formalen Symbolmanipulationen selbst keine Intentionalität haben: sie sind bedeutungslos. Sie sind noch nicht einmal *Symbol*manipulationen, da die Symbole gar nichts symbolisieren. Linguistisch gesprochen: sie haben nur eine Syntax, aber keine Semantik. Intentionalität, wie sie Computer zu haben scheinen, gibt es nur im Geist derer, die sie programmieren, und derer, die sie gebrauchen, derer, die ihnen die Inputs geben und die die Outputs interpretieren.

Das Gedankenexperiment des chinesischen Zimmers sollte dies veranschaulichen, indem es zeigte, daß, sobald wir etwas in das System bringen, das tatsächlich Intentionalität hat – einen Menschen –, und wir den Menschen mit formalen Programmen füttern, sich dann zeigt, daß das formale Programm keine zusätzliche Intentionalität zur Folge hat. Es bewirkt z. B. nichts hinsichtlich der menschlichen Fähigkeit, Chinesisch zu verstehen.

Es stellt sich heraus, daß gerade die Eigenschaft der KI, die so attraktiv erschien – die Unterscheidung zwischen dem Programm und seiner Realisierung –, fatale Folgen für die Behauptung hat, daß die Simulation eine Duplikation sein könne. Die Unterscheidung zwischen dem Programm und seiner Realisierung in der Hardware scheint der Unterscheidung zwischen der Ebene mentaler Funktionen und der Ebene der Gehirnfunktionen zu entsprechen. Und wenn wir die Ebene mentaler Funktionen als ein formales Programm beschreiben können, dann hat es den Anschein, als könnten wir das beschreiben, was für den Geist wesentlich ist, ohne introspektive Psychologie oder Neurophysiologie des Gehirns zu treiben. Die Analogie »der Geist verhält sich zum Gehirn wie das Programm zur Hardware« bricht jedoch an verschiedenen Stellen zusammen, etwa an den folgenden drei Punkten:

Erstens hat die Unterscheidung zwischen Programm und Realisierung zur Folge, daß dasselbe Programm alle möglichen verrückten Realisierungen haben kann, die keine Form der Intentionalität besitzen. Weizenbaum (1976) zeigt z.B. genau, wie man einen Computer mit Hilfe einer Rolle Toilettenpapier und einem Haufen kleiner Steine konstruieren kann. Ähnlich kann das Programm, das chinesische Geschichten versteht, in eine Maschine programmiert werden, die aus Wasserleitungen besteht, oder in Windmaschinen oder in jemanden, der nur Englisch spricht. Nichts erhält dadurch die Fähigkeit, Chinesisch zu verstehen. Steine, Toilettenpapier, Wind und Wasserleitungen sind zunächst einfach der falsche Stoff für Intentionalität: nur das, was dieselbe kausale Kraft wie das Gehirn hat, kann Intentionalität hervorbringen. Und obwohl der Englischsprechende aus dem richtigen Stoff für Intentionalität besteht, ist klar, daß er dadurch, daß er das Programm auswendig lernt, keine zusätzliche Intentionalität bekommt, da er durch dieses Auswendiglernen nicht Chinesisch lernt.

Zweitens ist das Programm rein formal, die intentionalen Zustände sind in dieser Weise jedoch nicht formal. Sie sind über ihren Inhalt und nicht über ihre Form definiert. Die Meinung z.B., daß es regnet, ist nicht als eine bestimmte formale Form definiert, sondern als ein bestimmter mentaler Inhalt mit Erfüllungsbedingungen, einer Richtung der Übereinstimmung usw. (vgl. Searle 1979). Die Meinung als solche hat sogar nicht einmal eine formale Form im syntaktischen Sinn, da ein und derselbe

Glaube in unbestimmt vielen syntaktischen Ausdrücken in unterschiedlichen sprachlichen Systemen ausgedrückt werden kann. Drittens sind, wie ich bereits erwähnt habe, mentale Zustände und Ereignisse das Ergebnis von Gehirnfunktionen, das Programm ist jedoch nicht in derselben Weise das Ergebnis des Computers.

»Gut, wenn Programme in keiner Weise für mentale Prozesse konstitutiv sind, warum sind dann so viele Leute anderer Ansicht? Dies muß zumindest ansatzweise erklärt werden.«

Ich weiß die Antwort hierauf nicht. Der Gedanke, daß Computersimulation Wirklichkeit sein könnte, sollte Mißtrauen erregt haben, und zwar in erster Linie deshalb, weil der Computer sich nicht darauf beschränkt, mentale Funktionen irgendwie zu simulieren. Niemand wird annehmen, daß die Computersimulation eines Feueralarms die ganze Nachbarschaft niederbrennen oder daß die Computersimulation eines Regenschauers uns völlig durchnäßt zurücklassen wird. Warum sollte man dann aber annehmen, daß eine Computersimulation des Verstehens wirklich etwas versteht? Man sagt gelegentlich, daß es schrecklich schwierig sei, einem Computer Schmerzen beizubringen oder ihn dazu zu bringen, sich zu verlieben. Liebe und Schmerz sind aber weder schwieriger noch einfacher als Kognitionen oder irgend etwas anderes. Für die Simulation braucht man lediglich die richtigen Inputs und Outputs und ein Programm dazwischen, das das eine in das andere transformiert. Das ist alles, was der Computer hat, bei allem, was er tut. Und es bleibt derselbe Fehler, wenn man Simulation und Duplikation verwechselt, gleichgültig ob es sich um Schmerz, Liebe, Kognitionen, Feuer oder Regenschauer handelt.

Es muß dennoch verschiedene Gründe geben, warum die KI den Eindruck erzeugte – und für viele Leute vielleicht noch immer erzeugt –, in gewisser Weise mentale Phänomene zu reproduzieren und sie dadurch zu erklären. Ich glaube, wir werden diese Illusion nicht eher beseitigen können, bis wir die Gründe für ihr Entstehen vollständig aufgeklärt haben.

Erstens, und vielleicht vor allem, ist der Begriff ›Informationsverarbeitung‹ irreführend. Viele Leute in der Kognitionswissenschaft glauben, daß das menschliche Gehirn mit seinem Geist etwas ausführt, was man ›Informationsverarbeitung‹ nennt. Und der Computer mit seinem Programm führt ganz analog Informationsverarbeitungen aus, Feuer und Regenschauer verarbeiten dagegen keine Information. Obwohl daher der Computer die formalen Eigenschaften aller Prozesse simulieren kann, steht er nach dieser Ansicht doch in einem besonderen Verhältnis zum Geist und zu dem Gehirn. Denn wenn der Computer richtig programmiert ist, im Idealfall mit demselben Programm, das das Gehirn verwendet, dann ist diese Informationsverarbeitung in beiden Fällen identisch, und die Informationsverarbeitung ist tatsächlich das Wesen des Mentalen. Die Problematik dieses Arguments liegt jedoch darin, daß es auf einer Mehrdeutigkeit des Begriffs ›Information‹ beruht. In dem Sinn, in dem Menschen ›Informationsverarbeitungen‹ ausführen, etwa wenn sie über arithmetische Probleme nachdenken oder wenn sie Geschichten lesen und Fragen dazu beantworten, in dem Sinne gibt es beim programmierten Computer keine ›Informationsverarbeitungen‹. Er manipuliert vielmehr einfach formale Symbole. Die Tatsache, daß der Programmierer und der Benutzer von Computeroutputs die Symbole so gebrauchen, als ständen sie für Gegenstände in der Welt, liegt absolut jenseits des Horizonts des Computers. Um es noch einmal zu wiederholen: der Computer hat eine Syntax, aber keine Semantik. Wenn man z.B. in den Computer ›2 + 2 = ?‹ eingibt, dann druckt er ›4‹ aus. Er hat jedoch keine Ahnung, daß ›4‹ 4 bedeutet oder überhaupt irgend etwas bedeutet. Der entscheidende Punkt ist nicht, daß ihm gewisse Informationen zweiter Ordnung für die Interpretation der Symbole erster Ordnung fehlen, sondern daß seine Symbole erster Ordnung für ihn überhaupt keine Interpretation haben. Der Computer hat einfach nur Symbole. Die Einführung des Begriffs ›Informationsverarbeitung‹ führt daher in ein Dilemma. Entweder wir verstehen den Ausdruck ›Informationsverarbeitung‹ so, daß er Intentionalität als Teil der Verarbeitung impliziert, oder aber wir verzichten auf diese Beschränkung. Im ersten Fall gibt es beim programmierten Computer keine Informationsverarbeitungen, er manipuliert lediglich formale Symbole. Im zweiten Fall gibt es beim Computer Informationsverarbeitungen, aber nur im selben Sinn, in dem es auch bei Tischrechnern, Schreibmaschinen, Mägen, Thermostaten, Regenschauern und Wirbelstürmen Informationsverarbeitungen gibt – insofern es nämlich eine Beschreibungsebene gibt, auf der wir sagen können, daß am einen Ende Informationen aufgenommen, daß sie transformiert und als Output ausgegeben werden. In diesem Fall liegt es jedoch an außenstehenden Beobachtern, ob die Inputs und Outputs als Informationen im gewöhnlichen Sinne verstanden werden. Und es ergibt sich keine Ähnlichkeit zwischen dem Computer und dem Gehirn durch eine Ähnlichkeit der Informationsverarbeitung in den beiden Fällen.

Zweitens gibt es in großen Teilen der KI einen Rest von Behaviorismus oder Operationalismus. Da entsprechend programmierte Computer ähnliche Input-Output-Muster wie Menschen haben können, sind wir versucht, für den Computer mentale Zustände zu postulieren, die den menschlichen mentalen Zuständen ähnlich sind. Wenn wir aber einmal erkannt haben, daß es sowohl begrifflich wie empirisch möglich ist, daß ein System in einem Bereich menschliche Fähigkeiten haben kann, ohne überhaupt Intentionalität zu besitzen, dann wird es nicht mehr schwer fallen, dieser Versuchung zu widerstehen. Mein Tischrechner hat die Fähigkeit zu rechnen, aber er hat keine Intentionalität, und ich habe in diesem Aufsatz zu zeigen versucht, daß ein System Input- und Outputfähigkeiten haben kann, die die Fähigkeit von jemandem duplizieren, dessen Muttersprache Chinesisch ist, ohne deswegen Chinesisch zu verstehen, und zwar gleichgültig, wie der Computer programmiert ist. Der Turingtest ist recht typisch für die Tradition, in der man, ohne rot zu werden, Behaviorist und Operationalist ist. Wenn die KI-Forscher den Behaviorismus und Operationalismus völlig ablehnten, dann wäre, wie ich meine, die Vermengung von Simulation und Duplikation ausgeräumt.

Drittens ist dieser Rest an Operationalismus mit einer Form des Dualismus verbunden, ist doch die starke KI wirklich nur dann sinnvoll, wenn man die dualistische Annahme macht, daß, wo es um den Geist geht, das Gehirn keine Rolle spielt. In der starken KI – und im Funktionalismus ebenso – zählen allein die Programme, und Programme sind unabhängig von ihrer Realisation in Maschinen, und für die KI gilt sogar, daß dasselbe Programm in einer elektronischen Maschine, einer cartesianischen res cogitans oder einem Hegelschen Weltgeist realisiert sein kann. In meinen Diskussionen zu diesen Themen hat mich am meisten überrascht, daß viele KI-Forscher durch meinen Gedanken schockiert waren, daß wirkliche menschliche mentale Phänomene von wirklichen physikalisch-chemischen Eigenschaften des wirklichen menschlichen Gehirns abhängig sein könnten. Ich hätte jedoch nicht überrascht sein sollen. Denn wenn man nicht irgendeine Spielart des Dualismus akzeptiert, dann hat das Projekt der starken KI keine Chance. Das Projekt besteht darin, das Mentale zu reproduzieren und zu erklären, indem man Programme entwirft. Das Projekt ist jedoch unausführbar, es sei denn, der Geist ist nicht nur begrifflich, sondern auch empirisch vom Gehirn unabhängig, da das Programm vollkommen unabhängig von seiner Realisierung ist. Nur wenn man davon ausgeht, daß der Geist sowohl begrifflich wie empirisch vom Gehirn trennbar sei – also von einer starken Form des Dualismus –, kann man hoffen, das Mentale zu reproduzieren, indem man Programme schreibt und sie laufen läßt, denn Programme müssen unabhängig von Gehirnen oder anderen besonderen Formen der Instantiierung sein. Wenn mentale Prozesse in computationalen Operationen mit formalen Symbolen bestehen, dann folgt daraus, daß es keine interessanten Verbindungen mit dem Gehirn gibt und daß die einzige Verbindung darin besteht, daß das Gehirn zufällig eines der unbestimmt vielen Maschinenarten ist, die fähig sind, das Programm zu instantiieren. Diese Form des Dualismus ist nicht von der traditionellen cartesianischen Art, die behauptet, daß es zwei Arten von *Substanzen* gibt. Sie ist jedoch cartesianisch in dem Sinne, daß sie daran festhält, daß das, was das spezifisch Mentale des Geistes ist, keine innere Verbindung mit den wirklichen Eigenschaften des Gehirns hat. Dieser zugrundeliegende Dualismus wird durch die Tatsache verdeckt, daß die KI-Literatur häufig gegen den ›Dualismus‹ polemisiert. Die Autoren scheinen sich jedoch darüber nicht im klaren zu sein, daß ihre eigene Position eine starke Version des Dualismus voraussetzt.

»Kann eine Maschine denken?« – Nach meiner Meinung kann *nur* eine Maschine denken, und zwar nur ganz besondere Arten von Maschinen, nämlich Gehirne und Maschinen, die *dieselbe kausale Kraft* wie das Gehirn haben. Dies ist der Hauptgrund, warum die starke KI uns wenig über das Denken zu sagen hat: sie hat uns nichts über Maschinen zu sagen. Nach ihrer eigenen Definition hat sie es mit Programmen zu tun, aber Programme sind keine Maschinen. Was Intentionalität auch immer sein mag, sie ist ein biologisches Phänomen, und es ist wahrscheinlich, daß sie von der spezifischen Biochemie ihres Ursprungsstoffes genauso kausal abhängig ist, wie die Milcherzeugung, die Photosynthese oder irgendwelche anderen biologischen Phänomene. Niemand wird

annehmen, daß man Milch oder Zucker erzeugen könnte, indem man eine Computersimulation der formalen Abläufe durchführt, die sich bei der Milcherzeugung und der Photosynthese finden. Wenn es aber um den Geist geht, dann wollen viele Leute, motiviert durch ihren tief- und festsitzenden Dualismus, an ein solches Mysterium glauben: sie nehmen an, der Geist sei eine Sache formaler Prozesse und er sei, anders als Milch und Zucker, unabhängig von bestimmten stofflichen Ursachen.
Bei der Verteidigung dieses Dualismus wird häufig der Hoffnung Ausdruck verliehen, daß das Gehirn ein Digitalcomputer sei (nebenbei, die ersten Computer wurden oft ›Elektronengehirne‹ genannt). Das hilft jedoch nicht weiter. Natürlich ist das Gehirn ein Digitalcomputer. Denn alles ist ein Digitalcomputer, Gehirne also auch. Der springende Punkt ist jedoch, daß die kausale Fähigkeit des Gehirns, Intentionalität hervorzubringen, nicht darin bestehen kann, ein Computerprogramm zu instantiieren. Denn jedes beliebige Programm kann so instantiiert werden, daß das, was es instantiiert, keine mentalen Zustände hat. Was es auch sein mag, was im Gehirn Intentionalität hervorbringt, es kann nicht in der Instantiierung eines Computerprogramms bestehen, da kein Programm selbst hinreichend für Intentionalität ist.[5]

Anmerkungen

Original: »Minds, Brains, and Programs«, *The Behavioral and Brain Sciences* 3 (1980), 63-73. Übersetzt von Dieter Münch.

1 Ich sage natürlich nicht, daß Schank selbst dies behaupten muß.
2 Im Original deutsch [Hrg.].
3 ›Verstehen‹ impliziert sowohl den Besitz von mentalen (intentionalen) Zuständen wie die Wahrheit (Geltung, Erfolg) dieser Zustände. In dieser Diskussion geht es nur um den Besitz dieser Zustände.
4 Intentionalität ist *per definitionem* die Eigenschaft bestimmter mentaler Zustände, durch die sie sich auf Objekte oder Sachverhalte in der Welt richten oder von ihnen handeln. Meinungen, Wünsche und Absichten sind daher intentionale Zustände, ungerichtete Formen der Angst und der Depression dagegen nicht. Zu einer weitergehenden Diskussion vgl. Searle (1979).
5 Ich bin vielen Personen für die Besprechung dieser Themen und für

ihre geduldigen Versuche, meine Unkenntnis der KI zu überwinden, verpflichtet. Besonders danken möchte ich Ned Block, Hubert Dreyfus, John Haugeland, Roger Schank, Robert Wilensky und Terry Winograd.

Literatur

McCarthy, John (1979), »Ascribing mental qualities to machines«, in: Ringle, M. (Hrg.), *Philosophical perspectives in artificial intelligence*, Atlantic Highlands, NJ: Humanities Press.

Newell, Allen (1980), »Physical symbol systems«, *Cognitive Science* 4, 135-183.

Newell, Allen/Herbert Simon (1963), »GPS, a program that simulates human thought«, Feigenbaum, A./V. Feldman (Hrg.), *Computers and thought*, New York, NY: McGraw Hill, 279-293.

Pylyshyn, Zenon (1980), »Computation and cognition: Issues in the foundations of cognitive science«, *Behavioral and Brain Sciences* 3.

Schank, Roger/R. P. Abelson (1977), *Scripts, plans, goals, and understanding*, Hillsdale, NJ: Erlbaum.

Searle, John (1979), »What is an intentional state?«, *Mind* 88, 74-92.

Turing, Alan (1950), »Computing machinery and intelligence«, *Mind* 59, 433-460; deutsch: »Rechenmaschinen und Intelligenz«, in: *Intelligence Sevice*, Berlin: Brinkmann & Bose 1987, 147-182.

Weizenbaum, J. (1965), »Eliza – a computer program for the study of natural language communication between man and machine«, *Communication of the Association for Computing Machinery* 9, 36-45.

– (1976), *Computer Power and Human Reasoning*, San Francisco, CA: Freeman; deutsche Übersetzung: *Die Macht der Computer und die Ohnmacht der Vernunft*, Frankfurt: Suhrkamp 1977.

Winograd, Terry (1973), »A procedural model of language understanding«, in: R. Schank/K. Colby (Hrg.), *Computer models of thought and language*, San Francisco, CA: Freeman.

Stephen M. Kosslyn und James R. Pomerantz
Bildliche Vorstellungen, Propositionen und die Form interner Repräsentation

Bildliche Vorstellungen haben lange Zeit in psychologischen und philosophischen Darstellungen kognitiver Prozesse und der Repräsentation von Wissen im Geist eine zentrale Rolle gespielt.[1] Das Konstrukt des Vorstellungsbildes wurde jedoch nie genügend für die Zwecke der Psychologie operationalisiert, so daß es nicht überrascht, daß bildliche Vorstellungen zeitweise aus der dominierenden abendländischen Psychologie verschwanden. Der Begriff hat gleichwohl eine geradezu magnetische Anziehungskraft, so daß er nie längere Zeit diskreditiert blieb, und er ist gegenwärtig bemerkenswert populär.

Bei dieser Sachlage ist es sinnvoll, den Begriff der bildlichen Vorstellung einer gründlichen logischen Untersuchung zu unterziehen. Pylyshyns anregender Aufsatz (1973) bildet für diese Analyse einen ausgezeichneten Ausgangspunkt. Sein Aufsatz behandelt das allgemeine Problem der internen Repräsentation von Wissen und richtet sich dagegen, bildliche Vorstellungen als eine qualitativ eigenständige oder theoretisch adäquate Form mentaler Repräsentation zu betrachten. Wir teilen Pylyshyns Auffassung nicht, die Tatsache jedoch, daß sie von vielen anderen Psychologen übernommen wird (z.B. Anderson/Bower 1973, Clark/Chase 1972, Reid 1974), macht es erforderlich, sich gründlich mit seinen (und eng verwandten) Argumenten auseinanderzusetzen.

Gliederung. Unser Aufsatz hat vier Hauptabschnitte. Wir werden im ersten Abschnitt die Hauptargumente Pylyshyns gegen das Konstrukt der bildlichen Vorstellung besprechen und die wichtigsten Argumente für sogenannte ›propositionale Systeme‹ betrachten. Im zweiten Abschnitt werden wir diese Argumente kritisch überprüfen. Im dritten Abschnitt fragen wir uns, mit welchem Erfolg bildliche Vorstellungen und Propositionen als Konstrukte verwendet werden können, um verschiedenen Klassen empirischer Befunde Rechnung zu tragen. Im vierten Abschnitt fassen wir die Hauptergebnisse unserer Besprechung und unserer Analysen zusammen.

1. Zusammenfassung der Hauptargumente gegen bildliche Vorstellungen

Das Problem

Das Problem ist, ob die bildliche Vorstellung als ein erklärendes Konstrukt in der Psychologie verwendet werden sollte. Die Diskussion darüber hat zwei Schwerpunkte: Der erste Diskussionspunkt betrifft die Frage, ob Vorstellungsbilder eine Form interner Repräsentation sind, die *der Struktur nach* von anderen Formen unterschieden sind und eine andere *Darstellungsform* als andere interne Repräsentationen besitzen. Die ›Darstellungsform‹ ist die Struktur eines Kodes, die durch die Art ihrer Elemente (z.B. diskret oder kontinuierlich) und die Art der Beziehungen, die zwischen diesen Elementen bestehen, definiert ist. Der Inhalt einer internen Repräsentation, das heißt, was repräsentiert wird, darf nicht mit seiner Darstellungsform verwechselt werden. Jeder gegebene Inhalt kann durch verschiedene Darstellungsformen repräsentiert werden; z.B. kann derselbe Satz in einem Morsekode, in gedrucktem oder gesprochenem Deutsch oder Englisch, in magnetischer Form in einem Computer usw. repräsentiert werden. Die Tatsache, daß bestimmte Inhalte, wie etwa die Erinnerung an Bilder, im Gedächtnis gespeichert sind, sagt nichts über die Darstellungsform der internen Repräsentation aus.

Der zweite Diskussionspunkt der gegenwärtigen Debatte betrifft die Frage, ob Vorstellungsbilder sich *in ihrer Funktion* von anderen Formen interner Repräsentation unterscheiden. Die entscheidende Frage lautet, ob Vorstellungsbilder in Kognitionen anders funktionieren als andere Arten interner Repräsentation. Wenn dies nicht der Fall ist und wenn Vorstellungsbilder in derselben Darstellungsform wie andere interne Repräsentationen repräsentiert sind, dann gibt es keinen Grund, das Konstrukt der bildlichen Vorstellung für psychologische Erklärungen heranzuziehen. Wir wollen nun die Argumente Pylyshyns und anderer betrachten, die darauf abzielen, die bildliche Vorstellung als ein erklärendes Konstrukt der Psychologie zu diskreditieren. Die Kritik an diesen Argumenten sparen wir uns für den zweiten Abschnitt auf.

Das visuelle Vorstellungsbild[2] wurde oft als ›Bild im Kopf‹ beschrieben, das im Gedächtnis verwahrt ist wie der Schnappschuß im Photoalbum. ›Mentale Photographien‹, Kopien früherer Muster der Sinnesaktivität auf oder nahe der Rezeptorebene, sind in roher, undifferenzierter Form gespeichert. Das Erleben eines Vorstellungsbildes besteht danach in der Herausfindung und Betrachtung einer dieser mentalen Photographien.

Interpretation und Organisation. Nach Pylyshyn führen diese Begriffe zu einer völlig falschen Sicht. Die ›Bildmetapher‹, wie man sie nennen mag, unterstellt fälschlicherweise, daß Vorstellungsbilder in derselben Weise reproduziert werden, in der man ein Bild wahrnimmt. Der Fehler besteht darin, daß Vorstellungsbilder, anders als tatsächliche Bilder, keine fundamentalen Wahrnehmungsverarbeitungen, wie etwa die Konturverschärfung oder die Gestalt-Hintergrund-Kontrastierung, benötigen. Vorstellungsbilder sind vielmehr vororganisiert in Gegenstände und Eigenschaften dieser Gegenstände. Wir sind uns nie bewußt, Vorstellungsbilder interpretieren zu müssen, wie wir manchmal Wahrnehmungen interpretieren müssen, insbesondere wenn diese Wahrnehmungen komplex und mehrdeutig sind. Wenn wir ferner einen Teil des Vorstellungsbildes vergessen, dann ist dies kein zufälliger Teil. Es ist nicht so, als wäre eine Ecke unseres photographischen Bildes im Kopf abgerissen. Wenn z. B. das Vorstellungsbild eines Raumes unvollständig ist, dann wird nicht ein halbes Sofa oder ein halber Lampenschirm fehlen. Vorstellungsbilder scheinen vielmehr in sinnvolle Teile gegliedert zu sein, die wiederum mit Hilfe räumlicher Beziehungen, die zwischen ihnen bestehen, erinnert werden (vgl. Reed 1974).

Bildliche Vorstellung und Sehen. Die Bildmetapher führt darüber hinaus zu einer Reihe völlig unzutreffender Parallelen zwischen dem Sehen und dem Haben von Vorstellungsbildern. Man sagt z. B. oft, daß das ›geistige Auge‹ die Vorstellungsbilder innerlich ›sehe‹. Dieser Begriff scheint ein zweites Verarbeitungssystem zu fordern oder ein ›Gehirn des geistigen Auges‹, um die Informationen des geistigen Auges zu interpretieren. Dies wiederum würde ein weiteres Auge erfordern, um die Vorstellungsbilder, die auf dem inneren Gehirn abgebildet sind, zu interpretieren; und so geht es weiter *ad infinitum*. Die Bildmetapher führt uns ferner dazu, in bezug auf die Verarbeitung von Vorstellungsbildern von Wahrnehmungstätigkeiten zu sprechen wie etwa von Abtastungen und Fokussierungen. Diese Parallele scheint aber schwer mit der Tatsache in Übereinstimmung zu bringen, daß es keinen Augapfel des Geistes gibt, der diese Abtastung vornehmen könnte.

Grenzen der Leistungsfähigkeit. Pylyshyn behauptet, daß die Verarbeitung und Speicherung von Informationen in Form von Vorstellungsbildern schwierig, wenn nicht völlig unmöglich sei, da eine enorme Speicherfähigkeit erforderlich wäre, um alle von der Retina übertragenen Informationen zu erhalten. Die Menge der gespeicherten Information würde bald die Leistungsfähigkeit des Gehirns übersteigen, wenn Menschen tatsächlich den Reichtum an Vorstellungsbildern speicherten, den sie gewöhnlich zu erinnern behaupten.

Zugriff. Auch wenn alle unanalysierten Vorstellungsbilder gespeichert werden könnten, wäre es praktisch unmöglich, nach einem ganz bestimmten Vorstellungsbild zu suchen, da uninterpretierte Vorstellungsbilder nicht in eine Darstellungsform gebracht werden könnten, die ihre Wiederfindung unterstützt. Personen, die bildliche Vorstellungen erleben, berichten aber von keiner Wahrnehmung eines solchen Suchens; das gewünschte Vorstellungsbild scheint direkt und schnell ins Bewußtsein zu gelangen. Es scheint daher die Annahme notwendig, daß irgendeine Art ›Interpretation‹ zusammen mit jedem Vorstellungsbild im Gedächtnis gespeichert ist. Wird dies zugegeben, dann scheint es ökonomischer, nur die Interpretation zu speichern und auf die Vorstellungsbilder vollkommen zu verzichten.

Propositionales Wissen

Propositionen sind abstrakte Strukturen, die genaue Beziehungen zwischen Entitäten angeben. Sie sind keine sprachlichen Strukturen, da sie Begriffe enthalten können, die überhaupt keine sprachliche Bezeichnung haben, aber sie können oft durch einfache Sätze annäherungsweise wiedergegeben werden. Die Repräsentation eines visuellen Geschehens könnte z. B. aus einer Reihe von Propositionen bestehen, die den Sätzen ›Der Ball ist rot‹, ›der Ball liegt links von der Pyramide‹ usw. entsprechen. Minskys und

Paperts (1972) Begriff der ›symbolischen‹ Repräsentation ist der hier beschriebenen propositionalen Repräsentation äquivalent. Nach Pylyshyn sind Propositionen im selben Sinne ›abstrakt‹, wie von der sprachlichen ›Tiefenstruktur‹ gesagt wird, daß sie abstrakt sei. Ferner muß jede Proposition entweder wahr oder falsch und zudem ›wohlgeformt‹ sein (vgl. Anderson/Bower 1973).

Die tatsächliche Natur des Wissens. Pylyshyn behauptet, daß eine propositionale Darstellungsform geeignet ist, um Wissen zu repräsentieren; denn was wir von der Welt wissen, ist eine Menge von Tatsachen oder Feststellungen, die notwendig wahr oder falsch sind. Mentale Bilder haben diese Eigenschaft jedoch nicht. Bilder stellen überhaupt nichts fest; sie existieren bloß, ohne jeden Wahrheitswert (obwohl Propositionen über das Bild und ihre Entsprechungen zu einem Gegenstand oder ein Geschehen Wahrheitswerte besitzen). Betrachtet man also Vorstellungsbilder als mentale Bilder, dann sind sie ungeeignet, das Wissen von der Welt zu repräsentieren.

Die Notwendigkeit eines dritten Kodes

Sehr oft nahm man an, daß es nur zwei Arten interner Kodes gebe. *Verbale* Kodes müssen auf irgendeiner Ebene einfach deshalb existieren, weil wir sprachlich kodierte Botschaften empfangen und übertragen können. Aus einem ähnlichen Grund sind perzeptuelle (z.B. visuelle) Kodes für das Verständnis unseres Wahrnehmungsvermögens notwendig. Es gibt jedoch gute Gründe, noch ein drittes Kodierungssystem anzusetzen, das abstrakt (amodal), propositional und nicht äußerbar ist. Nach Pylyshyn und anderen (z.B. Clark/Chase 1972; Moscovitch 1973) ist für unsere Fähigkeit, Informationen zwischen verbalen und visuellen Kodes zu übersetzen oder auszutauschen (etwa bei einer Bildbeschreibung), die Existenz eines dritten ›zwischensprachlichen‹ Kodes erforderlich, da die strukturellen Unterschiede zwischen visuellen und verbalen Repräsentationen eine direkte Übersetzung ausschließen:

Die Notwendigkeit, eine abstraktere Repräsentation zu postulieren, die weder Bildern noch Wörtern ähnelt und die subjektiver Erfahrung nicht zugänglich ist, ist unvermeidlich. Solange wir erkennen, daß man von mentalen Bildern zu mentalen Wörtern und umgekehrt übergehen kann, sind wir gezwungen, auf Repräsentationen zu schließen, die beide umfassen (und abstrakter und einer bewußten Erfahrung nicht zugänglich sind). Anders ausgedrückt, es muß irgendeine gemeinsame Darstellungsform oder Zwischensprache geben (Pylyshyn 1973, 5).

Die Leichtigkeit der Verarbeitung. Da demnach eine gelegentliche Übersetzung in einen dritten Kode notwendig ist, wäre es effektiver, alle Information einfach von Anfang an in die gemeinsame Darstellungsform zu kodieren. Dieser Gedanke legt es nahe, daß alles Wissen in einer abstrakten propositionalen Darstellungsform kodiert ist, aus der es nach Bedarf in verbale oder perzeptuelle Strukturen übersetzt werden kann.

Ökonomie. Die Verwendung einer einzigen amodalen Darstellungsform würde eine erhebliche Vereinfachung der mentalen Maschinerie, die zur Wiederauffindung von Informationen gebraucht wird, zur Folge haben. Das Erfordernis einer perzeptuellen interpretierenden Vorrichtung (das ›Auge des Geistes‹) entfiele ebenso wie zusätzliche Vorrichtungen für die Abrufung nichtpikturaler Information, wenn die Information in einer einzigen Darstellungsform repräsentiert wäre.

Introspektive Belege

Pylyshyn meint, daß man in der Theoriebildung nicht allzu viel Gewicht auf die Erlebnisse von bildlichen Vorstellungen, von denen allgemein berichtet wird, legen sollte. So zwingend bildliche Vorstellungen für einige von uns aufgrund der Introspektion auch sein mögen, es rechtfertigt nicht den Gebrauch dieses Begriffs in Erklärungskontexten. Die bloße Erfahrung von bildlichen Vorstellungen, so lebendig und unbestreitbar sie auch sein mag, impliziert nicht, daß bildliche Vorstellungen irgendeine kausale (im Gegensatz zu einer bloß epiphänomenalen) Rolle in der Kognition spielen. Ferner berichtet nicht jeder von der Erfahrung von Vorstellungsbildern, und diejenigen, die davon berichten, können sich nicht immer darüber einigen, worin die Natur ihrer Erfahrung besteht.

Zwei weitere Argumente können gegen das Konstrukt der bildlichen Vorstellung, wie es gegenwärtig gebraucht wird, vorgebracht werden:

Die Unschärfe des Begriffs. Das ›Vorstellungsbild‹ ist ein schlecht definiertes Konstrukt, das nach weiteren Erklärungen verlangt. Das Theoretisieren über bildliche Vorstellungen bestand zu einem großen Teil darin, mit den Händen zu fuchteln, und die tatsächlichen operationalen Definitionen, die in Experimenten verwendet wurden, folgten nicht explizit, ja oft noch nicht einmal implizit aus der Theorie. Die operationalen Definitionen der bildlichen Vorstellung variieren ferner so sehr von Experiment zu Experiment, daß sie das allgemeine Konstrukt verdunkeln, um das es geht.

Reduktion der Grundbegriffe. Selbst wenn es eine konsistente operationale Definition der bildlichen Vorstellung gäbe – die eigentliche Analyse dieses Konstrukts geschieht durch die einfachsten, atomistischsten und mechanistischsten Elemente, die möglich sind. Die bildliche Vorstellung, wie immer sie auch definiert ist, ist jedoch kein einfacher Begriff, weshalb er weiter reduziert werden sollte.

II. Kritik an der Position, die bildliche Vorstellungen ablehnt

Die Argumente, die wir eben zusammengefaßt haben, gehen vor allem in zwei Richtungen. Zum einen soll die Repräsentation mittels Vorstellungsbildern inadäquat sein, zum andern sollen propositionale Repräsentationen nicht nur adäquater, sondern auch tatsächlich erforderlich sein. In diesem Abschnitt werden wir die logische Grundlage dieser beiden Argumente abzuschätzen versuchen; in einem weiteren Abschnitt soll dann der Nutzen von Vorstellungsbildern und Propositionen bei der Erklärung experimenteller Befunde untersucht werden.

Der Verteidiger bildlicher Vorstellungen kann von zwei Positionen aus eine Entgegnung auf die obigen Argumente vortragen. Die stärkere Stellung geht davon aus, daß die Zwei-Kode-Theorie, die nur die Existenz perzeptueller und verbaler Kodes annimmt, ausreichend ist, um das Repräsentationsproblem zu behandeln, ohne irgendwelche abstrakten Propositionen in Anspruch zu nehmen. Die schwächere Stellung geht davon aus, daß Vorstellungen in Verbindung mit irgendeiner Form propositionaler Repräsentation zusammenarbeiten können und dabei einen wesentlichen Beitrag leisten, da Vorstellungsbilder emergente Eigenschaften haben, die sich bei Propositionen nicht finden. In den folgenden Argumenten werden wir uns auf die stärkere dieser beiden Positionen konzentrieren; auf die schwächere Position werden wir uns an geeigneter Stelle beziehen.

Die Bildmetapher

Pylyshyns Angriffe gehen von einer bestimmten Definition der bildlichen Vorstellung aus, und zwar von der Bild-im-Kopf-Hypothese. Wir stimmen Pylyshyn zu, daß dieser Ansatz unhaltbar ist, wir sehen jedoch nicht, was durch einen Angriff auf diesen Strohmann gewonnen ist. Kein seriöser Vertreter von bildlichen Vorstellungen vertritt eine solche Ansicht. Die entscheidende Frage ist daher, ob Pylyshyns Argumente mit derselben Überzeugungskraft auch auf andere Konzeptualisierungen von bildlicher Vorstellung zutreffen.

Interpretation und Organisation. Wir glauben nicht, daß die Annahme, daß Vorstellungsbilder einfach wiederbelebte Wiederverkörperungen gespeicherter Empfindungen sind, erfolgversprechend ist. Wenn auch die Speicherung einfacher Empfindungen möglich ist (z.B. in Nachbildern und vielleicht auch in eidetischen Vorstellungsbildern), so können doch ebensogut auch die Ergebnisse der höheren perzeptiven Aktivität gespeichert werden. Wahrnehmung ist ein Prozeß der Informationsreduktion, wobei eine unübersehbare Fülle von Empfindungen auf einfachere und organisiertere Formen zurückgeführt wird. Diese Organisationsprozesse haben zur Folge, daß unsere Wahrnehmungen in Einheiten strukturiert sind, die Gegenständen und Eigenschaften von Gegenständen entsprechen. Diese größeren Einheiten sind es, die gespeichert und später zu Vorstellungsbildern verbunden und als quasi-pikturale, räumliche Entitäten erfahren werden. Sie ähneln den Entitäten, die in der Wahrnehmung selbst hervorgerufen wurden (vgl. Neisser 1967). Es ist offensichtlich falsch, die Repräsentation eines wahrgenommenen Gegenstandes für eine Art Photographie zu halten. Aus dem gleichen Grund ist es irrig, Vorstellungsbilder mit mentalen Photographien gleichzusetzen, da hierbei die im Vorstellungsbild vorhandene Struktur übersehen wird.

Bildliche Vorstellung und Sehen. Kein Forscher in diesem Bereich wird ernsthaft die Ansicht vertreten, daß Vorstellungsbilder wie tatsächliche Bilder beschaffen sind. Bilder sind konkrete Gegenstände, die in der Welt existieren, während Vorstellungsbilder ätherische Entitäten sind, die im Bewußtsein erscheinen. Die Behauptung, daß die Erfahrung eines Vorstellungsbildes der Erfahrung ähnelt, die wir beim Sehen des im Vorstellungsbild erscheinenden Gegenstandes haben, ist dagegen sehr viel ernster zu nehmen. Es wird postuliert, daß ähnliche interne Repräsentationen allen Formen visueller Erfahrung (gleichgültig ob wahrgenommen oder eingebildet) zugrunde liegen. Diese Repräsentationen können durch Informationen aktiviert werden, die man von der sensorischen Peripherie erhält (etwa wenn man ein Geschehen oder ein Bild betrachtet) oder durch Informationen des Langzeitgedächtnisses (etwa wenn man sich etwas vorstellt; vgl. Hebb 1968). Die internen Repräsentationen können dann in einer Art und Weise verarbeitet werden, die der Verarbeitung von Sinnesdaten entspricht, gleichgültig ob ihr Ursprung aus den Sinnen oder der Einbildung stammt (eine ausführliche Darstellung dieser These findet sich in Kosslyn 1974). An irgendeinem Punkt des Datenverarbeitungsstroms haben Vorstellungsbilder und Wahrnehmungen eine gemeinsame Darstellungsform, die sich von der Darstellungsform der Repräsentationen anderer Informationsarten (z.B. sprachlichen Informationen) unterscheidet.

Man kann der Meinung sein, daß die Gleichsetzung von bildlicher Vorstellung mit Wahrnehmung keinen Vorteil bringt, da die Wahrnehmung selbst kaum verstanden wird. Wir lehnen diese Auffassung jedoch aus zwei Gründen ab. Zum einen gewinnt man etwas, wenn man die Anzahl der Unbekannten von zwei auf eins reduziert. Zum andern wissen wir von der Wahrnehmung einiges, auch wenn wir noch weit davon entfernt sind, sie vollständig zu verstehen, und dieses Wissen kann vielleicht für das Studium der bildlichen Vorstellung nützlich sein (vgl. Hebb 1968; Segal/Fusella 1970).

Ungeeignete Metaphern? Viele visuelle Metaphern, die wir beim

Theoretisieren über bildliche Vorstellungen verwenden, sind keineswegs so unglücklich gewählt, wie man vielleicht meint. Die Tatsache z. B., daß keine beweglichen Augäpfel für die Betrachtung von Vorstellungsbildern vorhanden sind, stellt keine unüberwindlichen Probleme dar. In Sperlings (1960) berühmten Experimenten zur Abtastung von Nachbildern (oder ›Ikonen‹) waren Augenbewegungen eindeutig irrelevant. Kaufmann und Richards (1969) haben ferner gezeigt, daß es nicht notwendigerweise dasselbe ist, worauf man seine Augen gerichtet hat und wo man meint hinzusehen. Um ein Vorstellungsbild abzutasten, ist es erforderlich, die Aufmerksamkeit von einem Teil des Vorstellungsbildes auf einen anderen zu lenken. Dies erfordert aber sowenig eine physikalische Bewegung wie der Wechsel des Adressenanzeigers in der Datenstruktur eines Computerspeichers.

Das Auge des Geistes. Wahrnehmung besteht nicht in der Betrachtung eines inneren Bildschirms durch einen Homunkulus; sie ist vielmehr die Verarbeitung sensorischer Informationen. Eine solche Verarbeitung kann in Stufen stattfinden (Sternberg 1966), wobei die Resultate der Anwendung einer Operation erneut in einer weiteren Operation verarbeitet werden. Wir können uns das ›Auge des Geistes‹ als einen Prozessor vorstellen, der perzeptuelle Repräsentationen (d. h. Repräsentationen, die der perzeptuellen Erfahrung zugrunde liegen) mit Hilfe ›begrifflicher‹ Kategorien interpretiert. So kann man sich z. B. die Anordnung der Abbildungsblöcke in Guzmans (1968) Computerprogramm als eine ›perzeptuelle‹ Repräsentation denken, die dann (mittels Schablonenvergleich und ähnlichem) in begriffliche Kategorien wie z. B. ›Block‹ kategorisiert werden kann; diese Klassifikationsstufe entspricht dem ›Auge des Geistes‹. Wenn diese interpretativen Prozesse statt auf Informationen, die von den Sinnen kommen, auf erinnerte perzeptuelle Informationen angewandt werden, wird anstelle einer Wahrnehmung ein Vorstellungsbild erlebt. Hochentwickelte Computerprogramme (z. B. Guzman 1968; Winston 1970) haben gezeigt, daß ein Homunkulus für ein wirkungsvolles Wahrnehmungssystem nicht erforderlich ist. Die in diesen Programmen verwendeten Routinen könnten im Prinzip genausogut mit Informationen arbeiten, die aus dem Speicher des Computers stammen (bildliche Vorstellung), wie mit Informationen, die sie über eine Fernsehkamera erhalten (Wahrnehmung). Tatsächlich verzichten die meisten dieser Programme auf externe Inputs und arbeiten nur noch mit gespeicherten Repräsentationen.[3]

Grenzen der Speicherung. Pylyshyn behauptet, daß die Repräsentationen von Vorstellungsbildern die Grenzen der Leistungsfähigkeit des Gehirns überfordern würden. Dieser Punkt bleibt jedoch strittig, und zwar aus folgenden Gründen: (1) Wir kennen die Grenzen der Leistungsfähigkeit unseres Gehirns nicht, wir wissen nicht einmal, ob es solche Grenzen überhaupt gibt. (2) Wir haben kein genaues Maß für die Informationsmenge, die in einem Vorstellungsbild oder der Wahrnehmung eines Geschehens enthalten ist. Das Argument der begrenzten Leistungsfähigkeit würde darüber hinaus nur die Bildtheorie treffen, in der das Vorstellungsbild als aus relativ unverarbeiteten Empfindungen bestehend gedacht wird. Wenn wir die Vorstellungsbilder jedoch als aus relativ großen, interpretierten, perzeptiven ›Klumpen‹ zusammengesetzt denken, wie die Arme, die Beine, den Kopf und den Rumpf einer Person, dann wird die Anzahl der Informationseinheiten, die zu kodieren sind, nicht so groß sein.

Zugriff. Pylyshyns Behauptung, daß sehr viel Zeit erforderlich sei, um ein bestimmtes Bild wiederzufinden, setzt folgende Annahmen voraus: (1) daß Vorstellungsbilder uninterpretiert sind und daher nicht ›gehaltbezogen‹ herausgesucht werden können; und (2), daß mit den Vorstellungsbildern keine weiteren Informationen im Gedächtnis verbunden sind, die verwendet werden können, um sie ›herauszusuchen‹. Es scheint aber sehr wohl möglich, daß sprachliche Bezeichnungen oder andere Kodes, die mit Vorstellungsbildern verbunden sind, diese Aufgabe übernehmen können. Wenn Vorstellungsbilder z. B. den Wiedergaben analog sind, die mittels einer Kathodenstrahl-Röhre von einem Computerprogramm erzeugt werden, dann können verschiedene Dateien (in denen verschiedene Vorstellungsbilder gespeichert sind) benannt und später mit dem Namen abgerufen werden. Es bleibt außerdem möglich, daß, wie Pylyshyn nahelegt, in der Tat alle Vorstellungsbilder wahllos durchsucht werden, wenn ein bestimmtes Bild gesucht wird. Wir haben keine Ahnung von der Geschwindigkeit einer solchen Suche und brauchen nicht anzunehmen, daß die Suche bewußt werden muß (vgl. Sternberg 1966).

Dieser Abschnitt behandelt die Behauptung, daß eine propositionale Darstellungsform notwendig sei, um unser Wissen von Strukturen und Beziehungen in der Welt zu erfassen. Im Gegensatz zu Pylyshyn glauben wir, daß bildliche Vorstellungen ein solches Wissen unabhängig davon repräsentieren können. Es wird selbstverständlich nicht bestritten, daß Wissen durch Propositionen repräsentiert werden kann. Die Einführung der ›Proposition‹ war ursprünglich auch durch den Wunsch motiviert, die gemeinsame ›Idee‹ einzufangen, die verschieden ausgedrückten, aber gleichwohl synonymen Aussagen zugrunde liegt. Das Konstrukt der Proposition wurde daher so formuliert, daß es soweit in der Lage und flexibel genug ist, alles Wissen zu repräsentieren. Deswegen ist es jedoch für die Aufstellung eines Modells mentaler Prozesse und Strukturen noch keineswegs erforderlich, Propositionen zu verwenden. Daß etwas hinreichend ist, bedeutet nicht, daß es auch notwendig ist.

Wissen und Informationsrepräsentation. Wenn eine Person ein geistiges Vorstellungsbild hat, dann hat sie damit sowenig Wissen wie eine Kamera, die einen belichteten Film enthält (vgl. Wittgenstein 1953). Dieser Punkt ist nicht sehr originell. Gleichwohl können Vorstellungsbilder Informationen enthalten, von denen sich Wissen herleiten läßt. Wenn Vorstellungsbilder sensorische Muster sind, die teilweise verarbeitet und gespeichert sind, dann ähnelt die Frage, wie von Vorstellungsbildern Wissen gewonnen werden kann, der Frage, wie Wissen durch gerade stattfindende sensorische Aktivität gewonnen werden kann. Offensichtlich läßt sich Wissen von perzeptuellen Repräsentationen herleiten, und es scheint keinen Grund zu geben, warum es nicht in ähnlicher Weise geistigen Vorstellungsbildern entnommen werden soll.

Es sollte auch nicht vergessen werden, daß der bloße Besitz von Repräsentationen in einer propositionalen Darstellungsform ebenfalls noch kein Wissen konstituiert, genauso wie ein Blatt Papier nicht deswegen schon Wissen hat, weil ein Satz darauf geschrieben steht. Nur in einem Kontext, in dem es irgendwelche Verarbeitungen von internen Repräsentationen gibt, ist es sinnvoll, von Wissen zu sprechen. Wenn auch kein ›Auge des Geistes‹ erforderlich ist, so wird doch eine Art ›Stirnlappen des Geistes‹ benötigt, um letzten Endes auch abstrakte Propositionen zu interpretieren (und wir haben nicht den Eindruck, daß es die Gefahr eines unendlichen Regresses von Propositionen und Stirnlappen des Geistes gibt!). Wenn wir Wissen als aktive Verarbeitung von Datenstrukturen betrachten und nicht als diese statischen Strukturen selbst, dann ist dadurch, daß wir Propositionen anstelle von Vorstellungsbildern als Darstellungsform dieser Strukturen gebrauchen, nicht notwendig etwas gewonnen. In beiden Fällen müssen Prozessoren postuliert werden, die diese Datenstrukturen verarbeiten. Die Leistungsfähigkeit irgendeiner Darstellungsform kann nur durch die Betrachtung ihrer Kompatibilität mit diesen Prozessoren beurteilt werden.

Bewertung der Leistungsfähigkeit von Darstellungsformen. Die verschiedenen Merkmale von Repräsentationssystemen können Unterschiede in der Natur, der Geschwindigkeit und Leistungsfähigkeit der Verarbeitung zur Folge haben. Nehmen wir einmal zwei Darstellungsformen zur Repräsentation geographischer Information an, eine Karte und eine Tabelle von Entfernungen zwischen Städten. Diese beiden Systeme können in allen wichtigen Hinsichten isomorph sein, da sie dieselben Informationen enthalten und jede von der anderen hergeleitet werden kann. Trotzdem haben sie offensichtlich verschiedene Eigenschaften. Die Karte ist eine analoge Repräsentation, was sie für schnelle geometrische Berechnungen geeignet macht, die Tabelle mit den Städteentfernungen ist digital und daher besonders für schnelle arithmetische Berechnungen geeignet. Wenn wir schnell wissen wollen, ob drei Städte auf einer Geraden liegen, werden wir nach der Karte greifen; wenn wir dagegen die Länge der Flugstrecke von New York über Los Angeles nach Miami wissen wollen, werden wir die Tabelle nehmen. Natürlich sind auch noch andere externe Darstellungsformen möglich; Auflistungen von Sätzen, die Propositionen ausdrücken, wie etwa ›Miami liegt südlich von Atlanta‹, oder Strukturbäume, die ähnliche propositionale Informationen enthalten. Wahrscheinlich wird jede Darstellungsform für bestimmte Zwecke optimal sein, jedoch nicht für alle Zwecke. Die ›Leistungsfähigkeit‹ einer Repräsentation hängt also zum Teil von den Zwecken ab, für die man die Repräsentation benötigt.

Wenn aber die verschiedenen Arten der Darstellungsform externer Repräsentationen verschiedene Merkmale haben, dann wird dasselbe auch für interne Repräsentationen zutreffen. Es gibt gute Gründe (die wir weiter unten zusammenfassen werden), daß

Informationen intern zumindest in zwei verschiedenen Darstellungsformen, die sich in der Eignung für bestimmte Zwecke unterscheiden, repräsentiert werden können. Es ist keineswegs notwendig anzunehmen, daß Informationen immer in einer allgemeinen propositionalen Darstellungsform festgehalten sein müssen. Auch wenn Vorstellungsbilder von propositionalen Repräsentationen erzeugt oder hergeleitet werden (wie in unserer oben erwähnten Kathodenröhren-Metapher), können möglicherweise die Informationen, die sie enthalten, leichter von dem emergenten Vorstellungsbild als von der zugrundeliegenden Struktur hergeleitet werden.

Betrachtung der Kapazität. Um die Ökonomie von Repräsentationssystemen, die einerseits Vorstellungsbilder und andererseits Propositionen verwenden, zu vergleichen, ist es notwendig zu wissen, wie viele Propositionen erforderlich sind, um ein Geschehen oder ein Ereignis zu repräsentieren. Diese Frage ist nicht leicht zu beantworten, denn (1) haben wir keine Mittel, die Informationsmenge, die in einem Geschehen oder einem Ereignis enthalten ist, zu ermitteln, und (2) wissen wir nicht, welche der unendlich vielen Propositionsmengen am besten ein Geschehen oder Ereignis repräsentiert. Betrachtet man jedenfalls die bisher vorgeschlagenen Modelle (z. B. Baylor 1971), dann wird die bloße Anzahl an Propositionen, die für die Darstellung eines relativ einfachen Gegenstandes gebraucht wird, überraschen. Die Anzahl wird jedoch noch größer, wenn man mit Pylyshyn annimmt, daß Propositionen gebildet werden, um zur selben Zeit Wissen auf verschiedenen hierarchischen Ebenen zu repräsentieren. Vielleicht ist es daher sehr viel verschwenderischer, eine Unmenge von Propositionen bei der Kodierung zu erzeugen, als eine kleinere Anzahl perzeptueller Einheiten zu speichern, die dann später zur Deduktion von Informationen verwendet werden können. Wenn die begrenzte Kodier- oder Speicherfähigkeit ein wichtiger Faktor bei der internen Repräsentation ist, dann wird es von Vorteil sein, so wenig wie möglich zu kodieren und zu speichern und statt dessen so viele Informationen wie möglich zu deduzieren, wenn mehr detaillierte Informationen erforderlich sind. Zwar können auch Propositionen für eine Deduktion verwendet werden, doch lassen sich bestimmte mehr implizite Relationen leichter von Vorstellungsbildern herleiten (vgl. die obige Diskussion der Frage, welche Städte auf einer Geraden liegen).

Da die Speicherfähigkeit des Gehirns und seines Kodiersystems unbekannt ist, sollte diesen Überlegungen nicht allzu viel Gewicht beigemessen werden. Es ist jedoch klar, daß Kapazitätsargumente, die gegen bildliche Vorstellungen erhoben werden, mit gleichem Recht gegen Propositionen vorgebracht werden können.

Der Voraussagewert. Es ist schwierig, den Voraussagewert von Modellen, die auf Vorstellungsbildern basieren, mit Modellen, die Propositionen zugrunde liegen, zu vergleichen. Es wurden bisher nur wenige Systeme, die auf Vorstellungsbildern beruhen, mit der nötigen Strenge ausgearbeitet, um detaillierte Voraussagen zu ermöglichen. Nahezu alle haben jedoch einige Annahmen gemeinsam, wie z.B. den gemeinsamen Mechanismus von Vorstellungsbildern und Wahrnehmungen der entsprechenden Modalität. Diese Annahmen haben zu bestimmten qualitativen Voraussagen geführt, etwa der, daß sich Wahrnehmung und Vorstellungsbilder modalitätsspezifisch gegenseitig beeinflussen. Wir werden dies weiter unten besprechen.

Das Problem der propositionalen Theorien besteht andererseits darin, daß sie zu leistungsstark sein können. Sie haben keine inhärenten Beschränkungen, so daß der Theoretiker seiner Theorie solche Beschränkungen hinzufügen muß, um sie mit experimentellen Beobachtungen in Übereinstimmung zu bringen. Die propositionale Sprache ist so leistungsfähig, daß man in ihr beinahe jede gewünschte Theorie formulieren kann, die dann mit der gleichen Leichtigkeit, wie es scheint, jedes experimentelle Ergebnis oder sein Gegenteil voraussagen läßt. Das menschliche Repräsentationssystem ist beschränkt, während ein propositionales Repräsentationssystem grundsätzlich unbeschränkt sein kann; es ist daher erforderlich, einem Modell, das auf Propositionen beruht, Beschränkungen aufzulegen, die den offensichtlichen Beschränkungen des menschlichen Gedächtnisses Rechnung tragen.

Das Erfordernis propositionaler Repräsentationen. Die propositionale Darstellungsform setzt *per definitionem* eine explizite Bezeichnung für eine von den Repräsentationen der Argumente (den Elementen) verschiedene Relation oder einen Operator voraus. Ist die propositionale Darstellungsweise also für visuelle und verbale Kodierung gleich gut geeignet? Vergleichen wir einmal den Satz ›der Ball befindet sich links vom Würfel‹ und eine Photographie desselben Sachverhalts. In dem Satz ist die Relation

›liegt links von‹ explizit, und der Satz scheint leicht in eine propositionale Darstellungsform übertragbar (die abstrakt ist, aber andererseits eine ähnliche Struktur wie die deutsche Satzform hat). Im Bild dagegen ist die räumliche Relation nicht explizit gegeben; sie ist implizit durch die Stellung der Gegenstände definiert. Die Relation kann in dieser Darstellungsform einfach nicht ausgedrückt werden, ohne daß man auch den Ball und den Würfel darstellt. Es ist klar, daß eine Photographie in ihrer Darstellungsform nicht propositional ist. Ist ein ikonisches Vorstellungsbild propositional? Wir meinen nein. Ein Vorstellungsbild des Langzeitgedächtnisses? Obwohl es möglich sein kann, die Information in einem derartigen Vorstellungsbild propositional zu repräsentieren, wenn die Relationen in Vorstellungsbildern nicht explizit repräsentiert sind (was eine empirische Frage ist), ist es vermutlich das beste, die bildliche Vorstellung als eine eigentümliche Darstellungsform zu betrachten, die nicht mit der ›propositionalen‹ Darstellungsform (durch die wahrscheinlich das Gedächtnis für sprachliches Material charakterisiert ist) äquivalent ist.

Die Notwendigkeit eines dritten Kodes

Pylyshyn behauptet, daß ein zwischensprachlicher Kode postuliert werden muß, da die Übersetzung zwischen verbalen und perzeptuellen Kodes nicht direkt erfolgen könne. Dieser dritte Kode soll ferner amodal und propositional sein. Wir meinen, daß dieses Argument nicht überzeugend ist, und zwar aus folgenden Gründen:

Transformationsregeln. Um das Übersetzungsproblem zu lösen, ist eine Menge von Transformationsregeln erforderlich, die bestimmen, wie die eine Darstellungsform durch die andere repräsentiert oder abgebildet wird. Es wäre jedoch ein Fehler, würde man diese Transformationsregeln mit einem bestimmten Weltwissen gleichsetzen, wie dies Pylyshyn zu tun scheint. Diese Regeln würden nicht Informationen über die Welt repräsentieren, sondern nur Informationen über die Kodes, zwischen denen übersetzt werden muß. Diese Regeln hätten die Form von Prozessen oder Routinen, deren Anwendung auf Informationen, die in der einen Darstellungsform kodiert sind, die entsprechende Repräsentation in der anderen Darstellungsform hervorbringen

würden. Eine vermittelnde dritte Form der Repräsentation braucht nicht eingeführt zu werden.
Sparsamkeit. Für die perzeptuellen (Input-) Leistungen und die Antwort- (Output-) Leistungen ist irgendeine Form eines perzeptuellen Kodes und irgendeine Form eines sprachlichen Kodes erforderlich. Wenn gezeigt werden könnte, daß diese beiden Kodes genügen, dann wäre eine Zwei-Kode-Position (z. B. Paivio 1971) natürlich ökonomischer als eine Theorie, die auch noch einen zusätzlichen dritten Kode postuliert. Die Vertreter der Ansicht, daß die Übersetzung zwischen verbalen und konzeptuellen Kodes ein besonderes propositionales Repräsentationssystem erfordert, haben nirgends erläutert, wie diese Übersetzung auszuführen sei. Es scheint uns, daß diese Annahme das Problem nur um eine Stufe verschiebt. Wie ist eine Übersetzung zwischen Vorstellungsbildern und Propositionen zu bewerkstelligen? Und wie zwischen Propositionen und verbalen Kodes? Übersetzungsprobleme gibt es sowohl für Zwei-Kode-Theorien wie für Drei-Kode-Theorien; bei den letzten sind sie vielleicht sogar schwieriger, wenn den *beiden* erforderlichen Übersetzungsstufen (gegenüber *einer* bei der Zwei-Kode-Theorie) verschiedene Operationen zugrunde liegen. Wie auch immer die Übersetzung zwischen verbalen und bildlichen Kodes zustande gebracht werden kann, es ist keineswegs klar, daß eine vermittelnde propositionale Repräsentation diesen Prozeß erleichtern würde.

Introspektive Daten

In drei Punkten möchten wir uns zum Thema introspektiver Daten äußern.
Eine Quelle bestätigender Daten. Introspektionen sind aus sich selbst heraus nicht geeignet, die Funktion der bildlichen Vorstellung in der Kognition zu bestätigen. Introspektion ist jedoch eine Quelle für Belege, die zusammen mit Verhaltensdaten (z. B. der Zeit, die für bestimmte Introspektionen erforderlich ist – vgl. Kosslyn 1973; 1974; 1975a; 1976) zeigen können, daß Vorstellungsbilder genuine Funktionen bei der Kognition haben.
Allgemeinheit. Obwohl eine Theorie, die sich allein mit öffentlich beobachtbarem Verhalten befaßt, für das Verständnis einer Verhaltensklasse adäquat sein mag, so ist doch sicher eine Theorie

vorzuziehen, die darüber hinaus auch noch introspektive Belege erklären kann, ohne dadurch komplizierter zu werden.
Phänomenologie. Das Erleben von bildlichen Vorstellungen ist unbestreitbar, auch wenn ihre Funktion unklar ist. Dieses Erleben muß eine Folge irgendwelcher psychischer Prozesse sein; wer es einfach als ›epiphänomenal‹ bezeichnet, bringt es deswegen noch nicht zum Verschwinden. Das Studium der Phänomenologie ist ein unabhängiges legitimes Unternehmen, und eine Theorie, die zur Klärung phänomenologischer Fragen beiträgt, hat einen zusätzlichen Wert.

Definitionsprobleme

Die Unschärfe des Begriffs. Das gegenwärtige Fehlen einer präzisen Definition von ›Vorstellungsbild‹ ist schwerlich eine Grundlage, auf der beurteilt werden kann, ob die Vorstellung sich als adäquates theoretisches Konstrukt eignet. Pylyshyn zeigt sich darüber besorgt, daß verschiedene Theoretiker und Experimentatoren bildliche Vorstellungen in unterschiedlicher Weise operationalisieren und es keine einzelne Operation gibt, mit der die Existenz oder das Funktionieren von Vorstellungsbildern einheitlich definiert werden kann. Das ist ein weitverbreitetes Problem; ›Vorstellungsbild‹ ist nicht das einzige Konstrukt in der kognitiven Psychologie, dem eine einheitliche operationale Definition fehlt. Die meisten Psychologen haben sich jedoch mit dem Gebrauch von Umwandlungsoperationen zufrieden gegeben, um Entitäten zu definieren, die nicht direkt beobachtet werden können. Garner, Hake und Eriksen (1956) erklären sogar, daß einheitliche operationale Definitionen vermieden werden sollten, wenn man mit abgeleiteten Konstruktionen arbeitet, da solche Definitionen die zu messende Entität mit dem Meßinstrument vermengen. Es solle vielmehr eine Anzahl unabhängiger Operationen eingeführt werden, um das Konstrukt ›anzunähern‹. Bei diesem Ansatz muß eine Menge an Forschungsarbeit geleistet sein, bevor eine befriedigende operationale Definition überhaupt umrissen werden kann. Es ist daher durchaus legitim, wenn ein wissenschaftliches Unternehmen in seiner ersten Phase sich mit der Untersuchung eines Konstrukts befaßt, dessen Definition bis dahin noch nicht präzise formuliert wurde. Wir meinen, daß dies genau den gegenwärtigen Zustand der Forschung zu bildlichen Vorstellungen beschreibt. Darüber hinaus sind wir der Ansicht, daß einige Forschungen zu bildlichen Vorstellungen sich inzwischen als erfolgreich herausgestellt haben; dies wird weiter unten deutlich werden.

Reduktion der Grundbegriffe: Welches ist die angemessene Analyseebene? Wahrscheinlich ist es so, daß bildliche Vorstellungen durch grundlegendere Prozesse beschrieben werden können, die möglicherweise auch propositionale Repräsentationen einschließen (dies geht aus einigen der erfolgreicheren Computersimulationen von Aufgaben der bildlichen Vorstellung hervor, vgl. z.B. Moran 1973). Wird jedoch durch einen solchen Versuch wirklich unser Verständnis mentaler Phänomene verbessert, oder werden nur wichtige Unterscheidungen verdeckt? Putnam (1973) hat herausgestellt, daß wir sorgfältig zwischen Erklärungen und ›Eltern der Erklärungen‹ zu unterscheiden haben. Nehmen wir etwa Putnams Beispiel einer angemessenen Erklärung dafür, daß ein bestimmter viereckiger Bolzen nicht in ein bestimmtes rundes Loch paßt. Die angemessene Erklärungsebene wird keine Diskussion subatomarer Partikel enthalten, sondern von emergenten Eigenschaften Gebrauch machen wie ›Festigkeit‹ und ›Umriß‹, also Eigenschaften, die keineswegs allein von der Kenntnis des molekularen Aufbaus der beteiligten Gegenstände ableitbar sind. Genauso wird man wenig über Architektur lernen, wenn man lediglich Bausteine, Mörtel und anderes Baumaterial studiert. Der entscheidende Punkt der Fragen zu bildlichen Vorstellungen besteht daher darin, eine effektive, funktionale interne Repräsentation zu finden, und nicht die ›elementarsten‹ Repräsentationen, die nicht weiter reduziert werden können. Der Punkt ist also *nicht*, ob Vorstellungsbilder von primitiveren ›propositionalen‹ oder ›symbolischen‹ Repräsentationen abgeleitet werden können. Der Punkt ist vielmehr, ob quasi-pikturale Vorstellungsbilder – auch wenn sie abgeleitet sind – emergente Eigenschaften haben und daher als eigene Form der Repräsentation gelten können. Wenn dies so ist, dann kann man Vorstellungsbilder zu Recht als nützliches theoretisches Konstrukt betrachten. Diese Einschätzung braucht nicht ausschließlich auf der Grundlage apriorischer, logischer Argumente zu erfolgen.

III. Betrachtung empirischer Befunde

Zu diesem Thema gibt es eine Fülle wichtiger Literatur. Wir haben nicht vor, alle wichtigen Experimente hierzu erschöpfend zu besprechen, wir werden uns vielmehr auf wenige repräsentative Experimente beschränken. Weitere Einzelheiten und Literaturhinweise können anderen Quellen entnommen werden (z. B. Paivio 1971).

Wir werden im folgenden fünf Klassen von Experimenten beschreiben. Nach jeder Experimentbeschreibung werden wir kurz zeigen, wie eine mögliche Vorstellungstheorie die typischen Befunde des Experiments behandeln würde, und eine mögliche propositionale Behandlung derselben Ergebnisse skizzieren. Ein knapper kritischer Vergleich der beiden Erklärungen wird sich anschließen. Diese Darstellungen sind nicht als endgültige Aussagen der jeweiligen Position zu verstehen, sondern als repräsentative Beispiele von Interpretationen, die gegenwärtig im Schwange sind. Durch dieses Vorgehen sollen viele der oben angerissenen Punkte konkretisiert werden. Bevor wir jedoch damit beginnen, ist die Art der bildlichen und propositionalen Theorie, die wir unseren Erklärungen zugrunde legen, kurz zu beschreiben.

Annahmen der Darstellungen mittels bildlicher Vorstellungen

Den Erklärungen mittels bildlicher Vorstellungen liegen einige zentrale Gedanken zugrunde[4]:

(1) Ein Vorstellungsbild ist eine räumliche Repräsentation ähnlich jener, auf der die Erfahrung des Sehens eines Gegenstands während der visuellen Wahrnehmung beruht. Diese Vorstellungsbilder können vielleicht durch zugrundeliegende abstrakte Repräsentationen erzeugt werden (vgl. Kosslyn 1974); die Inhalte dieser Repräsentationen sind jedoch nur über die Erzeugung eines flächigen (erlebten) Vorstellungsbildes zugänglich.

(2) Nur eine endliche Verarbeitungskapazität[5] ist für den Aufbau und die Repräsentation von Vorstellungsbildern verfügbar. Dadurch wird die Menge der Einzelheiten, die zu einem bestimmten Zeitpunkt aktiviert werden können, beschränkt.

(3) Die einmal gebildeten Vorstellungsbilder sind Ganzheiten, die mit Wahrnehmungen schablonenartig verglichen werden können.
(4) Dieselben Strukturen, die die beim Sehen gewonnenen räumlichen Informationen repräsentieren, spielen auch bei den Vorstellungsbildern eine Rolle.
(5) Viele Operatoren (mit Ausnahme von peripheren Funktionen), die bei der Analyse von Wahrnehmungen verwendet werden, werden auch auf Vorstellungsbilder angewandt.

Annahmen der Darstellungen mittels Propositionen

Da propositionale Repräsentationen praktisch zur Bildung jeder Theorie verwendet werden können, können wir keine endgültige propositionale Erklärung eines bestimmten Resultats angeben. Wir werden unseren Darstellungen eine mögliche Theorie zugrunde legen, die propositionale Repräsentationen direkt und sparsam verwendet. Unsere Behandlung wird im Sinne von Computersimulationen sein, wie sie von Anderson und Bower (1973), Rumelhart, Lindsay und Norman (1972), Minsky und Papert (1972) sowie Pylyshyn (1973) und anderen beschrieben werden. Diese Konzeptionen nehmen nicht auf ›flächige‹ Vorstellungsbilder Bezug, sondern versuchen alle Prozesse durch zugrundeliegende ›abstrakte‹ propositionale Repräsentationen zu rekonstruieren. Die propositionalen Erklärungen basieren auf folgenden Annahmen:
(1) Das Material ist im Gedächtnis durch Netzwerke von Propositionen repräsentiert.
(2) Nur eine begrenzte Anzahl von Propositionen kann zu einem bestimmten Zeitpunkt in den aktiven Speicher gelangen. Um die propositionalen Strukturen zu aktivieren, ist Zeit und Leistung erforderlich.
(3) Netzwerke können durch eine festgesetzte geordnete Suche abgefragt werden, bei der Knoten für Knoten überprüft wird. Netzwerke können auch mit anderen Netzwerken gleichzeitig Knoten für Knoten verglichen werden.
(4) Netzwerke können so konstruiert werden, daß jede gewünschte räumliche Beziehung repräsentiert werden kann.
(5) Netzwerke oder Teile von Netzwerken sind insofern ähnlich,

als ähnliche Propositionen (d. h. Propositionen, die dieselben Beziehungen oder Elemente haben) in ihnen verkörpert sind.

Selektive Beeinflussung

Zahlreiche Studien haben gezeigt, daß Imagination und Wahrnehmung derselben Modalität sich wechselseitig mehr beeinflussen, als wenn zwei verschiedene Modalitäten beteiligt sind. Ein klassisches Ergebnis erzielten Segal und Fusella (1970), die herausfanden, daß die Wahrnehmung *visueller* Signale mehr durch die Anweisung, gleichzeitig irrelevante *visuelle* Vorstellungsbilder zu erzeugen, beeinträchtigt wird als durch die Anweisung, gleichzeitig *auditive* Vorstellungsbilder hervorzubringen; bei der Erfassung auditiver Signale war es genau umgekehrt. Brooks (1967; 1968), Byrne (1974) und andere (vgl. Paivio 1971) berichten von Befunden, die dies bestätigen. Von besonderem Interesse ist Segals und Fusellas (1971) Befund der modalitätsspezifischen Beeinflussung bei sechs verschiedenen Sinnesmodalitäten (Geschmack, Tastsinn, Kinästhetik, Geruch, Gesicht und Gehör).

Eine Darstellung mittels bildlicher Vorstellungen. Diese Ergebnisse können verstanden werden, wenn die Verarbeitung der Vorstellung einer bestimmten Modalität dieselbe mentale Maschinerie verwendet, die auf die perzeptuelle Verarbeitung in derselben Modalität spezialisiert ist, nicht aber auf Vorstellungen anderer Modalitäten. Visuelle Vorstellungen könnten z.B. in denselben Strukturen auftreten, die bei der Verarbeitung von Reizen von der Retina involviert sind. Diese beiden Arten des Inputs könnten sich leicht wechselseitig beeinflussen oder sich vermischen, so daß es schwierig wird, die ursprüngliche Quelle eines Inputs zu bestimmen. Da die Repräsentationsstrukturen des visuellen Systems sich von denen unterscheiden, die beim Hören eine Rolle spielen, wird die visuelle Vorstellung eine gleichzeitige visuelle Wahrnehmung mehr beeinträchtigen als eine gleichzeitige auditive Wahrnehmung. Aus demselben Grund machen auditive Vorstellungen irgendwelche spezialisierten auditiven Wahrnehmungsmechanismen erforderlich (jedoch keine, die auf visuelle Wahrnehmungen spezialisiert sind). Eine gleichzeitige auditive Vorstellung wird daher eine auditive Wahrnehmung eher unterbrechen als eine gleichzeitige visuelle Wahrnehmung.

Eine Darstellung mittels Propositionen. Visuelle Vorstellungsbilder werden durch Propositionen repräsentiert, die verschiedene räumliche Beziehungen beinhalten (z.B. ›links von‹, ›oberhalb von‹ usw.). Dieselben Beziehungen treten in den Beschreibungen auf, die durch den Wahrnehmungsapparat gebildet werden. Da die Propositionen, die Vorstellungsbilder beschreiben, in ihrer Form den Propositionen ähneln, die Wahrnehmungsbilder beschreiben, sind sie schwer voneinander zu unterscheiden. In diesem Fall kann eine Person fälschlicherweise ein Wahrnehmungsbild für ein Vorstellungsbild halten und so daran scheitern, den Reiz als solchen wahrzunehmen. Wenn Propositionen, die Material repräsentieren, das in verschiedenen Modalitäten kodiert wurde, verschiedene Beziehungen verwenden (wie es notwendig zu sein scheint), dann wird es einfacher sein, diese Propositionen voneinander zu unterscheiden, als wenn die Propositionen Material derselben Modalität kodieren (und ähnliche Beziehungen und Strukturen verwenden).
Kritischer Vergleich. Die beiden Erklärungen, die eine Vermengung und Fehlklassifikation der ursprünglichen Quelle zugrunde legen, scheinen nicht unterscheidbar zu sein. Ein möglicher Unterschied zwischen beiden Modellen ergibt sich jedoch von selbst. Wenn das propositionale Modell richtig ist, könnte man in der Lage sein, wahrnehmungsähnliche Repräsentationen verbal nachzubilden, etwa indem man ein Geschehen beschreibt und eine Person auffordert, sich an den Inhalt der Beschreibung zu erinnern. In diesem Fall sollte sich eine selektive Verringerung der visuellen Wahrnehmungsempfindlichkeit einstellen, ohne daß Anweisungen gegeben wurden, bildliche Vorstellungen zu bilden. Die Darstellung mittels bildlicher Vorstellungen führt natürlich nicht zu solchen Voraussagen.

Mentale Drehung

Neuere Experimente zu analogen Eigenschaften interner Repräsentationen haben zu Ergebnissen geführt, mit der sich jede Theorie der Vorstellung befassen muß. Shephard und Metzler (1971), Cooper und Shephard (1973a; b) und Cooper (1975) berichten von Experimenten zur mentalen Drehung interner Repräsentationen (Buchstaben, Finger, blockähnliche Formen, Attneative Figuren). In einem typischen Experiment mußten die Versuchspersonen beurteilen, ob eine Testfigur mit einer Standardfigur identisch ist oder nicht (in diesem Fall ist es gewöhnlich eine spiegelverkehrte Version der Standardfigur). Die Testfigur wurde vor der Darbietung in eine von verschiedenen Richtungen gedreht. Der Hauptbefund besagt: je weiter die Figur gegenüber der Standarddarstellung gedreht wird, um so mehr Zeit benötigt die Versuchsperson für die Entscheidung. Dieses Ergebnis stimmt mit der Ansicht überein, daß die Versuchspersonen ein mentales Bild des Reizes in die Richtung der Standarddarstellung drehen, bevor sie sich entscheiden. In einigen Experimenten wurde den Versuchspersonen die Übereinstimmung und die Orientierung einer erscheinenden Testfigur im voraus mitgeteilt. Sie wurden dann aufgefordert, mitzuteilen, wann sie ›bereit‹ seien. Diese Vorbereitungszeiten zeigten ein ähnliches Muster: je weiter die Drehung, um so mehr Zeit wurde benötigt. Es ist hierbei wichtig anzumerken, daß die Versuchspersonen nicht ausdrücklich aufgefordert wurden, Vorstellungsbilder für die Aufgabe zu benutzen. Wurden die Versuchspersonen jedoch nach dem Experiment befragt, dann berichteten die meisten, daß sie die Aufgabe gelöst hätten, indem sie Vorstellungsbilder des Reizes mental gedreht hätten.

Eine Darstellung mittels bildlicher Vorstellungen. Die Erklärung dieses Phänomens mit Hilfe von bildlichen Vorstellungen lautet: Man dreht mental eine bildhafte Repräsentation der Testfigur, bis sie mit der Standardfigur übereinstimmt. Eine Frage, die diese Interpretation beantworten muß, lautet: Warum ist eine Drehung überhaupt erforderlich? Warum wird das Vorstellungsbild der Testfigur nicht unmittelbar in die richtige Orientierung für den Vergleich mit der Standardfigur transformiert? Eine mögliche Antwort ist, daß versucht wird, den Aufwand, der für die Ausführung einer Transformation nötig ist, so gering wie möglich zu halten. Die Erzeugung eines neuen Vorstellungsbildes (des Gegenstandes in einer neuen Orientierung) könnte einen größeren Aufwand erfordern als die Transformation eines bereits vorhandenen Vorstellungsbildes. Es gibt zahlreiche Gründe, warum vorhandene Vorstellungsbilder stufenweise transformiert werden könnten. Die einfachste Erklärung besteht darin, daß Transformationen von Vorstellungsbildern ähnlichen Bedingungen unterworfen sind und in ähnlicher Weise funktionieren wie analoge physische Transformationen. Es wird häufig angeführt, daß der Sinn bildlichen Vorstellens schließlich darin besteht, Wirkungen physischer Manipulationen zu antizipieren. Es ist daher plausibel, daß sich das bildliche Repräsentationssystem entwickelt haben könnte, um die Arten stufenweiser Transformationen nachzuahmen, die bei der physischen Manipulation von Gegenständen auftreten.

Auch andere Erklärungen, die spezielle Mechanismen involvieren, sind möglich. Nach einer Erklärung z.B. könnte es optimal sein, vorhandene Vorstellungsbilder im zeitlichen Verlauf Stück für Stück zu transformieren, um den Aufwand in jedem Augenblick möglichst gering zu halten. Wenn Vorstellungsbilder stückweise transformiert werden, dann könnten nur relativ kleine Transformationen vorgenommen werden oder das Vorstellungsbild würde gekrümmt, entstellt oder fragmentarisch erscheinen. Die ›Drehung‹ könnte also aus einer Reihe stufenweiser Transformationen bestehen, wobei jede einzelne so klein ist, daß der ganze Vorgang als kontinuierlich erscheint. Um größere Drehungen auszuführen, ist mehr Zeit erforderlich, da mehrere dazwischenliegende kleine Transformationen ausgeführt werden müssen.

Eine Darstellung mittels Propositionen. Ein Vorstellungsbild eines Gegenstandes kann durch ein Netzwerk von Propositionen repräsentiert werden, das beschreibt, wie Linien und Winkel untereinander in Beziehung stehen. Der Buchstabe ›A‹ z.B. kann beschrieben werden als zwei Linien, die sich oben in Form einer Spitze treffen und auf halber Höhe mit einem kurzen horizontalen Strich verbunden sind. Die Drehung würde dann darin bestehen, daß alle Relationen systematisch, mit Rücksicht auf ihren räumlichen Bezug, durch neue Relationen ersetzt werden. Bei einer Drehung um 45 Grad im Uhrzeigersinn würde z.B. ›oben‹ durch ›nordöstliche Richtung‹ und ›rechts‹ durch ›südöstliche Richtung‹ ersetzt.

Kritischer Vergleich. Die Darstellung mittels bildlicher Vorstellungen scheint irgendwie plausibler und einfacher zu sein. Die propositionale Darstellung erscheint weniger befriedigend. Abgesehen davon, daß man nicht weiß, wie die Buchstaben zunächst einmal repräsentiert sein sollen, wird nicht klar, weshalb die Drehung in einem solchen System graduell ist. Es sollte besonders einfach sein, ein Vorstellungsbild um 180 Grad zu drehen, da alle Beziehungen einfach umgekehrt werden könnten (rechts wird z.B. links). Schwieriger wäre es, ein Vorstellungsbild um 45 Grad zu drehen, da komplexere Veränderungen vorgenommen werden müßten. Trotzdem benötigen Versuchspersonen längere Zeit für eine Drehung um 180 Grad als für eine Drehung um 45 Grad. Es scheint, daß sie nicht von einer Orientierung des Vorstellungsbildes direkt in eine andere Orientierung springen (oder nicht springen können), sondern daß sie kontinuierlich vorgehen müssen. Solche Voraussagen ergeben sich jedoch nicht aus den Grundannahmen der propositionalen Repräsentation (vgl. insbesondere Gips 1974).

Größe des Vorstellungsbildes

Ähnliche Ergebnisse wurden in bezug auf die Auswirkungen der Größe des Vorstellungsbildes erzielt. Hayes (1973) zeigte der Versuchsperson hintereinander zwei Buchstaben. Sie wurde angewiesen, sich ein Vorstellungsbild von dem zuerst gezeigten Buchstaben zu merken und dann zu entscheiden, ob der zweite ›Test‹-Buchstabe derselbe Buchstabe des Alphabets ist wie der erste. Die Zeiten für die Entscheidungen ›derselbe‹ waren kürzer, wenn der Testbuchstabe dieselbe Größe wie der vorgestellte Buchstabe hatte, als wenn ein Größenunterschied bestand. Dieser Befund scheint zu belegen, daß Vorstellungsbilder verschiedene Größen eines Gegenstandes repräsentieren können.
Kosslyn (1975a) hat ebenfalls die Wirkung von vorgestellten Größen untersucht. Da es schwierig ist, Einzelheiten kleiner Reize in der Wahrnehmung zu unterscheiden, können wir seiner Meinung nach ähnliche Wirkungen bei Vorstellungen erwarten. Wurden Versuchspersonen aufgefordert, subjektiv kleinere Vorstellungsbilder von Tieren zu bilden, erhöhte sich tatsächlich die Zeit, die sie brauchten, um intern repräsentierte Einzelheiten des vorgestellten Tieres (z.B. die Beine einer Katze) zu ›sehen‹. Dieses Ergebnis stellte sich nicht nur dann ein, wenn die Versuchspersonen aufgefordert waren, die relative Größe des Vorstellungsbildes einzelner Tiere selbst festzusetzen, sondern auch dann, wenn die Größe des Vorstellungsbildes indirekt manipuliert wurde. In diesem Fall wurde die Größe des betreffenden Tieres (etwa eines Hasen) relativ klein gehalten, indem man die Versuchspersonen es sich neben einem Elefanten vorstellen ließ, oder relativ groß,

indem man forderte, es sich in entsprechender Größe neben einer Fliege vorzustellen. Kosslyn (1976) berichtet ferner, daß zur Bestätigung kleinerer Merkmale von Tieren (z.B. den Krallen einer Katze) mehr Zeit beansprucht wird als für größere (z.B. dem Kopf der Katze), wenn die Versuchspersonen bildliche Vorstellungen verwenden. Dies war auch dann der Fall, wenn die kleineren Merkmale enger mit dem betreffenden Tier assoziiert waren als die größeren Merkmale. Wenn dagegen Versuchspersonen, die man nicht aufgefordert hatte, bildliche Vorstellungen zu gebrauchen, einfach die Angemessenheit dargestellter Merkmale für bestimmte Tiere beurteilten, wurde auf kleine, aber enger mit dem Tier assoziierte Merkmale schneller reagiert. Die Daten lassen also einen klaren Unterschied zwischen Fällen erkennen, in denen zu bildlichen Vorstellungen aufgefordert wurde, und denen, wo dies nicht der Fall war (vgl. Smith, Rips und Shoben 1974).

Eine Darstellung mittels bildlicher Vorstellungen. Wenn Vorstellungsbilder den Bildschirmdarstellungen ähneln, die mit einer Kathodenstrahl-Röhre durch einen Computer erzeugt werden, dann sollte ihre Größe leicht zu verändern sein.[6] Eine bildhafte Repräsentation könnte ›über‹ eine Repräsentation gelegt werden, die durch eine Wahrnehmung hervorgerufen wird (z.B. wenn sie in derselben Matrix dargestellt ist), und beide Repräsentationen könnten ganzheitlich verglichen werden. Wenn das Vorstellungsbild und die Wahrnehmungsrepräsentation zunächst nach ihrer Größe verglichen würden, dann wäre dieser schablonenähnliche Vergleich schneller, als wenn auch noch die Einstellung der Größe vorzunehmen ist. Hayes Befund ist im Rahmen von bildlichen Vorstellungen also durchaus sinnvoll.

Kosslyns Ergebnisse werden erklärt, wenn Vorstellungsbilder so ›wiederverarbeitet‹ werden können, daß dieselben Verarbeitungsvorgänge angewandt werden, die auch bei der Kategorisierung von Wahrnehmungen und Teilen von Wahrnehmungen benutzt werden. Man nimmt an, daß eine minimale räumliche Ausdehnung erforderlich ist, damit diese Prozesse effizient arbeiten (vgl. Kosslyn 1975a). Größere Vorstellungsbilder sollten daher schneller kategorisiert werden als kleinere. Wenn die Versuchspersonen nicht dazu angehalten werden, bildliche Vorstellungen zu verwenden, wird vermutlich auf irgendeine andere Form interner Repräsentation zurückgegriffen. Es kann z.B. Listen sprachlicher Beschreibungen geben, in die Repräsentationen der Eigenschaften des Tieres nach ihrer Assoziationsstärke eingeordnet sind. Eigenschaften, die enger assoziiert sind, wären dann weiter ›oben‹ in der Liste (wo die Suche beginnt) und würden daher schneller gefunden.

Eine Darstellung mittels Propositionen. Sollen bildliche Vorstellungen gebildet werden, werden Buchstaben in Netzwerken von Propositionen repräsentiert, die Linien und Winkel zueinander in Beziehung setzen. Diese Propositionen repräsentieren auch metrische Größen und Informationen zu Entfernungen. Wenn Versuchspersonen aufgefordert werden, sich Buchstaben in derselben Größe vorzustellen wie die wahrgenommenen Buchstaben, werden die internen Repräsentationen ähnlicher sein (da dieselbe metrische Information propositional aufgelistet ist und leichter verglichen werden kann), als wenn sich die Größen unterscheiden. Diese Erklärung trägt den Ergebnissen von Hayes Rechnung.

Kosslyns erste Ergebnisse zur Größe des Vorstellungsbildes kann man verstehen, wenn ein Vorstellungsbild eines Tieres der Aktivierung einer Listenstruktur entspricht. Diese Struktur enthält Propositionen, die Eigentümlichkeiten des Tieres und deren Zusammenhänge repräsentieren. Man kann annehmen, daß um so mehr Repräsentationen aktiviert werden, je größer das Vorstellungsbild ist. Je mehr Repräsentationen aktiviert werden, um so höher ist die Wahrscheinlichkeit, daß die Repräsentation einer gesuchten Eigenschaft vorhanden ist. Ist dies der Fall, wird die Versuchsperson sie bei der Untersuchung sofort finden, wenn nicht, wird sie mehr Zeit benötigen, um sie zu aktivieren.

Die Ergebnisse zur Größe des untersuchten Teils könnten durch die Annahme erklärt werden, daß größere Eigenschaften höher in der Liste, die ein Tier beschreibt, aufgelistet sind (das heißt, aß sie an der Spitze der Zugriffsliste stehen) als kleinere Eigenschaften. Versuchspersonen würden also größere Eigenschaften schneller finden, da es wahrscheinlicher ist, daß diese Eigenschaften bei der Befragung aktiviert und zugänglich sind. Werden keine Vorstellungsbilder verwendet, wird auf andere, nach der Assoziationsstärke geordnete Listen in der oben beschriebenen Weise zugegriffen.

Kritischer Vergleich. Die Darstellung von Hayes Ergebnissen mittels bildlicher Vorstellungen scheint uns sehr viel plausibler zu sein als die Darstellung mittels Propositionen. Die propositionale Repräsentation metrischer Information erscheint für die vorliegenden Phänomene weniger geeignet, und bei der Größenübereinstimmung liegt anscheinend eine *Ad-hoc*-Erklärung vor. Die propositionale Darstellung der Ergebnisse von Kosslyn erscheint ebenfalls weniger befriedigend als die Darstellung mittels bildlicher Vorstellungen: Warum sollten den Leuten weniger Informationen zugänglich sein, wenn man sie auffordert, sich den Gegenstand ›klein vorzustellen‹? Dies erscheint nur *ad hoc* erklärbar; ein propositionales Modell würde solche Ergebnisse nicht erwarten lassen. Die Forderung, daß die Eigenschaften eines Gegenstandes in zwei unterschiedlichen geordneten Listen repräsentiert werden – einer, die bei der Aufforderung verwendet wird, bildliche Vorstellungen zu verwenden, und einer für andere Gelegenheiten –, erscheint ebenfalls gezwungen.

Bildliche Vorstellung und ›parallele Verarbeitung‹

Es wird oft behauptet, daß bildliche Vorstellungen sich von anderen Formen interner Repräsentation dadurch unterscheiden, daß ein großer Teil der Information gleichzeitig zugänglich und nicht erst nach einer sequentiellen Suche erreichbar sei (vgl. Paivio 1971). Die vielleicht besten Studien zu dieser Annahme finden sich bei Smith/Nielson (1970) und Nielson/Smith (1973). Smith und Nielson forderten Versuchspersonen auf zu entscheiden, ob ein Testgesicht mit einem Standardgesicht, das kurz zuvor gezeigt wurde, identisch ist. Gesichter wurden aus einer Menge von ›Merkmalen‹ (z.B. Mund, Augenbrauen) zusammengesetzt und in 3, 4 oder 5 Merkmalen variiert. Die Testgesichter wurden ferner 1, 4 oder 10 Sekunden nach dem Standardgesicht gezeigt. Die Zeit, die für die Reaktion ›dasselbe‹ benötigt wurde (wenn das Testgesicht mit dem Standardgesicht übereinstimmte), nahm mit der Anzahl der enthaltenen Merkmale zu, jedoch nur bei den längeren zeitlichen Abständen (vgl. Sekuler/Abrams 1968). Nielson und Smith (1973) testeten die Auffassung, daß ein Vorstellungsbild des ersten Gesichts ganzheitlich mit dem Testgesicht verglichen wird, wenn der zeitliche Abstand zwischen den beiden Reizen kurz ist, nicht aber, wenn er länger wird. Ist dies der Fall – so ihre Überlegung –, dann sollten Anweisungen, ein Vorstellungsbild zu bilden, die Auswirkung der Merkmalanzahl eliminieren, die bei längeren Intervallen beobachtet wurde. Dieses Ergebnis wurde tatsächlich erzielt. Wenn die Versuchspersonen absichtlich Vorstellungsbilder der ursprünglich dargebotenen Gesichter aufrechterhielten, hatte die Anzahl der Merkmale keine Wirkung mehr auf die Entscheidung ›dasselbe‹, selbst bei Intervallen bis zu 10 Sekunden.

Eine Darstellung mittels bildlicher Vorstellungen. Diese Darstellung ist im Grunde dieselbe, wie sie für die Ergebnisse von Hayes zur Größe vorgestellter Buchstaben angeboten wurde. Ein Vorstellungsbild wird gebildet und dann als Schablone verwendet. Die Anzahl der Merkmale ist irrelevant bis zu dem Punkt, wo die Verarbeitungskapazität für Vorstellungsbilder überschritten wird. Vorstellungsbilder, die 3, 4 oder 5 Merkmale repräsentieren, können also mit mehr oder weniger gleicher Leichtigkeit im Gedächtnis behalten und später wie Schablonen auf den Input angewandt werden.

Da die meisten Erwachsenen mit der verbalen Kodierung vertraut sind, beschreiben sie das Standardgesicht kurz nach der Darbietung für sich selbst und behalten diese verbale Beschreibung im Gedächtnis, solange sie keine anderen Anweisungen erhalten. Eine solche Beschreibung könnte ähnlich einer Liste von Merkmalen sein, die dann Schritt für Schritt mit den Merkmalen des Testgesichts verglichen werden müssen. Nach einigen Sekunden sollte also die Aufnahme von mehr Merkmalen zu einer verlängerten Reaktionszeit bis zur Entscheidung ›dasselbe‹ führen.

Eine Darstellung mittels Propositionen. Die Gesichter werden als Netzwerke von Propositionen repräsentiert. Die propositionale Struktur, die zunächst gebildet wird, um ein Gesicht zu repräsentieren, ist extrem komplex und umfangreich. Diese propositionale Struktur kann vollständig mit Teilen ähnlicher Strukturen parallel verglichen werden, indem einander entsprechende Teile simultan abgeglichen werden. Die parallele Vergleichsrate bleibt konstant, wenn 3, 4 oder 5 Merkmale miteinander verglichen werden.

Nach einer bestimmten Zeit wird es schwierig, solche komplexen Strukturen aufrechtzuerhalten und zu vergleichen, und die Propositionen werden in einer einfacheren Liste neu geordnet. Diese Liste wird dann sequentiell, Proposition für Proposition, mit den entsprechenden Propositionen verglichen, die das wahrgenommene Testgesicht repräsentieren. Die Anweisung, bildliche Vorstellungen zu bilden, veranlaßt die Versuchspersonen, die detailliertere und komplexere Repräsentation länger zu behalten.

Kritischer Vergleich. Beide Erklärungen scheinen zu funktionieren, sie haben jedoch beide einige Schwierigkeiten, den Übergang von Repräsentation mittels ›Vorstellungsbild‹ zu Repräsentation mittels ›Liste‹ zu erklären, der sich nach einiger Zeit einstellt. Man kann bei der Darstellung mittels bildlicher Vorstellungen die Hypothese aufstellen, daß Vorstellungsbilder in der Regel nach einer gewissen Zeit verblassen. Die Anweisung, Vorstellungsbilder zu benutzen, hat zur Folge, daß die Fähigkeit, sie festzuhalten, länger als gewöhnlich zur Verfügung steht. Die entsprechende Annahme, die bei der propositionalen Darstellung erforderlich wäre, ist wahrscheinlich noch willkürlicher.

Abtastung visueller Vorstellungsbilder

Obwohl man in der Lage zu sein scheint, viele Teile eines Vorstellungsbildes zur selben Zeit im Bewußtsein zu halten, kann man seine Aufmerksamkeit auch selektiv auf Teile von Vorstellungsbildern richten. Kosslyn (1973) überprüfte die Ansicht, daß die Vorstellungsbilder, einmal gebildet, räumliche Eigenschaften haben, die es erlauben, das Vorstellungsbild abzutasten. Wenn dies der Fall ist, so seine Überlegung, dann sollte es mehr Zeit erfordern, das Vorstellungsbild weiter abzutasten. Seine Versuchspersonen wurden aufgefordert, sich eine Anzahl von Zeichnungen zu merken und später jeweils eine Zeichnung zu visualisieren. Die Versuchspersonen wurden aufgefordert, ihren ›Blick‹ auf eine Seite des vorgestellten Gegenstandes zu richten (z. B. auf das Heck eines Rennbootes). Danach wurde eine mögliche Eigenschaft des ursprünglichen Bildes genannt; die eine Hälfte dieser Eigenschaften war wirklich auf dem Bild zu sehen gewesen, die andere nicht. Dabei wurde die benötigte Zeit für die Entscheidung, ob die Eigenschaft dargestellt wurde, in Abhängigkeit von dem Weg gemessen, der bei der Abtastung durchlaufen werden mußte, um die entsprechende Stelle zu erreichen. Und tatsächlich ergab sich, daß bei einem längeren Weg mehr Zeit für das Abtasten gebraucht wurde (es wurde mehr Zeit benötigt, bis zum Bug hin abzutasten, als bis zur Treppe, die sich in der Bootsmitte befand). Eine zweite Gruppe von Versuchspersonen, die aufgefordert worden war, das ganze Vorstellungsbild auf einmal im Sinn zu behalten (also sich nicht auf einen Punkt des Gegenstandes zu konzentrieren), zeigte keinen Unterschied in der benötigten Zeit, um Eigenschaften, die sich an verschiedenen Stellen des Vorstellungsbildes befanden, wiederzugewinnen. Es zeigte sich also, daß Vorstellungsbilder tatsächlich abgetastet werden können.

Lea (1975) wies darauf hin, daß in Kosslyns Experiment zwischen den im Vorstellungsbild weit voneinander entfernt liegenden Stellen mehr Eigenschaften lagen als zwischen enger beieinander liegenden Stellen. Abstand und Anzahl der abzutastenden Eigenschaften waren also verwechselt; der Entfernungseffekt könnte so ein Ergebnis dieser Verwechslung sein. Neuere Experimente (Kosslyn 1975b) haben diese Verwechslung eliminiert, es stellte sich jedoch noch immer der deutliche Effekt ein, daß die benötigte Zeit von der auf dem Vorstellungsbild abzutastenden Entfernung abhängig ist. In einem Experiment z. B. stand die Zeit zu 21 verschiedenen Wegen in linearer Beziehung, die zwischen allen möglichen Paaren von 7 Orten auf einer vorgestellten Karte abgetastet wurden.

Eine Darstellung mittels bildlicher Vorstellungen. Ein interessanter Weg, die Abtastung eines Vorstellungsbildes zu erklären, besteht darin, sie als eine Art Bildtransformation zu behandeln. Solch eine Erklärung geht davon aus, daß das ganze Vorstellungsbild sich nicht mit gleichmäßiger Schärfe und Klarheit darstellt. Der Mittelpunkt kann ›schärfer fokussiert‹ sein, da mehr Leistung für den Aufbau der dortigen Details zur Verfügung gestellt wird. Wenn dies so ist, dann kann die Abtastung darin bestehen, das Vorstellungsbild so zu bewegen, daß verschiedene Teile in den ›Mittelpunkt‹ gerückt werden. (Diese Art des Darstellung der Abtastung mittels Verschiebung mag kontraintuitiv klingen; dasselbe geschieht jedoch bei einem Bildschirm oder einer Filmleinwand, wenn die Kamera ein Objekt von verschiedenen Seiten abtastet – und niemand findet dies befremdlich.) Der Grund, warum das Vorstellungsbild allmählich durch das Feld geschoben wird, wird dann der gleiche sein wie der, der zur Erklärung der Effekte mentaler Drehung diente. Eine Erklärung würde besagen, daß Teile Stück für Stück verschoben werden (um die benötigte Leistung in jedem Moment möglichst gering zu halten), wobei jedoch die Verschiebungen nicht so groß sein dürfen, daß das Vorstellungsbild auseinanderfällt. Die Anzahl der auszuführenden kleinen Verschiebungen (die mehr Zeit benötigen) wird sich daher erhöhen, wenn man das Vorstellungsbild über weitere Entfernungen hin abtastet.

Eine Darstellung mittels Propositionen. Die Abstände zwischen Paaren von Orten könnten explizit im Gedächtnis aufgelistet sein. Die Zeit für die Antwort wird durch Werte geregelt, die mit jedem Eintrag assoziiert sind; größere Abstände verursachen eine größere Verzögerung im Output-System, bevor eine Antwort gegeben wird.

Kritischer Vergleich. Die Darstellung mittels bildlicher Vorstellungen scheint ziemlich plausibel, während die propositionale Darstellung vollkommen *ad hoc* erscheint. Ein propositionaler Rahmen, der auf diskreten Einheiten und Verbindungen beruht, ist vollkommen ungeeignet, um metrische, analoge Informationen zu repräsentieren.

IV. Schlußfolgerung

Wir haben weder strukturelle noch funktionale Gründe gefunden, die es rechtfertigen würden, bildliche Vorstellungen als ein erklärendes Konstrukt in der Psychologie auszuklammern. Es gibt keine überzeugenden Argumente, die dagegen sprächen, daß Vorstellungsbilder in einer besonderen Darstellungsform repräsentiert sind; ebenso können Vorstellungsphänomene nicht ohne weiteres durch Bezugnahme auf propositionale Repräsentationen erklärt werden. Schließlich gibt es einige Belege dafür, daß emergente Eigenschaften von Vorstellungsbildern tatsächlich eine Funktion in der Kognition haben.

Wir haben uns absichtlich nicht auf eine ›starke‹ oder ›schwache‹ Position der bildlichen Vorstellung festgelegt, wie wir sie zu Beginn umrissen hatten. Diese Positionen unterscheiden sich in der Frage, ob Vorstellungsbilder von propositionalen Repräsentationen abgeleitet sind oder als eine primitive, irreduzible Darstellungsform betrachtet werden. Es kann sein, daß diese Frage prinzipiell unbeantwortbar ist. Die Frage, ob eine starke oder schwache Position vorzuziehen sei, berührt zudem das vorliegende Problem. Wenn Vorstellungsbilder (Oberflächenrepräsentationen) distinkte und unvergleichbare Eigenschaften zeigen, dann hat die bildliche Vorstellung zu Recht als ein erklärendes Konstrukt zu gelten. Die gegenwärtige Diskussion läuft letzten Endes auf die Frage hinaus, ob Vorstellungsbilder emergente Eigenschaften haben, die sich nicht direkt aus Eigenschaften von Propositionen herleiten lassen.

Dieses Thema wird jedoch nicht dadurch erledigt, daß man einen übertrieben reduktionistischen Kurs fährt; man sollte sich vielmehr auf empirisch beantwortbare Fragen konzentrieren, die sich mit Eigenschaften von Vorstellungsbildern befassen. Wir erwarten von weiteren metatheoretischen Spekulationen über die Grundlagen der bildlichen Vorstellung keinen echten Fortschritt auf diesem Gebiet.

Anmerkungen

Original: »Imagery, Propositions, and the Form of Internal Representations«, *Cognitive Psychology* 9 (1977), 52-76. Übersetzung von Dieter Münch.

1 Eine frühere Fassung dieses Aufsatzes entstand Ende 1974. Seitdem wurden von Paivio (1977) ähnliche Argumente vorgetragen, und Pylyshyn (1978a, 1978b) hat seine Gedanken weiterentwickelt. Wir haben den Eindruck, daß Pylyshyns neuere Ausführungen zur Antibildposition auch den allgemeinen Argumenten von der Art, wie wir sie hier vorstellen, Rechnung tragen; wir gehen daher auf diese Ausführungen hier nicht näher ein. Die Autoren danken Robert Abelson, Howard Egeth, Steve Palmer und Zenon Pylyshyn für hilfreiche Anregungen. Wir danken besonders Ulric Neisser, der eine hervorragende Arbeit bei der Anfertigung unseres Manuskripts leistete.

2 Die meisten Argumente Pylyshyns betreffen das Problem der visuellen Vorstellung. Wir werden uns dem anschließen, der Leser sollte jedoch beachten, daß parallele Argumente genauso gut für oder gegen Vorstellungen in anderen Modalitäten vorgebracht werden können.

3 Das Programm von Guzman arbeitet nicht direkt mit einem digitalisierten Bild, sondern mit einer Liste von Punkten (Scheitelpunkte), Geraden (Ecken) und Bereichen (Oberflächen). Wie berichtet wird, wurde jedoch Guzmans Programm mit dem ›Horn-Binford-Geradenfinder‹ verbunden, der Listen von der Art, wie sie Guzmans Programm verwendet, von einem digitalisierten Bild konstruiert. Die obige Beschreibung bezieht sich daher auf die beiden zusammenarbeitenden Programme; das von Horn-Binford fungiert als Vorprozessor von Guzmans Programm.

4 S. M. Kosslyn und S. P. Shwartz haben eine Computersimulation implementiert, die diese Annahmen zugrunde legt.

5 Die ›Verarbeitungskapazität‹ ist durch das Maß, in dem Bilder konstruiert werden, sowie das Maß, in dem sie verschwinden, beschränkt. Wenn zu viele Details ausgefüllt werden müssen, können Teile des

Bildes, die zu Beginn konstruiert wurden, verschwunden sein, bevor das Bild vervollständigt ist (der Gegenstand oder die Szene kann daher nicht auf einmal vorgestellt werden).

6 Obwohl wir hier aus Gründen der Darstellung von ›großen‹ Bildern sprechen, ist nicht gemeint, daß das Bild selbst ›groß‹ oder ›klein‹ ist oder überhaupt irgendeine Größe hat (es ist kein Gegenstand). Vielmehr registrieren die Vorstellungen, die das Bild zusammensetzen, die Größe in derselben Weise, wie die entsprechenden Vorstellungen, die während der Wahrnehmung hervorgerufen werden, Größe registrieren. Gleiches gilt auch für andere Bildaspekte: Farbe, Bewegung, Richtung usw. (vgl. Shephard/Chipman 1970).

Literatur

Anderson, J. R./G. H. Bower (1973), *Human associative memory*, New York, NY: Winston.

Baylor, G. W. (1971), *A treatise on the mind's eye*. Unveröffentlichte Dissertation, Carnegie-Mellon University.

Bower, G. H. (1972), »Mental imagery and associative learning«, in: L. Gregg (Hrg.), *Cognition in learning and memory*, New York, NY: Wiley.

Brooks, L. (1967), »The suppresion of visualization by reading«, *Quarterly Journal of Experimental Psychology* 19, 280-299.

– (1968), »Spatial and verbal components of the act of recall«, *Canadian Journal of Psychology* 22, 349-368.

Byrne, B. (1974), »Item concreteness vs spatial organization as predictors of visual imagery«, *Memory and Cognition* 2, 53-59.

Clark, H. H./W. G. Chase (1972), »On the process of comparing sentences against pictures«, *Cognitive Psychology* 3, 472-517.

Cooper, L. A. (1975), »Mental rotation of random two-dimensional shapes«, *Cognitive Psychology* 7, 20-43.

Cooper, L. A./R. N. Shepard (1973a), »Chronometric studies of the rotation of mental images«, in: W. G. Chase (Hrg.), *Visual information processing*, New York, NY: Academic Press.

– (1973b), »The time required to prepare for a rotated stimulus«, *Memory and Cognition* 1, 246-250.

Garner, W. R./H. W. Hake/C. W. Eriksen (1956), »Operationism and the concept of perception«, *Psychological Review* 63, 149-159.

Gibson, J. J. (1966), *The senses considered as perceptual systems*, Boston, MA: Houghton Mifflin.

Gips, J. (1974), »A syntax-directed program that performs a three-dimensional perceptual task«, *Pattern Recognition* 6, 189-199.

Guzman, A. (1968), *Computer recognition of three-dimensional objects in a visual scene*. MIT Artificial Intelligence Laboratory Project MAC-TR-59.

Hayes, J. R. (1973), »On the function of visual imagery in elementary mathematics«, in: W. G. Chase (Hrg.), *Visual information processing*, New York, NY: Academic Press.

Hebb, D. O. (1968), »Concerning imagery«, *Psychological Review* 75, 466-477.

Kaufman, L./W. Richards (1969), »Spontaneous fixation tendencies for visual forms«, *Perceptions & Psychophysics* 5, 85-88.

Kosslyn, S. (1973), »Scanning visual images: some structural implications«, *Perceptions & Psychophysics* 14, 90-94.

– (1974), *Constructing visual images*. Unveröffentlichte Dissertation, Stanford University.

– (1975a), »Information representation in visual images«, *Cognitive Psychology* 4, 341-370.

– (1975b), »Evidence for analogue representation«. Vortrag, gehalten auf der Konferenz über Theoretical Issues in Natural Language Processing, MIT, Cambridge, MA.

– (1976), »Can imagery be distinguished from other forms of internal representation? Evidence from studies of information retrieval time«, *Memory and Cognition* 4, 291-297.

Lea, G. (1975), »Chronometric analysis of the method of loci«, *Journal of Experimental Psychology: Human Perception and Performance* 1, 95-104.

Minsky, M./S. Papert (1972), *Research at the laboratory in vision, language, and other problems of intelligence*. MIT Artificial Intelligence Memo 252.

Moran, T. P. (1973), *The symbolic imagery hypothesis: A production system model*. Unveröffentlichte Dissertation, Carnegie-Mellon University.

Moscovitch, M. (1973), »Language and the cerebral hemispheres: Reaction time studies and their implications for models of cerebral dominance«, in: P. Pliner/L. Kromes/T. Alloway (Hrg.), *Communication and affect: Language and thought*, New York, NY: Academic Press.

Neisser, U. (1967), *Cognitive psychology*, New York, NY: Appleton; deutsch: *Kognitive Psychologie*, Stuttgart: Klett-Cotta.

Nielson, G. D./E. E. Smith (1973), »Imaginal and verbal representations in short-term recognition of visual forms«, *Journal of Experimental Psychology* 101, 375-377.

Paivio, A. (1971), *Imagery and verbal processes*, New York, NY: Holt, Rinehart & Winston.

– (1977), »Images, propositions, and knowledge«, in: J. M. Nicholas (Hrg.), *Images, perception, and knowledge*, Dordrecht: Reidel.

Putnam, H. (1973), »Reductionism and the nature of psychology«, *Cognition* 2, 131-146.
Pylyshyn, Z.W. (1973), »What the mind's eye tells the mind's brain«, *Psychological Bulletin* 80, 1-24.
– (1978a), »Imagery and artificial intelligence«, in: W. Savage (Hrg.), *Minnesota studies in the philosophy of science* 9, Minneapolis: University of Minnesota Press.
– (1978b), »The symbolic nature of mental representations«, in: S: Kaneff/J. F. O'Callaghan (Hrg.), *Objectives and methodologies in artificial intelligence*, New York, NY: Academic Press.
Reed, S. K. (1974), »Structural descriptions and the limitations of visual images«, *Memory and Cognition* 2, 329-336.
Reid, L. S. (1974), »Towards a grammar of the image«, *Psychological Bulletin* 81, 319-334.
Rumelhart, D. E./P. H. Lindsay/D. A. Norman (1972), »A process model for long-term memory«, in: E. Tulving/W. Donaldson (Hrg.), *Organization and memory*, New York, NY: Academic Press.
Segal, S. J./V. Fusella (1970), »Influence of imaged pictures and sounds on detection of visual and auditory signals«, *Journal of Experimental Psychology* 83, 458-464.
– (1971), »Effect of images in six sense modalities on detection of visual signal from noise«, *Psychonomic Science* 24, 55-56.
Sekuler, R. N./M. Abrams (1968), »Visual sameness: A choice time analysis of pattern recognition processes«, *Journal of Experimental Psychology* 77, 232-238.
Shepard, R. N./S. Chipman (1970), »Second-order isomorphism of internal representations: shapes of states«, *Cognitive Psychology* 1, 1-17.
Shepard, R. N./J. Metzler (1971), »Mental rotation of three-dimensional objects«, *Science* 171, 701-703.
Smith, E. E./G. D. Nielson (1970), »Representation and retrieval processes in short-term memory: Recognition and recall of faces«, *Journal of Experimental Psychology* 85, 397-405.
Smith, E. E./L. J. Rips/E. J. Shoben (1974), »Semantic memory and psychological semantics«, in: G. H. Bower (Hrg.), *The psychology of learning and motivation* 8, New York, NY: Academic Press.
Sperling, G. (1960), »The information available in brief visual presentations«, *Psychological Monographs* 74.
Sternberg, S. (1966), »High-speed scanning in human memory«, *Science* 153, 652-654.
Winston, P. H. (1970), *Learning structural descriptions from examples.* MIT Artificial Intelligence Laboratory Project AI-RT-231.
Wittgenstein, L. (1953), *Philosophische Untersuchungen*, Frankfurt: Suhrkamp.

Helmut Schnelle
Introspektion und Beschreibung des Sprachgebrauchs

Seit mindestens fünfzig Jahren ist die Mehrzahl der Linguisten der Ansicht, daß Linguistik ohne Introspektion möglich sei. Einflußreiche Philosophen versuchen zu zeigen, daß die Philosophie diese Lektion lernen sollte. Sie warnen davor, der Versuchung einer »Traumwelt der Introspektion« (Quine 1974, 57) zu erliegen oder, was noch schlimmer sei, einer Ideenwelt. Sie klagen: »Abwegigerweise gibt es immer noch eine alte und hartnäckige ... Tendenz: sich auf die Ideen zu berufen, wenn man Theorien über die Wörter aufstellt« (ibid. 59). Ihrer Ansicht nach sollten statt dessen Sprachen als jedermann zugängliche »öffentliche« Phänomene dargestellt werden: als Mengen beobachteter oder beobachtbarer Äußerungen. Ihre Regelmäßigkeiten könnten in Strukturanalysen im Rahmen einer allgemeinen Sprachstrukturtheorie dargestellt werden. Obwohl man zugesteht, daß die isoliert betrachteten grammatischen Strukturen und Bedeutungen, die Ausdrücken oder Äußerungen zugewiesen werden, nicht beobachtbar sind, nimmt man gleichwohl an, daß die Zuweisungen durch den ganzen Beobachtungskorpus gerechtfertigt seien, also keiner Introspektion bedürfen. Die Syntax (einschließlich der Morphologie und Phonologie) und die Semantik können als reine Strukturtheorien betrachtet werden, die Strukturen und Bedeutungen definieren. Man nimmt darüber hinaus an, daß nicht nur die Organisation sprachlicher Ausdrücke in dieser Weise bestimmt ist, sondern daß im allgemeinen der Sprachgebrauch wirklich durch das System bestimmt wird, das die grammatische und semantische Theorie formuliert.

Dies sieht in der Tat sehr verlockend aus: Die Linguistik als Wissenschaft wendet streng nur solche Methoden an, die sich in empirischen Wissenschaften als nützlich erwiesen haben.

Dieser Zugang zur Linguistik schließt jedoch einen anderen Untersuchungsbereich völlig von der linguistischen Analyse aus, nämlich die Beschreibung der internen Mechanismen, die es den Organismen erlauben, die sprachlichen Regelmäßigkeiten zu meistern. Hier würden einige Linguisten Quine zustimmen, wenn er sagt: »Der Versuchsperson tief in den Kopf zu schauen, wäre selbst dann nicht angebracht, wenn es durchführbar wäre, denn mit dem idiosynkratischen Verlauf ihrer Nervenbahnen oder der privaten Geschichte ihrer Gewohnheitsbildung wollen wir uns nicht befassen. Worum es uns geht, ist der ihr von der Gesellschaft eingeprägte Sprachgebrauch ...« (Quine 1960, 67). Sie würden ferner seinem Argument zustimmen, daß selbst da, wo Sprache sich auf Ereignisse bezieht, die intern im Organismus stattfinden, die Sprache auf der Grundlage öffentlicher Reize gelernt und analysiert werden kann.

> Bei demjenigen, der seine Sprachlektion gelernt hat, gehören öffentlich sichtbare Schläge oder Hiebe zu den Reizen, die ein »Au« auslösen können, während andere Reize in der Tiefe seines Innern dem öffentlichen Blick verborgen bleiben. Die Gesellschaft handelt zwar nur auf offen ausgedrückte Anzeichen hin, doch es ist ihr gelungen, den einzelnen darauf zu dressieren, daß er sogar als Reaktion auf Reize, die für sie nicht zu entdecken sind, das sagt, was ihr angebracht erscheint. (Quine 1960, 25)

Es gibt jedoch andere Linguisten, die sich fragen, ob all dies ohne Argument akzeptiert werden sollte. Ist es wahr, daß sich die Gesellschaft allein nach offen ausgedrückten Anzeichen richtet? Warum sollte ein Individuum nicht statt dessen Fortschritte machen aufgrund der Annahme, daß andere ihm intern zumindest in wesentlicher Hinsicht gleichen? Das Handeln aufgrund dieser Annahme mag sich auf die externe Erscheinung der anderen gründen, sie beruht jedoch auf der internen Struktur des Handelnden und dem Charakter seiner internen Ereignisse. Genetische Determination und interne Empfindungen können eine Rolle spielen. Um mit letztgenanntem zu beginnen: Nehmen wir nicht alle an, um nur ein Beispiel anzuführen, daß irgend jemand anderes genau so Magenschmerzen erlebt wie wir? Wenn dies richtig ist, dann können Leute angesichts eines schreienden Babys sehr wohl aufgrund der Annahme handeln, daß es Magenschmerzen hat. Sicherheit, daß das Baby wirklich Magenschmerzen hat, ist nicht erforderlich, hohe Wahrscheinlichkeit der Annahme ist hinreichend. Introspektion ist eine Grundlage für bestimmte Schlüsse über mögliche Zustände in anderen Organismen.

Es ist verständlich, daß Philosophen den Weg in eine nebulöse Ideenwelt so früh wie möglich abblocken wollen, es ist jedoch sehr zweifelhaft, ob dieser Versuch der normalen Praxis der Menschen entspricht. Ist es ferner wahr, daß der neuronale Verlauf von Nervenbahnen idiosynkratisch ist? Die Neurophysiologie macht gerade Fortschritte aufgrund der Annahme, daß zumindest bestimmte allgemeine Muster und Konfigurationen überhaupt nicht idiosynkratisch sind. Nein, die behavioristische Position ist nicht so gut etabliert, wie oft angenommen wird. Versuche, »tief in den Kopf der Versuchsperson zu schauen« – um Quines Worte aufzugreifen – mögen noch immer lohnend und gerechtfertigt sein, sogar wichtig. Daher glauben einige Linguisten, daß sie nicht nur die Menge der wohlgeformten Ausdrücke der Sprache zu definieren und diesen Ausdrücken Strukturen und Bedeutungen zuzuweisen haben. Sie meinen vielmehr, daß ihre Beschreibungen darüber hinaus zur Beschreibung der internen Struktur und der internen Prozesse des Organismus beitragen sollten, die es dem Organismus ermöglichen, diese Aufgabe zu beherrschen. Für viele Linguisten besteht der einfachste Weg, dieser Forderung nachzukommen, darin, dem Organismus die Kompetenz für die Strukturen zuzuschreiben, die von der Theorie erfaßt werden. Dies involviert, daß man dem Organismus die Strukturen zuschreibt, die durch die Theorie bestimmt sind (z.B. die Strukturen von Konstituenten und Transformationen, Bedeutungen, Sprechakten usw., die den Ausdrücken korrelieren). Der Organismus ›hat‹ diese Strukturen in dem Sinne, daß er eine Kompetenz für sie besitzt, das heißt, daß er bestimmte psychische Mechanismen besitzt, bei deren Anwendung die in den linguistischen Überlegungen[1] eingeführten Strukturen eine bestimmte Rolle spielen. Eine derartige Zuschreibung einer Kompetenz spezifiziert jedoch nicht den Charakter des psychischen Mechanismus. Die Beziehung zwischen sprachlichen Strukturen und psychischen Mechanismen wird immer noch zu sehr durch die Diskussion des Begriffspaars Kompetenz und Performanz bestimmt. Ich glaube nicht, daß diese Unterscheidung im gegenwärtigen Kontext nützlich ist. Ich habe dazu zwei Argumente, ein praktisches und ein theoretisches.

Vor einigen Jahren nahm ich an einem Kolloquium mit Kollegen aus anderen Disziplinen teil, die sich ebenfalls mit Sprache befaßten. Der Psycholinguist vertrat die Auffassung, daß wir uns auf die Analyse und Beschreibung von Sprachen eines psychologisch konkreten Typs einigen sollten und die Unterscheidung zwischen einer mehr oder weniger formalen Beschreibung der Kompetenz und einer Beschreibung der Performanz aufgeben sollten. Ich argumentierte vom Standpunkt der Arbeitsteilung: Wir sollten zunächst die Regelmäßigkeiten der Sprachen kennen – dies ist die Aufgabe des Linguisten und des analytischen Philosophen; in einem zweiten Schritt sollten wir dann herausfinden, wie diese Regelmäßigkeiten durch den Organismus zustande gebracht wurden. Ich hatte hierbei vorausgesetzt, daß für diesen zweiten Schritt die Zusammenarbeit mit anderen Disziplinen erforderlich sei.

Inzwischen habe ich meine Meinung geändert. Da wir die konkreten Prozesse in jedem Fall zu berücksichtigen haben, können wir uns ihnen ebensogut direkt zuwenden. Dies entscheidet noch nicht die Frage, ob wir zwischen Kompetenz und Performanz zu unterscheiden haben, es kann jedoch eine Grundlage für die Diskussion sein, worin die Unterscheidung wirklich besteht.

Lassen Sie uns zum theoretischen Argument kommen. Wenn unser Problem rekursiv ist, dann haben wir es als konstruktiv und daher als prozedural oder zumindest als konstruktiv definiert zu betrachten. Wir benötigen daher in jedem Fall einen Mechanismus für die Auflistung der Strukturen oder Zuweisungen, die wir bestimmen wollen. Aus der allgemeinen Theorie der rekursiven Verfahren ist bekannt, daß es eine ziemliche Anzahl von Verfahren gibt, die prozedural unterschiedlich, formal jedoch äquivalent sind. Warum sollen wir also das angemessene Verfahren nicht nach Kriterien auswählen, die auf internen Prozeduren des Organismus beruhen, der über die definierten Strukturen verfügt?

Lassen Sie mich davon ausgehen, daß Sie diese Folgerung zumindest im Rahmen dieser Argumentation teilen. Wir haben es dann damit zu tun, »tief in den Kopf einer Versuchsperson zu schauen«. Man muß sich allerdings klar darüber sein, wonach man sucht. Betrachten wir die Position des logischen Rekonstruktivisten; er könnte in seiner Beschreibung sagen, daß er seine eigenen internen Prozesse in den rationaleren Phasen seines Lebens wiedergibt. Solch eine Person würde nach Belegen für die Strukturen, Intuitionen für Sprachakte und dergleichen suchen.

Dies ist meines Erachtens jedoch nicht die fruchtbarste Untersuchungsrichtung, da wir selbst in unseren rationalsten Momenten viele Eigenschaften verwenden, denen wir uns nicht bewußt zuwenden. Es ist daher schwierig, ein einigermaßen klares Bild von ihnen zu bekommen. Man sollte vielmehr nach der allgemeinen internen Struktur suchen und nach den Verarbeitungseigenschaften in den Organismen, die die allgemeine Form der prozeduralen Grammatik bestimmen, und zwar alternativ zur Definition einer nur strukturorientierten Universalgrammatik. In der Tat, wir sollten, falls dies nötig ist, bereit sein, unsere gut etablierten Methoden für die rekursive Beschreibung zu ändern und unsere Resultate in andere grammatische Formate, semantische und pragmatische, zu übersetzen. Dabei sollten sich die verschiedenen Disziplinen, die sich mit der Beschreibung der Sprache und des Sprachgebrauchs befassen, auf gemeinsame Formate als geeigneten Schnittpunkt einigen.

Es gibt offenbar zwei analytische Wege, »jemanden in den Kopf zu schauen«, die mit *der internen Struktur sowie den Verarbeitungen der Organismen* zu tun haben. Der erste ist die Hirnphysiologie, der zweite die Introspektion. Die Neurophysiologie des Gehirns gilt als theoriebeladen; Philosophen sind deswegen skeptisch, Linguisten sind dagegen bereit, ihre Ergebnisse zu berücksichtigen.

Es besteht jedoch weniger Bereitschaft, die Introspektion zu akzeptieren; vielleicht machen Urteile über die Ähnlichkeit von Ausdrücken, die Akzeptierbarkeit von Ausdrücken oder den Gebrauch von Ausdrücken eine Ausnahme. Die Ausschaltung der Introspektion ist jedoch weder gerechtfertigt noch fruchtbar. Wenn sie sorgfältig angewandt wird, sollte die Introspektion beteiligt werden.

Dies ist die These, die ich in diesem Aufsatz verteidigen möchte; ich werde versuchen, die Argumente für den Ausschluß der Introspektion zurückzuweisen, und einige positive Ergebnisse diskutieren.

Ich werde zu zeigen versuchen, daß phänomenologische Analysen und konstruktive physikalische und physiologische Analysen, die sich mit der Struktur des zugrundeliegenden sprachlichen Verhaltens befassen, sowie strukturale Analysen ihre analytischen Resultate in dasselbe Modell integrieren können. Anders ausgedrückt, sie können sehr wohl zusammenarbeiten. Da es jedoch in philosophischen und linguistischen Kreisen noch immer eine starke Voreingenommenheit gegenüber der Introspektion und vielleicht auch gegenüber der phänomenologischen Analyse gibt, werde ich vom phänomenologischen Standpunkt der *Modellperspektive* aus argumentieren.

Lassen Sie mich den Kern meiner Argumentation für die phänomenologische Introspektion in sechs Punkten zusammenfassen:

1. Die Argumente des Behaviorismus und Strukturalismus gegen die Introspektion sind nicht schlüssig. Im Gegenteil, einige der wichtigsten Ergebnisse des wissenschaftlichen Denkens unseres Jahrhunderts basieren auf Introspektion, und zwar folgendermaßen:
2. Eine sorgfältige Introspektion hat zur Analyse menschlicher Computationsprozesse beigetragen, die in den von Turing und Post entwickelten Regelsystemen resultierte und die Chomsky bei der Formulierung von Formaten für die Beschreibung von Grammatiken verwendete.
3. Die einfache Übertragung der so entstandenen Regelsysteme auf unbewußte Prozesse, wie etwa Syntaxverarbeitung, ist nicht angemessen und hat zu Mißverständnissen geführt. Eine sorgfältige Introspektion sollte statt dessen in Verbindung mit anderen experimentellen und begrifflichen Methoden auch zu einer adäquaten Beschreibung des Sprachgebrauchs verwendet werden.
4. Die Introspektion kann verwendet werden, um bestimmte Vorschläge zur grammatischen Beschreibung als mögliche Kandidaten für prozedurale Ansätze zu eliminieren und Hinweise zur Form möglicher Kandidaten zu geben.
5. Introspektion kann Hinweise darauf geben, welchen Charakter eine angemessene begriffliche Grundlage der Semantik hat, zumal in bezug auf den Begriff der Zeit und verwandte Begriffe.
6. Die Ergebnisse der Untersuchungen zur Funktion der Bilder und der Einbildungskraft im Prozeß des sprachlichen Verstehens vermag ich noch nicht sicher einzuschätzen, doch scheint die Forschung in diesem Feld vielversprechend zu sein.

Um meine Position zu verdeutlichen, werde ich mit der Diskussion der Argumente gegen die Introspektion beginnen, die von solchen Behavioristen und Generativisten vorgebracht wurden, die beanspruchen, die interne Struktur des Menschen zu erklären.[2] In Verbindung mit dieser Diskussion werde ich die ersten beiden der eben erwähnten Argumente behandeln. Im dritten Abschnitt werde ich kurz introspektive Belege für die Struktur des Beschreibungssystems diskutieren, die kybernetischen Beschreibungen des menschlichen Gehirns entspricht.

Die Fruchtbarkeit dieser Beschreibungsart für die Analyse der begrifflichen Grundlage der Semantik ist andernorts[3] dargestellt worden und wird im weiteren Verlauf der Forschung deutlich werden.
Die Argumente des vorliegenden Aufsatzes werden ferner sowohl durch die Analysen der phänomenologischen Forschung wie durch Wittgensteins Ideen zur Zeit gestützt.

Behavioristische und generativistische Argumente gegen die Introspektion

Ich werde zunächst diskutieren, ob die von Behavioristen oder Generativisten vorgetragenen Argumente, die auch die von einer sorgfältigen phänomenologischen Analyse geleitete Introspektion ausschließen sollen, schlüssig sind.
Während der letzten zwanzig oder dreißig Jahre hat W. V. Quine einen heroischen Versuch unternommen, einen genauen Umriß der behavioristischen Erklärung der Interaktion von Beobachtung und begrifflichem Schema zu geben, in dem er sich auf die Bedingungen unserer Umgebung stützte. Er widmete sich dem folgenden Problem: Wie kann man die Wege beschreiben, »wie der Mensch von den beschränkten Eindrücken seiner Sinnesorgane zu dieser Wissenschaft kommt« (Quine 1974, 17), indem man allein von wissenschaftlichen Methoden und Theorien Gebrauch macht. Bei der Behandlung dieses Problems hält Quine insbesondere eine Diskussion der Frage für erforderlich, wie das menschliche Tier das *begriffliche Schema der Alltagssprache* als eine Basis für die Wissenschaft projektieren konnte. Er ist der Ansicht, daß die behavioristische Wissenschaftstheorie mit der wissenschaftlichen Analyse der Welt im allgemeinen übereinstimmt, und zwar im Unterschied zur Introspektion sowie zu der alten Wissenschaftstheorie, die auf Sinnesempfindungen beruht, oder der neuen, die auf dem *Gestalt*begriff aufbaut (Quine 1974, § 1).
Bei der Ausführung seines Programms verwendet er unbefangen Ausdrücke wie ›Wahrnehmung‹, ›wahrnehmungsmäßige Ähnlichkeit‹, ›Induktion‹, ›Erwartung‹ usw. Hierauf reflektierend bekennt er, daß »einem die mentalistische Redeweise auf der Zunge liegt« (31) und daß dies sogar für ihn gilt. Liberaler als in seinen

früheren Werken gesteht er zu, daß »der Mentalismus ... ein nützliches Anregungsmittel ist. Wie andere Anregungsmittel sollte er mit Vorsicht gebraucht werden.« Er fährt jedoch fort: »Gegen mentale Entitäten ist nichts einzuwenden, wenn sie als hypothetische physikalische Mechanismen aufgefaßt und mit dem einzigen Zweck der Systematisierung physikalischer Erklärung eingeführt werden« (31).

Sehr gut! Stellen wir uns einen Wissenschaftler vor, der einen Automaten mit Hilfe einer der Versionen der Automatentheorie konstruiert, um sein sprachliches Verhalten zu erklären. Folgt er dann dem Rat Quines oder nicht? Es gibt sicherlich einen Sinn des Wortes ›Mechanismus‹, in dem der Wissenschaftler einen Mechanismus konstruiert, wenn er einen Automaten beschreibt. Doch ist dies ein physikalischer Mechanismus? Er wird dies nur, wenn die prozeduralen Beschreibungen durch eine geeignete Verdrahtung des Netzwerks oder durch eine Programmierung eines verdrahteten Mechanismus interpretiert – oder vielmehr: implementiert – wird.

Doch ist der Ausdruck ›physikalisch‹ im Rat Quines wirklich erforderlich? Können wir nicht einfach sagen, daß mentale Entitäten einwandfrei sind, wenn man sie als hypothetische Prozesse oder Prozeßstrukturen begreift und mit einer Sichtweise verbindet, die sich streng an der Systematisierung der Phänomene orientiert? Mit dieser Formulierung lassen wir es offen, ob die Prozeßstrukturen durch physikalische Mechanismen instantiiert werden oder durch introspektiv verifizierte experimentelle Prozesse oder durch beides.

Indem wir diese neutrale Position aufgreifen, werden wir behavioristische und physikalistische Ansätze eher nach ihrem strukturalen Inhalt beurteilen müssen als nach der Betonung ihres physikalistischen Credos. Eine erste Gelegenheit für eine kritische Untersuchung findet sich bei der Diskussion der peripheren Information, dem Eckpfeiler des Behaviorismus. Quine ist genötigt, eine Unterscheidung zwischen der Reizung der Rezeptoren eines Organismus und dem Gewahrwerden dieser Reizung zuzugeben. Die erste wird von Quine als Rezeption, die zweite als Wahrnehmung charakterisiert. Aber, so wird zumindest behauptet, »auch die Wahrnehmung ist bei allen ihren mentalistischen Anklängen Verhaltenskriterien zugänglich. Sie zeigt sich in der Konditionierung von Reaktionen«. Quine veranschaulicht dies so:

> Stellen wir uns ein Tier vor einem Bildschirm und einem Hebel vor. Es finde heraus, daß das Drücken des Hebels einen Futterbissen bringt, wenn auf dem Schirm eine kreisförmige Linie erscheint, jedoch einen elektrischen Schlag, wenn vier halbkreisförmig angeordnete Punkte zu sehen sind. Dann zeige man ihm die gleichen vier Punkte, angeordnet wie zuvor, aber ergänzt um drei weitere, die den anderen Halbkreis andeuten. Wenn das Tier den Hebel drückt, so kann man sagen, es habe die Kreisgestalt und nicht die einzelnen Punkte wahrgenommen. (Quine 1974, 18)

Was ist die Grundlage für eine derartige Beschreibung der Wahrnehmung? Wenn ich mich an die Stelle des Tieres versetze, dann würde ich nicht sagen, daß ich eine Kreis*gestalt* wahrnehme, sondern daß ich einfach versuche das zu tun, was am besten einen weiteren Schlag zu vermeiden hilft. Es ist der behavioristische *Analytiker* (!), der meine Reaktion als *Gestalt*wahrnehmung beschreibt. Ich sehe jedoch keinen Rechtfertigungsgrund für diese Behauptung. Zwar mögen wir dieses Ergebnis in Fällen akzeptieren, wo dies wissenschaftlich gleichgültig ist, d. h. in Fällen, wo unser einziges Ziel darin besteht, sichtbares Verhalten zu bestimmen (wie in vielen Experimenten mit Tieren oder sogar mit Aphatikern, kleinen Kindern oder anderen Organismen, die wir als unähnlich mit uns erleben). Wir sollten jedoch das, was wir bei der Interpretation unserer Ergebnisse taten, um es unseren philosophischen Zwecken anzupassen, nicht verdunkeln. Entweder wir sollten bei der Interpretation bleiben, daß wir, die Analytiker (!), die Ergebnisse so klassifiziert haben, wie es unseren deskriptiven Zwecken am angemessensten war, oder wir können dem Tier so etwas wie Wahrnehmung zuschreiben. Im zweiten Fall haben wir jedoch zuzugestehen, daß die Grundlage für diese Zuschreibung unsere eigene Wahrnehmung ist, der wir in einem bestimmten Sinne bewußt sind. Nein, Quine zeigt in seiner Bemerkung nicht, daß das Gewahrwerden und die Introspektion im strengen Sinne aus der Diskussion über das Wahrnehmen und Lernen eliminiert werden können. In diesem Sinne ist es sehr wohl möglich, daß das »abwegige Bestehen« einiger Leute auf der Inanspruchnahme der Introspektion beim Theoretisieren über Wörter, das von Quine so sehr beklagt wird, unvermeidlich ist; dann nämlich, wenn der Analytiker keine Artefakte, sondern Tatsachen untersuchen will.

Wenden wir uns nun den Generativisten zu. Da Chomsky und die generativen Grammatiker die behavioristische Wissenschaftstheorie nicht teilen – ganz im Gegenteil –, beziehen sie ihre Erklärungen nicht empirisch auf Experimente bestimmter Leute – außer bei Urteilen über die Akzeptanz von Sätzen. Ihre Erklärungen sind vielmehr durch Strukturbedingungen bestimmt, wie etwa Grundannahmen, die generative Transformationsgrammatiken betreffen, von denen behauptet wird, daß sie sich aus der Genetik und Biologie, aber nicht direkt aus dem internen Erlebnis herleiten lassen.

Verfolgen wir einige der Argumente Chomskys. »Stellen wir uns einen Wissenschaftler vor, im folgenden W genannt, der unbelastet von der ideologischen Fracht sei, die Teil unserer geistigen Tradition ist, und so vorbereitet ist, Menschen als natürliche Organismen zu studieren« (Chomsky 1976a, 282). Ganz im Sinne dieses Vorschlages begrüßt er an anderer Stelle (1976b, 2) die Absicht Lennebergs, »das Studium der Sprache ähnlich dem der Naturwissenschaften zu betrachten«. »So betrachtet ist die Linguistik das abstrakte Studium bestimmter Mechanismen, ihres Wachstums und ihrer Reifung. Wir können den postulierten Strukturen der Anfangs-, Zwischen- und Dauerstadien Existenz in derselben Weise zuschreiben wie einem Programm, von dem wir glauben, daß es irgendwie in einem Computer realisiert ist« (1976b, 3). Es ist daher offensichtlich, daß Chomsky und Quine sich in diesem Punkt kaum unterscheiden; der Hauptpunkt ihres Streits liegt anderswo.

In diesem Kontext greift Chomsky die Frage nach der »psychologischen Realität« linguistischer Konstruktionen auf. Er ist sich nicht ganz darüber im klaren, daß die Angriffe aus wenigstens zwei verschiedenen Richtungen kommen. Aus einer Richtung kommt die Behauptung, daß psychologische Tests einen höheren Grad an »psychologischer Realität« belegen als gewöhnliche linguistische Betrachtungen von Urteilen, die Sätze betreffen. Chomsky hat es hier relativ einfach. »Ich gehe davon aus, daß die zur Diskussion stehende Frage lautet, ob es legitim ist, dem ›Apparat‹, dessen Eigenschaften durch eine bestimmte Grammatik oder durch die Universalgrammatik angegeben sind, ›Existenz zuzuschreiben‹« (1976b, 4). Bei der Diskussion dieser Frage stellt sich heraus, daß wir allenfalls überzeugende Argumente der einen oder anderen Art haben; als überzeugende Argumente machen sie Behauptungen jedoch nicht realer, sondern erhöhen allenfalls ihren Beitrag zu besser fundierten Theorien. Dies ist richtig.

Anders verhält es sich, wie ich meine, mit dem Angriff aus der anderen Richtung. Hier beziehen sich die Angriffe auf die Frage, »ob die kognitiven Strukturen, die W [der Wissenschaftler] dem Organismus zuschreibt, eine Art Meinung oder Wissen konstituieren« (1976a, 302). Chomsky faßt das Problem folgendermaßen: »Ich nehme an, eine Sprache zu kennen, heißt in einem gewissen Zustand zu sein, der als eine relativ beständige Komponente von transitorischen Zuständen fortdauert. Von welcher Art ist dieser mentale Zustand? Ich nehme weiter an, in einem solchen mentalen Zustand zu sein, heißt über eine bestimmte mentale Struktur zu verfügen...« (1980, 54). Bis hierher bin ich vollkommen mit ihm einverstanden. Im weiteren Verlauf des Satzes wird Chomsky meines Erachtens jedoch spezifischer und problematischer, wenn er sagt, daß eine mentale Struktur »aus einem System von Regeln und Prinzipien besteht, das eine endliche Repräsentation dieser Strukturen ist«. Er sagt, daß der Wissenschaftler W bei der Beschreibung des mentalen Zustands eines Subjekts »... auf die postulierte kognitive Struktur als ein ›System von Meinungen‹ Bezug nehmen kann sowie auf die postulierte endliche Repräsentation [der kognitiven Struktur] als der ›Axiomatisierung‹ seines Systems von Meinungen. Die Axiomatisierung und viele der von ihr implizierten Meinungen werden zweifellos unbewußt und der Introspektion nicht zugänglich sein« (1976b, 302f.). Dies ist im gegenwärtigen Kontext wichtig. Im einzelnen schreibt Chomsky: »Was gewußt ist [im Sinne bewußten ›Wissens von‹], wird ziemlich schlecht definiert und vielleicht ein zerstreuter und chaotischer Unterbereich der [zugeschriebenen] kohärenten und wichtigen Systeme und Strukturen sein« (1976b, 304). Ich stimme mit ihm darin überein, daß die jeweiligen Meinungen schlecht definiert sind, wenn man sie isoliert betrachtet, und daß eine Axiomatisierung der Introspektion nicht zugänglich ist.
Dies negative Ergebnis hinsichtlich der Funktion der Introspektion ist jedoch teilweise darauf zurückzuführen, wie Chomsky das Problem formuliert. Selbst wenn man das System der Regeln und Prinzipien akzeptiert, das in der Theorie der generativen Grammatik als eine Methode der Axiomatisierung[5] verwendet wird, muß man gleichwohl anerkennen, daß ein Regelsystem nur eine mögliche Version einer rekursiven Definition darstellt. Es gibt eine Reihe anderer Versionen einer solchen Definition, die in ihrer analytischen Kraft äquivalent sind, wie etwa Turingmaschi-

nen, rekursive Funktionen und wachsende Automatennetzwerke.[6] Die Entscheidung für die Aufnahme eines dieser Systeme sollte daher durch Eigenschaften motiviert sein, die für die Beschreibung relevant sind. Chomsky hat dies in dem Sinne getan, daß er klar gemacht hat, daß Konstituentenstrukturen und Transformationen von Konstituentenstrukturen am engsten mit Regelsystemen verwandt sind. Ich meine jedoch gezeigt zu haben, daß Konstituentenstrukturen genausogut, oder vielleicht sogar überzeugender, wachsenden Automatennetzwerken zugeschrieben werden können.[7]

Darüber hinaus haben wir außer den Alternativen unter den Arten rekursiver Definitionen eine zusätzliche Offenheit in unserem Beschreibungssystem. Darauf weist das bekannte Ergebnis der allgemeinen Automatentheorie hin, daß eine gegebene Aufgabe (Input-Output-Bedingung) durch prozedural ganz unterschiedliche Systeme realisiert sein kann, selbst wenn die Systeme auf dieselbe Art rekursiver Definition beschränkt sind. Um aus den verschiedenen Alternativen eine auszuwählen, haben wir wieder nach zusätzlichen Eigenschaften der Sprachverarbeitung zu suchen, die deskriptiv relevant sind.

In bezug auf die verfügbare Evidenz trifft Chomsky die falsche Entscheidung. Mein Argument beruht hauptsächlich auf introspektiver Evidenz. Es besteht aus drei Teilen. Ich werde zunächst für die Introspektion bei sprachlichen Verstehensprozessen im allgemeinen und bei syntaktischen Prozessen im besonderen argumentieren. Ich werde zweitens zeigen, daß Regelsysteme, wie etwa das von Chomsky angenommene, auf einer Analyse *bewußter* Rechenprozesse beruhen, die durch Introspektion begründet ist, während syntaktische Verarbeitung und gewöhnliche semantische Verarbeitung nicht von diesem Typ sind. Ich werde drittens zeigen, daß dynamische Netzwerkdarstellungen für die syntaktische Verarbeitung sorgen könnten.

Neben diesen Argumenten, die hauptsächlich auf die Syntax beschränkt sind, werde ich zur Diskussion von allgemeinen phänomenologischen Belegen übergehen, die zum Begriff eines Systems führen, das aus zwei interagierenden Untersystemen besteht. Im Schlußabschnitt werde ich die Struktur eines solchen Systems diskutieren.

Formulieren wir noch einmal das Problem. Man stelle sich vor, daß eine bestimmte Aufgabe gegeben ist, wie etwa die Definition einer Klasse oder von Klassen von Ausdrücken, für jede syntaktische Kategorie eine, oder die Definition von Ausdrucksstrukturen. Wir nehmen an, daß die Klassen oder Zuweisungen rekursiv aufzählbar sind. Es ist allgemein bekannt, daß verschiedene Methoden rekursiver Beschreibungen für diesen Zweck verwendet werden können. Sie sind äquivalent, wenn man sie nur in bezug auf den jeweiligen Zweck betrachtet. Wenn es jedoch neben der Aufgabe auch Belege zur Art und Struktur der Prozeduren gibt, die tatsächlich vom Organismus bei der Lösung der Aufgabe befolgt werden, können wir diese Belege ebenfalls berücksichtigen und mit ihrer Hilfe einige Alternativen aussondern.

Wie bereits angedeutet, kann die Neurophysiologie einige Hinweise geben, insofern nämlich, als die in dieser Aufgabe involvierten Gehirnprozesse parallele Prozesse von sich entladenden Neuronen sind, die durch die Eigenschaften der Neuronen und der Verbindungen – der ›Verdrahtung‹ – zwischen den Neuronen bestimmt sind. Dies könnte uns veranlassen, Netzwerke bei der Beschreibung der Lösungsprozesse der gegebenen Aufgabe zu verwenden, die formal solchen neuronalen Netzwerken entsprechen, anstatt einfach Regelsysteme für die Ersetzung und Veränderung von Symbolen zu verwenden, für deren Realität wir keine neurophysiologische Evidenz haben.

Es kann uns jedoch nichts davon abhalten, auch die andere Möglichkeit zu nutzen, in unsere Köpfe zu sehen, und zwar Introspektion. Wir sollten diese Quelle tatsächlich nutzen. Die schlichte Vernachlässigung dieser Möglichkeit führt uns zu einem Problem, das ich als mein persönliches Problem betrachte, obwohl es sich auch jedem anderen stellen kann. Es handelt sich um das folgende Problem: zumindest einige Behauptungen zur Syntax und Semantik des Deutschen beanspruchen, auf *meinen* Gebrauch *meiner* Sprache anwendbar zu sein – und nicht nur auf den Sprachgebrauch anderer Leute. Nehmen wir an, daß es einen wesentlichen Unterschied zwischen dem gibt, was die Behauptungen mir zuschreiben, und dem, was ich erlebe. Es scheint mir klar zu sein, daß die Behauptungen zum Gebrauch meiner Sprache mir auch erklären sollten, was in mir vorgeht, wenn bean-

sprucht wird, daß es eben dies ist, was beschrieben wird. Die Behauptungen sollten mit meinen Erlebnissen übereinstimmen oder sie sollten den Unterschied erklären, sonst bin ich nicht damit zufrieden. Ich finde, es wäre methodologisch seltsam, wenn alle anderen mit der Erklärung meines Sprachgebrauchs zufrieden sind, ich aber keine Übereinstimmung finde zwischen dem, was behauptet wird, und dem, was ich erlebe.
Man wird vielleicht entgegnen, daß es ratsam sei, sich nicht zu sehr um die eigenen Erlebnisse zu kümmern, wenn man versucht, Erklärungen aufzustellen, die allgemein anwendbar sein sollen. Wenn wir uns z.B. für die Form menschlicher Nasen interessieren, dann ist es nicht erforderlich, daß meine normale Erfahrung meiner Nase direkt mit diesen Beschreibungen übereinstimmt.
Sehr gut! Doch ist es nicht trotzdem gerechtfertigt, nach einer Erklärung der Tatsache zu fragen, daß ich normalerweise meine eigene Nase nicht mit dieser allgemeinen Form erfahre?
Die Analogie mit der Nase ist nicht direkt auf die Linguistik anwendbar. Im Falle der Nase *sehe* ich, daß die allgemeine Beschreibung auf die Nasen anderer Leute zutrifft und daß ich meine eigene Nase unter bestimmten Umständen – wenn ich mich im Spiegel betrachte – mit derselben allgemeinen Form sehen kann.
In der Linguistik ist dies anders. Bei dem Überdenken einer Reihe von Behauptungen zur Syntax und Semantik kam ich zu dem Ergebnis, daß ich keine einfache Übereinstimmung mit meinem eigenen Sprachgebrauch finden kann. Erste Zweifel kamen mir bereits bei der Betrachtung der Argumente zur Beherrschung sprachlicher Strukturen. Das Problem wurde jedoch unvermeidbar bei der Analyse der Tempora und der Zeit, die wir in der linguistischen und logischen Analyse der Sprache finden können.
Ich kam zu dem Ergebnis, daß ich keine Übereinstimmung mit meinem gewöhnlichen Sprachgebrauch finde, und habe den Verdacht, daß andere Leute vielleicht nur *überredet* wurden, den bisherigen Erklärungen zu glauben; bei genauerer Introspektion werden sie eventuell ähnlich skeptisch wie ich. Da wir die syntaktischen oder semantischen Strukturen nicht so sehen wie offenbar die Nasen anderer Leute, nehme ich an, daß wir nicht um die Folgerung herumkommen, daß jeder, der eine der von der Linguistik beschriebenen Sprachen beherrscht, durch die Beschreibung herausgefordert ist, die Legitimität dieser Behauptung im Hinblick auf eigene Erlebnisse zu beurteilen.

Ich gebe zu, daß diese Beurteilung mit der erforderlichen Sorgfalt unternommen werden muß. Mit der Introspektion sind zweifellos Gefahren verbunden. Es gibt ferner Hinweise darauf, wo Ergebnisse der Introspektion mit Erfolg angewandt werden können und wo nicht. Es scheint mir ziemlich klar und von vielen Argumenten gegen die Introspektion, wie etwa dem Argument gegen den sogenannten »Museumsmythos«[8], gestützt zu sein, daß introspektive Evidenz zur Bedeutung oder Struktur bestimmter Wörter und Sätze nicht verläßlich, diffus und manchmal durch Vorurteile beeinflußt ist. Der Angriff auf den Geist als eine Ansammlung mentaler Bilder, die für jeden linguistischen Ausdruck eins enthält, das der Introspektion zugänglich und durch Introspektion analysierbar ist, ist gerechtfertigt. Andererseits hat Chomsky recht, wenn er zu zeigen versucht, daß dies nicht die Aufstellung deskriptiver Einheiten, Strukturen, Bedingungen für das Paraphrasieren usw. ausschließt, wobei die Beherrschung solcher Strukturen Sprechern oder Hörern zugeschrieben werden kann. Doch wenn wir solche Informationen über Strukturen und Bedeutungen bestimmter sprachlicher Einheiten erhalten können, dann ist dies nur auf der Grundlage strukturaler Überlegungen möglich, wie sie von generativen Grammatikern und Strukturalisten im allgemeinen angewandt werden. Gleichgültig, ob solche Methoden akzeptiert oder zurückgewiesen werden, man stimmt darin überein, daß in diesem Bereich die Introspektion nicht hilfreich, sondern irreführend ist.
Ganz anders verhält es sich mit der Introspektion, wie ich meine, in bezug auf globale und prozedurale Evidenz, die die Form der Grammatik (einschließlich der Semantik) sowie bestimmte Grundelemente der Konzeptualisierung betrifft, die, wie etwa Raum und Zeit, zentral für die Semantik sind. Zudem ist es möglich, daß die Natur und die Funktion der Bilder im Prozeß des sprachlichen Verstehens durch sorgfältige introspektive Analyse weiter geklärt werden können. Kurz, die Introspektion betrifft vor allem grammatische Prozesse und die Funktion der hauptsächlichen Konzeptualisierung und Verbildlichung in der Semantik.
Es ist klar, daß eine sorgfältige Introspektion nicht einfach ist und daß sie Leitlinien folgen sollte, um Fallgruben zu vermeiden. Ich meine, daß man solche Leitlinien von Studien phänomenologischer Forschung bekommen kann, die eine Fülle von Falluntersuchungen enthalten.

Ich glaube nicht den Ansprüchen der phänomenologischen Analytiker, daß durch die Anwendung ihrer Methoden die Grundlage für die Wissenschaftstheorie gelegt werde, das heißt, daß die Phänomenologie eine Art erster Philosophie konstituiere, sehe jedoch keinen Grund, warum die Methoden, die von bestimmten Zweigen der Psychologie vorgeschlagen und entwikkelt wurden, nicht anwendbar sein sollten. Es scheint mir insbesondere ziemlich klar, daß das oben erwähnte persönliche Problem durch die Anwendung dieser Methoden beantwortet werden kann.

Das Plädoyer für die Introspektion, das ich oben skizziert habe, scheint eine Herausforderung für die moderne Linguistik zu sein, die versucht hat, eine Bezugnahme auf die internen Erlebnisse des Sprechers zu vermeiden. Es wird sich jedoch herausstellen, daß eine systematische Analyse in dieser Richtung gleichwohl zu einem friedlichen Miteinander von ›mechanistischen‹ und ›phänomenologischen‹ Ansätzen führt. Ich möchte kurz andeuten, wie dies verstanden werden kann.

Es wird von einem mechanistischen Standpunkt sehr wohl anerkannt, daß ganz unterschiedliche Mechanismen dasselbe Verhalten erklären können. Wir sind daher frei, nach zusätzlichen Kriterien zu suchen, die aus der Klasse der Mechanismen mit äquivalentem Verhalten eine Auswahl treffen. Solche Kriterien können sehr wohl aus der Introspektion stammen, warum nicht? Beginnt man andererseits mit der Introspektion, bemerken wir, daß unser Erlebnisstrom bestimmte globale Charakteristiken und Regelmäßigkeiten aufweist. Es ist daher recht befriedigend, von den deskriptiven Mitteln der Mechanismen Gebrauch zu machen, um diese Regelmäßigkeiten zu erklären. Schließlich war es bereits Spinoza, der, gefolgt von Leibniz, von einem *automaton spirituale* sprach.[9]

Die introspektive Analyse des Rechnens

Chomsky übernahm für seine Art der Grammatikbeschreibung das Regelsystem von Post, das dem von Turing ähnlich ist. Als Chomsky es übernahm, stimmte man vielfach darin überein, daß die formale Äquivalenz zwischen den verschiedenen Methoden rekursiver Definitionen hervorzuheben sei. Dies war nur möglich bei Vernachlässigung ihrer prozeduralen Aspekte. Die Situation änderte sich mit der Erfindung dieser Systeme. Turing und Post bemühten sich seinerzeit sehr darum zu zeigen, daß die Prozesse, die von einem menschlichen Rechner ausgeführt werden, tatsächlich durch die vorgeschlagenen Regelsysteme wiedergegeben werden können. Dies aber konnte nur mit Bezugnahme auf die Introspektion gezeigt werden.

In seinem ersten Artikel fragt Turing: »Was sind die möglichen Prozesse, die bei der Berechnung einer Zahl ausgeführt werden können?« (Turing 1936, 135). Er gesteht zu, daß »alle Argumente, die angeführt werden können, grundsätzlich Appelle an die Intuition sein müssen ...« Er beginnt mit der folgenden Beschreibung:

Man rechnet normalerweise so, daß bestimmte Symbole aufs Papier geschrieben werden[10] ... Ich nehme dann an, daß die Berechnung auf einem eindimensionalen Papier ausgeführt wird ... Das Verhalten des Rechners ist zu jedem Zeitpunkt durch die Symbole bestimmt, die er beobachtet, sowie seinen augenblicklichen ›Geisteszustand‹ ... Wir wollen uns vorstellen, daß die vom Rechner ausgeführten Operationen in ›einfache Operationen‹ aufgespalten werden, die so elementar sind, daß es nicht leicht ist, sie sich weiter zerlegt zu denken ... Die allgemeinste einfache Operation muß daher eine der folgenden sein:

(A) Eine mögliche Änderung (a) des Symbols zusammen mit einer möglichen Änderung des Geisteszustands.

(B) Eine mögliche Änderung (b) beobachteter Flächen zusammen mit einer möglichen Änderung des Geisteszustands ...

(Turing 1936, 135-137).

Der Rechenprozeß ist als solcher als eine Anwendungssequenz von einfachen Operationen (Regeln) beschrieben, die mentale Zustände involvieren. Ähnliches gilt für die im selben Jahr erschienene Beschreibung des Rechenprozesses durch Post:

Wir denken an ein *allgemeines Problem*, das aus einer Klasse *besonderer Probleme* besteht. Eine Lösung des allgemeinen Problems wird dann eine Antwort für jedes besondere Problem bieten.

In der folgenden Formulierung einer solchen Lösung sind zwei Begriffe involviert: der eines *Symbolraumes*, in dem die Arbeit, die vom Problem zur Antwort führt, getan wird, sowie der einer festen, nicht änderbaren *Steuerungsmenge*, die sowohl Operationen im Symbolraum steuert wie die Reihenfolge bestimmt, in der diese Operationen ausgeführt werden. (Post 1936, 289)

1950 schrieb Turing:

Der Leser muß es als eine Tatsache hinnehmen, daß Digitalrechner konstruiert werden können und auch konstruiert wurden, die im Einklang mit den beschriebenen Prinzipien stehen und tatsächlich in der Lage sind, die Tätigkeit eines menschlichen Rechners sehr genau nachzuahmen. (Turing 1950, 112)

Natürlich wurde von Turing und anderen gezeigt, daß ihre Beschreibung von dem, was berechenbar ist, mit der abstrakten Charakterisierung der Klasse der rekursiv aufzählbaren Funktionen äquivalent ist. Ihre Ergebnisse können daher auch in ihrem abstrakten Gehalt aufgefaßt werden, ohne die ursprüngliche Absicht zu berücksichtigen, den mental kontrollierten Rechenprozeß nachzubilden.

Chomsky hat immer darauf bestanden, daß der Inhalt des Regelsystems einer Grammatik in diesem abstrakten Sinn aufgefaßt werden solle. Er gibt sogar vor, nicht verstehen zu können, wie man sie in nichtabstrakter Weise als eine Simulation dessen, was im Gehirn vorgeht, auffassen könne.

Es war zu erwarten, daß dies eine Menge Verwirrung stiften würde, wenn man andererseits berücksichtigt, aus welchen Überlegungen die Regeln abgeleitet wurden, nämlich aus der *Introspektion der Rechenprozesse*, die durch sorgfältige Beobachtung auf seiten der rechnenden Person kontrolliert wird. Somit sind die Regelsysteme in der einen Betrachtung abstrakt, in der anderen nicht. Ist sie nicht abstrakt und involviert sie einen Kontrollprozeß, so ist die Aufmerksamkeit auf eine korrekte Anwendung der Regeln gerichtet; in dieser Weise gehorcht eine Person einer Regel.

Es ist heute sehr klar, daß die Anwendung der Regeln nicht nachbildet, was in einer sprechenden oder verstehenden Person vorgeht. Das Verstehen ist keine sequentielle Anwendung von Regeln. Wie wissen wir das? Natürlich durch Introspektion!

Chomsky versucht das daraus folgende Problem durch eine scharfe Unterscheidung zwischen Kompetenz und Performanz zu lösen. Nicht etwa, daß es keine Performanzregeln gäbe; doch die Regeln für die Kompetenz und die Performanz seien verschieden und – dies ist sehr wichtig – der deskriptive Status der Regeln sei verschieden. Für Chomsky haben die *Sequenz der Anwendung* der Regeln und die *Sequenzen* der Hilfssymbole, mit denen sie arbeiten – mit jeweils einem Symbol – überhaupt keinen deskriptiven Status. Warum? Weil ihre Interpretation zu falschen

Begriffen hinsichtlich der Frage führen würde, was bei den syntaktischen und semantischen Verarbeitungen vorgeht.
Wenn wir so also eine Vorstellung von der vor sich gehenden Verarbeitung bekommen, sollten wir sie bei einem Versuch benutzen, einen Prozeß zu konstruieren, der einige Eigenschaften *hat*, die vielleicht nachbilden, was tatsächlich vorgeht. Und wir wissen, daß eine große Klasse von Alternativen zu Regelsystemen zur Verfügung steht, die vielleicht für diese Vorstellung geeignet sind. In jedem Fall ist ein negatives Ergebnis ziemlich klar – und es ist sonderbar, daß Chomsky auf die hierauf bezüglichen Argumente nicht eingeht –, daß nämlich eine generative Grammatik keine Nachbildung interner Verarbeitungen ist. Ich stimme zu, es ist sehr viel schwieriger, zu positiven Einsichten zu gelangen, doch ich sehe kein klares Argument, das uns von dem Versuch abhalten könnte, die introspektive Grundlage dieses Problems genauso aufzuklären, wie es die Väter der Erklärung der Rechenprozesse mit dem Problem der bewußt kontrollierten Berechnung taten.
Ich fasse zusammen: Ich stimme mit Chomsky darin überein, daß »eine Sprache zu kennen heißt, in einem gewissen mentalen Zustand zu sein, der als eine relativ beständige Komponente von transitorischen Zuständen fortdauert; ... in einem solchen mentalen Zustand zu sein heißt, über eine bestimmte mentale Struktur zu verfügen ...« (Chomsky 1980, 54). Doch im Hinblick auf die verschiedenen deskriptiven Mittel der Beschreibung einer solchen Struktur sollten wir nach weiterer Evidenz Ausschau halten, aufgrund deren wir ein geeignetes System auswählen können. Chomskys Entscheidung, die Beschreibung auf Regeln und lineare Hilfsrepräsentationen (Ketten von Hilfssymbolen) zu beschränken, ist nicht gerechtfertigt und hat den Nachteil, daß wir explizit feststellen müssen, daß bestimmten prozeduralen und repräsentierenden Mitteln keine Interpretation gegeben werden sollte.
Ich werde nun die Struktur alternativer Vorschläge diskutieren, die sich von einer introspektiven Grundlage herleiten lassen.

Phänomenologie und Kybernetik – die Interaktion der Subsysteme

Eine Diskussion einiger primitiver Ergebnisse der phänomenologischen Analyse, die ich an anderer Stelle[11] geführt habe, führt uns zu den folgenden strukturalen Annahmen: Wir haben einerseits ein Feld von Erlebnisdaten, die eine permanente Modifikation (den Erlebnisstrom) durchlaufen, der durch immanente Strukturierungsbedingungen bestimmt ist, und wir haben andererseits einen ›Konzentrationspunkt‹ des Gewahrwerdens, der auf bestimmte Elemente im Feld der Erlebnisdaten (den Erlebnisstrom) gerichtet sein kann. Die Elemente in dem Feld können als Anzeichen für Gegenstände angesehen werden – beginnend mit diesen Anzeichen wendet sich das Gewahrwerden dem einen oder anderen Aspekt des jeweiligen Gegenstandes zu. Der Ausdruck ›Gegenstand‹ muß im weiten Sinne verstanden werden, der z. B. Ereignisse einschließt. Unter den Gegenstandsaspekten können wir auch sprachliche Ausdrücke einschließen, die zur Bezugnahme auf die Gegenstände oder zur Darstellung der Gegenstände (oder Ereignisse) verwendet werden können.

Die Bedingungen, die die Bewegung der Aufmerksamkeit auf ein neues Datum richten lassen, sind strukturale Faktoren im Erlebnisfeld, wie Ausgezeichnetheit einerseits und Auswahl der ausgezeichneten Daten im Erlebnisfeld andererseits. Diese Auswahl kann durch den Horizont des jeweiligen Gegenstands bestimmt sein oder, allgemeiner, durch ein bestimmtes *Thema*, unter dem er betrachtet wird. Doch wie bereits erwähnt wird dieses Datum, nachdem die Aufmerksamkeit sich auf einige neue Daten gerichtet hat, unmittelbar als eine Bestimmung eines Gegenstandes ›klassifiziert‹, d. h. als eine Bestimmung in einem System möglicher Bestimmung.

Es stellt sich dann heraus, daß die Wahrnehmung nach der phänomenologischen Analyse eine Interaktion zweier operativer Subsysteme ist: dem operativen System, das den Erlebnisstrom konstituiert, und dem System des Gewahrwerdens (als Aktivität des Ego dargestellt). Betrachtet man die prozeduralen Aspekte dieser beiden Subsysteme sowie ihre Interaktion, dann erkennt man, daß das erste Analogien zu einem operativen Netzwerk aufweist, wie es etwa in der Netzwerktheorie der Automaten[12] oder in neurophysiologischen Beschreibungen des Gehirns[13] betrachtet wird. Das zweite System wird gewöhnlich als Kern der bewußten Operation angesehen.

Dieses zweischichtige System ähnelt sehr dem Zugang, der u. a. von dem Neurophysiologen Eccles vorgeschlagen wird. Eccles wird zur Behauptung einer besonderen Interaktion zwischen Gehirn und Bewußtsein geführt, die er für nichtmaterial zu halten scheint. Ein solcher Schluß ist jedoch nicht notwendig. Wenn wir den Ergebnissen der Introspektion Turings folgen, können wir sehr wohl auch die Struktur der zweiten Ebene analysieren. Wir werden so dazu geführt, diese Schicht als einen programmkontrollierten Automaten, wie etwa eine Turingmaschine, zu beschreiben, da der programmkontrollierte Automat, wie bereits gezeigt, im Laufe einer Analyse der internen Prozesse entwickelt wurde, die streng unter der Kontrolle des Gewahrwerdens stehen. Das Turingschema ist eins der möglichen Schemata, die das Wesentliche der bewußten Operationen wiedergeben (bewußt im höchsten Grad des bewußten Gewahrwerdens). Andererseits scheint ein operatives Netzwerk mit seiner Vielfalt paralleler Informationsströme auf Prozesse bezogen zu sein, die niedrigere Grade des Bewußtseins oder Gewahrwerdens haben.

Dies führt natürlich zu der Frage, ob wir nicht die Sprache der allgemeinen Automatentheorie sowie die Programmierung als ein System kybernetischer Metaphern anwenden könnten und sollten, die geeignet sind, bestimmte Ergebnisse der phänomenologischen Analyse zu erfassen.

Natürlich kann man fragen, ob es lohnend und ratsam ist, die ursprüngliche Ausdrucksweise Husserls oder anderer phänomenologischer Analytiker durch kybernetische Metaphern zu ersetzen. Man beachte, daß die wesentlichen Aspekte der phänomenologischen Analyse nicht in einer Sprache mit gewöhnlicher Interpretation formuliert sind. Dies ist zu erwarten; da die Tatsachen der phänomenologischen Analyse nur auf der Grundlage einer *besonderen Reflexion* auf das, was in der Wahrnehmung vor sich geht, durchführbar sind, gibt es keine gewöhnlichen Ausdrücke mit gewöhnlicher Interpretation, die direkt die Ergebnisse dieser Reflexion wiedergeben. Die Anwendung von Metaphern ist daher unvermeidlich bei dem Versuch zu erklären, was vor sich geht. In dieser Situation ist es ziemlich zweifelhaft, daß Metaphern, die aus der Alltagssprache stammen, Vorrang vor Metaphern aus anderen Feldern haben. Wenn die Metapher aus dem anderen Feld reicher in ihrer Erklärungskraft und Präzision ist, dann kann sie sehr wohl der alltagssprachlichen Metapher vorgezogen werden, die immer in Gefahr ist, seichte Bekanntheit nahezulegen.

Da andererseits die kybernetische Metapher, versteht man sie als ontologisch und wissenschaftstheoretisch neutral, eine ehrwürdige Tradition hat – wie bereits oben angedeutet wurde (vgl. den Hinweis auf Spinoza und Leibniz) –, ist ihre rigorose Anwendung die Anstrengung wert.

Lassen Sie uns daher die Analogie zwischen den Ergebnissen der phänomenologischen Analyse und der kybernetischen Metapher – oder, um genauer zu sein, der Automaten- oder Algorithmentheorie – weiterverfolgen. Unser erster Eindruck legt den Gedanken nahe, daß die Ergebnisse der phänomenologischen Analyse vielleicht auf eine interessante Variante einer Turingmaschine hindeuten, und zwar einer Turingmaschine mit einem aktiven Band. Anstatt einfach ein Speicher zu sein, konstituiert das Band selbst einen Prozeß, ein operatives Netzwerk anstelle eines Speichers. Das ›Lesen‹ des ›Bandes‹ ist nicht nur durch den Kontrollautomaten der Turingmaschine bestimmt sowie die Einträge in dem Programmband – wie in gewöhnlichen Turingmaschinen –, sondern auch teilweise durch die Muster der sich fortwährend ändernden Daten des ›Bandes‹.

Anstelle dieses Typs eines zweifachen Systems können wir den Kopf und das Kontrollsystem der Turingmaschine auch durch ein Überschreibsystem ersetzen, das die Manipulation einiger Felder der Symbolkonfigurationen bestimmt, jedoch so, daß dieses Feld selbst die Möglichkeit der Veränderung hat.

Betrachtet man das System streng von einem formalen Standpunkt aus, dann ist es mit einem System zweier Turingmaschinen identisch, die gleichzeitig an demselben Band arbeiten. Der Unterschied besteht in ihrer prozeduralen Arbeitsweise. Ein System arbeitet parallel und wird nicht durch ein Kontrollzentrum (das durch ein Programm oder ein Regelsystem bestimmt wird) kontrolliert, sondern lediglich durch eine entsprechende Verdrahtung.

Dieses Modell eines operativen Zwei-Ebenen-Modells ist von dem Neurophysiologen J. W. Brown angegriffen worden (vgl. J. W. Brown 1976). Er stellt die Tatsache heraus, daß in psychoanalytischen Formulierungen »die Betonung gewöhnlich auf einem Zwei-Ebenen-System mit komplexen Interaktionsmechanismen liegt, die zwischen den Ebenen postuliert werden«. Er knüpft an eine Kritik an, die bereits von D. Rapaport vorgebracht wurde, der schreibt:

Wir haben keinen Grund theoretisch anzunehmen, daß diese [Bewußtsein, Unterbewußtsein] die beiden einzigen möglichen Bewußtseinsarten sind. Beobachtung und Erfahrung lassen vermuten, daß es eine Gruppe von Bewußtseinszuständen gibt, die zwischen halluzinatorischem Bewußtsein, das für den Traum charakteristisch ist, und wachem Bewußtsein angesiedelt ist ... (D. Rapaport 1961).

J. W. Brown plädiert dafür, das Bewußtsein als eine kognitive Form eines bestimmten Typs interner Prozesse anzusehen. Der Charakter dieser Bewußtseinsart ändert sich mit der phylogenetischen und ontogenetischen Entwicklung der Strukturen, die diese kognitive Form haben. Er verweist auf Sprachexperimente, bei denen die getestete Person nicht gewahr wird, welche Akte sie ausführt (wenn ›Gewahrwerden‹ im strengen Sinne verstanden wird), jedoch gleichwohl als etwas bewußt tuend angesehen wird. Dies geht offensichtlich in die gleiche Richtung wie Chomskys Argument, daß wir uns nicht genötigt fühlen sollten, den Ausdruck ›Kenntnis der Sprache‹ im strengen Sinne zu verstehen.
Wir können wohl mit Chomsky und Brown übereinstimmen, daß es Grade operativer Kontrolle gibt, die man bei Organismen mit einem Gehirn findet, die nicht leicht der Introspektion zugänglich sind. Ich bin jedoch davon überzeugt, daß diese kontrollierten Prozesse einige Eigenschaften aufweisen, wie etwa Parallelität der Operationen, die nicht charakteristisch für Verarbeitungen sind, bei denen Gewahrwerdung im strengen Sinne involviert ist. Diese Verarbeitungen sollten daher nicht, wie bei Chomsky, durch Prozesse dargestellt werden, die offensichtlich die Eigenschaften kontrollierter Operation und fokussierter Gewahrwerdung aufweisen, nämlich symbolmanipulierende Mechanismen.
Macht man dies, dann kann man allerdings, wie Chomsky, zu irrigen Folgerungen verleitet werden. Zu Beginn vertritt Chomsky eine generative Kompetenz der Sprecher der Alltagssprache, indem er darauf hinweist, daß die Wohlgeformtheit komplizierter Sätze für einen Muttersprachler *schwierig* zu beurteilen sei, doch wenn man ihm Papier und Bleistift gebe, falle ihm die Antwort nicht schwer. Dieses Argument geht von einer Ko-

härenz zwischen automatisierter Verarbeitung (z. B. im Verstehen der Alltagssprache) und bewußter Verarbeitung aus (z. B. in kontrollierter Papier-und-Bleistift-Operation). Introspektiv sind sie jedoch recht verschieden. Es ist richtig, daß bewußt kontrollierte Operationen automatisiert werden können, wenn sie oft angewandt werden. Die Tatsache, daß es einige Zeit braucht, zeigt jedoch, daß andere Wege der Verarbeitung eingerichtet werden. Der generative Charakter der Syntax kann durch solche Argumente nicht gestützt werden. Wie ich früher gezeigt habe[14], ist es sehr viel einfacher, die Bedeutung der Generativität in einem Informationsfluß-Modell für die Syntax zu verdeutlichen. Zu Browns Argumenten ist zu sagen, daß sie nicht zeigen, daß es eine Ebene bewußt kontrollierter Operationen im strengen Sinne nicht gibt, sondern lediglich, daß die anderen Ebenen der unbewußten Operationen an sich nicht einfach, sondern komplex sind und nach *Graden* des Bewußtseins in Ebenen eingebettet sein können.

Es stellt sich so heraus, daß der Begriff einer Turingmaschine mit einem aktiven Band oder, anders ausgedrückt, der Begriff eines operativen Systems mit zwei Schichten gerechtfertigt werden kann. Die beiden Systeme sind an den operativen Positionen verkoppelt, deren Aktivierungen entweder das Funktionieren der unbewußten Schicht des operativen Systems verursacht oder die Aufmerksamkeit des Kontrollkopfes des bewußten Systems erregt. Es ist dann offensichtlich, daß eine *›Position‹ in unserem operativen System mit zwei Schichten ein Punkt ist, dessen Aktivierung* – in manchen Fällen Nichtaktivierung – *die Aufmerksamkeit auf sich ziehen kann; das heißt, eine Position ist ein möglicher Fokus der Gewahrwerdung* durch introspektive Evidenz. Sie ist ein Fokus lediglich in dem Sinne, daß sie nicht automatisch die vollständige Information überträgt, nachdem die Gewahrwerdung erregt ist, die mit dem Fokus verbunden ist. Die Gewahrwerdung hat im Gegenteil die im Fokus der Gewahrwerdung enthaltenen Informationen zu untersuchen, um den ›Inhalt‹ des Fokus freizulegen. Die ›Bedeutung‹ eines Elements (Punkts) ist, wie in der strukturalen Analyse, seine Beziehung zu anderen Elementen.

Die Betrachtung der prozeduralen Eigenschaften der Grundschicht der operationalen Beschreibung führt uns so auf das formale System, das im folgenden Abschnitt dargestellt ist.

Ein operatives Netzwerk kann formal als ein topologischer Raum mit zwei Mengen möglicher Bewertungen definiert werden, wobei die erste den augenblicklichen lokalen Zustand und die zweite die lokalen operativen Eigenschaften jedes Punktes definiert.
Introspektive Berichte über die Mannigfaltigkeit und Komplexität interner Verarbeitungen werden manchmal durch die Metapher eines Ozeans voll glitzernder Punkte ausgedrückt, deren Veränderung komplexen Regeln zu unterliegen scheint, obwohl die Natur dieser Regeln nicht direkt erfaßt werden kann. Der Begriff eines operativen Netzwerks trifft diese zugegebenermaßen wenig inhaltsreiche Beschreibung.
Andererseits kann gezeigt werden, daß prozedurale Netzwerke, wie die, die für die Beschreibungen der Nervennetzwerke sowie ihres Funktionierens vorgeschlagen werden, Spezialfälle des Begriffs ›operatives Netzwerk‹ sind. Der Beweis sieht folgendermaßen aus: Ein operatives Netzwerk kann als ein Quadrupel
O = (P,Q,V,D)
definiert werden, wobei P eine Punktmenge des ›Raumes‹ des operativen Netzwerks bezeichnet, Q eine Topologie über P, V eine Wertmenge, die den Elementen von P zugeschrieben werden kann. D ist in unserem Kontext der wesentliche Teil. Er schreibt jedem Element x von P ein Sensitivitätsgesetz D_x zu, das die Änderung der Bewertung von x in Abhängigkeit vom topologischen Nachbarn von x bestimmt. Genauer: Für jeden Wert von x – und jeden folgenden Wert von x, das heißt für jede Wertänderung von x – gibt es eine Sensitivitätsbedingung, die von allen Nachbarkonfigurationen abhängt, die die Änderung verursachen können.
Modulare Nervennetze, wie sie in der Kybernetik beschrieben werden[15], sind Spezialfälle von operativen Netzwerken. Die Menge P kann mit der Menge formaler Neuronen identifiziert werden. Q ist eine Abbildung von P in die Potenzmenge über P, die jedem P die Menge seiner unmittelbaren Nachbarn zuschreibt. V ist die binäre Menge {0,1}, wobei 1 als der Entladungszustand und 0 als der Zustand der Nichtentladung eines formalen Neurons interpretiert werden kann. Eine Position (formales Neuron) kann auf eine Konfiguration von benachbarten entladenden und nichtentladenden Neuronen durch Änderung

(Wertwandel) {0,1} reagieren, d. h. durch Änderung von Nichtentladung in Entladung. Wir wollen festsetzen, daß die Änderung {1,0} »durch sich selbst geschieht«, das heißt, daß er von der Klasse aller möglichen Nachbarkonfigurationen ›verursacht‹ ist. Der Wert 1 ist daher nicht stabil. Andererseits ist der Wert 0 – d. h. Nichtentladung – ein stabiler Zustand des Neurons; er besteht, solange bestimmte Nachbarkonfigurationen nicht vorliegen.

Folglich besteht ein Sensitivitätsgesetz für eine Position, die n unmittelbare Nachbarn hat, aus einem Paar, dessen zweites Element 1 ist – der Wert der Funktion – und dessen erstes Element ein Paar ist, bestehend aus 0 und einer Menge von n-Tupeln über {0,1}, wobei jedes n-Tupel in der Menge eine der Konfigurationen angibt, die das Neuron zur Entladung veranlassen, d. h. dazu, vom Zustand 0 in den Zustand 1 überzugehen. Da der Wert der Funktion und das erste Element des Argumentenpaars durch die Definition bestimmt ist, genügt es, die benachbarten Konfigurationen zu bestimmen, die den Übergang verursachen.

Die Analyse modularer Netzwerke als operative Systeme, die – zumindest prinzipiell – sowohl introspektiv wie physiologisch gestützt werden können, sorgt für einen Rahmen, in dem sowohl introspektive Eindrücke paralleler Erlebnisse wie physiologische Erfahrungen repräsentiert werden können. Lediglich die Interpretationen – oder vielleicht Teilinterpretationen – unterscheiden sich in den beiden Fällen. Die vorangehende Erklärung gibt einen ungefähren Hinweis auf meinen Vorschlag, daß physiologische Forschung und psychologische Introspektion mit Hilfe desselben Beschreibungsrahmens zusammenarbeiten können.

Im Hinblick auf die psychologische Interpretation werden operative Netzwerke des oben beschriebenen Typs durch einen zentral kontrollierten Turingtyp – oder programmkontrollierten Automaten – ergänzt, der an bestimmten Daten, die sich an Positionen des operativen Netzwerks befinden, genauso operieren kann wie das operative Netzwerk. Von einem physiologischen Standpunkt aus ist die Natur eines solchen Systems weit weniger klar. Es gibt jedoch einflußreiche Wissenschaftler, wie etwa Eccles[16], die sich auf ein solches System stützen, das mit dem Modularsystem zusammenarbeitet, welches die Neurophysiologie dem Gehirn zuschreibt.

Anmerkungen

Original: »Introspection and the Description of Language Use«, in: Florian Coulmas (Hrg.), *Festschrift for native speaker*, Den Haag: Mouton 1981 (Janua linguarum: series maior, Bd. 97), 105-126. Übersetzt von Dieter Münch. Auf Wunsch des Verfassers wurde eine knappe formale Charakterisierung im Original gestrichen. Die beschriebenen operativen Netzwerke werden heute als (nicht lernende) konnektionistische Netzwerke bezeichnet. Zu neueren Ansätzen des Verfassers vgl. H. Schnelle, *Die Natur der Sprache*, Berlin: de Gruyter 1991.

1 Linguistische Überlegungen, die auf dem Strukturvergleich linguistischer Fakten beruhen, d.h. der strukturalen (linguistischen) Methode (im weiten Sinne).
2 Ich gebe zu, daß meine Diskussion für solche Linguisten irrelevant ist, die keine Ansprüche hinsichtlich der psychologischen oder physiologischen Relevanz ihrer Aussagen oder Theorien erheben.
3 Vgl. Schnelle (1980a).
4 Vgl. Schnelle (1980b, 1980c).
5 Dies wurde von H.H. Lieb (1974/76) angegriffen. Wir werden jedoch in diesem Artikel Chomskys Position übernehmen.
6 Vgl. z.B. Burks (1963).
7 Vgl. Schnelle (1964).
8 Vgl. Chomsky (1980), Kap. I.
9 Vgl. Schnelle (1970, 1971a, 1971b).
10 Später fügt Turing (1950, 110), hinzu: »Da der menschliche Rechner einige Berechnungen im Kopf ausführt, soll ein Teil des Speichers seinem Gedächtnis korrespondieren.«
11 Vgl. Schnelle (1980b).
12 Vgl. z.B. Burks (1963).
13 Eine kurze Einführung liefert etwa z.B. Eccles in Popper/Eccles (1977), Kap. E1.
14 Vgl. Schnelle (1964).
15 Z.B. Arbib (1964).
16 Vgl. Popper/Eccles (1977).

Literatur

Arbib, M. (1964), *Brains, machines and mathematics*, New York: McGraw Hill.

Braffort, P./D. Hirschberg (Hrg.) (1963), *Computer, programming and formal systems*, Amsterdam: North Holland.

Brown, J. W. (1976), »Consciousness and pathology of language«, Kap. 4, in: Rieber (1976).
Burks, A. W. (1963), »Programming and the theory of automata«, in: Braffort/Hirschberg (1963).
Chomsky, N. (1976a), »Problems and mysteries in the study of human languages«, in: Kasher (1976).
– (1976b), »On the biological basis of language capacities«, Kap. 1, in Rieber (1976).
– (1980), *Rules and representations*, New York, NY: Columbia University Press; deutsch: *Regeln und Repräsentation*, Frankfurt: Suhrkamp 1981.
Davis, M. (Hrg.) (1965), *The undecidable*, New York, NY: Raven Press.
Kasher, A. (Hrg.) (1976), *Language in focus: Foundations, methods and systems*, Dordrecht: Reidel.
Lieb, H. H. (1974/76), »Grammars as theories: The case for axiomatic grammar«, *Theoretical Linguistics* 1, 39-115 und 3, 1-98.
Newman, J. R. (Hrg.) (1960), *The world of mathematics*, Bd. 4, London: G. Allen and Unwin.
Popper, K. R./J. C. Eccles (1977), *The self and its brain*, Berlin: Springer; deutsch: *Das Ich und sein Gehirn*, München: Piper 1982.
Post, E. L. (1936), *Finite combinatory processes: Formulation I*, zitiert nach Davis (1965, 288 ff.).
Quine, W. V. O. (1960), *Word and object*, Cambridge, MA: MIT Press; deutsch: *Wort und Gegenstand*, Stuttgart: Reclam 1980.
– (1974), *Roots or reference*, La Salle, IL: Open Court; deutsch: *Die Wurzeln der Referenz*, Frankfurt: Suhrkamp 1976.
Rapaport, D. (1961), »Consciousness«, in: *Problems of consciousness*, Trans. Sec. Conf., New York, NY: Josiah Macy Foundation.
Rieber, R. W. (Hrg.) (1976), *The neuropsychology of language*, New York, NY: Plenum Press.
Schnelle, H. (1964), »Programmieren linguistischer Automaten«, in: Steinbuch, K./S. W. Wagner (Hrg.), *Neuere Ergebnisse der Kybernetik*, München: Oldenburg.
– (1970), »Linguistics and automata-theory«, in: Visenti, B. (Hrg.), *Linguaggi nella società e nella tecnica*, Mailand: Edizioni di Communità.
– (1971a), »Geistesgeschichtliche Grundlagen der Kybernetik«, *Humanismus und Technik* (Berlin) 14/3, 29-37.
– (1971b), »Automat, Automatentheorie«, in: Ritter, J./K. Gründer (Hrg.), *Historisches Wörterbuch der Philosophie*, Bd. 1: A-C, Basel: Schwabe, 695-698.
– (1980a), »Pre-tense«, in: Rohrer, C. (Hrg.), *Time, tense and quantifiers*, Tübingen: Niemeyer, 329-354.
– (1980b), »Phenomenological analysis of language and its application to

time and tense«, in: Parret, H., u. a. (Hrg.), *Possibilities and limitations of pragmatics*, Amsterdam: Benjamins.
– (1980c), »Wittgenstein on time and tense and the linguistic turn«, in: Haller, R. (Hrg.), *Language, logic and philosophy*, Wien: Hölder-Pichler-Tempsky.
Turing, A. M. (1936), »On computable numbers, with an application to the Entscheidungsproblem«, *Proceedings of the London Mathematical Society*, Ser. 2, 42/43, 230-265; deutsch: »Über berechenbare Zahlen mit einer Anwendung auf das Entscheidungsproblem«, in: *Intelligence Service: Schriften*, Berlin: Brinkmann & Bose 1987, 17-60.
– (1950), »Computing machinery and intelligence«, in: *Mind* 59, 433-460; deutsch: »Kann eine Maschine denken?«, *Kursbuch* 8 (1967), 106-137.

Elmar Holenstein
Mentale Gebilde

1. Die Mängelliste mentaler Gebilde (Freges Weichenstellung)

In einer berühmten Analyse zu Beginn seines berühmten Aufsatzes »Über Sinn und Bedeutung« (1892) führt Gottlob Frege drei Merkmale an, durch die sich sprachliche Ausdrücke unterscheiden können: Vorstellungen, Sinn und Bedeutung. Die Bedeutung eines Ausdrucks sei der Gegenstand, der mit ihm bezeichnet wird. Der Sinn entspreche der Art seines Gegebenseins. Die Vorstellungen, die mit dem Ausdruck einhergehen, seien »ganz subjektiv«. Als solche werden sie von Frege nicht in der gleichen Weise definiert wie Sinn und Bedeutung. Ohne zirkelverdächtigen Appell an ihre Erfahrung ist eine Definition nicht möglich. Frege benutzt ein Gleichnis, um sie von den beiden anderen Merkmalen abzuheben: »Jemand betrachtet den Mond mit einem Fernrohr.«

Die Bedeutung eines Ausdrucks sei mit dem Mond vergleichbar, dem Gegenstand der Beobachtung, der Sinn mit dem Bild auf dem Objektivglas im Fernrohr und die Vorstellung mit dem Bild auf der Netzhaut des Beobachters. Das Bild auf dem Glas sei objektiv, insofern es mehreren Beobachtern dienen könne, das auf dem Auge subjektiv, insofern »jeder doch sein eigenes« habe. Seine Analyse beschließt Frege mit einem Satz, der zu einem Leitsatz für eine zeitweilig starke Strömung innerhalb der sprachanalytischen Philosophie, die er in Gang gebracht hatte, geworden ist: »Von den Vorstellungen und Anschauungen soll im folgenden nicht mehr die Rede sein.«

Was veranlaßt Sprachanalytiker, von den Vorstellungen, die sprachliche Ausdrücke begleiten, abzusehen? Das Schlüsselwort scheint ›subjektiv‹ zu sein. Es ist ein mehrdeutiges Wort. Aber die Mängel, die den subjektiven Vorstellungen angelastet werden, decken sich in aufschlußreicher Weise mit seinen bekanntesten Paraphrasierungen und Assoziationen. In Freges Aufsatz kommen vier mehr oder weniger ausdrücklich zur Sprache:

Subjektive Vorstellungen sind nicht »reell« wie das Bild, das vom Objektivglas im Fernrohr entworfen wird: ›Subjektiv‹ bedeutet (1) ›fiktional‹ (›eingebildet‹) oder ›epiphänomenal‹ (›verursacht, aber nicht seinerseits verursachend‹). – Sie sind nicht intersubjektiv zugänglich, da jeder seine eigenen Vorstellungen hat: ›Subjektiv‹ bedeutet (2) ›privat‹. – Sie sind für verschiedene Inhaber nicht nur numerisch, sondern auch qualitativ nicht dieselben: ›Subjektiv‹ bedeutet (3) ›relativ‹, ›beobachterabhängig‹, ›idiosynkratisch‹. – Die Verbindung der Vorstellungen mit den Worten ist »unsicher«: ›Subjektiv‹ bedeutet (4) ›unzuverlässig‹.

Die Mängelliste ist keineswegs vollständig. Eine zusätzliche, alte Beanstandung ist, daß subjektive Vorstellungen fließend, verschwommen und konfus sind und nicht exakt meßbar, diskret und deutlich voneinander abgehoben: ›Subjektiv‹ bedeutet (5) ›vage‹. – Eine eher jüngere Beanstandung ist, daß ›Vorstellung‹ und ebenso der terminologische Vorläufer ›Idee‹ Namen für eine heterogene Klasse von Erscheinungen sind, für so unterscheidungsbedürftige Phänomene wie Empfindungen, Wahrnehmungen, Phantasien, Gedanken und Begriffe: ›Subjektiv‹ bedeutet (6) ›uneinheitlich‹, ›heterogen‹.

Im Anschluß an Frege hat man diese Mängel zum Anlaß genommen, in der Philosophie eine sprachliche Wende einzuleiten, hoffnungsvoll auch Aufstieg (*semantic ascent*) geheißen. Mittlerweilen hat man gelernt, daß nicht nur subjektive Erfahrungen, sondern auch wissenschaftliche Forderungen illusorisch sein können. Man hört heute über die Sprache teilweise dieselben Klagen, die man zuvor über die Vorstellungen zu hören bekommen hatte und derentwegen man sich von ihnen abgewandt und der Sprache zugekehrt hatte: »*Language* ... does not identify a natural kind« (Chomsky 1980, 90). »There is no semblance of a consensus as to what in the world a *proposition* is, or even what sort of thing it might be: a state-of-affairs, sentence, sentence meaning, Fregean sense, mental representation, or set of possible worlds« (Barwise/Perry 1983, 177f.). Insbesondere mag vom semantischen Begriff der Bedeutung niemand mehr behaupten, es sei klar und deutlich, wie er zu verstehen ist.

Heterogener Bezug (6) ist typisch für natürlichsprachliche Ausdrücke, wie es ›Vorstellung‹ und ›Bedeutung‹ sind. Die Sprachkompetenz des Menschen ist ausreichend genug, nach Bedarf zu disambiguieren. Aber der Bedarf ist wissenschaftlich nicht immer

angezeigt. Eine gewisse Heterogenität stellt sich unweigerlich ein, wenn für natürliche Arten gilt, daß keines ihrer Mitglieder alle Eigenschaften aufzuweisen braucht, die zu ihrer Definition dienen, und daß umgekehrt keine dieser Eigenschaften in allen Mitgliedern der Art verwirklicht sein muß. Der Preis für Homogenität wäre ein Verzicht auf interessante gesetzähnliche Aussagen.
Auch die andern (fünf) Beanstandungen bedürfen einer Neueinschätzung. Eine solche kann hier natürlich nur skizziert werden. Das soll nun in umgekehrter Reihenfolge versucht werden:
Vagheit (5) schließt so wenig wie Unsicherheit/Unterbestimmtheit (4) eine formale wissenschaftliche Analyse und, was eigentlich allein zählt, eine Funktion im Sprachgebrauch aus. Wie es eine mathematische Wahrscheinlichkeitslehre gibt, so eine Lehre von unscharfen Mengen. Beide sind um nichts weniger formalisierbar als die klassischen Lehren, die sie ergänzen.
Im übrigen ist Mentales keineswegs durchgehend von der Unfaßlichkeit, die ihm nachgesagt wird. Vieles ist meßbar und mit erstaunlicher Konsistenz meßbar. Ein eindrückliches Beispiel aus der neueren Forschung ist die Zeit, die für die Rotation mentaler Bilder gebraucht wird. Personen, die feststellen sollen, ob zwei Figuren ihrer Gestalt nach identisch sind, behaupten in der Regel, daß sie eine von ihnen »im Geiste« drehen, um zu sehen, ob sie sich zur Deckung bringen lassen. Es stellte sich tatsächlich heraus, daß die zum Urteil notwendige Zeit mit der Länge des Rotationswegs wächst. Noch mehr, es ließ sich nachweisen, daß die Zeit linear mit der Größe des Rotationswinkels zunimmt und die Rotation, einmal in Gang gekommen, nicht etwa, wie man hätte erwarten können, beschleunigt oder verlangsamt wird; und weiter, daß die Rotation in der dritten Dimension (von vorn nach hinten) nur minimal langsamer ist als die Rotation auf einer zweidimensionalen Fläche (im Uhrzeiger- oder Gegenuhrzeigersinn). Die Rotationszeit beträgt rund 1 Sekunde für eine Drehung um 60 Grad.
Zur »unsicheren« Verbindung der Vorstellungen mit den Worten ist hinzuzufügen, daß heute weniger sie, das Verhältnis zwischen Sinnlichkeit und Sprache (und Verstand), zur Diskussion steht als vielmehr das »unterbestimmte« Verhältnis zwischen physikalischen (neuralen) Strukturen und phänomenalen sowie sprachlichen Strukturen. Von einem naturalistischen Standpunkt aus ist dabei eher zu erwarten, daß es eine gesetzmäßige Entsprechung

zwischen neuralen und phänomenalen Strukturen gibt als eine solche zwischen neuralen und sprachlichen Strukturen. Der Grund ist einsichtig. Phänomenale Strukturen sind qualitativ definiert, sprachliche funktional. Verschiedene physikalische Strukturen sind sehr wohl funktional, nicht aber qualitativ gleichwertig. Wie dieselben Worte in ganz und gar verschiedenem Material schriftlich fixiert sein können, so können sie auch, wenn das Computer-Modell zutrifft, bei einem denkenden Menschen in ganz verschiedenen neuralen Strukturen realisiert sein. Ebenso umgekehrt: Wie dieselben Schriftzeichen häufig verschiedene Lesarten zulassen, so können auch, das Computer-Modell wiederum als gültig vorausgesetzt, dieselben neuralen Strukturen unterschiedliche sprachliche Funktionen übernehmen. Im übrigen bedeutet Unsicherheit (infolge von Unterbestimmtheit) ja nicht Entbehrlichkeit. Phänomenale und funktionale Eigenschaften gibt es nicht ohne physikalische Eigenschaften. Ob und, wenn ja, inwieweit es andererseits einen vernünftigen Sprachgebrauch ohne subjektive Vorstellungen gibt, ist von Sprachtyp zu Sprachtyp gesondert abzuklären.

Von einer fehlenden Verallgemeinerungsfähigkeit (3) kann man bei subjektiven Erscheinungen dennoch nur eingeschränkt sprechen. Frege selber ist dies nicht entgangen: »Ohne eine Verwandtschaft des menschlichen Vorstellens« wären Dichtkunst und Rhetorik nicht möglich. Man muß hinzufügen: Nicht nur diese nicht, sondern alle gängigen Formen menschlicher Verständigung nicht, die wissenschaftliche miteingeschlossen. Man denke an die metatheoretische Bedeutung von intuitiv verfügbarem Hintergrundwissen.

Kant (1790, § 7) hatte sich über die Empfindungen ähnlich (protagoräisch) geäußert wie Frege über die subjektiven Vorstellungen: »Ein jeder hat seinen eigenen Geschmack [der Sinne].« Aber Kant war wie Frege erfahren genug um zu wissen, daß damit Verallgemeinerungen nicht völlig ausgeschlossen sind. Soweit er diese jedoch nur als ›general‹ und nicht als ›universal‹ bezeichnet haben will, ist ihm nur zuzustimmen, wenn das vornehmere Prädikat ›universal‹ ausschließlich logisch Notwendigem, nicht aber allem, was überhaupt deduzierbar ist, zugesprochen werden soll. Allgemeine Geschmacksempfindungen sind nicht allein induktiv zu gewinnen, sondern wie andere empirische Verallgemeinerungen grundsätzlich auch deduktiv-nomologisch erklärbar.

Die Verabschiedung eines gewissen dogmatischen Essentialismus hat in philosophischen Kreisen der vergangenen Jahrzehnte zusehends zu einer empirisch unhaltbaren Annahme der Beliebigkeit sowohl von subjektiven Vorstellungen wie von natürlichsprachlichen Kategorienbildungen geführt. Aber ›akzidentell‹ im Sinn von ›zufällig‹ und ›situationsbedingt‹ ist nicht die einzige Alternative zu ›essentiell‹. Im Bereich der Psychologie machen sich, nicht anders als in dem der Biologie, naturgesetzlich erklärbare strukturale Schranken (*constraints*) bemerkbar.
Selbstverständlich hängt es vom individuellen Erfahrungshorizont des einzelnen ab, was er sich vorstellt, wenn er den Namen ›Rom‹ hört. Der eine erinnert sich an die Spanische Treppe, der andere an die Vatikanischen Museen, der dritte an den besten Espresso, den er je getrunken hat, beim Pantheon im Café Tazza d'Oro. Die Frage ist, ob es nicht doch Hinsichten gibt, in denen Verallgemeinerungen möglich sind. Fragt man Angehörige derselben Sprache wie solche verschiedener Sprachen, welches Segment auf dem Farbspektrum am ehesten ihrer Vorstellung eines optimalen Rot entspricht, erhält man annähernd die gleichen Segmente gezeigt. Für den Gebrauch sprachlicher Ausdrücke bilden offensichtlich prototypische Instanzen, ob tatsächlich erfahren oder bloß vorgestellt, eine leitende Rolle.
Ebenso selbstverständlich ist es, daß die natürlichen Sprachen kulturspezifische figurative Ausdrücke aufweisen. Im alten Ägypten war der Affe ein Symboltier für Weisheit, bei uns ist ›dummer Affe‹ eine Metapher. Aber es ist eine Tatsache, daß es auch transkulturelle Metaphern gibt. Selbst jemand, dem in seiner Sprache die Übertragung der visuellen Adjektive für Hell und Dunkel von Farben auf Töne nicht geläufig ist, dürfte ihre auditive Verwendung intuitiv verstehen. Das kulturunabhängige Verständnis ist dabei nicht auf die sinnliche Erfahrung beschränkt. Transkulturell verständlich sind auch metaphorische Bezeichnungen eines unerbittlichen Menschen als ›gerade‹ und eines Gauners als jemand, der ›krumme Wege‹ geht.
Die griffigsten universalen Schranken in der Weise, wie wir uns Nicht-Sinnliches repräsentieren, finden sich in natürlichsprachlichen Zahlwortsystemen. Vorstellungen von komplexen Zahlen sind uns nur über sprachliche oder (wie bei den Ziffern) über sprachähnliche Mittel möglich, über komplexe Zeichen, deren Sinn sich aus dem Sinn ihrer Bestandteile ergibt. Komplexe Zah-

len werden in natürlichen Sprachen mit den Zeichen für einfache Zahlen, ausgezeichnete Zahleinheiten (zehn, hundert) und mit den vier mathematischen Grundoperationen repräsentiert. Dabei ist eine ganze Reihe von universal eingehaltenen Schranken auszumachen. So gilt, daß bei einer Subtraktion der Subtrahend stets kleiner ist als der Rest. Es gibt Zahlwortsysteme, die für 18 ein Wort mit der Struktur ›20-2‹ aufweisen, aber es gibt keine natürliche Sprache, die für 8 ein Wort mit der Struktur ›20-12‹ gebraucht. Jemand könnte einwenden, daß es sich hier ja um sprachliche und damit objektive und nicht um subjektive Repräsentationen handelt. Aber die Schranken, die sich bei ihrer Bildung auswirken, sind nicht logischer, sondern psychologischer Natur. Was sich hier bemerkbar macht, sind Schranken der menschlichen Einbildungskraft. Für das Nicht-Vorkommen eines Zahlworts mit der Struktur ›20-12‹ gibt es keine logische Notwendigkeit. Ein solches Wort ist logisch genauso möglich, sinnvoll und gut wie das Wort mit der Struktur ›20-2‹, das einigen von uns vom Latein in Erinnerung geblieben ist (*duodeviginti*).

Subjektive Vorstellungen sind nicht einfach nur privat zugänglich (2) und damit einem wissenschaftlichen Zugriff entzogen. Wenn sie für das Verhalten eine Rolle spielen, können sie in einem intersubjektiv geregelten Verfahren als theoretische Konstrukte zur Erklärung dieses Verhaltens eingeführt werden. An der Einführung solcher Konstrukte kommt man in der Psychologie ohnehin nicht vorbei, da der größere Teil der mentalen Strukturen, die zur Erklärung des Verhaltens vorausgesetzt werden, überhaupt nicht introspektiv zugänglich ist.

Wenn subjektive Vorstellungen – das Wort ›subjektiv‹ hier in dem eingangs nicht genannten Sinn von ›phänomenal‹ oder auch ›intuitiv‹ verstanden – einen Mangel haben, der uneingeschränkt anzuerkennen ist, dann den, daß sie nur einen kleinen Ausschnitt aller mentalen Strukturen erschließen. Dieser Mangel wurde in der Eingangsliste ebenfalls nicht genannt. Andererseits ist es auch nicht so, wie man es im Anschluß an Aristoteles jahrhundertelang geglaubt hat, daß Denken ohne Phantasie(bilder) als Fundament oder auch nur als Begleitung nicht möglich ist. Subjektive Vorstellungen bildhafter Natur sind nicht nur epistemologisch zur Rechtfertigung von Denkleistungen großenteils entbehrlich, sondern, mindestens in bestimmten Gegenstandsbereichen, auch psychologisch bei der Entstehung von Denkleistungen.

In den Naturwissenschaften ist es allgemein üblich, auf theoretische Konstrukte zur Erklärung beobachtbarer Vorkommnisse zurückzugreifen. Im Falle von Vorstellungen (Repräsentationen) sind die üblichen Anforderungen an solche Konstrukte zu beachten. Es dürfen keine *Ad-hoc*-Konstrukte sein, die allein das erklären, zu dem sie eingeführt worden sind, und nicht mit davon unabhängigen Leistungen legitimierbar sind. Und es sollte experimentell entscheidbar sein, welche von zwei rivalisierenden Konstrukten mit weniger unglaubwürdigen Hilfshypothesen auskommt. Eine Theorie, die davon ausgeht, daß gewisse Informationen bildhaft gespeichert sind, muß belegen können, daß die erbrachten Intelligenzleistungen nicht ebensogut mit satzhaft codierten Informationen erklärbar sind. Sie muß z. B. plausibel machen, daß die benötigte Zeit zur Identifikation von Gegenständen auf einer mental vorgestellten Landkarte am einfachsten mit ihrer räumlichen Entfernung vom Ausgangspunkt zu erklären ist.
Theoretische Konstrukte, mit denen es möglich ist, beobachtbare Vorkommnisse konsistent auf die einfachste Weise zu erklären, werden als ›real‹ (1) angesetzt, natürlich nur hypothetisch und unter Voraussetzung eines gundsätzlichen Erkenntnisoptimismus. Die alternative instrumentalistische Deutung ist so unwiderlegbar wie ein metaphysischer Skeptizismus. Was bei einer Realismus/Instrumentalismus-Diskussion jedoch nicht übersehen werden sollte, ist der realistische Status, den instrumentalistische Kategorien in der Psychologie (und, für die Klärung der Frage modellhaft, in der Technologie, in der angewandten Physik) im Unterschied zur (theoretischen) Physik erhalten.
Wenn sich herausstellt, daß es nach den gängigen wissenschaftstheoretischen Kriterien besser ist, nicht weiter anzunehmen, daß die Sonne sich um die Erde dreht, ist diese Annahme für einen theoretischen Physiker erledigt, nicht aber für einen Psychologen. Für ihn bleibt sie *explanandum* und *explanans*. Dem Sonnenaufgang wird nicht mehr länger physikalische Realität zugeschrieben. Aber die Meinung, daß die Sonne aufgeht, bleibt eine psychologische Realität. Ihre Entstehung ist kausal erklärbar, und ihr Inhalt ist seinerseits ein kausaler Faktor, mit dem mancherlei Verhalten erklärbar ist.
In einzelnen Bereichen mag es sich auch als vorteilhaft herausstellen, von einer Theorie, die von einem realistischen Standpunkt aus als überholt *ad acta* zu legen wäre, weiterhin einen instru-

mentalistischen Gebrauch zu machen, bei der Schiffahrt z. B. von der ptolemäischen Astronomie. Die theoretischen Konstrukte haben in einem solchen Fall nicht mehr den ontologischen Status von Illata, sondern nur mehr den von Abstracta. Illata sind theoretische Konstrukte wie die Elektronen, die als reale Entitäten angesetzt werden, um mit ihnen Beobachtbares kausal zu erklären. Abstracta sind bloße Fiktionen wie der Äquator oder die Linien eines Parallelogramms von Kräften, die allein dazu dienen, Beobachtbares verständlich zu machen und zu berechnen: »It makes no sense to ask about the causes or effects of a line in a parallelogram of forces« (Stich 1983, 244). Wirklich?

Distinguo: Von Billardkugeln, von denen zwei gleichzeitig auf eine dritte stoßen, werden die Linien des Parallelogramms der Kräfte weder gezeichnet, noch haben sie, die Linien, auf das Verhalten der Kugeln irgendeine Rückwirkung. Soweit entbehren sie jeglicher physikalischer Realität. Für einen Roboter, der in der Lage ist, sie mit seinem Computer zu berechnen, sie dann auszuzeichnen, in seinem Gedächtnis zu speichern und ihnen nachzufahren, haben diese errechneten Größen dagegen Realität, physikalisch instantiierte Realität. Sie bestimmen das Verhalten des Roboters kausal. Wie eine solche Maschine ihre Information von den Linien des Parallelogramms gespeichert hat, *formelhaft* (in der abstrakten Syntax einer mathematischen Theorie), *satzhaft* (in der Syntax einer natürlichen Sprache) oder *bildhaft* (in der Syntax, die für zweidimensionale physikalische oder dreidimensionale mentale Bilder konstitutiv ist), ist eine empirische Frage.

Es gibt Denker mit der Fortschrittsgläubigkeit des vergangenen Jahrhunderts, die glauben, daß bei einem weiteren Vorankommen der Neurologie eines Tages die psychologischen Konstrukte, Einstellungen wie Glauben und Wünsche mitsamt den mentalen Repräsentationen ihrer Gegenstände, nicht mehr länger als Illata zur kausalen Erklärung menschlichen Verhaltens benötigt würden, sondern höchstens noch als Abstracta zur Aufrechterhaltung eines humanen menschlichen Selbstverständnisses. Ein solches Selbstverständnis dürfte in der Tat, weil angeboren, bei allen neurowissenschaftlichen Fortschritten so wenig ausbleiben wie nach bald einem halben Jahrtausend kopernikanischer Theorie die Wahrnehmungsillusion, daß die Sonne am Horizont aufsteigt, ausbleibt.

Aber selbst wenn die Entwicklung so verliefe, bliebe die Frage, wie denn diese Menschen den Inhalt ihres Selbstverständnisses gespeichert haben, formelhaft, satzhaft oder bildhaft. Und es bliebe die Frage, ob sie in bezug auf irgendeine der drei genannten Codierungsweisen hinter informationsverarbeitenden Maschinen zurückbleiben. Und es bliebe schließlich für Philosophen, deren Fortschrittsglauben nicht auf die Wissenschaft beschränkt ist, sondern die Natur miteinbezieht, und die als Philosophen nicht bei dem haltmachen, was tatsächlich ist, sondern dem nachsinnen, was möglich ist, die Annahme, daß sich nicht nur die Neurowissenschaften fortentwickeln können, sondern auch ihr Gegenstand, die Gehirne. Es bliebe damit die Frage, ob in einer fernen Zukunft oder in einer anderen Welt – physikalisch erklärbar – Menschen möglich sind, die sich eben der Vielfalt von mentalen Vorstellungen erfreuen, von denen die meisten von uns heute schon glauben, sich ihrer zu Recht erfreuen zu können.

2. Die funktionale Definition mentaler Gebilde (Wittgensteins Weichenstellung)

Die Ausschaltung mentaler Vorstellungen hatte eine inhaltliche Verarmung der Ontologie zur Folge. Nachträglich erwies sie sich jedoch als ein Rückschritt, der wie so manch anderer Schritt zurück einen weiten Sprung nach vorn ermöglichte. Da eine Definition sprachlicher Strukturen mit Hilfe von Bewußtseinsphänomenen unergiebig schien, mußte man nach anderen Kategorien Ausschau halten, wollte man den Kopf nicht einfach in den Sand stecken und den Sprachgebrauch allein mit den Gesetzen der Physik erklären. Ein funktionaler Ansatz bot sich als Ausweg an. Zu den Bekanntesten, die den Bann gebrochen und die Bahn geebnet haben, gehörte Ludwig Wittgenstein (1953, § 43): »Die Bedeutung eines Wortes ist sein Gebrauch in der Sprache.« Den Grund dazu aber hatte eigentlich Kant (1781, A 126) gelegt mit seiner Definition des Verstandes (in heutiger Sprache: der Intelligenz) als »Vermögen der Regeln«.
Neu gegenüber Kant ist jedoch zweierlei: Zum einen wird geregelter Gebrauch über das Reich der Begriffe hinaus für alles Anschauliche als (allein) konstitutiv angesehen. Kant hielt für das Anschauliche ein anderes Vermögen, eben die »Anschauung«, mit einer radikal anderen Verfahrensweise für (mit) zuständig.

Wie die Bedeutung eines Wortes sich aus seinem Gebrauch ergibt, so wird nun auch angenommen, daß sich der Gehalt eines Bildes, was es ›versinnbildet‹, ebenfalls aus dem Gebrauch ergibt, der von ihm gemacht wird (vgl. dazu Wittgenstein 1953, §§ 22, 139-141). Zum zweiten spielt nunmehr die Einsicht in die funktionale Äquivalenz unterschiedlicher Strukturen eine wegleitende Rolle: Mentale und physikalische Strukturen können in bezug auf Verstandesleistungen funktional äquivalent sein und ebenso Bilder und nicht-bildhafte Strukturen in bezug auf die Informationsvermittlung.

Die Bedeutung eines Wortes besteht, so glaubt man nun, in der kausalen Rolle, die es für kompetente Sprachbenutzer spielt. Jemand beweist, daß er ein Wort verstanden hat, mit der Fähigkeit, es nach den Regeln der Sprache, zu der es gehört, zu gebrauchen. Ob diese funktionale Definition die phänomenologische Analyse völlig ersetzt und nicht einfach nur ergänzt, ist freilich eine nicht ausdiskutierte Frage. Spätestens seit den Versuchen, Maschinen rein funktional definierte Sprachen beizubringen, zeigt es sich, daß der richtige Gebrauch sprachlicher Ausdrücke nicht nur Sprachwissen, Beherrschung sprachlicher Regeln voraussetzt, sondern auch Weltwissen, Beherrschung von physikalischen und psychologischen Gesetzmäßigkeiten. Um schlichtes Zeitungsdeutsch wie ›K. gewann nach einer siebenmonatigen Pause wegen einer Knieverletzung gleich drei Turniere‹ zu verstehen, muß man wissen, ob man wegen einer Knieverletzung eine Pause macht oder Wettkämpfe gewinnen kann. Es ist unwahrscheinlich, daß wir das Weltwissen, das wir allein schon zum Verständnis der Sportseiten einer Tageszeitung benötigen, sprachlich gespeichert haben. Und es ist ungeklärt, wie man einer Maschine zu diesem Wissen verhelfen könnte. Sehr viel Wissen ist uns intuitiv (nicht durch anderes Wissen vermittelt) zugänglich. Wir brauchen nicht zu lernen, warum jemand sich am Arm kratzt. Wir mutmaßen intuitiv, daß es ihn juckt. Ebensowenig brauchen wir zu lernen, warum ein anderer seinen Kopf in die Hände stützt. Er scheint sich Gedanken zu machen. Die Maschinen, die wir kennen, sind zu derlei Vermutungen nur fähig, wenn sie entsprechende Informationen explizit formuliert beigebracht bekommen. Wer zählt die Sätze, nennt die Namen, die dazu zusammenkommen müssen?

Aber nicht die Grenze der funktionalen Analyse steht jetzt zur

Diskussion, sondern ihre Ausweitung, nämlich von sprachlichen auf nicht-sprachliche Strukturen. Die Grenze wird Gegenstand der Schlußbetrachtung sein. Nachdem man unter dem Einfluß des Behaviorismus anfänglich ausschließlich beobachtbare Sprachstrukturen funktional definiert hatte, ging man nach dem Aufkommen der Computerwissenschaften bald dazu über, noch nicht identifizierte neurale Strukturen ebenfalls funktional als sprachliche Strukturen zu definieren. Zur Eigenart von funktionalen Beziehungen gehört ja, daß sie grundsätzlich in verschiedenen Strukturen, in Gehirnmasse ebenso wie in bleiernen Druckertypen realisiert sein können. Material ganz und gar verschiedene Strukturen können sich funktional äquivalent verhalten. Was für sprachliche Funktionen gilt, das gilt auch für andere semiotische Funktionsweisen, z. B. solche von Bildern. Grundsätzlich kann man auch von ihnen annehmen, daß sie in neuralen Strukturen realisierbar sind: »Something does not have to *be* a picture to *function* as one« (Kosslyn 1983, 22).

Veranschaulichen wir uns dies an Bildern von einem Schachspiel: Die Bilder der Schachfiguren können wir durch die Figuren resituieren. Ist das Schachbrett(-bild) groß genug, können wir sie auch durch Menschen ersetzen, die als Schachfiguren verkleidet sind oder durch ein Symbol zu erkennen geben, welche Figur sie repräsentieren. Ein K steht für den König, ein D für die Dame, ein L für einen Läufer oder Bischof usf. Aber nicht nur die Figuren, auch das Schachbrett selber, seine 64 Felder, lassen sich durch Menschen vertreten, durch (dunkle) Tänzer und (helle) Tänzerinnen z. B., deren Rolle an den gängigen Feldsymbolen (a1, b1 ... g8, h8) auf ihren Kostümen erkennbar ist. Je nach der Schachsituation tragen sie eine der Figuren – oder an deren Stelle deren Buchstaben.

Wie immer Schachbrett und Figuren repräsentiert werden, sie enthalten die gleiche Information. Damit ein regelkonformes Schachspiel geboten wird, ist nur vorausgesetzt, daß allein solche Symboltransformationen vorgenommen werden, die nach den Regeln der Kunst erlaubt sind: Lb7-a8, nicht aber Lb7-a7.

Der Abstraktionsprozeß kann weitergeführt werden. Statt mit förmlichen Symbolen kundzutun, mit welcher Figur sie besetzt sind, können Schauspieler, von denen die Felder verkörpert werden, dies ebensogut durch die Art oder die Intensität ihres Tanzes. Die Schauspieler sind ihrerseits ersetzbar, durch Puppen, durch Schablonen oder durch noch schemenhaftere physikalische Gebilde welcher Art auch immer. Die anschaulichen räumlichen Beziehungen zwischen den bildhaften Schachfiguren sind dann ersetzt durch unanschauliche mathematische Verhältnisse zwischen physikalischen Größen. Die beiden Darstellungen, die räumlich-bildhafte und die mathematisch-physikalische, sind isomorph. Isomorphie (mit einem anderen Wort: Kovariation) ist ja ihrerseits nicht notwendigerweise räumlicher Natur. Isomorph können nicht nur zwei bildhafte Schachdarstellungen sein, die eine mit arabischen und die andere mit chinesischen Figuren, die einen 10 und die anderen 20 cm groß. Isomorphie ist eine formale Beziehung, die nicht auf material Gleichartiges beschränkt ist. Formale Gleichwertigkeit ist mediumtranszendent und mit ihr funktionale Gleichwertigkeit (diese jedoch nur innerhalb bemerkenswerter Grenzen, dazu Holenstein 1985).

Modellhafte physikalische Repräsentationen eines Spiels haben bloß bildhaften gegenüber einen wichtigen Vorteil. Sie sind automatisierbar. Ein Puppenspiel ist maschinell regulierbar. Aufgrund der Medienunabhängigkeit von isomorphen Repräsentationen können die Rollen der Puppen auch von den physikalischen Strukturen im Innern des Computers übernommen werden, die ihren Tanz regulieren. Was aber Strukturen in einem Computer können, das können grundsätzlich auch Strukturen in einem Gehirn, Neuronennetze.

Haben wir es in solchen Fällen mit Informationen und Transformationen zu tun, die wie bildhaft codierte Informationen und Transformationen fungieren? Dazu sind zusätzlich Einschränkungen erforderlich. Um auf einem Schachbrett die Schablone des Turms von a1 nach a8 zu verschieben, braucht man mehr Zeit als für die Verschiebung nach a4. Ebenso braucht man, bei einem großen Brett, wenn der Blick auf a1 konzentriert ist, mehr Zeit, um festzustellen, ob eine Figur h8 besetzt hält, als festzustellen, wie es um d4 steht. Wenn die Schachbrettfelder jedoch von Schauspielern auf einer Bühne repräsentiert werden, kann man sich die spielerische Freiheit erlauben, daß der Schauspieler a1 sich unmittelbar neben dem Schauspieler h8 aufhält und d4 sich irgendwo im Gewimmel der übrigen Spieler tummelt. Es brauchte dann weniger Zeit, einen Läufer von a1 an h8 zu übergeben als an d4. Das Schauspielerschach wäre in bezug auf zeitliche Verhältnisse nicht funktional äquivalent mit den gängigen bildhaften Schachspieldarstellungen. Die Schauspieler würden nicht wie ein Bild von dem Spiel funktionieren, das sie repräsentieren. Dazu wäre erforderlich, daß bei Figurenverschiebungen die Zeitverhältnisse respektiert werden, die für bildhafte Repräsentationen charakteristisch sind. Am einfachsten ist dies zu bewerkstelligen, wenn die Schauspieler in den Nachbarschaftsbeziehungen zueinander stehen, die für die Felder gelten, die sie repräsentieren. Aus diesem Grund wird gemutmaßt, daß die neuralen Einheiten, von denen ein Schachspiel der üblichen Art repräsentiert wird, in ihrer räumlichen Anordnung die Anordnung der Felder widerspiegeln, die sie repräsentieren. Notwendig ist dies nicht. Entscheidend ist allein, daß von den einzelnen Operationen die für Bilder charakteristischen Entfernungen respektiert werden. Bei einer Repräsentation, die wie ein Bild fungiert, brauchen die räumlichen Verhältnisse nicht material, sondern nur funktional realisiert zu sein.

Nach der funktionalen Definition fungiert ein mentales Bild analog dazu, wie ein Schema nach Kant fungiert, als eine Regel. Während aber das kantianische Schema eines Dreiecks aufgrund seines allgemeinen Charakters von vornherein dazu gebraucht werden kann, ein beliebiges Dreieck zu zeichnen, ist ein mentales Bild, sofern es ein Bild von etwas Individuellem ist, in erster Linie ein Rezept, ein bestimmtes Dreieck zu zeichnen, und nur in zweiter Linie auch andere Dreiecke, zwar beliebige Dreiecke, aber nicht in beliebiger Reihenfolge, sondern in stetiger Abwandlung des anfänglich vorgestellten Dreiecks. Eine beliebige Abfolge in der Vorstellung individueller Dreiecke setzt eine abstraktere, satz- oder formelhafte Repräsentation der Regeln der Dreieckskonstitution voraus.

3. Sinnlosigkeit – Nicht-Verstehbarkeit – ontologische Unmöglichkeit (Eine blendende Argumentation)

In den wissenschaftstheoretisch vorbildlichen Disziplinen der Physik und der Linguistik bekommt man normalerweise bei rivalisierenden Theorien zu hören, daß die eigene Theorie mit weniger ineleganten Zusatzhypothesen und/oder mit weniger ungewöhnlichen ontologischen Annahmen empirisch eher adäquat ist als die alternative Theorie. Anders in der Philosophie. Hier sieht man sich mit einem inflationären Gebrauch des Vorwurfs der Sinnlosigkeit an die Adresse rivalisierender Theorien konfrontiert. Mit Sinnlosigkeit ist dabei zugleich Nicht-Verstehbarkeit und ontologische Unmöglichkeit gemeint. Nach dem Triumph der Quantentheorie und nicht weniger nach der Blamage des logischen Positivismus mit seiner voreingenommenen Erhebung des Verifikationsprinzips zum Abgrenzungskriterium zwischen sinnvollen und sinnlosen Annahmen kann man, so dünkt es mir wenigstens, nur mehr mit starken Vorbehalten zu einer solchen Anklage greifen. Der Vorwurf der Nicht-Verstehbarkeit setzt ja einiges Vertrauen in den eigenen Verstand voraus und desgleichen in den Forschungsstand der Erkenntnistheorie, einer philosophischen Disziplin, die ganz offensichtlich völlig im Fluß und vom Status einer reifen Wissenschaft Welten entfernt ist. Die funktionale Interpretation mentaler Gebilde bedeutet hier eine Entlastung von einer Argumentation, die man nur mit gezielter Doppeldeutigkeit als ›blendend‹ bezeichnen kann.

Ontologische Unmöglichkeitseinwände sind besonders gegen mentale Bilder beliebt. Nach dem bekanntesten, dem *Homunculus*-Argument, setzt ein Bild, das als solches erfaßt wird, eine Person voraus, die es sieht. Das aber ist eine ontologische Voraussetzung, die nicht den Standards wissenschaftlicher Erklärungen entspricht und daher einer besonderen Begründung bedarf. Wenn es etwas gibt, das wissenschaftliche von mythologischen Erklärungen unterscheidet, dann ist es der nicht-personale Status der theoretischen Konstrukte, die zur Erklärung bemüht werden. Aber es kommt noch ärger. Wenn ein mentales Bild ein unverzichtbares Mittel eines Erkenntnisprozesses ist, dann scheint sich das »Menschlein« nach dieser Erklärungsart zum Verständnis des ersten mentalen Bildes ein zweites mentales Bild verschaffen zu müssen und so *in infinitum*. Das aber wäre mehr als (mytho-) ontologische Zügellosigkeit. Es wäre ontologische Unmöglichkeit.

Besteht das Verfügen über ein mentales Bild dagegen in einem geregelten Gebrauch einer physikalischen Struktur des Gehirns, dann ist dieser Gebrauch mechanisierbar und automatisierbar. Der Computer ist nicht allein ein Beleg dafür, daß dies grundsätzlich möglich ist, sondern vor allem auch ein heuristisch wertvolles

Modell dafür, wie und auf welch verschiedene Weise es möglich ist.

Ein anderes häufig diskutiertes Unmöglichkeitsargument betrifft die Merkwürdigkeit, daß wir zwar zu sehen vermeinen, daß ein griechischer Tempel viele Säulen hat und ein Tiger viele Streifen, daß wir aber nicht in der Lage sind, sie zu zählen (dazu Sartre 1940, 117; Fodor 1975, 187ff.). Es wird zu bedenken gegeben, daß bildhaft repräsentierte Vielheit im Unterschied zu satzhaft repräsentierter unvermeidlicherweise bestimmte, abzählbare Vielheit sei. Sprachlich vermöchten wir Vielheit dagegen ganz offensichtlich unbestimmt zu codieren, z. B. mit Ausdrücken wie ›zahlreiche Säulen‹.

Aber ist diese Unterscheidung phänomenologisch oder auch nur begrifflich stichhaltig? Der Unterschied zwischen bildhafter und satzhafter Repräsentation scheint eher darin zu liegen, daß die erste (vorwiegend) ikonischer und die zweite (vorwiegend) symbolischer Art ist. Ist mir vom Parthenon in Athen und von einem Tempel in Paestum nur sprachlich in der Erinnerung haften geblieben, daß sie beide ›viele Säulen‹ haben, bin ich außerstande zu sagen, welcher die stolzere Zahl aufweist. Ist ihr Anblick dagegen bildhaft in Erinnerung geblieben, sollte es unter idealen Bedingungen nicht ausgeschlossen sein, zu entscheiden, welcher der beiden Tempel mehr Säulen aufweist, auch wenn ich sie nicht abzuzählen vermag. Vielheit ist visuell eine Art Gestaltqualität, bei der Größenunterschiede ikonisch zur Darstellung kommen. Im gewählten Beispiel dürfte sie von der Wahrnehmung der Länge und der Dichte der Säulenreihen abhängig sein.

Gestaltqualitäten wie die Gleichheit, die symmetrische Anordnung und eben auch die Vielheit von Säulen sieht man natürlich nicht, wie man ihre Farbe sieht. Aber das bedeutet nicht, daß sie nur mittels sprachlich formulierter Begriffe erfaßbar sind. Zumindest Gleichheit ist sprachlich gar nicht zirkelfrei zu definieren. Das allem Anschein nach nicht-sprachliche Erfassen von Gestaltqualitäten der angeführten Art ist ein Ansporn zu untersuchen, ob man von den physikalischen Strukturen, in denen sie instantiiert sind, einen spezifischen Gebrauch macht, einen Gebrauch, der weder bloß als kausal noch in einem spezifischen Sinn als sprachlich, sondern eben als bildhaft zu bezeichnen ist.

Um ohne fremde Deutungshilfe eine Vielheit von Säulen als eine Gestaltqualität wahrzunehmen, genügt es, daß einzelne Säulen individuell und abzählbar als solche erfaßbar sind und der Rest in einer verschwommenen, unbestimmten Art mitgegeben ist (dazu Husserl 1891, 203 ff.). Man unterschätze die Einbildungskraft nicht und unterwerfe sie nicht Schranken, die nur für unsere auffälligsten Erfahrungen gelten oder theoretisch beeinflußten Intuitionen entsprechen. Wenn wir uns den Buchstaben E bewußt vergegenwärtigen, weisen die waagrechten Balken notwendigerweise in eine bestimmte Richtung, normalerweise nach rechts. Balken, rechtwinklig an eine Vertikale angebracht, scheinen ebenso zwingend in eine bestimmte Richtung zu weisen wie Vielheit, bildhaft vorgestellt, nach der zitierten Argumentation notwendigerweise einer bestimmten Zahl entspricht. Kinder jedoch sind fähig, so hat man Grund anzunehmen, über die Buchstaben unseres Alphabets in einem abstrakten, nicht-sprachlichen Code zwar gestalthaft, aber ohne bestimmte Richtung zu verfügen.

Man läuft leicht in die Irre, wenn man für wissenschaftliche Theorien *a priori* Kriterien der Sinnhaftigkeit aufstellt. Nicht einmal globale Konsistenz ist als universales Sinnhaftigkeitskriterium über alle Zweifel erhaben. Regionale Konsistenz ist ausreichend. So ist auch Einheitlichkeit der Erklärung zwar ein Erkenntnisideal, das in der Physik sich bewährt und zu großartigen Erfolgen geführt hat. Es ist aber in (technologischen, biologischen und humanwissenschaftlichen) Bereichen, in denen statt kausaler Erklärungen funktionale angezeigt sind, schlicht fehl am Platz. Selbstverständlich wäre es, formal gesehen, eleganter, wenn das Verhalten eines Flugzeuges einheitlich mit einer elektronischen Steuerung erklärt würde. Aber wie es tatsächlich zu erklären ist, ausschließlich elektronisch oder teils elektronisch und teils manuell gesteuert, ist empirisch zu entscheiden. Daß es grundsätzlich möglich ist, das Verhalten einheitlich elektronisch zu erklären, ist einsichtig, aber nicht entscheidend. Ebenso wäre es von wissenschaftstheoretischer Warte aus betrachtet eleganter, sämtliche menschlichen Intelligenzleistungen ausschließlich mit sprachlich codierten Informationsverarbeitungen zu erklären. Wie ein Mensch jedoch seine Kopfarbeit leistet, ausschließlich sprachlich oder gemischt sprachlich und mit Bildern, ist gleichfalls empirisch zu entscheiden. Für einen Philosophen am Schreibtisch mag am interessantesten sein, was *global* das optimale einheitliche Verfahren der Problemlösung ist, für einen Ingenieur in der Werkstatt ist es (wie in Vorzeiten beim »Kampf ums Dasein« für die »Natur«) am interessantesten, was *regional* das optimale Verfahren ist. Für unterschiedliche Gegenstandsbereiche und Aufgaben werden das unterschiedliche Verfahren sein. Wenn es um kausale Erklärungen geht, ist Einheitlichkeit der Erklärung gefragt, wenn es um funktionale Lösungen geht, sind dagegen bereichspezifisch entwickelte Alternativen gefragt. In den funktionalen Wissenschaften wird daher anders als in der Physik nicht ›Einheit‹, sondern ›Vielheit‹ großgeschrieben.

4. Seele: Vernunft und Bewußtsein (Die Aufspaltung des cartesianischen Leib/Seele-Problems)

Die große und wirklich bewundernswerte Leistung der funktionalen Interpretation mentaler Gebilde besteht darin, daß mit ihr erstmals in der Geschichte der Philosophie ein nicht-reduktiver Lösungsvorschlag des Leib/Seele-Problems vorgelegt wird, der ohne die ontologisch fragwürdige Annahme einer nicht-physikalischen Entität auskommt, die als die Crux der traditionellen nicht-reduktiven Leib/Seele-Lehren angesehen wird. Der Preis ist allerdings hoch und alles andere als unbedenklich, die Trennung von Vernunft und Bewußtsein. Zum ersten Mal ist einsichtig geworden, wie Vernunft (mit einem geläufiger gewordenen Wort: Rationalität; konkret: in Wissen begründeter Regelgebrauch) von einem physikalischen System realisierbar ist.

Die begriffliche Leistung, gezeigt zu haben, wie Vernunft physikalisch realisierbar ist, ist eine Sache, ihre empirische Tragweite eine andere. Gelungen ist nur der Nachweis, wie Rationalität unter idealisierten, d. h. abstrakten Bedingungen möglich ist. Abstraktheit bedeutet meist auch Dürftigkeit. Was die Bedingungen dafür sind, daß ein physikalisches System zu den konkreten Theorien kommt, mit denen wir Menschen über die Welt räsonieren, bleibt rätselhaft. Die Frage, die sich in einer solchen Situation aufdrängt, ist, ob der Handel, dem der Teilerfolg, mag er noch so großartig sein, zu verdanken ist, aufs Ganze gesehen nicht doch verfehlt war. Nicht alles, was in strategischer, sprich: methodologischer Sicht vorübergehend ein Gewinn ist, braucht dies dauerhaft zu sein. Die Frage stellt sich, ob der Handel, die völlige

Trennung von Vernunft und Bewußtsein zur Klärung der konkreten Frage, wie *menschliche Vernunft* physikalisch möglich ist, nicht wieder zurückgenommen werden sollte. Dazu ist es am naheliegendsten, von den Schwachstellen der funktionalen Interpretation mentaler Gebilde auszugehen. Zuvor ist jedoch die These, daß mit der funktionalen Perspektive eine nicht-reduktive (Teil-)Lösung des Leib/Seele-Problems geglückt ist, noch etwas zu erläutern.

Funktionale Beziehungen sind von kausalen Beziehungen einerseits kategorial verschieden, andererseits setzen sie solche kausalen Beziehungen gerade voraus. Funktionale Beziehungen sind ontologisch unselbständige Beziehungen. Sie bedürfen der Fundierung (Instantiierung, Verwirklichung) in kausalen Beziehungen. Eine Funktion erfüllen kann nur etwas, das kausal wirksam zu sein vermag. Wer aber ›kausal‹ sagt, der muß auch ›physikalisch‹ sagen. Was (wie Vorstellungen) kausal auf Physikalisches einwirkt, ist *per definitionem* gleichfalls als ›physikalisch‹ anzusetzen. Von mentalen Strukturen ist so anzunehmen, daß sie als funktionale Strukturen in physikalischen Strukturen verwirklicht sind.

Die kategoriale Eigenart funktionaler Strukturen manifestiert sich in ihrer Nicht-Reduzierbarkeit auf die Strukturen, in denen sie verwirklicht sind. Funktional definierte mentale Strukturen sind in doppelter Hinsicht nicht-reduzierbar auf die sie realisierenden physikalischen Strukturen:

Zum einen ist derselbe funktionale Zusammenhang grundsätzlich in physikalisch verschiedenen Strukturen realisierbar. Die Angabe der physikalischen Bedingungen, unter denen ein System ein bestimmtes sinnvolles Verhalten zeigen kann, führt zu einer endlosen Kette von Disjunktionen physikalischer Strukturen. Sie bedeutet keine Komplexitätsreduktion, sondern im Gegenteil eine Komplexitätsamplifikation. Statt dem Ziel intertheoretischer Reduktionen, der Vereinheitlichung der Erklärung, näher zu kommen, entfernt man sich von ihm.

Zum andern bedeutet die Angabe, welche physikalischen Bedingungen hinreichend sind, damit ein System sich rational verhält, z. B. logische Schlußfolgerungen automatisch (in älterer Ausdrucksweise: »spontan«) vollzieht, nicht eine logische Begründung dieser Schlußfolgerungen oder der Axiome, auf die sie sich stützen, sondern allein eine kausale Erklärung. Es wird allein kausal erklärt, unter welchen physikalischen Bedingungen solche Axiome und Schlüsse automatisch zur Geltung kommen. Kausale Erklärung und logische Begründung sind nicht dasselbe, auch wenn beide formal die Struktur einer nomologischen Deduktion aufweisen.

Die Einsicht, daß Vernunft physikalisch realisierbar ist, gilt, wie gesagt, nur unter stark idealisierten Bedingungen und selbstverständlich auch nur innerhalb solcher Grenzen, wie sie Gödel gezogen hat. Sie ist auf »Mikrowelten«, auf relativ einfache *universes of discourse* beschränkt. Den Durchbruch hatte eine Entdeckung gebracht, die eigentlich nicht neu war, die aber bezeichnenderweise erst nach ihrer technologischen Auswertung nun auch ontologisch ausgewertet wird, die Entdeckung der Form als Vermittlerin zwischen Physik und Semantik, zwischen Kraft und Sinn, zwischen kausalen und logischen Beziehungen. Die Form eines physikalischen Gebildes ist einerseits entscheidend für seine kausale Wirkung, und die gleiche Form ist andererseits semantisch interpretierbar. Sie kann von einem System, das über sie verfügt, sozusagen bifunktional ausgewertet werden, kausal und repräsentational, zur automatischen Realisation dessen, was mit ihr zeichenhaft darstellbar ist. Wie dies möglich ist, läßt sich an schlichten Beispielen veranschaulichen.

Wenn Form semantisch interpretierbar ist, dann ist umgekehrt Sinn formal symbolisierbar. Ein physikalisches Gebilde der Gestalt A kann zum Zeichen für Engel werden und ein anderes mit der Gestalt B zum Zeichen für die Eigenschaft Blau. Auch Sinnbeziehungen, semantische Beziehungen von der Art der Implikation und der mit dieser verbundenen Wahrheitserhaltung, sind formal symbolisierbar. Wenn der zusammengesetzte Satz C & D wahr ist, dann ist auch der einfache Satz C als Teilsatz von C & D wahr. Es gilt die formale Regel: Wenn C & D, dann C. Wer etwas mitteilen will, tut dies, indem er physikalische Gebilde (z. B. Buchstaben) auswählt und zusammenstellt, die das symbolisieren, was er kundzutun die Absicht hat. Wer wissen möchte, was das Gesagte logisch zur Folge hat, ›hantiert‹ (in Husserls Sprache; 1891, 271) oder ›manipuliert‹ (in heutiger Sprache) mit den Zeichen nach den Regeln, welche bei den vorgefundenen Beziehungen zwischen den Zeichen anwendbar sind. Stehen C und D für Sätze, ist ein möglicher Schluß C. Stehen sie für die Zahlen 3 und 4, ist das Ergebnis das Zeichen für die Zahl 7.

Wie Sinn formal symbolisierbar ist, so ist kausale Wirkung formal bestimmbar. Die Wirkungsweise eines physikalischen Gebildes ist abhängig von seinen »mechanischen« Eigenschaften der Größe, der Gestalt, der Bewegung und der Lage. Das sind prototypisch formale Eigenschaften. Ein physikalisches System verhält sich nur dann sinnvoll, begründet oder rational, wenn physikalische Strukturen einer bestimmten Gestalt in Abhängigkeit von der Architektur des ganzen Systems solche anderen physikalischen Strukturen kausal zur Folge haben, die bei einer durchgängigen semantischen Interpretation als deren logische Folge gelten. Die physikalischen Strukturen, die der Reihe nach als Zeichen für die Zahl 3, die Addition und die Zahl 4 interpretierbar sind, verhalten sich dann rational, wenn sie ein Gleichheitszeichen und das Zeichen für die Zahl 7 zur kausalen Folge haben.

Wie schon bei der funktionalen Interpretation mentaler Bilder bietet sich auch hier ein Vergleich mit Kants Schematismus-Lehre an. Diese wird fast allgemein als ein ebenso dunkles wie zentrales Kapitel seiner Erkenntnislehre angesehen. Die Schemata haben bei Kant die Anwendung der Verstandeskategorien auf die Sinnlichkeit zu vermitteln. In der philosophischen Psychologie, die sich an Computer-Modellen orientiert, entfällt mit aller Anschauung zugleich auch die Sinnlichkeit als eine phänomenale Gegebenheit *sui generis*. Was zu vermitteln bleibt, sind ausschließlich physikalische Strukturen und Sinnkategorien. Und dies leistet die Form der physikalischen Strukturen. Wie sie es leistet, ist wie alles mechanisch Erklärbare geradezu intuitiv einleuchtend.

Vom Schematismus schreibt Kant in der *Kritik der reinen Vernunft* (A 141/B 180f.), es sei »eine verborgene Kunst in den Tiefen der menschlichen Seele, deren wahre Handgriffe [in heutiger Sprache wiederum: Manipulationen] wir der Natur schwerlich jemals abraten und sie unverdeckt vor Augen legen werden«. Die Stelle erinnert an die bekannte Passage vom sogenannten »Newton des Grashalms« in der *Kritik der Urteilskraft* (§ 75). In ihr stellt es Kant für ganz gewiß hin, »daß wir die organisierten Wesen und deren innere Möglichkeit nach bloß mechanischen Prinzipien der Natur nicht einmal zureichend kennenlernen, viel weniger uns erklären können; und zwar so gewiß, daß man dreist sagen kann: es ist für Menschen ungereimt, auch nur einen solchen Anschlag zu fassen, oder zu hoffen, daß noch etwa dereinst ein Newton aufstehen könne, der auch nur die Erzeugung eines

Grashalms nach Naturgesetzen, die keine Absicht geordnet hat, begreiflich machen werde; sondern man muß diese Einsicht den Menschen schlechterdings absprechen«. Auch heute verfügen wir noch über keine Theorie, mit der sich »die Erzeugung eines Grashalms« in jeder Hinsicht erklären ließe, aber nicht wenige Biologen erheben doch mit bemerkenswerten Argumenten den Anspruch, daß mit Darwins Evolutionslehre, mit den kybernetischen Systemkonzeptionen und mit der Entschlüsselung des genetischen Codes Bausteine zu einer Erklärung des Lebens vorliegen, die der Bezeichnung »newtonisch« würdig sind. Eine durchaus vergleichbare Leistung ist der kognitiven Wissenschaft zuzugestehen. Es ist ihr gelungen, modellhaft zu zeigen, wie »nach bloß mechanischen Prinzipien der Natur« Vernunft möglich ist, konkret, wie logische Folgerungen von einem physikalischen System »spontan« vollzogen werden können. Ebenso ist es gelungen, modellhaft zu zeigen, wie in einem physikalischen System eine (nicht-bildhafte) Struktur in informationstheoretischer Hinsicht wie ein Bild fungieren kann.

Nach diesen starken Worten sind alsogleich empfindliche Einschränkungen fällig. Bei allem modellhaften Verständnis von zentralen Lebensprozessen (Prozessen der Evolution, der Selbstregulation, -regeneration und -reproduktion) bleibt nach wie vor unverstanden, wie ein System mit diesen Prozessen unter natürlichen Umständen entstehen konnte. Ebenso ist völlig unklar, unter welchen natürlichen Bedingungen sich ein nach Vernunftgesetzen oder auch nur nach den Gesetzen der Bildverarbeitung operierendes System entwickeln konnte.

Ist eine Theorie zudem nur unter idealisierten Bedingungen erfolgreich, dann ist die Wahrscheinlichkeit groß, daß sie wohl begrifflich tadellos, empirisch jedoch nicht adäquat ist. Als Philosoph, der nicht nur an dem interessiert ist, was tatsächlich ist, sondern auch und in erster Linie an dem, was möglich ist, weiß man solche Theorien freilich zu schätzen, wenn mit ihnen etwas als begrifflich möglich ausgewiesen wird, gegen das zuvor apriorische Bedenken erhoben worden sind.

Die empirische Inadäquatheit der funktionalen Interpretation mentaler Gebilde kann zwei Gründe haben. Es kann sein, daß die bisherigen Theorien durch funktionale Theorien anderer Art zu ergänzen sind, nicht allein durch solche, die, statt nur mit satzhaften Strukturen zu arbeiten, auch mit bildhaften Strukturen operieren, sondern auch durch solche, die, statt nur sequentielle Prozesse zuzulassen, auch massiv parallele Prozesse annehmen. Es kann aber auch sein, daß der funktionale Ansatz überhaupt nur für Teilbereiche adäquat ist. Die offensichtlichste Grenze des Funktionalismus bezieht sich auf die phänomenalen Qualitäten, die mit der sinnlichen Erfahrung verbunden sind. Phänomenale Qualitäten sind funktional nicht identifizierbar. Es ist entscheidbar, ob die Eigenschaft eines Dinges, die zwei Personen sprachlich mit dem Farbadjektiv ›rot‹ belegen, für sie funktional gleichwertig ist. Unentscheidbar ist jedoch, ob beide phänomenal die gleiche Farbe wahrnehmen.

Die Frage, ob die empirische Inadäquatheit der bislang vorgebrachten funktionalen Interpretationen mentaler Gebilde nicht gerade mit der Ausschaltung des intuitiven Bewußtseins zusammenhängt, drängt sich vor allem bei einer genetischen Blickrichtung auf. Intuitive Erfahrungen spielen besonders bei der Genesis von Problemlösungen eine auffällige, wenn auch weitgehend ungeklärte Rolle.

Bei der Erforschung mentaler Bilder innerhalb der kognitiven Wissenschaft ist der Respekt für das, was phänomenal erfahren wird, merkwürdig zwiespältig. Man macht zwar von den introspektiven Berichten einen heuristischen Gebrauch und betrachtet sie durch den technischen Nachweis, daß neben der sprachlichen auch eine imaginative Weise der Informationsgewinnung möglich ist, validiert und setzt sich dennoch in anderer Hinsicht unbekümmert über sie hinweg (vgl. Kosslyn 1980, 470 f.; 1983, 29 f.). Was in funktionaler Perspektive wie ein Bild fungiert, sind physikalische Strukturen, die »im Kopf« des Imaginierenden zu suchen sind. Es sind neurale Strukturen. Was in phänomenologischer Perspektive dagegen als Bild erscheint, ist »in der Außenwelt« lokalisiert, wo der Imaginierende sich seinen Bildern nähern oder von ihnen entfernen kann und ihnen, in Reichweite vorgestellt, mit seinen Händen und Fingern nachfahren kann. Es sind phänomenale Strukturen. Ein Verliebter stellt sich seine Freundin normalerweise nicht (*en miniature*) in seinem Kopf vor, sondern (in wirklicher Größe) vor sich, wo er sie umarmen kann. Was sich in seinem Kopf abspielt, ist allein der mentale Prozeß der Vorstellung, die Ursache für das, was sich in seinen wirklichen Armen vorgestellt abspielt. (›Vorstellung‹ ist wie viele mentale Ausdrücke doppeldeutig. ›Vorstellung‹ kann sowohl den Prozeß des

Vorstellens als auch den Gegenstand oder das Ergebnis dieses Prozesses bezeichnen.) Nur der Prozeß findet »im Geist« statt, sein Resultat wird in eine Welt hineinprojiziert, die entweder sich mit der Wahrnehmungswelt deckt oder eine Alternative zu ihr bildet. Daß es so ist, ist gerade bei einer umfassenden funktionalen Perspektive keine Überraschung. Mentale Bilder dienen ja nicht allein dazu, Probleme »im Kopf« zu lösen, sondern dazu, sich »in der Welt« zurechtzufinden und Handlungen »projektgemäß« auszuführen. Für die Erklärung dieser *phänomenalen* Projektion (das Wort ›phänomenal‹ wahrlich zugleich in seinem technischen phänomenologischen und in seinem metaphorischen Sinn verstanden) fehlt – hier ist man geneigt, zu Kants agnostischer Linie zurückkehren – jeglicher Baustein zu einer Theorie, die das Prädikat ›newtonisch‹ verdienen würde.

Literatur

Barwise, Jon/John Perry (1983), *Situations and Attitudes*, Cambridge, MA: MIT Press; deutsche Übersetzung: *Situationen und Einstellungen*, Berlin: Gruyter 1987.

Chomsky, Noam (1980), *Rules and Representations*, New York: Columbia UP; deutsch: *Regeln und Repräsentationen*, Frankfurt: Suhrkamp 1981.

Fodor, Jerry A. (1975), *The Language of Thought*, Cambridge, MA: Harvard UP.

Frege, Gottlob (1892), »Über Sinn und Bedeutung«, in: *Kleine Schriften*, Darmstadt: Wissenschaftliche Buchgesellschaft 1967, 143-162.

Holenstein, Elmar (1985), »Natural and Artificial Intelligence«, in: Don Ihde/H. J. Silverman (Hrg.), *Descriptions*, Albany, NY: State University of New York Press, 162-174.

Husserl, Edmund (1891), *Philosophie der Arithmetik*, *Husserliana* XII, Den Haag: Nijhoff, 1970.

Kant, Immanuel (1781/87), *Kritik der reinen Vernunft*, Riga: Hartknoch.

– (1790), *Kritik der Urteilskraft*, Berlin und Libau: Lagarde und Friederich.

Kosslyn, Stephen M. (1980), *Image and Mind*, Cambridge, MA: Harvard UP.

– (1983), *Ghosts in the Mind's Machine*, New York: Norton.

Sartre, Jean-Paul (1940), *L'imaginaire*, Paris: Gallimard.

Stich, Stephen (1983), *From Folk Psychology to Cognitive Science*, Cambridge, MA: MIT Press.
Wittgenstein, Ludwig (1953), *Philosophische Untersuchungen/Philosophical Investigations*, Oxford: Blackwell.

Daniel C. Dennett
Intentionale Systeme in der kognitiven Verhaltensforschung

1. Das Problem

Das Feld der kognitiven Verhaltensforschung bietet reiches Quellenmaterial für die philosophische Analyse der Bedeutung und der Mentalität; es bietet für Philosophen sogar die verführerische Aussicht, ziemlich direkt an der Entwicklung von Begriffen und Methoden eines anderen Gebiets mitzuarbeiten. Als Philosoph, als Außenstehender, der nur eine kursorische Einführung in das Gebiet der Verhaltensforschung erfahren hat, habe ich den Eindruck, daß die neuen Verhaltensforscher, die die Zwangsjacke des Behaviorismus abgestreift und dessen beschwerende Überschuhe abgelegt haben, etwas unsicher nach einer Kleidung Ausschau halten, die sich sehen lassen kann. Sie suchen ein theoretisches Vokabular, das in deskriptiver Hinsicht leistungsfähig genug ist, um die ermittelten Daten zu beschreiben, und gleichzeitig eine theoretisch fruchtbare Methode zur Formulierung von Hypothesen, die *letzten Endes* zu Informationsverarbeitungsmodellen der Nervensysteme der untersuchten Kreaturen führt (vgl. Roitblat 1982). Es ist ein langer Weg von der Beobachtung des Verhaltens von, sagen wir, Primaten in freier Wildbahn bis zu gültigen neurophysiologischen Modellen ihrer Gehirnaktivität; eine Sprechweise zu finden, die einen vernünftigen Mittelweg darstellt, ist keine triviale Aufgabe. Da mir die methodologischen und begrifflichen Probleme, mit denen der Verhaltensforscher konfrontiert ist, eine auffallende Ähnlichkeit mit Problemen zu haben scheinen, mit denen ich und andere Philosophen uns in jüngster Zeit herumgeschlagen haben, bin ich versucht, hereinzuplatzen und vier Dinge anzubieten: erstens eine kurze Analyse des Problems, zweitens einen Vorschlag, es zu behandeln (den ich »Theorie intentionaler Systeme« nenne), drittens eine Analyse des Zusammenhangs zwischen der Theorie intentionaler Systeme und der theoretischen Strategie oder Einstellung in der Evolutionstheorie, die oft als *Adaptionismus* bezeichnet wird, und schließlich eine kurze Verteidigung des Adaptionismus (sowie seiner Verwandten, der Theorie intentionaler Systeme) gegen kürzlich vorgebrachte Kritiken von Stephen J. Gould und Richard C. Lewontin. Die Methodologie der Philosophie enthält gegenwärtig als eine ihrer populärsten (und oft tatsächlich fruchtbaren) Strategien die Beschreibung und Untersuchung vollkommen imaginärer Situationen – ausgearbeitete Gedankenexperimente, die die vermeintlich entscheidenden Eigenschaften in einem bestimmten begrifflichen Gebiet für die genaue Analyse isolieren. In *Wort und Gegenstand* (1960) stellte W. V. O. Quine eine ausführliche Untersuchung der empirischen und theoretischen Aufgaben vor, die sich dem »radikalen Übersetzer«, dem imaginären Anthropologen und Sprachwissenschaftler stellen, der zu einer vollkommen fremden Gesellschaft kommt – ohne eine Schar von Übersetzern oder zweisprachigen Führern –, der die Sprache der Eingeborenen herausfinden muß und dabei jede verfügbare wissenschaftliche Methode anwenden kann. Aus diesem Gedankenexperiment heraus entwickelte sich Quines These von der »Unbestimmtheit der radikalen Übersetzung«, die besagt, daß es im Prinzip immer möglich sein muß, für jede beliebige Sprache nichttrivial verschiedene Übersetzungshandbücher zu entwickeln, die gleich gut von den zur Verfügung stehenden empirischen Belegen gestützt werden. Einer der seitdem umstrittensten Punkte des Quineschen Ansatzes sind seine kompromißlos durchgehaltenen behavioristischen Skrupel hinsichtlich der Charakterisierung der Aufgabe, vor der der radikale Übersetzer steht. Was geschieht mit der Aufgabe der radikalen Übersetzung, wenn man sich von der Bindung an eine behavioristische Anschauung und Terminologie löst? Wie sind die Aussichten für das Zustandekommen einer einheitlichen Übersetzung einer Sprache (oder der einheitlichen Interpretation der »mentalen Zustände« eines Wesens), wenn man das Vokabular und die Methoden des »Kognitivismus« zuläßt? Die Frage könnte durch andere Gedankenexperimente geklärt werden, und in verschiedener Hinsicht ist dies auch geschehen (Bennett 1976; Dennett 1971; Lewis 1974). Die Untersuchungen der wirklichen Welt durch Seyfarth, Cheney und Marler (1980) mit grünen Meerkatzen (einer Affenart) in Afrika leisten uns bei dieser Gelegenheit bessere Dienste. Grüne Meerkatzen bilden eine Art Gesellschaft und haben eine Art Sprache, und es gibt natürlich keine zweisprachigen Übersetzer, die bei einer radikalen Übersetzung der Meerkatzensprache behilflich sein könnten. Dabei hat man folgendes herausgefunden:

Grüne Meeerkatzen geben unterschiedliche Alarmrufe bei unterschiedlichen Räubern. Aufnahmen von Alarmrufen, die abgespielt wurden, wenn kein Räuber vorhanden war, ließen die Affen auf Bäume klettern, wenn ein Leopardenalarm vorlag; sie ließen sie nach oben sehen, wenn Adleralarm, und nach unten sehen, wenn Schlangenalarm abgespielt wurde. Ausgewachsene Affen geben hauptsächlich bei Leoparden, Adlern und Pythons Alarm; jüngere Affen geben dagegen Leopardenalarm bei verschiedenen Säugetieren, Adleralarm bei vielen Vögeln und Schlangenalarm bei verschiedenen schlangenähnlichen Gegenständen. Die Räuberklassifikation verbessert sich mit dem Alter und der Erfahrung (Seyfarth, Cheney und Marler 1980, 801).

Diese Zusammenfassung ist, wie Sie bemerken, in beinahe reinem Behavioresisch, der Sprache der Naturwissenschaft, abgefaßt, auch wenn diese nicht mehr *die* Sprache *der* Wissenschaft ist. Sie ist gerade informativ genug, um quälend zu sein. Man will wissen, wieviel Sprache die Meerkatzen wirklich haben. Kommunizieren sie *tatsächlich*? *Meinen sie, was sie sagen*? Welche Interpretation genau können wir diesen Aktivitäten geben? Was, wenn überhaupt, sagen uns diese Daten über die kognitiven Fähigkeiten von Meerkatzen? In welcher Hinsicht ähneln diese Fähigkeiten – notwendigerweise – den kognitiven Fähigkeiten des Menschen, und in welcher Weise und in welchem Grad sind Meerkatzen kraft dieses »sprachlichen« Talents intelligenter als andere Arten? Diese überladenen Fragen – die natürlichsten, die man unter diesen Umständen stellt – fallen nicht glatt in den Bereich irgendeiner Wissenschaft. Doch gleichgültig, ob dies die richtigen Fragen sind, die ein Wissenschaftler zu stellen hat, sind es sicherlich Fragen, die wir alle als faszinierte Menschen beantwortet haben wollen, wenn wir von dieser auffallenden Ähnlichkeit der Meerkatzen mit uns erfahren.
Der Kognitivist würde gern der Versuchung erliegen, die gewöhnliche mentalistische Sprache mehr oder weniger als bare Münze zu betrachten und direkt Fragen zu beantworten, wie: Was *wissen* die Affen? Was *wollen*, *verstehen* und *meinen* sie? Der entscheidende Punkt der kognitiven Untersuchung ist andererseits jedoch nicht, die Neugier des Laien hinsichtlich des relativen IQ seines affenartigen Verwandten zu stillen, sondern die kognitiven *Talente* dieser Tiere darzustellen, und zwar auf dem

Weg über die Darstellung der kognitiven *Prozesse*, die diese Talente erklären. Kann die Alltagssprache der Meinungen, Wünsche, Erwartungen, des Erkennens, Verstehens und dergleichen auch als die hinreichend strenge, abstrakte Sprache dienen, in der die kognitiven Kompetenzen zu beschreiben sind?
Ich möchte behaupten, daß die Antwort »ja« lautet. Ja, wenn wir sorgfältig beachten, was wir tun und sagen, wenn wir gewöhnliche Worte wie »meinen« und »wünschen« verwenden und wenn wir die Annahmen und Implikationen der Strategie verstehen, die wir verwenden müssen, wenn wir diese Wörter gebrauchen.
Die Entscheidung, sich in der Wissenschaft auf Meinungen, Wünsche und andere »mentalistische« Begriffe zu stützen, die Entscheidung für »die intentionale Einstellung«, wie ich sie nenne (Dennett 1971; 1976; 1978a; 1981b; 1981c), ist keine ungewöhnliche Art der Entscheidung in der Wissenschaft. Die Grundstrategie, von der dies ein Spezialfall ist, ist vertraut: sie besteht darin, die Erklärungs- und Beschreibungsebenen zu ändern, um eine größere Voraussagekraft oder Allgemeinheit zu erhalten. Üblicherweise geschieht dies auf Kosten von Details, um den Preis von Vereinfachungen und erschwerter Falsifikation. Wenn Biologen, die eine bestimmte Tierart untersuchen, entscheiden, etwas in der Umwelt der Tierart *Nahrung* zu nennen, und es dabei belassen, vernachlässigen sie die verzwickten Details der Chemie und Physiologie der Ernährung, der Biologie des Kauens, der Verdauung, der Ausscheidung und das übrige. Selbst wenn man voraussetzt, daß viele Details dieser feiner strukturierten Biologie noch nicht richtig verstanden sind, wird die Entscheidung, durch Antizipation der feiner strukturierten Biologie den Sprung nach vorn zu wagen und sich auf das richtige Verhalten des Begriffs der Nahrung auf der Ebene der dafür geeigneten Theorie zu verlassen, wahrscheinlich selbst bei dem konservativsten Wissenschaftler Zustimmung finden.
Die Entscheidung für eine intentionale Einstellung ist risikoreicher. Sie beruht auf der Brauchbarkeit eines bisher ungenau beschriebenen Begriffs der Information – nicht des Begriffs, der durch die Informationstheorie von Shannon und Weaver (Shannon 1949) legitimiert wurde, sondern vielmehr des Begriffs, den man häufig *semantische Information* nennt. (Eine mehr oder weniger übliche Weise, die noch immer unvollkommen verstandene Unterscheidung zwischen diesen beiden Informationsbegriffen

einzuführen, besteht darin, zu sagen, daß die Shannon-Weaver-Theorie die *Kapazität* der Informationsübertragung und der Träger der Informationsspeicherung mißt, daß sie jedoch nichts zu den Inhalten dieser Kanäle und Träger sagt, die der Gegenstand einer noch zu formulierenden Theorie semantischer Information sein wird. Ein Versuch, die Kluft zwischen den beiden Begriffen zu überbrücken, findet sich bei Dretske 1981; eine Buchbesprechung durch verschiedene Autoren findet sich in BBS 6 (1) 1983.) Information ist in semantischer Sicht eine vollkommen reale, jedoch sehr abstrakte Ware, deren Speicherung, Übertragung und Transformation in der Alltagssprache informell, aber ziemlich zuverlässig mit Hilfe von Meinungen und Wünschen sowie anderen Zuständen und Akten wiedergegeben wird, die Philosophen *intentional* nennen.

II. Die Theorie intentionaler Systeme

Im philosophischen Jargon heißt Intentionalität, um es kurz zu sagen, Von-etwas-Handeln. Einige der Dinge, Zustände und Ereignisse in der Welt haben die interessante Eigenschaft, *von* anderen Dingen, Zuständen und Ereignissen *zu handeln*; bildlich gesprochen: sie weisen auf andere Dinge. Dieser Pfeil der Bezugnahme oder des Von-etwas-Handelns ist Gegenstand intensiver philosophischer Betrachtung gewesen und hat viel Widerspruch hervorgerufen. Für unsere Zwecke können wir aus diesem brodelnden Kessel zweierlei behutsam abschöpfen, wobei wir stark vereinfachen und wichtige Themen außer acht lassen, die unsere Fragen nur am Rande berühren.

Wir können zunächst das Vorhandensein der Intentionalität, des Von-etwas-Handelns, als den Gegenstand unserer Diskussionen auszeichnen, indem wir das Vorhandensein einer bestimmten *logischen* Eigenschaft solcher Diskussionen auszeichnen. Sätze, die Systemen intentionale Zustände oder Ereignisse zuschreiben, verwenden Wendungen, die *referentielle Opakheit* aufweisen: sie leiten Nebensätze ein, in denen die normale, freie Substitutionsregel nicht gilt. Diese Regel ist einfach die logische Umschreibung der Maxime, daß eine Rose genau so zart duften würde, wenn sie irgendeinen anderen Namen hätte. Wenn man einen wahren Satz hat – so die Regel –, und man ändert ihn, indem man einen

Ausdruck durch einen anderen, davon verschiedenen Ausdruck ersetzt, der sich exakt auf dasselbe Ding oder dieselben Dinge bezieht, dann wird der neue Satz ebenfalls wahr sein. Dasselbe gilt für falsche Sätze – bloße Änderung der Mittel, mit denen man die Gegenstände herausgreift, von denen der Satz handelt, kann eine falsche Aussage nicht zu einer wahren machen. Nehmen wir z. B. an, Emil sei der älteste Schüler der Klasse; wenn nun wahr ist, daß

1. Dorothea neben Emil sitzt,

dann erhalten wir bei Ersetzung »der älteste Schüler der Klasse« für »Emil« den Satz

2. Dorothea sitzt neben dem ältesten Schüler der Klasse,

der wahr sein *muß*, wenn der vorherige Satz wahr ist.

Ein Satz mit einer *intentionalen Wendung* enthält jedoch einen Satz, in der solch eine Ersetzung Wahrheit zu Falschheit machen kann und vice versa. (Dieses Phänomen wird referentielle Opakheit genannt, weil die Ausdrücke in solchen Sätzen durch eine Barriere abgeschirmt oder isoliert sind, so daß sie sich der logischen Analyse entziehen, die normalerweise durch die Ausdrücke »hindurch« auf die Welt »sieht«, von der die Ausdrücke handeln.) So ist z. B. Sir Walter Scott der Autor von *Waverly*, und Bertrand Russell (1905) versichert uns, daß

3. George IV. sich fragte, ob Scott der Autor von *Waverly* sei.

Es erscheint jedoch tatsächlich unwahrscheinlich, daß

4. George IV. sich fragte, ob Scott Scott sei.

Wie Russell bemerkt, »kann Europas erstem Gentleman kaum ein Interesse an dem Gesetz der Identität nachgesagt werden« (1905, 485).

Um ein anderes Beispiel zu geben, nehmen wir an, daß es wahr sein soll, daß

5. Burgess fürchtet, daß die Kreatur, die im Gebüsch raschelt, eine Python ist,

und nehmen wir an, daß die Kreatur im Gebüsch in Wirklichkeit Robert Seyfarth ist. Wir wollen nicht den Schluß ziehen, daß

6. Burgess fürchtet, daß Robert Seyfarth eine Python ist.

Man wird sicher sagen, daß wir in gewissem Sinn eben dies tun, und in diesem Sinne wollen wir, so seltsam das ist, darauf bestehen, daß König George sich *tatsächlich* fragte, ob Scott Scott sei. So hat er sich die Frage aber nicht gestellt, und auch Burgess hat die Kreatur im Gebüsch nicht so aufgefaßt, das heißt nicht *als*

Seyfarth. Es ist der Sinn des Begreifens *als*, des Sehens *als*, des Denkens *als*, den die intentionale Wendung in den Mittelpunkt stellt.

Ein anderes Beispiel: Angenommen, Sie meinen, Ihr Nachbar gäbe einen guten Ehemann ab, und ferner angenommen, daß er der Verrückte Würger ist, wovon Sie allerdings nichts wissen. Obwohl in einem sehr überspannten Sinn von Ihnen gesagt werden kann, Sie meinten, daß der Verrückte Würger einen guten Ehemann abgäbe, so tun Sie dies in einem anderen, natürlicheren Sinne nicht, denn es gibt eine andere (sehr bizarre und unwahrscheinliche) Meinung, die Sie sicherlich nicht teilen, und die man mit mehr Recht die Meinung nennen könnte, daß der Verrückte Würger einen guten Ehemann abgäbe.

Es ist dieser Widerstand gegenüber der Ersetzung, das Bestehen darauf, daß es für *einige* Zwecke einen entscheidenden Unterschied macht, ob man eine Rose eine Rose nennt, was die intentionalen Wendungen in idealer Weise dazu geeignet macht, über die Art und Weise zu reden, wie Informationen in den Köpfen von Menschen – und anderen Tieren – repräsentiert sind.

Der erste Punkt zur Intentionalität besteht daher darin, daß wir uns bei einer ausgezeichneten Menge von Wendungen darauf verlassen können, daß sie diese besondere Eigentümlichkeit haben, daß bei Ihnen die *Mittel der Referenz* nicht gleichgültig sind, die in den von ihnen eingeleiteten Sätzen verwendet werden. Am vertrautesten sind solche Wendungen wie »meinen, daß«, »wissen, daß«, »erwarten (daß)«, »wollen (daß es der Fall ist)«, »erkennen (daß)«, »verstehen (daß)«. Kurz, das von Behavioristen gemiedene und von Kognitivisten gefeierte »mentalistische« Vokabular läßt sich ziemlich gut herausfiltern, wenn man referentielle Opakheit als Kriterium wählt.

Der zweite Punkt, den wir festhalten wollen, ist ziemlich kontrovers, obwohl er viele Anhänger hat, die zu ungefähr dem gleichen Ergebnis kamen, auch wenn sie verschiedene Wege einschlugen: der Gebrauch intentionaler Wendungen bringt die Voraussetzung oder Annahme von Rationalität der Kreatur oder des Systems, dem intentionale Zustände zugeschrieben werden, ins Spiel. Worauf dies hinausläuft, wird deutlicher werden, wenn wir uns nun der intentionalen Einstellung in bezug auf Meerkatzen zuwenden.

III. Meerkatzen als intentionale Systeme

Die intentionale Einstellung gegenüber diesen Affen einzunehmen heißt, sich für den Versuch zu entscheiden, ihr Verhalten zu charakterisieren, vorauszusagen und zu erklären, indem man intentionale Wendungen wie »meinen« und »wollen« verwendet. Diese Vorgehensweise nimmt bei den Meerkatzen Rationalität an oder setzt sie voraus. Wir wollen sagen, daß eine Meerkatze ein *intentionales System* ist, ein Ding, dessen Verhalten voraussagbar ist, wenn wir ihm Meinungen und Wünsche zuschreiben (und natürlich Rationalität). *Welche* Meinungen und Wünsche? Es stehen hier viele Hypothesen zur Verfügung, die, da sie Rationalität voraussetzen, getestet werden können. Zunächst wollen wir festhalten, daß es unterschiedliche Grade intentionaler Systeme gibt. Ein intentionales System *erster Ordnung* hat Meinungen und Wünsche (usw.), jedoch keine Meinungen und Wünsche *bezüglich* Meinungen und Wünschen. Alle Zuschreibungen, die wir bei einem intentionalen System machen, das nur erster Ordnung ist, haben die logische Form

7. x *meint, daß* p,
8. y *will, daß* q,

wobei »p« und »q« Sätze bezeichnen, die selbst keine intentionalen Wendungen enthalten. Ein intentionales System *zweiter Ordnung* ist komplizierter. Es hat Meinungen und Wünsche (und zweifellos andere intentionale Zustände) bezüglich Meinungen und Wünschen (und anderen intentionalen Zuständen) – und zwar sowohl von anderen als auch von sich selbst. Zum Beispiel:

9. x *will*, daß y *meint*, daß x hungrig ist,
10. x *meint*, daß y *erwartet*, daß x nach links springt,
11. x *fürchtet*, daß y *entdecken* wird, daß x ein Nahrungsdepot hat.

Ein intentionales System *dritter Ordnung* kann Zustände haben wie

12. x *will*, daß y *meint*, daß x *meint*, daß er allein ist.

Ein System *vierter Ordnung* könnte wollen, daß du *meinst*, es *verstehe*, daß du *verlangst*, daß es gehe. Wie weit können wir Menschen dies fortsetzen? »Im Prinzip« zweifellos unendlich weit, ich bezweifle jedoch, daß Sie sich fragen, ob ich erkenne, wie schwer es für Sie ist, sicher zu sein, daß Sie verstehen, ob ich sagen will, daß Sie erkennen können, daß ich glauben kann, daß

Sie wollen, daß ich erkläre, daß die meisten von uns nur ungefähr fünf oder sechs Ordnungen unter günstigsten Bedingungen verfolgen können. Vgl. Cargile (1970) zu einer eleganten, aber nüchternen Erforschung dieser Phänomene.

Was können Meerkatzen? Haben sie wirklich die Fähigkeit zur Intentionalität dritter oder vierter Ordnung? Die Frage ist in verschiedener Hinsicht interessant. Zunächst liegen diese Ordnungen auf einer *intuitiven* Skala der Intelligenz; Zuschreibungen höherer Ordnung scheinen uns sehr viel höher entwickelt, sehr viel menschlicher, sehr viel mehr Intelligenz zu erfordern. Es gibt einige plausible Diagnosen dieser Intuition. Grice (1957, 1969) und andere Philosophen (vgl. besonders Bennett 1976) haben sorgfältig ausgearbeitete und genaue Argumente für die Ansicht entwickelt, daß eigentliche *Kommunikation*, Sprechakte im strengen, menschlichen Sinne des Wortes, *zumindest* von drei Ordnungen der Intentionalität abhängen, und zwar sowohl beim Sprecher wie beim Hörer.

Nicht alle Interaktionen zwischen Organismen sind kommunikativ. Wenn ich eine Fliege erschlage, kommuniziere ich nicht mit ihr, und auch nicht, wenn ich das Fenster öffne, um sie hinausfliegen zu lassen. Aber kommuniziert ein Schäferhund mit den Schafen, die er hütet? Kommuniziert ein Biber, wenn er mit dem Schwanz schlägt, und kommunizieren Bienen, wenn sie ihre berühmten Tänze aufführen? Kommunizieren menschliche Kinder mit ihren Eltern? Zu welchem Zeitpunkt kann man sicher sein, daß man wirklich mit einem Kind kommuniziert? Das Vorhandensein spezifischer sprachlicher Token scheint weder notwendig noch hinreichend zu sein. (Ich kann englische Befehle gebrauchen, um meinen Hund Dinge tun zu lassen, doch dies ist bestenfalls eine blasse Form der Kommunikation, verglichen mit dem bloßen Heben der Augenbrauen, mit dem ich jemandem zu verstehen geben kann, daß er das Gesprächsthema wechseln sollte.) Die Theorie von Grice bietet einen besseren Rahmen, um diese Fragen zu beantworten. Sie definiert intuitiv plausible und formal anspruchsvolle Kriterien für Kommunikation, zu denen gehört, daß den Teilnehmern zumindest intentionale Zustände dritter Ordnung korrekt zugeschrieben werden, wie:

13. Der Äußernde *beabsichtigt*, daß die Hörer *erkennen*, daß der Äußernde *beabsichtigt*, daß die Hörer mit *a* antworten.

Ein Grund, sich für die intentionale Interpretation der Meerkatzen zu interessieren, liegt daher darin, daß sie verspricht, die Frage zu beantworten (oder zumindest zu beantworten hilft): Ist dieses Verhalten wirklich sprachlich? Kommunizieren sie wirklich? Ein anderer Grund liegt darin, daß die höheren Ordnungen ein auffallendes Merkmal für Zuschreibungen von interaktiven Eigentümlichkeiten wie reziprokem Altruismus sind, über den in der soziobiologischen Literatur spekuliert wird. Man hat sogar vermutet (Trivers 1971), daß die steigende Komplexität mentaler Repräsentationen, die für die Aufrechterhaltung von Systemen des reziproken Altruismus (und anderer komplexer sozialer Beziehungen) erforderlich ist, in der Evolution zu einer Art Wettrüsten in der Gehirnleistung führte. Humphrey (1976) kommt auf einem anderen und in mancher Hinsicht weniger spekulativen Weg zu ähnlichen Ergebnissen. Es gibt vielleicht eine Anzahl von Wegen, die zu dem Schluß führen, daß Charakterisierungen durch Intentionalität höherer Ordnung ein echtes Merkmal – und nicht nur ein verläßliches Symptom – für Intelligenz sind.

(Ich will nicht sagen, daß diese Ordnungen irgendwie eine einheitliche Stufenleiter darstellen. Verschiedene Kritiker haben mich darauf hingewiesen, daß die erste Iteration – zu einem intentionalen System *zweiter Ordnung* – der entscheidende Schritt der Rekursion sei; wenn man erst einmal das Prinzip der *Einbettung* in sein Repertoire übernommen hat, dann scheint die Komplexität dessen, was man in irgendeinem Sinne in Erwägung ziehen kann, in plausibler Weise nur noch durch die Kapazität des Gedächtnisses, der Aufmerksamkeitsspanne oder des »kognitiven Arbeitsspeichers« als grundlegendes Maß für die Höhe der Entwicklung des Systems begrenzt zu sein. Und dank »Klumpenbildung« (*chunking*) und anderen künstlichen Gedächtnishilfen scheint es keinen *interessanten* Unterschied zwischen einem intentionalen System (sagen wir) vierter und fünfter Ordnung zu geben. Vgl. jedoch Cargile 1970 zu weiteren Überlegungen über die natürlichen Grenzen der Iteration.)

Doch nun zurück zur empirischen Frage, was grüne Meerkatzen können. Der Einfachheit halber können wir unsere Aufmerksamkeit auf einen einzigen offenbar kommunikativen Akt beschränken, der von einer bestimmten Meerkatze namens Tom ausgeführt wird. Wir wollen annehmen, daß sie den Ruf »Leopardenalarm« in Gegenwart einer anderen Meerkatze namens Sam gibt. Wir können nun eine Menge konkurrierender intentionaler Interpretationen dieses Verhaltens zusammenstellen, die von hohen zu niedrigen, von »romantischen« bis spielverderberischen reichen. Hier ist eine (relativ) romantische Hypothese (mit einigen zu testenden Variationen im Schlußsatz):

4. Ordnung: Tom *will*, daß Sam *erkennt*, daß Tom *will*, daß Sam *glaubt*, daß da ein Leopard ist,
daß da ein Fleischfresser ist,
daß da ein vierbeiniges Tier ist,
daß dort ein lebendes Tier ist, das größer als eine Brotdose ist.

Weniger aufregend wäre es, folgende Hypothese dritter Ordnung zu bestätigen (es könnten auch andere sein):

3. Ordnung: Tom *will*, daß Sam *erkennt*, daß Tom *will*, daß Sam auf einen Baum klettert.

Man beachte, daß sich dieser besondere Fall dritter Ordnung von dem Fall vierter Ordnung durch den Wandel der Sprechaktkategorie unterscheidet: In dieser Lesart ist der Leopardenalarm ein imperativer Akt (eine Aufforderung oder ein Befehl) und nicht ein deklarativer Akt (der Sam über den Leoparden informiert). Der wichtige Unterschied zwischen imperativen und deklarativen Interpretationen von Äußerungen (vgl. Bennett 1976, §§41, 51) kann auf jeder beliebigen Beschreibungsebene oberhalb der zweiten Ordnung (auf der es *ex hypothesi* keine Intention gibt, einen der beiden Sprechakte auszuführen) erfaßt werden – und aufschlußreiche Verhaltensunterschiede können dann untersucht werden. Doch selbst auf der zweiten Stufe ist ein vergleichbarer Unterschied in der gewünschten Wirkung auf die Hörer ausgedrückt und kann in der folgenden Version prinzipiell aufgrund des Verhaltens festgestellt werden:

2. Ordnung: Tom *will*, daß Sam *meint*,
daß da ein Leopard ist,
daß er auf einen Baum klettern solle.

Diese Version unterscheidet sich von den beiden früheren dadurch, daß sie nicht voraussetzt, daß Toms Akt irgendeine Erkenntnis von Sam hinsichtlich seiner (Toms) eigenen Rolle in der Situation (»in Toms Geist«) involviert. Wenn Tom sein Ziel genauso gut erreichen könnte, indem er wie ein Leopard knurrt oder irgendwie Sams Aufmerksamkeit auf den Leoparden richtet, ohne daß Sam das Eingreifen Toms bemerkt, dann wäre dies nur ein Fall zweiter Ordnung. (Vgl. Ich *will*, daß du *meinst*, daß ich nicht in meinem Büro bin; ich sitze daher ganz ruhig und antworte auf dein Klopfen nicht. Das ist keine Kommunikation.)

1. Ordnung: Tom *will* bewirken, daß Sam auf einen Baum klettert (und er hat diesen geräuschvollen Trick, der diese Wirkung hat; er verwendet diesen Trick, um eine bestimmte Reaktion bei Sam hervorzurufen).

Nach dieser Lesart ähnelt der Leopardenschrei dem Verhalten, sich jemandem von hinten zu nähern und »Buh!« zu rufen. Die beabsichtigte Wirkung hängt nicht nur nicht davon ab, ob das Opfer die Intention des Täters erkannt hat; der Täter braucht nicht einmal irgendeine Vorstellung davon zu haben, was in dem Geist des Opfers vorgeht: laute Geräusche hinter bestimmten Dingen veranlassen sie einfach zu springen.

0. Ordnung: Tom (wie andere Meerkatzen) neigt zu drei Arten der Angst oder des Erschreckens: Leopardenangst, Adlerangst sowie Schlangenangst.[1] Jede hat ihre eigenen symptomatischen Lautäußerungen. Die Wirkungen dieser Lautäußerungen auf andere haben eine glückliche Tendenz, doch es sind alles bloß instinktive Reaktionen, sowohl beim Äußernden als auch bei den Hörern.

Wir haben den spielverderberischen Boden des Fasses erreicht: eine Zugangsweise, die den Meerkatzen überhaupt keine Mentalität, keine Intelligenz, keine Kommunikation und keine Intentionalität zuschreibt. Auf den verschiedenen Ebenen sind andere Darstellungsweisen möglich, und einige mögen plausibler sein; ich habe diese der Einfachheit und der Lebendigkeit halber ausgewählt. Nach Lloyd Morgans Sparsamkeitsregel sollen wir uns auf die spielverderberischste, am wenigsten romantische Hypothese festlegen, die in systematischer Weise das beobachtete und beobachtbare Verhalten erklärt. Und lange Zeit hat das behavioristische Glaubensbekenntnis, daß die Kurven so angelegt werden sollten, daß sie die Daten auf der niedrigsten Ebene gut erfassen, die Erforschung der Argumente verhindert, die für eine Systematisierung des Verhaltens solcher Tiere auf einer höheren Ebene sprechen. Die Behauptung, daß das Verhalten eines Tieres immer auf der niedrigsten Stufe beschrieben werden kann (als ein rein physiologisch oder behavioristisch beschreibbarer Ablauf von unvorstellbarer Komplexität) ist nicht mehr interessant. Sie ist mit der Behauptung vergleichbar, daß der Begriff der Nahrung

oder der Begriff der Zelle oder des Gens von Biologen prinzipiell ignoriert werden kann, oder der Behauptung, daß das Verhalten irgendeines Computers prinzipiell rein auf der elektronischen Ebene beschrieben werden kann. Wir sind heute daran interessiert, zu fragen, welchen Gewinn an Klarheit, an Voraussagekraft und an Verallgemeinerung wir erreichen, wenn wir eine Hypothese höherer Ordnung aufstellen, die das Risiko einer intentionalen Charakterisierung auf sich nimmt.
Die Frage ist empirisch. Die Taktik, die intentionale Einstellung einzunehmen, besteht nicht darin, empirische Untersuchungen durch apriorische (»Lehnstuhl-«) Untersuchungen *zu ersetzen*, sondern um anhand dieser Einstellung zu überlegen, welche groben empirischen Fragen der Natur zu stellen sind. Wir können die konkurrierenden Hypothesen testen, indem wir die Rationalitätsannahme der intentionalen Einstellung auswerten. Wir können an beiden Enden des Spektrums beginnen; entweder können wir uns um die bedrückende Art empirischer Belege bemühen, die eine Kreatur einer Interpretation höherer Ordnung *entzieht*, oder der entzückenden Art empirischer Belege nachjagen, die Interpretationen höherer Ordnung von Kreaturen *fördert* (vgl. Bennett 1976). Wir hören z.B. mit Entzücken, daß männliche Meerkatzen, die allein sind und zwischen Gruppen umherwandern (und daher ihrer Ansicht nach außer Hörweite anderer Meerkatzen sind), beim Anblick eines Leopards *lautlos* auf einen Baum flüchten. Soviel zur spielverderberischen Hypothese über Schreie aus Leopardenangst. (Natürlich wird keine Hypothese so leicht widerlegt. Ad-hoc-Modifikationen können eine Hypothese retten, und es ist nicht schwer, sich einfache »Kontext«-Umschaltungen für die Mechanismen der Leopardenangst-Schreie auszudenken, um die Hypothese nullter Ordnung für einen weiteren Tag zu retten.) Auf der andern Seite des Spektrums bietet die bloße Tatsache, daß grüne Meerkatzen offensichtlich so wenig Verschiedenes sagen können, wenig Aussicht, irgendeinen echten theoretischen Nutzen für eine so phantasievolle Hypothese wie unsere der vierten Ordnung zu entdecken. Nur in Kontexten oder Gesellschaften, in denen man Möglichkeiten wie Ironie, Metapher, Geschichtenerzählen und Illustration (der Gebrauch von Wörtern in »zweiter Intention«, wie Philosophen sagen würden[2]) aus- (oder ein-) schließen muß, müssen wir uns solcher Interpretationen höherer Ordnung bedienen. Es gibt noch keine endgülti-

gen Belege, doch man müßte in der Tat recht »romantisch« sein, wollte man hier hohe Erwartungen hegen. Es gibt trotzdem ermutigende Anekdoten.
Seyfarth berichtet (im Gespräch) eine Begebenheit, bei der eine Gruppe von Meerkatzen in einem territorialen Scharmützel mit einer anderen Gruppe Boden verlor. Einer der Affen auf der Verliererseite, der vorübergehend nicht im Gefecht war, schien eine glänzende Idee zu haben: Er gab plötzlich Leopardenalarm (in Abwesenheit eines Leoparden), was dazu führte, daß *alle* Meerkatzen den Schrei aufnahmen und auf die Bäume zurannten – womit er eine Atempause erzeugte und den Boden zurückgewann, den seine Seite gerade verloren hatte. Die wohl von allen geteilte Intuition, daß dies *möglicherweise* (sehen wir von der spielverderberischen Reinterpretation ab) eine Begebenheit von großer Schlauheit war, ist einer detaillierten Diagnose mit Hilfe intentionaler Systeme zugänglich. Wenn dieser Akt nicht bloß ein glücklicher Zufall ist, dann ist der Akt wirklich hinterlistig, denn es ist nicht einfach ein Fall, in dem die Meerkatze einen *Imperativ* »klettert auf die Bäume« in der Erwartung äußert, daß *alle* gehorchen werden, da die Meerkatze (die rational ist – wie wir voraussetzen, um Vorhersagen machen zu können) nicht *erwarten* sollte, daß eine rivalisierende Gruppe *ihrem* Imperativ gehorcht. Entweder wird daher der Leopardenruf von den anderen Meerkatzen als informativ angesehen, als eine *Warnung*, nicht als ein *Befehl* – so daß erst seine Glaubwürdigkeit, nicht jedoch schon seine Autorität hinreicht, um die Wirkung zu erklären –, oder der Äußernde ist noch hinterlistiger: er *will* die Rivalen *glauben* machen, daß sie einen Befehl *hören*, der natürlich nur für ihr eigenes Volk gedacht war, usw. Könnte eine Meerkatze möglicherweise einen so scharfen Sinn für die Situation haben? Diese schwindelerregenden Höhen der Kompliziertheit werden durch die Interpretation höherer Ordnung mit ihrer unvermeidlichen Voraussetzung von Rationalität strikt impliziert. Nur von einer Kreatur, die fähig ist, diese Punkte einzuschätzen, kann im eigentlichen Sinne gesagt werden, daß sie diese Meinungen, Wünsche und Absichten habe.
Eine andere Beobachtung an Meerkatzen läßt die Rolle der Rationalitätsannahme noch deutlicher hervortreten. Als ich zum ersten Mal hörte, daß zu Seyfarths Methoden im Busch versteckte Lautsprecher sowie das Abspielen aufgezeichneter Alarmrufe gehör-

ten, schien mir allein schon der Erfolg der Methode das Ergebnis zu entwerten. Denn falls die Affen wirklich von einer Raffiniertheit à la Grice wären, dann sollten sie in ihrer Rolle als Hörer verblüfft, ungerührt und irgendwie unschlüssig auf die körperlosen Rufe reagieren, die von keinem bekannten Äußerer stammen. Würden sie dieses Problem nicht beachten, wären sie keine Griceaner. Ebenso wie ein eigentlich Kommunizierender typischerweise den Hörer regelmäßig auf Zeichen hin überprüft, ob er die Richtung der Kommunikation mitbekommt, überprüft ein echter Zuhörer typischerweise den Kommunizierenden regelmäßig auf Zeichen hin, ob die Richtung, die er bekommt, die Richtung ist, auf die der Sprecher hinauswill.

Zu meinem Entzücken erfuhr ich jedoch von Seyfarth, daß man bei der Verwendung der Lautsprecher sehr darum bemüht war, etwas derartiges nicht entstehen zu lassen. Meerkatzen können die jeweiligen Rufe von Mitgliedern ihrer Gruppe gleich erkennen, sie erkennen also Sams Leopardenruf *als* den von Sam und nicht von Tom. Damit die Wahrscheinlichkeit groß war, daß die Aufnahmen »funktionierten«, achteten die Experimentatoren sehr darauf, z.B. Sams Ruf dann nicht abzuspielen, wenn Sam deutlich zu sehen war und den Mund geschlossen hatte (oder mit etwas anderem beschäftigt war) oder wenn die anderen »wußten«, daß er weit weg war. Nur wenn die Hörer »annehmen« konnten, daß Sam wirklich anwesend sei und den Ruf ausstoßen konnte (obwohl ihren Blicken verborgen), nur wenn die Hörer *meinen* konnten, daß der Geräuscherzeugende im Gebüsch Sam war, haben die Experimentatoren Sams Ruf abgespielt. Obwohl diese beachtliche Geduld und Sorgfalt Beifall verdient, da sie von einer gewissenhaften Methode zeugt, fragt man sich, ob sie wirklich nötig war. Wenn eine »schlampigere« Wiedergabe genauso »gute« Ergebnisse erzielt hätte, dann wäre dies an sich ein sehr wichtiges Ergebnis, das die Hypothese *entwertet*. Ein solcher Test sollte einmal versucht werden. Sind die Affen verwirrt und rühren sich nicht, wenn die aufgenommenen Rufe nicht unter gewissenhaft aufrechterhaltenen Umständen wiedergegeben werden, dann würde die Notwendigkeit solcher Umstände die Behauptung stützen, daß Tom z.B. *tatsächlich* meint, daß der Lärmende im Busch Sam ist, und daß grüne Meerkatzen nicht nur derartiges meinen können, sondern meinen *müssen*, damit die beobachtete Reaktion eintritt.

Die Rationalitätsannahme erlaubt es uns daher, die verschiedenen Hypothesen ernst zu nehmen – ernst genug, um sie zu testen. Am Anfang erwarten wir, daß es Gründe für das Urteil geben muß, daß grüne Meerkatzen nur in einem sehr eingeschränkten Sinn etwas meinen (im Vergleich zu uns Menschen). Die Rationalitätsannahme hilft uns, die Zeichen einer Einschränkung zu suchen und zu messen. Wir formen Konditionale wie

14. Wenn x meint, daß p, und wenn x *rational ist*, dann wird, da »p« »q« impliziert, x meinen (müssen), daß q.

Dies führt zu der weiteren Zuschreibung, daß x meint, daß q[3], was, in Verbindung mit einigen plausiblen Zuschreibungen von Wünschen, zu einer Vorhersage von Verhalten führt, das mit Hilfe von Beobachtungen oder Experimenten getestet werden kann.[4]

Wenn man den Kniff heraus hat, wie man die Rationalitätsannahme als Hebel ansetzt, ist es leicht, sich weiteres aufschlußreiches Verhalten auszudenken, nach dem man in der freien Wildbahn oder im Experiment suchen kann. Wenn z.B. so etwas Kompliziertes wie eine Analyse dritter oder vierter Ordnung richtig ist, dann sollte es möglich sein, durch hinterlistige (und moralisch zweifelhafte) Verwendung der versteckten Lautsprecher einem Individuum »das Vertrauen zu entziehen«.[5] Wenn eine einzelne Meerkatze ausgewählt wird und als Äußerer falscher Alarme »identifiziert« wird, dann sollten die anderen, wenn sie rational sind, anfangen, ihm weniger zu trauen, was sich in verschiedener Weise manifestieren *sollte*. Kann ein »Vertrauensschwund« für eine gewisse Meerkatze erzeugt werden? Würden die möglicherweise bösen Ergebnisse (man erinnere sich daran, was in der Fabel, in der einer immer wieder falschen Alarm gibt, geschieht) durch das Interesse gerechtfertigt sein, das solch ein positives Ergebnis haben würde?

IV. Wie man anekdotische Belege verwendet: Die Sherlock-Holmes-Methode

Eines der anerkannten Catch-22-Dilemmata der kognitiven Verhaltensforschung ist das lästige Problem anekdotischer Belege. Als guter Wissenschaftler weiß der Verhaltensforscher einerseits, wie leicht Anekdoten in die Irre führen und daß sie offiziell nicht verwendet werden können, daß sie andererseits aber oft sehr aufschlußreich sind. Die Schwierigkeit mit den Regeln für wissenschaftliche Evidenz besteht hier darin, daß sie praktisch die Beschreibung von allem außer dem oft wiederholten, oft beobachteten stereotypen Verhalten einer Spezies ausschließen, und dies ist gerade die Art des Verhaltens, die überhaupt keine besondere Intelligenz erkennen läßt. Diese Art von Verhalten kann mehr oder weniger plausibel als Wirkung von bestimmten eintönigen Kombinationen von »Instinkt« oder Tropismen und bedingten Reaktionen erklärt werden. Es sind die *neuen* Teile des Verhaltens, die Akte, die man nicht mit Hilfe früherer Konditionierung oder Training oder Gewohnheit plausibel erklären kann, die beredt für Intelligenz sprechen. Doch wenn gerade ihre Neuartigkeit und Unwiederholbarkeit ihnen einen anekdotischen Charakter gibt und sie damit zu einer nicht zugelassenen Art der Evidenz werden, wie kann man dann weitere kognitive Argumente für die Intelligenz der betrachteten Spezies entwickeln?

Genau solch ein Problem belastete z.B. Premack und Woodruff (1978) bei ihrem Versuch, zu beweisen, daß Schimpansen »eine Theorie des Geistes haben«. Ihre gewissenhaften Anstrengungen, ihre Schimpansen zu einem nichtanekdotischen, wiederholbaren Verhalten zu bringen, das die bei ihnen vermutete Intelligenz manifestiert, hat den frustrierenden Nebeneffekt, daß umfangreiche Trainingsprogramme entwickelt werden müssen, auf die Behavioristen bei der Entwicklung ihrer rivalisierenden Konditionierungshypothesen, die sie als vermeintliche Erklärungen des beobachtbaren Verhaltens vorbringen, hinweisen können. (Vgl. die Kommentare und Entgegnungen in »Cognition and Consciousness in Nonhuman Species«, BBS 1(4) 1978; vgl. auch Premack, »The Codes of Man and Beasts«, BBS 6 (1) 1983.)

Wir werden einen Weg aus diesem Dilemma finden, wenn wir einen Augenblick innehalten, um uns zu fragen, wie wir unsere *eigene* Intentionalität höherer Ordnung zur Zufriedenheit aller, mit Ausnahme der doktrinärsten Behavioristen, begründen. Wir können den Behavioristen zugestehen, daß für irgendeine einzelne kurze Spanne menschlichen Verhaltens eine relativ plausible, die intentionalistische Hypothese entwertende Erklärung gegeben werden kann, die nicht offensichtlich *ad hoc* ist. Doch wenn wir eine Anekdote an die andere reihen, eine *offensichtliche* Neuheit an die andere, dann lassen wir eine Biographie von so offensichtlicher Schlauheit entstehen, daß die Behauptung, daß dies *alles* bloß ein glücklicher Zufall sei oder das Ergebnis von bisher nicht entdecktem »Training«, zur abwegigeren Hypothese wird. Dieser Zuwachs an unwiederholbaren Details kann durch die intentionale Einstellung begünstigt werden, um einmalige Umstände hervorzurufen, die besonders aufschlußreich sind. Die intentionale Einstellung ist in der Tat ein Verfahren, um anekdotische Umstände – Kniffe, Fallen oder andere intentionalistische Lackmus-Tests – zu erzeugen oder zu entwerfen sowie ihr Resultat vorauszusagen.

In der Literatur wird diese trickreiche Taktik seit langem praktiziert. Die Idee ist so alt wie die Prüfung der Loyalität des Schweinehirts durch Odysseus, der jenem seine Identität verschwieg und ihn in Versuchung führte. Sherlock Holmes war ein Meister von verwickelten intentionalen Experimenten, so daß ich sie die *Sherlock-Holmes-Methode* nenne. Cherniak (1981, 161) macht auf einen schönen Fall aufmerksam:

> In »Ein Skandal in Böhmen« hat Sherlock Holmes' Gegenspielerin eine sehr wichtige Photographie in einem Raum versteckt, und Holmes will herausfinden, wo sie ist. Holmes läßt Watson eine Rauchbombe in den Raum werfen und »Feuer« rufen, während Holmes Gegenspielerin im Nebenzimmer ist und Holmes sie beobachtet. Wie erwartet läuft daraufhin die Gegenspielerin in den Raum und holt die Photographie aus ihrem Versteck. Nicht jeder könnte einen so genialen Plan entwickeln, um das Verhalten seines Gegenspielers zu manipulieren; doch sobald die Bedingungen beschrieben sind, scheint es sehr einfach, die Handlungen des Gegenspielers vorauszusagen.

In diesem Beispiel erfährt Holmes den Aufbewahrungsort der Photographie und bestätigt gleichzeitig ein ziemlich ausgearbeitetes intentionales Profil seiner Gegenspielerin – Irene Adler –, die so dargestellt ist, daß sie die Photographie *will*; daß sie *meint*, daß diese sich dort befindet, wo sie hingeht, um sie zu holen; daß sie *meint*, daß die Person, die »Feuer« rief, *meint*, daß es brennt (man beachte, daß sie sich vollkommen anders verhielte, wenn sie meinte, daß der Rufer sie täuschen wollte); daß sie die Photographie so an sich nehmen *will*, ohne daß jemand *weiß*, daß sie dies tut, usw.

Eine Spielart dieses Themas ist eine intentionale Taktik, die bei Schreibern von Detektivgeschichten beliebt ist: die Taktik, verräterische Bewegung zu provozieren. Alle Verdächtigen werden im

Salon versammelt, und der Detektiv (und niemand sonst) weiß, daß der Schuldige (und nur der Schuldige) *meint*, daß sich ein belastender Manschettenknopf unter dem Klapptisch befindet. Natürlich *will* der Schuldige nicht, daß jemand anderes dies *meint* oder den Manschettenknopf *entdeckt* und *meint*, daß dieser im weiteren Verlauf *entdeckt* werden wird, wenn er dies nicht durch eine Geheimaktion verhindert. Der Detektiv arrangiert einen »Stromausfall«; nach ein paar Sekunden Dunkelheit gehen die Lichter wieder an, und der Schuldige ist natürlich derjenige, der unter dem Klapptisch kniet. Was sonst könnte dieses neue und bizarre Verhalten eines ehrbaren Gentlemans vernünftig erklären?[6]

Ähnliche Strategien können entworfen werden, um die verschiedenen Hypothesen zu Meinungen und Wünschen von Meerkatzen und anderen Kreaturen zu testen. Diese Strategien haben den Vorzug, neues, jedoch interpretierbares Verhalten zu provozieren, *Anekdoten zu erzeugen*, und zwar unter kontrollierten (und daher wissenschaftlich zulässigen) Bedingungen. Die *Sherlock-Holmes-Methode* gibt der Untersuchung daher im Vergleich zu behavioristischen Methoden viel mehr Möglichkeiten. Dies wird in dramatischer Weise deutlich, wenn man die tatsächliche Forschung zur Kommunikation von Meerkatzen, die wir betrachtet haben, mit den Anstrengungen des von Quine erdachten behavioristischen Linguisten vergleichen. Nach Quine besteht eine notwendige Vorbedingung für jeden wirklichen Fortschritt des Linguisten darin, die Wörter (Sprechakte) der Eingeborenensprache für »ja« und »nein« versuchsweise zu isolieren und zu identifizieren, so daß der Linguist eine weitschweifige »Fragebestätigungs«-Runde beginnen kann. Hierbei legt er kooperativen Sprechern der Eingeborenensprache Sätze der Eingeborenensprache unter unterschiedlichen Bedingungen vor und sucht nach Mustern in ihren Ja- und Neinantworten (Quine 1960, Kap. 2). So etwas wie Quines Fragebestätigungsspiel kann von einem Verhaltensforscher, der Tiere untersucht, nicht durchgeführt werden. Eine Spur dieser minimalistischen Forschungsstrategie zeigt sich jedoch deutlich in der geduldigen Erforschung von »Reizsubstitutionen« für tierische Vokalisierungen – typischerweise unter Ausschluß von manipulativeren (wenn auch weniger eindringlichen) Experimenten (vgl. Anmerkung 1). Solange man jedoch streng behavioristisch vorgeht, muß man die Aussagekraft eines Verhaltens wie desjenigen der einsamen Meerkatze verfehlen, die lautlos auf einen Baum klettert, wenn ein »Leopardenreiz« gegeben wird. Doch ohne eine ansehnliche Sammlung von solch aufschlußreichem Verhalten wird kein Berg von Daten, die Quine »Reizbedeutung« der Äußerungen nennt, erkennen lassen, daß sie kommunikative Akte sind und nicht bloß hörbare Manifestationen eigentümlicher Sinnestätigkeit. Quine erkennt dies natürlich und setzt stillschweigend voraus, daß sein radikaler Übersetzer sich (zweifellos durch Verwendung der wirkungsvollen, jedoch alltäglichen Sherlock-Holmes-Methode) bereits informell von der ausgeprägten kommunikativen Natur des Verhaltens der Eingeborenen überzeugt hat.

Die Kraft der Sherlock-Holmes-Methode hat natürlich auch ihre Nachteile; werden Erwartungen nicht erfüllt, ist dies ein Faktum, das die Hypothese oft stark entwertet.[7] Woodruff und Premack (1979) haben zu zeigen versucht, daß Schimpansen in ihrem Laboratorium richtige *Täuscher* sein können. Man betrachte Sadie, einen der im Experiment verwendeten vier Schimpansen. Unter Sadies Augen wird in einer von zwei für sie nicht erreichbaren, geschlossenen Dosen Nahrung verborgen. Dann gesellt sich entweder ein »kooperativer« oder ein »konkurrierender« Trainer hinzu, und Sadie muß, wie sie gelernt hat, auf eine der Dosen zeigen, um die Nahrung zu bekommen. Wenn der konkurrierende Trainer die Nahrung entdeckt, nimmt er alles für sich selbst und verschwindet. Der kooperative Trainer teilt die Nahrung mit Sadie. Läßt man Sadie einfach genug Erfahrung mit den Umständen sammeln, um ihre Einschätzung der Zusammenhänge zu bestätigen, wofür einige Trainingsstunden erforderlich sein werden, so hat der Behaviorist eine ausreichende Menge Mahlgut für die Mühle der »bloßen Verstärkung«. (Um die Identität der Trainer hinreichend verschieden zu halten, wurden bestimmte Kostüme getragen und Rituale streng befolgt. Der konkurrierende Trainer trug z. B. immer eine Sonnenbrille und eine Verbrechermaske. Wird die Maske dann zu einem einfachen »Auslösereiz« für das trickreiche Verhalten?)

Doch läßt man behavioristische Umschreibungen beiseite: wird sich Sadie den Umständen gewachsen zeigen und das »Richtige« tun? Wird sie versuchen, den konkurrierenden Trainer (und nur den konkurrierenden Trainer) zu täuschen, indem sie *auf die falsche Dose zeigt*? Ja, doch es gibt reichlich Bedenken gegen die

Interpretation.[8] Wie können wir sie stärker machen? Nun, wenn Sadie *wirklich* beabsichtigt, den Trainer zu täuschen, muß sie (rational vorgehend) mit der Meinung beginnen, daß der Trainer nicht bereits weiß, wo sich die Nahrung befindet. Nehmen wir also an, wir bringen alle Schimpansen in einen ganz anderen Kontext, nämlich mit durchsichtigen Plastikdosen. Da sie so gut wie jeder andere durch sie hindurchsehen können, *sollten* sie dann *wissen*, daß dies jeder andere ebenfalls kann und daß daher auch jeder andere *weiß*, was in ihnen ist. Wir können dann in einem einmaligen, neuen Verhaltenstest eines Tages eine Plastikdose und eine undurchsichtige Dose verwenden und die Nahrung in die Plastikdose legen. Der konkurrierende Trainer erscheint dann und läßt Sadie sehen, wie er direkt auf die Plastikdose schaut. Wenn Sadie *noch* immer auf die undurchsichtige Dose zeigt, läßt sie, so traurig dies auch ist, erkennen, daß sie tatsächlich keine der komplizierten Gedanken begriffen hat, die zu einer Täuschung gehören. Natürlich ist dies Experiment noch immer unvollkommen. So kann Sadie etwa aus Verzweiflung auf die undurchsichtige Dose zeigen, da sie keine bessere Wahl sieht. Um das Experiment zu verbessern, sollte man eine weitere Entscheidungsmöglichkeit einführen, die ihr nur dann als besser erscheint, wenn die erste, wie in diesem Fall, hoffnungslos ist. Sollte darüber hinaus nicht Sadie durch das seltsame Verhalten des konkurrierenden Trainers verwirrt sein? Sollte es sie nicht erstaunen, daß der konkurrierende Trainer, nachdem er keine Nahrung an der Stelle gefunden hat, auf die sie zeigte, in der Ecke sitzt und »schmollt«, anstatt in der anderen Dose nachzusehen? Sollte sie nicht die Entdeckung verwirren, daß ihr Trick weiter funktioniert? Sie *sollte* sich fragen: Kann der konkurrierende Trainer so dumm sein? Weitere, besser entworfene Experimente mit Sadie und anderen Kreaturen sind erforderlich.[9]

Ohne in das ärgerliche Stereotyp des Philosophen fallen zu wollen, im Lehnstuhl empirische Fragen zu beantworten, möchte ich gleichwohl der Versuchung nachgeben und einige Voraussagen wagen. Es wird sich bei weiterer Untersuchung herausstellen, daß Meerkatzen (sowie Schimpansen, Delphine und alle anderen höheren nichtmenschlichen Tiere) gemischte und verwirrende Symptome von Intentionalität höherer Ordnung aufweisen. Sie werden einige Tests höherer Ordnung bestehen und bei anderen durchfallen; sie werden in gewisser Hinsicht erkennen lassen, daß sie Komplikationen dritter Ordnung erfassen können, während sie uns in ihrem Versagen enttäuschen werden, einige offensichtlich einfachere Punkte zweiter Ordnung zu begreifen. Keine griffige »saubere« Menge an intentionalen Hypothesen irgendeiner Ordnung wird eindeutig bestätigt werden. Der Grund, warum ich zu dieser Voraussage bereit bin, ist nicht, daß ich meine, eine besondere Art der Einsicht in bezug auf Meerkatzen oder andere Spezies zu haben, sondern weil ich bemerkt habe – wie dies jeder kann –, daß genau dasselbe für uns Menschen gilt. Wir selbst sind keine unproblematischen Exemplare intentionaler Systeme dritter, vierter oder fünfter Ordnung. Und wir haben den ungeheuren Vorteil, redegewandte Sprachbenutzer zu sein – Wesen, die man an einen Schreibtisch setzen und umständliche Fragebögen ausfüllen lassen kann und ähnliches. Gerade unsere Fähigkeit, an derartiger sprachlicher Interaktion teilzunehmen, verzerrt unser Profil als intentionale Systeme, indem sie die Illusion einer viel größeren Präzision in unserem operativen System mentaler Repräsentation hervorruft als tatsächlich vorhanden ist (vgl. Dennett 1978a, Kap. 3, 16; Dennett 1981b). Ich erwarte, daß die Ergebnisse der Bemühungen um eine intentionale Interpretation von Affen – wie die Ergebnisse der intentionalen Interpretation kleiner Kinder – mit derartigen Lücken und unklaren Punkten durchlöchert sein werden, die unvermeidlich bei der Interpretation von intentionalen Systemen sind, welche letztlich nur unvollkommen rational sind (vgl. Dennett 1981a; 1981c; 1982).

Die Ergebnisse, mit all ihren Lücken und Vagheiten, werden gleichwohl wertvoll sein. Wie und warum? Das Profil oder die Charakterisierung eines Tieres (oder eines unbelebten Systems) in intentionaler Einstellung kann als das angesehen werden, was Ingenieure eine ›Spezifikationsmenge‹ nennen würden – Spezifikationen einer Vorrichtung mit einer bestimmten allgemeinen informationsverarbeitenden *Kompetenz*. Ein Profil eines intentionalen Systems sagt, grob ausgedrückt, *welche Informationen* von dem System aufgenommen, verwendet, erinnert und übertragen werden können müssen. Es weist darauf hin, wie Dinge der umgebenden Welt repräsentiert werden müssen – jedoch nur mittels Unterscheidungen, die getroffen werden oder getroffen werden können, also mittels machbarer Unterscheidungen –, aber keinesfalls durch die tatsächliche Maschinerie, die diese Arbeit leistet (vgl. Johnston 1981 zu »Aufgabenbeschreibungen«). Diese intentionalen Spezifizierungen stellen einem anderen Theoretiker, dem

Designer von Repräsentationssystemen, eine Entwicklungsaufgabe.[10] Diese Arbeitsteilung ist in bestimmten Kreisen der künstlichen Intelligenz (KI) bereits üblich; das, was ich intentionale Einstellung genannt habe, nennt Newell (1982) »Wissensebene«. Und seltsamerweise schaffen gerade die Defekte, Lücken und irrationalen Stellen im intentionalen Profil von Tieren, die das Ideal der Rationalität nicht erreichen, keineswegs Probleme für den Systemdesigner – sie weisen vielmehr auf Abkürzungen und Notbehelfe hin, auf die sich Mutter Natur bei dem Entwurf biologischer Systeme verlassen hat. Sie machen daher die Arbeit des Systemdesigners einfacher.

Nehmen wir z. B. an, daß wir die intentionale Einstellung Bienen gegenüber einnehmen und mit Verwunderung bemerken, daß sie zu *wissen* scheinen, daß tote Bienen ein hygienisches Problem im Bienenstock sind. Wenn eine Biene stirbt, *erkennen* ihre Schwestern, daß sie gestorben ist, und da sie *glauben*, daß tote Bienen ein Gesundheitsrisiko sind, und rational genug sind, um Gesundheitsrisiken vermeiden zu *wollen*, *entscheiden* sie, daß sie die tote Biene sofort entfernen müssen. Daraufhin tun sie eben dies. Wenn nun diese phantasievolle intentionale Geschichte bestätigt wäre, würde der Designer des Bienensystems mit einer enorm schwierigen Aufgabe konfrontiert sein. Zum Glück stellt sich für den Designer (jedoch zum Unglück für den Bienenromantiker) heraus, daß eine sehr viel niedrigere Erklärungsebene ausreicht: tote Bienen sondern Ölsäure ab, deren Geruch das Unterprogramm »entferne es« in anderen Bienen auslöst. Betupft man eine lebende, gesunde Biene mit Ölsäure, wird sie – heftig widerstrebend – aus dem Bienenstock geworfen (Gould/Gould 1982; Wilson, Durlach/Roth 1958).

Jemand aus der künstlichen Intelligenz, der dies hört, wird vielleicht sagen: »Das kenne ich! Ich weiß *genau*, wie man Systeme entwirft, die sich so verhalten. Abkürzungen wie diese gehören zu meinem Inventar.« Es gibt in der Tat ungeheure Ähnlichkeiten zwischen vielen Entdeckungen der kognitiven Verhaltensforscher, die mit niederen Tieren arbeiten, und der Art von mit Dummheit gemischter Tapferkeit, der man in typischen Produkten der KI begegnet. Roger Schank (1976) berichtet uns von einer »Wanze« in TALESPIN, einem Programm, das Geschichten erfindet und das von James Meehan in Schanks Laboratorium in Yale geschrieben wurde. Es produzierte folgende Geschichte: »Henry

Ant war durstig. Er ging hinüber zum Flußufer, wo sein guter Freund Bill Bird saß. Henry rutschte aus und fiel in den Fluß. Die Schwerkraft ertrank.« Warum »ertrank die Schwerkraft«? (!) Weil das Programm eine normalerweise verläßliche Abkürzung verwendete, die Schwerkraft als einen unerwähnten *Agierenden* zu behandeln, der überall anwesend ist und Dinge nach unten zieht. Da die Schwerkraft (anders als Henry in der Geschichte) keine Freunde (!) hat, gab es niemand, der sie herausziehen konnte, als sie Henry in den Fluß hinabzog.
Vor einigen Jahren habe ich in »Why Not the Whole Iguana?« (1978b) vorgeschlagen, daß KI-Forscher größere Fortschritte machen könnten, wenn sie statt menschlicher Mikrokompetenzen (Schachspielen, Fragen über Baseball beantworten, Ammenmärchen schreiben usw.) vollständige Kompetenzen von viel einfacheren Tieren behandeln würden. Ich habe damals vorgeschlagen, KI-Forscher sollten einfache Phantasiewesen *erfinden* und das Problem des ganzen Geistes bei ihnen lösen. Ich neige nun zu der Ansicht, daß die Wahrheit wahrscheinlich fruchtbarer und, überraschenderweise, besser zu behandeln ist als Erfindungen. Ich vermute, daß eine gemeinsame Anstrengung der Bienen- und Spinnenforscher und der Wissenschaftler aus der KI eine für beide Seiten bereichernde Partnerschaft wäre.

v. Eine umfassende biologische Perspektive der intentionalen Einstellung

Es ist Zeit, sich nach dieser Lobpreisung der intentionalen Einstellung ihrer Bedeutung als Strategie in der kognitiven Verhaltensforschung klar zu werden, bevor man sich drohenden Einwänden und Kritiken zuwendet. Ich habe behauptet, daß die intentionale Einstellung gut dazu geeignet sei, in voraussagender, fruchtbarer und erhellender Weise die kognitive Leistung von Kreaturen in ihrer Umwelt zu beschreiben, und daß sie darüber hinaus eine Arbeitsteilung genau der richtigen Art in der kognitiven Wissenschaft erlaubt: Feldforschung leistende Verhaltensforscher sind aufgrund ihrer Ausbildung und der Art der Belege, die sich aus ihren Methoden ergeben, nicht in der Lage, positive Hypothesen über die tatsächliche Repräsentationsmaschinerie im Nervensystem ihrer Spezies zu formulieren, geschweige denn zu testen. Andere haben sich auf diese Art der Hardware- und Softwareentwicklung spezialisiert.[11] Die intentionale Einstellung stellt jedoch genau die benötigte Schnittstelle zwischen diesen beiden Spezialisierungen dar: eine *Black-box*-Charakterisierung der verhaltensmäßigen und kognitiven Kompetenz, die im Feld beobachtbar, jedoch in eine Sprache eingebettet ist, die (im Idealfall) den Entwurf der in die *black box* zu verfrachtenden Maschinerie stark einschränkt.[12]

Dieses offensichtlich glückliche Resultat wird jedoch durch die zweifelhafte Entscheidung erreicht, die behavioristischen Skrupel zu überwinden und sich Akten mit mentalistischer Beschreibung anzuvertrauen, die durch Rationalitätsannahmen vervollständigt werden. Darüber hinaus kümmert sich jemand, der diese Skrupel überwindet, offensichtlich genausowenig um die Einzelheiten physiologischer Realisierung wie ein (*horribile dictu*) Dualist. Kann dies gerechtfertigt sein? Ich meine, daß die Beantwortung dieser Frage erleichtert wird, wenn wir sie für einen Augenblick zurückstellen und uns der intentionalen Einstellung im weiteren Kontext der Biologie zuwenden.

Ein Phänomen, daß die Verbindung sehr gut illustriert, die ich ziehen möchte, ist das »Ablenkungsmanöver« – das bekannte Verhalten, das sich bei vielen, weit voneinander entfernten Spezies bodenbrütender Vögel findet: sie täuschen einen gebrochenen Flügel vor, um einen Räuber, der sich dem Nest nähert, von seinen hilflosen Bewohnern wegzulocken (Simmons 1952; Skutch 1976). Dies scheint *Täuschung* von seiten des Vogels zu sein, und natürlich wird es gewöhnlich so genannt. Der Räuber wird zum Narren gehalten. Wenn es nun *wirklich* ein täuschendes Verhalten ist, wenn der Vogel ein wirklicher Täuscher ist, dann muß er eine hochentwickelte Repräsentation der Situation besitzen. Der Vernunftgrund für solche Täuschung ist ziemlich kompliziert. Wenn wir R. Dawkins' (1976) nützliche Erklärungstaktik der Erfindung von »Selbstgesprächen« übernehmen, können wir uns das Selbstgespräch des Vogels etwa so vorstellen:

Ich bin ein bodenbrütender Vogel, dessen Küken nicht gegen einen Räuber, der sie entdeckt hat, geschützt werden können. Es ist zu *erwarten*, daß dieser sich nähernde Räuber sie bald entdecken wird, wenn ich ihn nicht ablenke. Er kann durch seinen *Wunsch*, mich zu fangen und zu fressen, abgelenkt werden, jedoch nur, wenn er *denkt*, eine *vernünftige* Chance zu haben, mich auch tatsächlich zu fangen (er ist kein Trottel). Er würde genau zu dieser *Meinung* kommen, wenn ich ihn *überzeugen* könnte, daß ich nicht mehr fliegen kann. Dies könnte ich tun, indem ich einen gebrochenen Flügel vortäusche, usw.

Was für eine spitzfindige Rede! Es ist extrem unwahrscheinlich, daß irgendein gefiederter »Täuscher« ein intentionales System mit dieser Intelligenz ist. Ein realistischeres Selbstgespräch für einen Vogel wäre wahrscheinlich eher wie dieses: »Hier kommt ein Räuber. Plötzlich fühle ich diesen ungeheuren Drang, diesen albernen Gebrochenen-Flügel-Tanz aufzuführen. Ich frage mich, warum.« (Ja, ich weiß, es ist extrem »romantisch«, anzunehmen, daß ein solcher Vogel eine solche Metaebene erreichen könnte, auf der er sich über seinen plötzlichen Drang wundern kann.) Es ist nun eine offene und erforschbare empirische Frage, wie empfindlich das kognitive Kontrollsystem eines Vogels in bezug auf relevante Variablen seiner Umwelt ist. Wenn Vögel das Ablenkungsmanöver selbst dann durchführen, wenn es offensichtlich einen besseren Kandidaten für die Aufmerksamkeit des Räubers gibt (z.B. einen anderen, wirklich verwundeten Vogel oder eine andere wahrscheinliche Beute), dann wird das Verhalten in der Tat als eines von sehr niedriger Ordnung entlarvt (wie die Bienenreaktion auf die Ölsäure). Wenn andererseits Vögel – einige Vögel vielleicht – eine beachtliche Kompliziertheit im Gebrauch der Strategie zeigen (indem sie verschiedene Arten von Räubern unterscheiden oder vielleicht die Einschätzung der Tatsache zu erkennen geben, daß man denselben Räuber nicht immer wieder mit demselben Trick täuschen kann), werden wir zu einer Interpretation höherer Ordnung des Verhaltens ermuntert, und wir werden es als Täuschung im eigentlichen Sinne betrachten, und diese Interpretation wird vielleicht sogar bestätigt.
Doch nehmen wir einmal an, daß die spielverderberische Interpretation der Wahrheit am nächsten kommt; der Vogel hat irgendeinen stumpfsinnigen Tropismus, und das ist alles. Werden wir deshalb die Bezeichnung »Täuschung« für das Verhalten aufgeben? Ja und nein. Wir werden nicht länger dem *individuellen Vogel* den Vernunftgrund für die Täuschung zutrauen, der Vernunftgrund wird jedoch nicht einfach verschwinden. Es ist zu offensichtlich, daß sich die Daseinsberechtigung für dieses instinktive Verhalten aus seiner täuschenden Kraft ergibt. Deshalb hat es sich entwickelt. Wenn wir wissen wollen, wie es dazu kam, daß dieser seltsame Tanz gerade bei diesen bestimmten Gelegen-

heiten ausgelöst wird, dann wird die Kraft, Räuber zu täuschen, aus all den Myriaden anderer bekannter und zufällig oder notwendig unbekannter Tatsachen in der langen Ahnenreihe der Spezies abgeleitet werden müssen. Aber wer wüßte diese Kraft *einzuschätzen*, wer könnte ihren Vernunftgrund *erkennen*, wenn nicht der Vogel oder seine einzelnen Vorfahren? Wer anders als Mutter Natur selbst? Das aber heißt: niemand. Die Evolution »wählt« durch natürliche Selektion diesen Entwurf aus diesem »Grund«.

Ist es unangebracht, so zu sprechen? Ich nenne dies das Problem der *freifließenden Vernunftgründe*. Wir beginnen manchmal mit der Hypothese, daß wir einen bestimmten Vernunftgrund (dem »Geist« von) bestimmten individuellen Kreaturen zuschreiben. Dann erkennen wir, daß die Kreatur zu dumm ist, um ihn zu erfassen. Wir verzichten nicht notwendigerweise auf den Vernunftgrund. Wenn es kein bloßer Zufall ist, daß das »schlaue« Verhalten eingetreten ist, verlegen wir den Vernunftgrund von dem Individuum auf den sich entwickelnden Genotyp. Dieses Vorgehen liegt nahe, wenn wir an andere Beispiele von Täuschungen denken, die nichts mit Verhalten zu tun haben. Niemand hat jemals angenommen, daß individuelle Motten und Schmetterlinge mit Augenflecken auf ihren Flügeln sich die glänzende Idee der Tarnfarbe ausgedacht und danach gehandelt haben. Den Vernunftgrund der Täuschung *gibt* es gleichwohl, und zu sagen, daß es ihn gibt, heißt, daß es einen Bereich gibt, in dem er *voraussagende* und daher erklärende Kraft hat. (Eine verwandte Diskussion findet sich bei Bennett 1976, §§ 52, 53, 62.) Wir übersehen dies vielleicht einfach deshalb, weil das, was wir voraussagen können, zu offensichtlich ist. In einer anderen Gemeinschaft, z.B. mit Fledermäusen statt Vögeln als Räuber, erwarten wir keine Motten mit Augenflecken (denn, wie jeder rationale Täuscher weiß, visuelle Taschenspielerei ist Zeitverschwendung bei Blinden und Kurzsichtigen).

Die Übertragung des Vernunftgrundes vom Individuum auf den Genotyp ist natürlich ein alter Trick. Seit einem Jahrhundert sprechen wir nun gelegentlich von Spezies, die »lernen«, wie man Dinge tut, die verschiedene Strategien »ausprobieren«; und die Übertragungspraxis ist natürlich nicht auf kognitive oder auf Merkmale des Verhaltens beschränkt. Giraffen haben ihren Hals gestreckt, und Enten waren so weise, sich Schwimmhäute zwischen ihren Zehen wachsen zu lassen. Man wird denken, daß dies natürlich alles nur übertragene Redeweisen sind, bestenfalls einfach dramatische Abkürzungen zum Zwecke der Darstellung. Überraschenderweise können diese figurativen Redeweisen manchmal sehr viel ernster genommen werden, als man für möglich gehalten hatte. Die Anwendung von Gedanken aus der Spiel- und Entscheidungstheorie – z.B. Maynard Smith' (1972; 1974) Entwicklung des Gedankens von *evolutionär stabilen Strategien* – hing davon ab, daß man die Tatsache ernst nahm, daß die in intentionaler Begrifflichkeit bildlich beschriebenen langfristigen Muster in der Evolution eine hinreichende Ähnlichkeit mit Mustern der kurzfristigen Interaktionen zwischen (rationalen, menschlichen) Agenten haben, um die Anwendung derselben normativ-deskriptiven Schemata zu garantieren. Die Ergebnisse waren eindrucksvoll.

VI. Die Verteidigung des »Paradigmas des Pangloss«

Die Strategie, die die Theorie intentionaler Systeme mit dieser Art theoretischer Erklärung in der Evolutionstheorie vereinigt, ist die bewußte Annahme von *Optimalitätsmodellen*. Beide Taktiken sind Aspekte des *Adaptionismus*, des »Programms, das auf dem Glauben an die Kraft der natürlichen Selektion als Mittel zur Optimierung beruht« (Gould/Lewontin 1979). Wie Lewontin (1978b) bemerkt, »sind Optimalitätsargumente in den letzten fünfzehn Jahren äußerst populär geworden und stellen gegenwärtig die dominierende Denkweise dar«.

Gould hat sich mit seinem Harvard-Kollegen Lewontin in seiner Kampagne gegen den Adaptionismus verbündet; sie nennen den Gebrauch von Optimalitätsmodellen durch Evolutionsforscher »das Paradigma des Pangloss«, nach Dr. Pangloss, Voltaires beißender Karikatur des Philosophen Leibniz in *Candide*, der behauptete, daß unsere Welt die beste aller möglichen Welten sei. Dr. Pangloss konnte jedes Unglück und jede Scheußlichkeit vom Lissabonner Erdbeben bis zur Geschlechtskrankheit begründen und zeigen, daß dies alles zweifellos so am besten sei. *Prinzipiell* konnte nichts beweisen, daß dies nicht die beste aller möglichen Welten sei.

Das Argument, das von Gould und Lewontin gegen das adaptionistische Denken angeführt wird, ist weitgehend mißverstanden worden, sogar von Leuten, die es unterstützt haben. Dies mag vielleicht an dem seltsamen Ungleichgewicht zwischen der starken Rhetorik von Goulds und Lewontins Attacke und der Milde ihrer expliziten Folgerungen und Empfehlungen liegen. Sie verhöhnen die vermeintlichen Narren der adaptionistischen Geisteshaltung, was viele zu der Vermutung führt, daß ihre Folgerung laute, daß auf adaptionistisches Denken völlig verzichtet werden solle. Ich wurde auf ihre Arbeit durch eine Kritik an einer früheren Version dieses Aufsatzes aufmerksam gemacht, die mir vorwarf, daß meine Position eine Version des Adaptionismus sei, »von der Gould und Lewontin gezeigt haben, daß sie vollkommen unbrauchbar sei«. Als ich mich jedoch dieser vermeintlichen Widerlegung meiner Grundannahmen zuwandte, fand ich, daß die Schlußzusammenfassung der Autoren durchaus einen legitimen Platz für adaptionistisches Denken in der Biologie findet. Tatsächlich fordern sie einen »Pluralismus« und beklagen eine ausschließliche Konzentration auf das adaptionistische Denken, die auf Kosten aller anderen wichtigen Denkströmungen in der Biologie gehe. Doch die Argumente, die dieser milden und vollkommen vernünftigen Folgerung vorausgehen, scheinen wenig geeignet, sie zu stützen. Sie werden eindeutig als Angriffe auf die grundsätzliche Integrität des adaptionistischen Denkens vorgetragen und nicht als Empfehlung, daß wir alle versuchen sollten, in Zukunft sorgfältigere und pluralistische Adaptionisten zu sein.

Als ich mir die Argumente näher ansah, hatte ich außerdem ein *Déjà-vu*-Erlebnis. Diese Argumente waren nicht neu, sondern vielmehr Wiederholung von B. F. Skinners langlebiger polemischer Kampagne gegen den »Mentalismus«. Könnte es sein, so fragte ich mich, daß Gould und Lewontin das letzte Kapitel des postpositivistischen Harvard-Konservativismus geschrieben haben? Könnte es sein, daß sie die Fackel, die Skinner bei seiner Emeritierung niedergelegt hatte, wieder aufgenommen haben? Ich bezweifle, daß Gould und Lewontin die Entdeckung ihrer intellektuellen Verwandtschaft mit Skinners Arbeit mit ungetrübtem Gleichmut betrachten werden[13], und ich möchte keinesfalls nahelegen, daß Skinner die bewußte Inspiration für ihre eigene ist. Ich möchte jedoch einen Überblick über das Ausmaß ihrer Übereinstimmung geben.

Lewontin (1978b) sagt uns, daß eine der Hauptschwierigkeiten

des *Adaptionismus* darin liege, daß er zu einfach sei: »Optimalitätsargumente entheben uns der langwierigen Notwendigkeit, irgend etwas Genaues über die genetische Grundlage der Evolution zu wissen«, bemerkt er sarkastisch. Eine gesunde Einbildungskraft sei die einzige Anforderung an diese Art spekulativen »Märchenerzählens«, und Plausibilität sei oft das einzige Kriterium für solche Geschichten (Gould/Lewontin 1979, 153 f.).
Eine der Hauptschwierigkeiten des *Mentalismus* liegt nach Skinner (1964) darin, daß die mentalistischen »Wegstationen so oft einfach erfunden werden. Er ist zu einfach.« Man kann sich immer eine plausible mentalistische »Erklärung« irgendeines Verhaltens erträumen. Und ist der erste Kandidat nicht gut genug, kann er immer wieder aufgegeben und eine andere Geschichte erfunden werden. Oder, wie Gould und Lewontin (1979, 153) über den Adaptionismus sagen: »Da die Reichweite adaptiver Geschichten so groß ist wie unser Geist fruchtbar, können immer neue Geschichten postuliert werden. Und wenn eine Geschichte nicht unmittelbar zur Verfügung steht, kann man immer auf zeitweilige Unwissenheit plädieren und darauf vertrauen, daß sie bald erfunden wird.«[14]
Gould und Lewontin erheben den Einwand, daß adaptionistische Behauptungen nicht falsifizierbar seien; Skinner behauptet dasselbe von mentalistischen Deutungen. Beide wenden ferner ein, daß diese Geschichten, die man sich allzu leicht ausdenken kann, unsere *Aufmerksamkeit* von den elementaren harten Fakten *ablenken*, nach denen die Wissenschaft Ausschau halten sollte: Gould und Lewontin beklagen, daß das adaptionistische Denken den Theoretiker von der Suche nach Belegen für nichtadaptive Evolution durch genetisches Abdriften, »materielle Kompensation« und andere Arten »phylogenetischer Trägheiten« und architektonischer Restriktionen ablenke. Nach Skinner lenkt der Mentalismus den Psychologen davon ab, nach Belegen für die Verstärkung zu suchen. Wie Skinner (1971, 12) beklagt: »Die Welt des Geistes stiehlt die Show.«
Beide Kampagnen verwenden ähnliche Strategien. Skinner liebt es, die schlimmsten Mißbräuche des »Mentalismus« dem Spott preiszugeben – wie etwa psychoanalytische »Erklärungen« von Syndromen (durch unbewußte Meinungen, Wünsche, Absichten, Ängste), die einfach hormonale oder mechanische Ursachen haben. Dies sind Fälle einer unbegründeten und unvorsichtigen

Überdehnung des Intentionalen. Gould und Lewontin führen als schlechtes Beispiel einige schlampige Sprünge in der Argumentation des Adaptionisten Barash (1976) an, mit der die Aggression von Berghüttensängern erklärt werden sollte – als eine Art »Anti-Hahnrei-Taktik«, bei der eine viel einfachere und direktere Erklärungsweise übersehen wurde (Gould/Lewontin 1979, 154). Zudem kritisieren sie am adaptionistischen Programm, »daß es nicht zwischen der gegenwärtigen Nützlichkeit und Gründen des Ursprungs unterscheidet«; eine Kritik, die der Behauptung entspricht (die ich zwar nicht ausdrücklich bei Skinner gefunden habe, obwohl sie bekannt genug ist), daß eine mentalistische Interpretation oft *Post-hoc*-Rationalisierungen mit den »wirklichen Gründen« eines Subjekts verwechsle, die natürlich mit Hilfe einer Vorgeschichte von Verstärkungen neu formuliert werden müssen.

Schließlich gibt es bei beiden Kampagnen die eigenen Rückfälle, die nicht anerkannten Konzessionen an die angegriffenen Positionen. Ständig macht Skinner selbst von mentalistischen Redeweisen Gebrauch, wenn es zu seinen Erklärungszwecken paßt, doch entschuldigt er diese Praxis als Abkürzung oder als vereinfachte Formulierungen zum leichteren Verständnis für den Laien. Er gibt nie zu, wieviel er an Ausdrucksmöglichkeit verlieren würde, wenn er dem mentalistischen Vokabular völlig abschwören würde. Gould und Lewontin sind viel subtiler. Sie unterstützen schließlich einen »Pluralismus« und sind sich über den Nutzen und die Redlichkeit – sogar die Notwendigkeit – *einiger* adaptionistischer Erklärungen und Formulierungen völlig im klaren.[15] Wer meint, sie wollten den Adaptionismus mit Stumpf und Stiel ausrotten, versteht sie völlig falsch – obwohl sie nicht sagen, wie man ein gutes Stück Adaptionismus von den Stücken unterscheiden soll, die sie mißbilligen. Dies ist in der Tat eine starke Abweichung von Skinner, dem unerbittlichen Widersacher des »Mentalismus«. Dennoch scheinen sie mir ihre eigene Zuversicht in das adaptionistische Denken oder seine zentrale Stellung in der Evolutionstheorie nicht voll erkannt zu haben.

Dies wird sehr deutlich in Goulds (verdientermaßen) populärer Aufsatzsammlung *Ever since Darwin* (1977). In »Darwin's Untimely Burial« zeigt Gould geschickt, wie man die darwinistische Theorie vor dem alten Popanz, der sie auf eine Tautologie reduzieren möchte, retten kann, nämlich indem man den Begriff der Tauglichkeit entleert: »bestimmte morphologische, physiologi-

sche und verhaltensmäßige Merkmale sollten als Entwürfe für das Leben in neuen Umwelten a priori überlegen sein. Tauglichkeit besitzen diese Merkmale durch das technische Kriterium des guten Entwurfs, nicht durch die empirische Tatsache ihres Überlebens und ihrer Verbreitung« (1977, 42).[16] Wir können also Entwürfe wie Techniker betrachten und sie aufgrund einer bestimmten Menge von Annahmen über Bedingungen und Bedürfnisse oder Zwecke als besser oder schlechter einschätzen. Doch das ist Adaptionismus. Ist es panglossisch gedacht? Legt sich Gould auf die Ansicht fest, daß die selektierten Entwürfe immer die *beste* aller möglichen Welten hervorbringen werden? Die übliche Zurückweisung in der Literatur besagt, daß Mutter Natur nicht optimiert, sondern »genügt« (Simon 1957); sie handle nach dem Motto: Je näher, desto *besser*, wenn es nur gut genug ist; sie sei keine Verfechterin des Besten. Und während dies immerhin ein erwähnenswerter Punkt ist, sollten wir uns an den alten panglossischen Witz erinnern: der Optimist sagt, unsere Welt sei die beste aller möglichen; der Pessimist seufzt und stimmt zu.
Der Witz macht in anschaulicher Weise die Tatsache eines Ausgleichs zwischen Einschränkungen und Optimalität deutlich. Was unter bestimmten Bedingungen als wenig optimal erscheint, *kann* vielleicht unter restringierteren Bedingungen als optimal angesehen werden. Die unbeholfene Takelage, mit der das entmastete Segelboot zurück in den Hafen schaukelt, kann als ein schwacher Entwurf eines Segelboots angesehen werden, bis wir bedenken, daß bei den gegebenen Bedingungen und den zur Verfügung stehenden Materialien das, was wir sehen, vielleicht eben der bestmögliche Entwurf ist. Natürlich kann es auch anders sein. Vielleicht konnten es die Segler nicht besser, oder sie wurden aus dem Konzept gebracht und haben sich für eine deutlich schlechtere Takelage entschieden. Doch wie, wenn wir eine solche Unkenntnis der Segler als Randbedingung zulassen? »Nimmt man ihre Unkenntnis der Feinheiten der Aerodynamik als gegeben an, ist dies wahrscheinlich die beste Lösung, die *sie* finden konnten.« Wann hören wir auf – oder müssen wir aufhören –, Bedingungen hinzuzufügen? Ich sehe keine prinzipielle Grenze; ich meine jedoch nicht, daß es sich um einen infiniten Regreß handelt, da er sich typischerweise stabilisiert und nach wenigen Zügen zum Stehen kommt; und gleichgültig wie lange er andauert: die Entdekkungen, die er provoziert, sind möglicherweise erhellend.

Es *klingt* nicht panglossisch, wenn wir, wie häufig von Gould, daran erinnert werden, daß die arme, alte Mutter Natur etwas bewirkt und dabei opportunistisch und kurzsichtig ausbeutet, was griffbereit liegt – bis wir hinzufügen: sie ist nicht vollkommen, sie *tut jedoch alles, was in ihren Kräften steht*. Oft kann gezeigt werden, daß das Genügen selbst die *optimale* Strategie ist, wenn die »Kosten der Suche« als Bedingung hinzukommen (vgl. Nozick 1981, 300). Gould und Lewontin haben zu Recht den Verdacht, daß es eine Tautologiemaschine in den Kulissen des adaptionistischen Theaters gibt, die immer bereit ist, eine neue Menge von Bedingungen ins Spiel zu bringen, die die Vision des Pangloss retten. Sie sind jedoch, wie ich meine, gezwungen, auf derselben Bühne zu spielen, wie sorgsam sie auch immer ihre Verse kontrollieren.

Skinner hat ebenfalls recht, wenn er darauf besteht, daß mentalistische Erklärungen *prinzipiell* nicht falsifizierbar seien; ihre logische Struktur erlaubt *immer* Revisionen *ad libitum*, um die Rationalität zu bewahren. Wenn ich daher voraussage, daß Emil heute ins Seminar kommen wird, weil er einen guten Abschluß haben will und meint, daß wichtiger Stoff behandelt werden wird, und wenn Emil nicht auftaucht, dann ist nichts einfacher als zu entscheiden, daß er letzten Endes eine dringendere Verpflichtung haben mußte oder den heutigen Termin nicht kannte oder ihn einfach vergessen hat oder ... – tausend andere Hypothesen liegen griffbereit. Es kann natürlich sein, daß er von einem Lastwagen überfahren wurde. In diesem Fall waren meine alternativen intentionalen Interpretationen müßige Spinnerei. Die Gefahren, auf die Skinner sowie Gould und Lewontin aufmerksam machen, gibt es wirklich. Adaptionisten gehen wie Mentalisten das Risiko ein, theoretische Gebäude beinahe aus dem Nichts heraus aufzubauen – und sich selbst zum Narren zu halten, wenn diese Kartenhäuser – wie dies manchmal geschieht – zusammenfallen. Dieses Risiko geht man immer ein, wenn man die intentionale oder die adaptionistische Einstellung einnimmt. Es kann jedoch sinnvoll sein, das Risiko einzugehen, da es sich oft im hohen Maße auszahlt und die Aufgabe, mit der es der vorsichtigere und enthaltsamere Theoretiker zu tun hat, so außerordentlich schwierig ist.

Adaptionismus und Mentalismus (Theorie intentionaler Systeme) sind keine *Theorien* im traditionellen Sinne. Sie sind Einstellungen oder Strategien, die dazu dienen, Daten zu organisieren, wechselseitige Beziehungen zu erklären und der Natur Fragen zu stellen. Wären sie Theorien nach dem »klassischen« Muster, wäre der Einwand, daß sie zirkulär oder nicht falsifizierbar seien, fatal. Doch diesen Einwand zu machen hieße, den entscheidenden Punkt zu verfehlen. In einem einsichtsvollen Artikel zitiert Beatty (1980, 312) die Adaptionisten Oster und Wilson (1978): »›der kluge Weg besteht darin, Optimalitätsmodelle als provisorische Leitlinien für zukünftige empirische Forschung anzusehen und nicht als Schlüssel für die tieferen Gesetze der Natur‹«. Genau dasselbe kann über die Strategie gesagt werden, die intentionale Einstellung in der kognitiven Verhaltensforschung einzunehmen.

Die Kritik der immer drohenden Leere, die sowohl gegen den Adaptionismus wie den Mentalismus erhoben wird, hätte wirklich Gewicht, wenn wir tatsächlich immer, oder auch nur sehr oft, den prinzipiell zur Verfügung stehenden Spielraum nutzen würden. Wenn wir ständig unsere intentionalen Profile von Leuten *post hoc* revidieren würden, wenn sie nicht das tun, was wir von ihnen erwarten, dann wäre diese Praxis als Hochstapelei entlarvt – doch wäre dies tatsächlich der Fall, dann wäre diese Praxis schon längst ausgestorben. In ähnlicher Weise gilt, daß der Adaptionismus eine unattraktive Strategie für die Wissenschaft wäre, wenn die Adaptionisten immer (oder sehr oft) genötigt wären, ihre Listen von Bedingungen *post hoc* zu revidieren, um ihren Panglossismus zu retten. Doch Tatsache ist, daß beide Taktiken, kurz gesagt, *funktionieren*. Nicht immer, doch erfreulich oft. Es gelingt uns wirklich ziemlich oft, die richtigen Bedingungen herauszugreifen, die richtigen Meinungs- und Wunschzuschreibungen vorzunehmen. Der sich von selbst erhärtende Beleg für die Behauptung, daß wir tatsächlich alle wichtigen Schranken lokalisiert haben, an denen sich ein optimaler Entwurf orientieren sollte, besteht darin, daß wir diese Optimierungskalkulation anstellen und sie Voraussagekraft in der wirklichen Welt hat. Ist diese Argumentation nicht zirkulär? Man behauptet, alle genuin wichtigen Bedingungen lokalisiert zu haben, und zwar mit der Begründung, daß

1. unter den gegebenen Bedingungen A der optimale Entwurf ist,
2. Mutter Natur optimiert,
3. A der beobachtete (d. h. erscheinende) Entwurf ist.

Man *nimmt* hier eine panglossische Strategie *an*, um die Vollständigkeit einer Liste von Bedingungen zu erschließen. Welche anderen Argumente könnten denn noch vorgebracht werden, um uns davon zu überzeugen, daß wir alle relevanten Überlegungen in der evolutionären Ahnenschaft einer Eigenschaft lokalisiert und richtig eingeschätzt haben? Wie R. Dawkins (1980, 358) sagt, ist eine adaptionistische Theorie, wie Maynard Smith' evolutionär stabile Strategietheorie,

> als Ganzes nicht als eine testbare Hypothese intendiert, die wahr oder falsch sein kann und anhand von empirischen Belegen entscheidbar ist. Sie ist ein Werkzeug, von dem wir Gebrauch machen können, um etwas über den Selektionsdruck herauszufinden, der Einfluß auf das Tierverhalten hat. Wie Maynard Smith (1978) von der Optimalitätstheorie allgemein sagte: »Wir testen *nicht* die allgemeine Aussage, daß die Natur optimiert, sondern die spezifischen Hypothesen über Bedingungen, Optimierungskriterien und Erblichkeit. Wir testen gewöhnlich, ob wir die verantwortlichen selektiven Kräfte richtig identifiziert haben.«

Die Gefahren der Blindheit im adaptionistischen Denken, die von Gould und Lewontin so anschaulich herausgestellt wurden, spiegeln sich in jedem Ansatz wider, der adaptionistische Neugierde vermeidet. Dobzhansky (1956) sagt, ganz im Geiste von Gould und Lewontin: »Die Nützlichkeit eines Merkmals muß bewiesen und kann nicht als gegeben angenommen werden.« Doch wie Cain (1964) bemerkt, »kann andererseits seine Nutzlosigkeit nicht als gegeben angenommen werden, und indirekte Belege für die Wahrscheinlichkeit, daß etwas selektiert wurde und wirklich adaptiv ist, dürfen nicht ignoriert werden ... Untersuchungen ergaben, daß triviale Merkmale für sich selbst adaptive Bedeutsamkeit besitzen.« Cain vergleicht listig Dobzhanskys Einstellung mit Robert Hookes Interesse an den Fühlern von Insekten in *Micrographia* (1665):

> Was der Nutzen dieser Art gehörnter und buschiger Körper sein soll, kann ich mir nicht recht vorstellen, wenn sie nicht zum Riechen oder Hören dienen, obwohl es vermutlich auch sehr schwer scheint zu beschreiben, wie sie dazu angepaßt wurden: sie sind bei beinahe allen verschiedenen Fliegenarten von sehr unterschiedlicher Form, obwohl sie zweifellos einen sehr wesentlichen Teil des Kopfes ausmachen und einige bemerkenswerte Aufgaben von der Natur zugewiesen bekommen haben, da sie bei allen Insekten in der einen oder anderen Form gefunden werden.

»Offensichtlich«, schließt Cain, »hat man die richtige Einstellung zu rätselhaften, doch weitverbreiteten Organen bereits in der

Mitte des siebzehnten Jahrhunderts voll verstanden, zumindest in England« (1964, 50).

Ich möchte schließlich die Aufmerksamkeit auf einen wichtigen Punkt lenken, den Gould zum *Kernpunkt* der Biologie macht, der letzten Frage, die der Evolutionstheoretiker beharrlich stellen sollte. Wir finden ihn in seiner anerkennenden Darstellung der glänzenden adaptionistischen Analyse (Lloyd/Dybas 1966) der seltsamen Tatsache, daß Reproduktionszyklen von Zikaden die Länge von Primzahlen haben – z.B. 13 Jahre oder 17 Jahre: »Als Evolutionstheoretiker wollen wir wissen: warum? Warum insbesondere sollte sich eine solch außerordentliche Synchronität entwickeln, und warum sollte die Periode zwischen den Episoden geschlechtlicher Reproduktion so lang sein?« (Gould 1977, 99). Wie sein eigener Ansatz zeigt, hat man die sich stellende Warum-Frage *noch* nicht beantwortet, wenn man zurückhaltend die lange (und tatsächlich weitgehend unzugängliche) Geschichte der Mutation, des Jagdverhaltens, der Reproduktion und Selektion abschreitet – ohne adaptionistische Glosse. Ohne adaptionistische Glosse werden wir nicht *wissen, warum*.[17]

Der Kontrast zwischen diesen beiden Arten von Antworten – die skrupulös nichtadaptionistische, historisch-architektonische Antwort, die Gould und Lewontin zu favorisieren *scheinen*, und die offen panglossische adaptionistische Antwort, die man ebenfalls zu geben versuchen kann – wird in einer abschließenden Anekdote aus dem Skinnerschen Krieg gegen den Mentalismus lebendig. Ich fand mich einmal in einer öffentlichen Diskussion mit einem von Skinners treuesten Schülern, und irgendwann entgegnete ich auf eine seiner fürchterlich unplausiblen Skinnerismen mit der Frage: »Warum sagen Sie *dies*?« Seine prompte und lobenswerterweise wahrheitsgetreue Antwort lautete: »Weil ich in der Vergangenheit Verstärkungen erfuhr, wenn ich dies sagte.« Meine Warum-Frage fragte nach einer Rechtfertigung, einem Vernunftgrund, und nicht nur nach der historischen Herkunft. Es ist natürlich möglich, daß alle derartigen Warum-Fragen die Antwort haben: »Es gibt überhaupt keinen *Grund*; ich wurde einfach gerade veranlaßt, diese Äußerung zu machen«. Die Plausibilität einer solchen Antwort fällt jedoch beinahe auf Null, wenn die Komplexität und die *offensichtliche* Bedeutsamkeit der Äußerung steigt. Und wenn ein verteidigenswerter Vernunftgrund für solch eine Handlung gefunden wird, ist es ein Fehler – eine anachronistische Fehlanwendung des Positivismus –, wenn man darauf besteht, daß »der wirkliche Grund« für die Handlung so formuliert werden *muß*, daß er sich auf diesen Vernunftgrund nicht bezieht. Eine rein kausale Erklärung der Handlung auf der mikrophysikalischen Ebene z.B. steht *nicht im Widerstreit* mit der Erklärung durch die Angabe eines Vernunftgrunds. Dies wird heutzutage von postbehavioristischen Psychologen und Philosophen im allgemeinen eingesehen, von Biologen jedoch offensichtlich nicht annähernd so gut begriffen, wenn man nach der folgenden Passage aus *Science* urteilt, die von der berühmten Chicago-Konferenz über Makrobiologie 1980 berichtet:

> Warum haben die meisten Landwirbeltiere vier Beine? Die anscheinend offensichtliche Antwort lautet, daß dieses Arrangement der optimale Entwurf ist. Diese Entgegnung würde jedoch die Tatsache ignorieren, daß die Fische, die die Vorfahren von Landtieren sind, auch vier Gliedmaßen oder Flossen haben. Vier Gliedmaßen mögen sehr geeignet für die Fortbewegung auf trockenem Boden sein, doch der *wirkliche Grund* [meine Hervorhebung], warum Landtiere dieses Arrangement aufweisen, liegt darin, daß ihre evolutionären Vorfahren dasselbe Muster besaßen (Lewin 1980, 886).

Wenn Biologen die evolutionistische Warum-Frage stellen, suchen sie wie Mentalisten nach Vernunftgründen, die erklären, warum bestimmte Eigenschaften ausgewählt wurden. Je komplexer und ersichtlich bedeutsamer die Eigenschaft, desto weniger wahrscheinlich ist es, daß es *keinen* zugrundeliegenden Vernunftgrund gibt. Und während die historischen und architektonischen Tatsachen der Genealogie in vielen Fällen als die hervorstechendsten oder wichtigsten Tatsachen, die zu entdecken sind, allmählich deutlich werden, *fordert* die Wahrheit einer solchen nichtadaptionistischen Geschichte nicht die Falschheit aller adaptionistischen Geschichten derselben Eigenschaft. Die *vollständige* Antwort auf die evolutionistische Frage wird beinahe immer, zumindest in minimaler Weise, auf einen *besseren* Entwurf anspielen.

Ist unsere Welt die beste aller möglichen Welten? Wir sollten diese Frage gar nicht erst beantworten wollen, sondern diese Annahme des Pangloss übernehmen. Besonders seine Annahme der Rationalität der uns umgebenden Träger von Kognitionen kann eine enorm fruchtbare Strategie in der Wissenschaft sein, solange wir uns nur davor hüten, sie zu einem Dogma zu machen.

Anmerkungen

Original: »Intentional Systems in Cognitive Ethology: The ›Panglossian Paradigm‹ defended«, *The Behavioural and Brain Sciences* 6 (1983), 343-355; wiederabgedruckt in: *The Intentional Stance*, Cambridge, MA: MIT Press 1987, 237-268. Übersetzt von Dieter Münch.

1 Wir können die Grenzen der Reizäquivalenzklassen für diese Reaktion untersuchen, indem wir den »normalen« Leoparden durch so verschiedene »Reize« wie Hunde, Hyänen, Löwen, ausgestopfte Leoparden, eingesperrte Leoparden, grün gestrichene Leoparden, Kracher, Schaufeln, Motorradfahrer ersetzen. Ob diese unabhängigen Tests auch solche für die *Angstspezifizierung* oder für die *Bedeutung* von Einwortsätzen der Meerkatzensprache sind, hängt davon ab, ob unsere Tests für die anderen Komponenten unserer Zuschreibung *n*-ter Ordnung, die eingebetteten intentionalen Operatoren, ein positives Ergebnis haben.

2 Vgl. Quine 1960, 95 f. zu Fällen zweiter Intention als »Ruin der theoretischen Linguistik«.

3 »Ich werde mir immer die visuelle Erinnerung an einen sehr ärgerlichen Philosophen bewahren, der seine Hörerschaft zu überzeugen versucht, daß ›wenn du meinst, daß A, und du meinst, daß wenn A dann B, dann *mußt* du meinen, daß B‹. Ich weiß wirklich nicht, ob er die moralische Kraft hatte, jemanden zu der Meinung zu zwingen, daß B, doch wenn man nicht nachgibt, wird es ziemlich schwierig, das Wort ›meinen‹ zu verwenden, und das ist es wert, darüber zu streiten« (Kahnemann 1982).

4 Die übersehene Normalität der Rationalitätsannahme bei jeder Zuschreibung einer Meinung wird daran deutlich, daß (14), wo ausdrücklich Rationalität angenommen wird, praktisch synomym ist (dieselbe Rolle spielt) mit dem Konditional, das beginnt: wenn x *wirklich* meint, daß p, dann, da »p« »q« impliziert ...

5 Ich verdanke diese Anregung einem Gespräch mit Susan Carey.

6 Es ist eine besondere Gabe des Autors, Umstände zu entwerfen, in denen Verhalten – sprachliches und anderes – klar und deutlich etwas über die intentionalen Profile (»Motivation«, Meinungen, Mißverständnisse usw.) der Charaktere aussagt. Manchmal sind diese Umstände jedoch zu verworren, um sie sofort zu verstehen. Eine ganz leichte Änderung der Umstände kann den ganzen Unterschied ausmachen zwischen einem völlig rätselhaften Verhalten und erhellender Selbstenthüllung. Die bekannte Rede von Hamlet an Ophelia »Geh in ein Kloster!« ist hierfür ein klassisches Beispiel. Hamlets Zeilen sind äußerst verwirrend, bis wir darauf kommen (was durch Shakespeares minimale Bühnenanweisungen verdunkelt wird), daß Hamlet, wäh-

rend er zu Ophelia spricht, nicht nur *meint*, daß Claudius und Polonius hinter dem Vorhang lauschen, sondern auch daß sie *meinen*, er *verdächtige* sie dessen nicht. Was diese Szene für unsere Zwecke besonders geeignet macht, ist die Tatsache, daß es ein intentionales Experiment schildert: Claudius und Polonius, die Ophelia als Lockvogel und Requisit verwenden, versuchen ein besonders vielsagendes Verhalten Hamlets zu provozieren, um dadurch seine Meinungen und Absichten genau zu entdecken. Da sie das Experiment aber nicht gut genug entwerfen, um auszuschließen, daß Hamlet merkt, daß er beobachtet wird, und will, daß seine Beobachter in die Irre gehen, werden sie zum Narren gehalten. Vgl. z.B. Dover Wilson (1951). Eine ähnliche Schwierigkeit kann Verhaltensforscher verhexen: »Kurze Beobachtungen des Verhaltens von Säbelschnäblern und Stelzenläufern können in die Irre führen. Die frühen Naturforscher, die das scharfe Sehvermögen der Vögel unterschätzten, meinten, daß ihre Gegenwart unentdeckt sei, und mißdeuteten Ablenkungsverhalten als Balzverhalten« (Sordahl 1981, 45).

7 Ich möchte nicht so interpretiert werden, als ob ich in diesem Aufsatz *zu dem Ergebnis käme*, daß *bereits gezeigt worden sei*, daß Meerkatzen oder Schimpansen im Labor oder irgendwelche nichtmenschlichen Tiere intentionale Systeme höherer Ordnung seien. Wenn die Sherlock-Holmes-Methode einfallsreich und streng angewandt wird, dann kann sie durchaus zu Ergebnissen führen, die die Romantiker enttäuschen werden. Ich trete für eine Methode ein, empirische Fragen zu stellen, und erkläre die Methode, indem ich zeige, welches die Antworten *sein könnten* (und warum); diese Antworten sollen die Forschung nicht antizipieren.

8 Es ist voreilig, in unserer intentionalen Interpretation einer vermeintlich »niedrigen« Kreatur zu früh haltzumachen. Es gab einmal einen Dorftrottel, der jedesmal, wenn man ihn zwischen einem Fünfziger und einem Groschen wählen ließ, ohne zu Zögern den Groschen nahm – zum Gelächter und Spott der Umstehenden. Eines Tages fragte ihn jemand, wie er so dumm sein könne, weiter den Groschen zu wählen, nachdem er all das Gelächter gehört habe. Der Trottel entgegnete: »Meinst du, daß sie mich noch einmal wählen ließen, wenn ich den Fünfziger nehmen würde?« Die seltsamerweise unmotivierten Rituale, die das Training der Schimpansen begleitete, von denen Woodruff und Premack (1979) berichten, könnten die Schimpansen sehr wohl aus ähnlichen Gründen verblüfft haben. Kann sich ein Schimpanse fragen, warum diese Menschen nicht einfach die Nahrung selbst essen, die in ihrer Kontrolle ist? Wenn dies so ist, dann könnte eine solche Verwunderung die Chancen der Schimpansen zunichte machen, die Umstände in dem Sinne zu verstehen, wie es die Forscher erhofften. Wenn nicht, dann ist es gerade diese Grenze, solche Hand-

lungen und Situationen zu verstehen, die die Zuschreibung eines so komplizierten Zustands höherer Ordnung, wie etwa des Wunsches zu täuschen, in gewisser Hinsicht aushöhlt.

9 Dieser Kommentar zu Premacks Schimpansen erwuchs aus einer Diskussion auf der Dahlem-Konferenz über tierische Intelligenz mit Sue Savage-Rumbaugh, deren Schimpansen, Austin und Sherman, ein offensichtlich kommunikatives Verhalten zeigen (Savage-Rumbaugh, Rumbaugh und Boysen 1978), das eine Analyse und Experimente à la Sherlock Holmes herausfordert.

10 In der Weise, wie ich sie in »Three Kinds of Intentional Psychology« (Dennett 1981b) entwickelt habe, spezifiziert die Theorie intentionaler Systeme eine semantische Maschine, die dann durch eine syntaktische Maschine realisiert – annäherungsweise nachgeahmt – wird, die von dem Psychologen, der sich mit subpersonalen Kognitionen befaßt, entworfen wird.

11 Ich sollte gleichwohl anerkennen, daß es im Fall von Insekten und Spinnen sowie anderen *relativ* einfachen Kreaturen einige Biologen gibt, die es fertiggebracht haben, die Kluft brillant zu überbrücken. Die Kluft ist hier natürlich nicht so tief wie bei Säugetieren.

12 In »How to Study Consciousness Empirically: Or, Nothing Comes to Mind« (Dennett 1982) beschreibe ich ausführlicher, wie rein »semantische« Beschreibungen Hypothesen zu »syntaktischen« Mechanismen in der kognitiven Psychologie beschränken.

13 Trotz ihrer offensichtlichen Unterschiede mißtrauen Lewontin und Skinner kognitiven Theoriebildungen zutiefst. Lewontin beendet seine lobende Besprechung von Goulds *The Mismeasure of Man* (1981) in der *New York Review of Books* mit einer klaren Ablehnung der Kognitionswissenschaft, mit einem unkritischen Rundumschlag im Stile der Skinnerschen Nebenbemerkungen: »Angesichts einer analytischen Wissenschaft ist es nicht einfach, das Uhrwerk Geist durch etwas weniger Albernes zu ersetzen. Die Metapher auf den neuesten Stand zu bringen, indem man die Uhren durch Computer ersetzt, hat uns nicht weitergebracht. Die totale Zurückweisung einer Analyse zugunsten eines obskuranten Holismus war noch schlimmer. Eingekerkert in unseren Cartesianismus wissen wir nicht, wie wir über das Denken denken sollen« (1981, 16).

14 Dieser Einwand ist E. O. Wilson (1975, 20) geläufig, der bemerkt: »Paradoxerweise ist die größte Falle des soziobiologischen Denkens die Leichtigkeit, mit der es ausgeführt werden kann. Während die physikalischen Wissenschaften es mit genauen Ergebnissen zu tun haben, die normalerweise schwer zu erklären sind, hat die Soziobiologie unpräzise Ergebnisse, die zu leicht mit Hilfe vieler verschiedener Schemata erklärt werden können.« Vgl. auch die Diskussion dieses Punkts bei Rosenberg (1980).

15 Lewontin zitiert z. B. seine eigene frühe adaptionistische Arbeit »Evolution and the Theory of Games« (1961) in seiner Kritik der Soziobiologie »Sociobiology as an Adaptionist Program« (1979). Und in seinem Artikel »Adaption« im *Scientific American* (Lewontin 1978a, 230) schließt er: »Den Begriff der Adaption völlig aufzugeben, einfach historische Änderungen zu beobachten und ihren Mechanismus ganz mit Hilfe des unterschiedlichen reproduktiven Erfolgs verschiedener Typen ohne eine funktionale Erklärung zu beschreiben, hieße, das Kind mit dem Bade auszuschütten.«

16 Eine strengere Diskussion der Frage, wie Adaption definiert werden muß, um eine Tautologie zu vermeiden, findet sich bei Rosenberg (1980, 164-175).

17 Boden (1981) unterstützt die Forderung nach »der kognitiven Einstellung« (d. h. im wesentlichen nach dem, was ich die intentionale Einstellung genannt habe) in einem anderen biologischen Bereich: der Mikrostruktur der Genetik, der »Erkennungsstellen« von Enzymen, der Embryologie und der Morphogenese. Wie sie sagt, kann die kognitive Einstellung »Biologen ermuntern, empirisch fruchtbare Fragen zu stellen, Fragen, die ein rein physiologisch-chemischer Ansatz vielleicht ungestellt läßt« (1981, 89).

Literatur

Barash, D. P. (1976), »Male response to apparent female adultery in the mountain bluebird: An evolutionary interpretation«, *American Naturalist* 110, 1097-1101.

Beatty, J. (1980), »Optimal-design models and the strategy of model building in evolutionary biology«, *Philosophy of Science* 47, 532-61.

Bennett, J. (1976), *Linguistic behaviour*, London: Cambridge University Press.

Boden, M. (1981), »The Case for a cognitive biology«, in: *Minds and mechanisms: Philosophical psychology and computational models*, Cornell University.

Cain, A. J. (1964), »The perfection of animals«, *Viewpoints in Biology* 3, 37-63.

Cargile, J. (1970), »A Note on iterated knowings«, *Analysis* 30, 151-155.

Cherniak, C. (1981), »Minimal rationality«, *Mind* 99, 161-183.

Dawkins, R. (1976), *The selfish gene*, Oxford: Oxford University Press, deutsch: *Das egoistische Gen*, Berlin: Springer 1978.

– (1980), »Good strategy or evolutionary stable strategy?«, in: G. W. Barlow/J. Silverberg (Hrg.), *Sociobiology: Beyond nature nurture?, A. A. A. S. Selected symposium*, Westview Press.

Dennett, D. (1971), »Intentional systems«; deutsch: »Intentionale Systeme«, in: Bieri, P. (Hrg.), *Analytische Philosophie des Geistes*, Königstein/Ts.: Hain, 162-183.
– (1976), »Conditions of personhood«, in: Dennett 1978a, 267-285.
– (1978a), *Brainstorms*, Montgomery: Bradford/MIT Press.
– (1978b), »Why not the whole Iguna?«, *Behavioral and Brain Sciences* 1, 103-104.
– (1981a), »Making sense of ourselves«, *Philosophical Topics* 12, 63-81.
– (1981b), »Three kinds of intentional psychology«, in: Healy, R. (Hrg.), *Reductionism, time and reality*, London: Cambridge University Press.
– (1981c), »True believers: The intentional strategy and why it works«, in: Heath, A. (Hrg.), *Scientific explanation*, Oxford: Oxford University Press.
– (1982), »How to study consciousness empirically: Or, nothing comes to mind«, *Synthese* 53, 159-180.
Dobzhansky, T. (1956), »What is an adaptive trait?«, *American Naturalist* 90, 337-347.
Dover Wilson, J. (1951), *What happens in Hamlet*, 3. Auflage, London: Cambridge University Press.
Dretske, F. (1981), *Knowledge and the flow of information*, Montgomery: Bradford/MIT Press.
Gould, S. L./C. G. Gould (1982), »The insect mind: Physics or metaphysics?«, in: Griffin, D. R. (Hrg.), *Animal mind – human mind*, Berlin: Springer.
Gould, S. J. (1977), *Ever since Darwin*, New York: W. W. Norton; deutsch: *Darwin nach Darwin*, Frankfurt/Berlin/Wien: Ullstein.
Gould, S. J./R. Lewontin (1979), »The spandrels of San Marco and the panglossian paradigm: A critique of the adaptionist programme«, *Proceedings of the Royal Society* (London) B205, 581-598.
Grice, H. P. (1957), »Meaning«, *Philosophical Review* 66, 377-388.
– (1969), »Utterer's meaning and intentions«, *Philosophical Review* 78, 147-177.
Humphrey, N. K. (1976), »The social function of intellect«, in: Bateson, P. P. G./R. A. Hinde (Hrg.), *Growing points in ethology*, London: Cambridge University Press.
Johnston, T. D. (1981), »Contrasting approaches to a theory of learning«, *Behavioral and Brain Sciences* 4, 125-173.
Kahnemann, D. (unveröffentlicht), »Some remarks on the computer metaphor«.
Lewin, R. (1980), »Evolutionary theory under fire«, *Science* 210, 881-887.
Lewis, D. (1974), »Radical interpretation«, *Synthese* 23, 331-344.
Lewontin, R. (1961), »Evolution and the theory of games«, *Journal of Theoretical Biology* 1, 328-403.
– (1978a), »Adaption«, *Scientific American*, 213-230.

– (1978b), »Fitness, survival and optimality«, in: Horn, D. H., R. Mitchell und G. R. Stairs, *Analysis of ecological systems*, Ohio: Ohio State University Press.
– (1979), »Sociobiology as an adaptionist paradigm«, *Behavioral Science* 24, 5-14.
– (1981), »The inferiority complex«, *New York Review of Books*, 22. Oktober, 12-16.
Lloyd, M./H. S. Dybas (1966), »The periodical cicadia problem«, *Evolution* 20, 132-149, 466-505.
Maynard Smith, J. (1972), *On evolution*, Edinburgh: Edinburgh University Press.
– (1974), »The theory of games and the evolution of animal conflict«, *Journal of Theoretical Biology* 49, 209-221.
– (1978), »Optimization theory in evolution«, *Annual Review of Ecology and Systematics* 9, 31-56.
Newell, A. (1982), »The knowledge level«, *Artificial Intelligence* 18, 87-127.
Nozick, R. (1981), *Philosophical explanations*, Cambridge, MA: Harvard University Press.
Oster, G. F./E. O. Wilson (1978), *Caste and ecology in the social insects*, Princeton: Princeton University Press.
Premack, F./G. Woodruff (1978), »Does the chimpanzee have a theory of mind?«, *Behavioral and Brain Sciences* 1, 515-526.
Quine, W. V. O. (1960), *Word and object*; deutsch: *Wort und Gegenstand*, Stuttgart: Reclam 1980.
Roitblat, H. L. (1982), »The meaning of representation in animal memory«, *Behavioral and Brain Sciences* 5, 352-406.
Rosenberg, A. (1980), *Sociobiology and the preemption of social science*, Johns Hopkins University Press.
Russell, B. (1905), »On denoting«; deutsch: »Über das Kennzeichnen«, in: *Philosophische und politische Aufsätze*, Stuttgart: Reclam 1971, 3-22.
Savage-Rumbaugh, S./D. M. Rumbaugh/S. Boysen (1978), »Linguistically mediated tool use and exchange by chimpanzees (Pan troglodytes)«, *Behavioral and Brain Sciences* 1, 539-554.
Schank, R. C. (1976), *Research at Yale in natural language processing. Research Report 84*, Yale University Department of Computer Science.
Seyfarth, R./D. L. Cheney/P. Marler (1980), »Monkey responses to three different alarm calls«, *Science* 210, 801-803.
Shannon, C. (1949), *The mathematical theory of communication*, University of Illinois Press.
Simmons, K. E.L. (1952), »The nature of the predator reactions of breeding birds«, *Behaviour* 4, 101-176.
Simon, H. (1957), *Models of man*, New York: Wiley.

Skinner, B. F. (1964), »Behaviorism at fifty«, in: Wann, T. W. (Hrg.), *Behaviorism and phenomenology: Contrasting bases for modern psychology*, Chicago: University of Chicago Press.
– (1971), *Beyond freedom and dignity*, New York, NY: Knopf; deutsch: *Jenseits von Freiheit und Würde*, Reinbek.
Skutch, A. F. (1976), *Parent birds and their young*, Texas: Texas University Press.
Sordahl, T. A. (1981), »Sleight of wing«, *Natural History* 90, 43-49.
Trivers, R. L. (1971), »The evolution of reciprocal altruism«, *Quarterly Review of Biology* 46, 35-57.
Wilson, E. O. (1975), *Sociobiology: The new synthesis*, Cambridge, MA: Harvard University Press.
Wilson, E. O./N. I. Durlach/L. M. Roth (1958), »Chemical releasers of necrophoric behavior in ants«, *Psyche* 65, 108-114.
Woodruff, G./D. Premack (1979), »Intentional communication in the chimpanzee: The development of deception«, *Cognition* 7, 333-362.

Hinweise zu den Autoren

Ned Block ist Professor am Department of Linguistics and Philosophy des Massachusetts Institute of Technology. Wichtige Veröffentlichungen: *Readings in philosophy of psychology*, 2 Bände (als Herausgeber), *Imagery* (als Herausgeber).

Daniel C. Dennett ist Professor am Center for Cognitive Studies der Tufts University. Wichtige Veröffentlichungen: *Content and consciousness*, *Brainstorms*, *Elbow rooms*, *The intentional stance*, *Einsicht ins Ich* (als Herausgeber zusammen mit D. Hofstadter).

Jerry A. Fodor ist Professor für Philosophie an der City University von New York. Wichtige Veröffentlichungen: *Psychological explanations*, *The language of thought*, *Representations: Philosophical essays on the foundations of cognitive science*, *Modularity of mind*, *Psychosemantics*.

Elmar Holenstein ist Professor für Philosophie an der ETH Zürich. Wichtige Veröffentlichungen: *Phänomenologie der Assoziation*, *Roman Jakobsons phänomenologischer Strukturalismus* (stw 116), *Von der Hintergehbarkeit der Sprache* (stw 316), *Menschliches Selbstverständnis* (stw 534), Herausgeber verschiedener Bände von Roman Jakobson: *Poetik* (zusammen mit T. Schelbert) (stw 262), *Hölderlin – Klee – Brecht* (stw 262), *Semiotik* (stw 1007).

Stephen Michael Kosslyn ist Professor für Psychologie an der Harvard University. Wichtige Veröffentlichungen: *Image and mind*, *Ghosts in the mind's machine*; *Wet mind: An invitation to cognitive neuroscience* (zusammen mit O. Koenig, im Druck); *Graphs for the eye and brain* (im Druck).

Marvin Minsky ist Professor am Artificial Intelligence Laboratory des Massachusetts Institute of Technology und ehemaliger Präsident der *American Association of Artificial Intelligence*. Wichtige Veröffentlichungen: *Computation: Finite and infinite machines*, *Semantic information processing*, *Perceptrons* (zusammen mit Seymour Papert), *Robotics*, *The society of mind*.

Dieter Münch ist Mitarbeiter an der Franz-Brentano-Forschungsstelle der Universität Würzburg und Lehrbeauftragter am Institut für Informatik der TU Berlin. Wichtige Veröffentlichungen: *Intention und Zeichen. Untersuchungen zu Franz Brentanos und Edmund Husserls Frühwerk* (im Druck).

Allen Newell ist Professor am Department for Computer Science and Psychology der Carnegie-Mellon University. Wichtige Veröffentlichungen: *Human problem solving* (zusammen mit Herbert Simon), *Unified theories of cognition*.

James R. Pomerantz ist Professor an der Rice University.

John R. Searle ist Professor am Department of Philosophy der University of California at Berkeley. Wichtige Veröffentlichungen: *Sprechakte* (stw 458), *Ausdruck und Bedeutung* (stw 349), *Geist, Hirn und Wissenschaft* (stw 591), *Intentionalität* (stw 956).

Helmut Schnelle ist Professor für Allgemeine und Vergleichende Sprachwissenschaft an der Ruhr-Universität Bochum. Wichtige Veröffentlichungen: *Sprachphilosophie und Lingustik*, *Sprache in Mensch und Computer* (als Herausgeber), *Die Natur der Sprache*.

Herbert Simon ist Professor an den Departments of Psychology, Computer Science and Philosophy der Carnegie-Mellon University. Er erhielt 1978 den Nobelpreis für Wirtschaftswissenschaft. Wichtige Veröffentlichungen: *Human problem solving* (zusammen mit Allen Newell), *The sciences of the artificial*, *Models of discovery*, *Models of thought*, *Models of my life*.

suhrkamp taschenbücher wissenschaft
Wissenschaftsforschung

Ashby: Einführung in die Kybernetik. stw 34
Bachelard: Die Bildung des wissenschaftlichen Geistes. stw 668
– Die Philosophie des Nein. stw 325
Becker: Grundlagen der Mathematik. stw 114
Böhme, G.: Alternativen der Wissenschaft. stw 334
Böhme, G./Daele/Krohn: Experimentelle Philosophie. stw 205
Böhme, G./Engelhardt (Hg.): Entfremdete Wissenschaft. stw 278
Canguilhem: Wissenschaftsgeschichte und Epistemologie. stw 286
Cicourel: Methode und Messung in der Soziologie. stw 99
Daele/Krohn/Weingart (Hg.): Geplante Forschung. stw 229
Dubiel: Wissenschaftsorganisation und politische Erfahrung. stw 258
Feyerabend: Wider den Methodenzwang. stw 597
Fleck: Erfahrung und Tatsache. stw 404
Foerster: Wissen und Gewissen. stw 876
Foucault: Archäologie des Wissens. stw 356
– Die Ordnung der Dinge. stw 96
– Sexualität und Wahrheit 1. Der Wille zum Wissen. stw 716
– Sexualität und Wahrheit 2. Der Gebrauch der Lüste. stw 717
– Sexualität und Wahrheit 3. Die Sorge um sich. stw 718
– Überwachen und Strafen. stw 184
– Wahnsinn und Gesellschaft. stw 39
Frank, Ph.: Das Kausalgesetz und seine Grenzen. stw 734
Galilei: Sidereus Nuncius. stw 337
Geuter: Die Professionalisierung der deutschen Psychologie im Nationalsozialismus. stw 701
Gould: Der Daumen des Panda. stw 789
– Der falsch vermessene Mensch. stw 583
Hausen/Nowotny (Hg.): Wie männlich ist die Wissenschaft? stw 590
Holton: Thematische Analyse der Wissenschaft. stw 293
Jokisch (Hg.): Techniksoziologie. stw 379
Kocka (Hg.): Interdisziplinarität. stw 671
Koyré: Von der geschlossenen Welt zum unendlichen Universum. stw 320
Krohn/Küppers: Die Selbstorganisation der Wissenschaft. stw 776
Küppers/Lundgreen/Weingart: Umweltforschung – die gesteuerte Wissenschaft? stw 215
Kuhn: Die Entstehung des Neuen. stw 236

202/1/8.90

suhrkamp taschenbücher wissenschaft
Wissenschaftsforschung

Kuhn: Die Struktur wissenschaftlicher Revolutionen. stw 25
Maturana: *siehe Riegas/Vetter (Hg.)*
Mehrtens/Richter (Hg.): Naturwissenschaft, Technik und NS-Ideologie. stw 303
Meja/Stehr (Hg.): Der Streit um die Wissenssoziologie. stw 361
Mises: Kleines Lehrbuch des Positivismus. stw 871
Mittelstraß: Der Flug der Eule. stw 796
– Die Möglichkeit von Wissenschaft. stw 62
– Wissenschaft als Lebensform. stw 376
Mittelstraß (Hg.): Methodenprobleme der Wissenschaften vom gesellschaftlichen Handeln. stw 270
Needham: Wissenschaft und Zivilisation in China. stw 754
– Wissenschaftlicher Universalismus. stw 264
Nelson: Der Ursprung der Moderne. stw 641
Nowotny: Kernenergie: Gefahr oder Notwendigkeit. stw 290
Oakes: Die Grenzen kulturwissenschaftlicher Begriffsbildung. stw 859
Pannenberg: Wissenschaftstheorie und Theologie. stw 676
Peukert: Wissenschaftstheorie – Handlungstheorie – Fundamentale Theologie. stw 231
Polanyi, M.: Implizites Wissen. stw 543
Prinz/Weingart (Hg.): Die sog. Geisteswissenschaften: Innenansichten. stw 854
Riegas / Vetter (Hg.): Zur Biologie der Erkenntnis. stw 850
Schäfer (Hg.): Mikroskopie der Forschung. stw 766
Schwemmer: Die Philosophie und die Wissenschaften. stw 869
Steinwachs (Hg.): Ausdifferenzierung, Integration, Kompensation in den »Geisteswissenschaften«. stw 855
Stubar (Hg.): Exil, Wissenschaft, Identität. stw 702
Troitzsch/Wohlauf (Hg.): Technik-Geschichte. stw 319
Wahl/Honig/Gravenhorst: Wissenschaftlichkeit und Interessen. stw 398
Weingart: Wissensproduktion und Soziale Struktur. stw 155
Weingart (Hg.): Technik als sozialer Prozeß. stw 795
Weizenbaum: Die Macht der Computer und die Ohnmacht der Vernunft. stw 274
Zilsel: Die sozialen Ursprünge der neuzeitlichen Wissenschaft. stw 152

202/2/8.90